EDSON GONÇALVES

Desenvolvendo Aplicações Web com JSP, Servlets, JavaServer Faces, Hibernate, EJB 3 Persistence e AJAX

CB022973

Desenvolvendo Aplicações Web com JSP Servlets, JavaServer Faces, Hibernate, EJB 3 Persistence e Ajax

Copyright© 2007 Editora Ciência Moderna Ltda.

Todos os direitos para a língua portuguesa reservados pela EDITORA CIÊNCIA MODERNA LTDA.

Nenhuma parte deste livro poderá ser reproduzida, transmitida e gravada, por qualquer meio eletrônico, mecânico, por fotocópia e outros, sem a prévia autorização, por escrito, da Editora.

Editor: Paulo André P. Marques
Supervisão Editorial: João Luís Fortes
Capa: Cristina Hodge
Diagramação: Abreu's System

Várias **Marcas Registradas** aparecem no decorrer deste livro. Mais do que simplesmente listar esses nomes e informar quem possui seus direitos de exploração, ou ainda imprimir os logotipos das mesmas, o editor declara estar utilizando tais nomes apenas para fins editoriais, em benefício exclusivo do dono da Marca Registrada, sem intenção de infringir as regras de sua utilização.

FICHA CATALOGRÁFICA

Gonçalves, Edson

Desenvolvendo Aplicações Web com JSP Servlets, JavaServer Faces, Hibernate, EJB 3 Persistence e Ajax

Rio de Janeiro: Editora Ciência Moderna Ltda., 2007.

Linguagem de Programação; Java
I — Título

ISBN: 978-85-7393-572-1 CDD 001642

Editora Ciência Moderna Ltda.
Rua Alice Figueiredo, 46
CEP: 20950-150, Riachuelo – Rio de Janeiro – Brasil
Tel: (0xx21) 2201-6662
Fax: (0xx21) 2201-6896
E-mail: lcm@lcm.com.br
www.lcm.com.br

Este livro é dedicado a todos aqueles, inclusive brasileiros, professores e alunos, que fizeram do Java não só apenas uma linguagem de programação, mas também uma forma de compartilhar e ajudar ao próximo.

Agradecimentos

Primeiramente agradeço o apoio e compreensão de minha família pelos severos dias de ausência.

Agradeço também ao apoio da Editora Ciência Moderna por acreditar em mais este livro.

Introdução

NENHUMA LINGUAGEM TEM TANTO ESPAÇO NA MÍDIA BRASILEIRA como o Java. Você vê tantos JUGs (Grupos de usuários de discutem e disseminam a linguagem), como também livros a respeito da mesma.

Na atualidade você conta com diversas tecnologias de servidor, sejam elas para construir um simples site com um conteúdo dinâmico (comum nos dias atuais) ou para construir um complexo sistema B2B (Business-To-Business) ou B2C (Business-To-Consumer).

Existem diversas tecnologias disponíveis atualmente para o desenvolvimento dessas classes de aplicações, onde as mais famosas são o PHP, ASP, ASP.NET, CGI, Ruby on Rails, Python e etc.

Muitos que migram para o Java se perguntam do porque essa linguagem ser tão famosa, uma vez que é muito mais complexa que as demais citadas.

A utilização de tecnologias Java oferece diversas vantagens em relação ao uso de outras tecnologias de servidor. As principais vantagens são herdadas da própria linguagem Java, como:

Portabilidade: a aplicação desenvolvida pode ser implantada em diversas plataformas, como por exemplo Windows, Linux, Macintosh, sem que seja necessário modificar ou mesmo reconstruir a aplicação. Tudo bem que exista também portabilidade nas modernas linguagens de desenvolvimento, principalmente na Web, mas algumas como ASP.NET não oferece um suporte direto da empresa que o criou, não garantindo assim total portabilidade em todos seus componentes.

Orientação a Objetos: a programação é orientada a objetos, simplificando o desenvolvimento de sistemas complexos. Muitas linguagens atuais também trabalham com linguagens orientadas a objetos, mas devido a sua histórica forma de desenvolvimento, muitos mantêm o modelo tradicional, ou seja, prefere trabalhar proceduralmente, como acontece com o PHP, onde muitos alegam ser o modo mais "produtivo".

Flexibilidade: o Java já se encontra bastante difundido, contando com uma enorme comunidade de desenvolvedores, ampla documentação e diversas bibliotecas e códigos prontos, dos quais o desenvolvedor pode usufruir sem a necessidade de gastar algum valor a mais ou até mesmo de codificar. A esse meio temos as famosas bibliotecas prontas e frameworks. Com certeza, nisso o Java é campeão.

IDEs: outra grande vantagem na utilização da linguagem Java está em suas IDEs, que com certeza, são as melhores do mercado, em qualquer ramo de atividade em que você queira empregar essa linguagem.

Além dessas vantagens, a arquitetura de servidor escrita em Java possibilita alguns benefícios adicionais, como **escalabilidade**, onde na maior parte dos servidores de aplicações modernos, é possível distribuir a carga de processamento de aplicações desenvolvidas em diversos servidores, sendo que servidores podem ser adicionados ou removidos de maneira a acompanhar o aumento ou decréscimo dessa carga de processamento.

Ainda assim, depois desses argumentos, você pode duvidar da facilidade do Java, principalmente se você vem de linguagens como ASP ou PHP. Antes de mais nada, perceba que não estou falando mal dessas linguagens e nem ao menos quero dizer que o Java é superior a elas. O que vou provar nesse livro é que Java pode ser muito mais produtivo e lógico, se você for bem orientado no seu desenvolvimento.

Quem Deve Ler Este Livro

Este livro foi escrito com o intuito de ensiná-lo a trabalhar com o desenvolvimento de aplicações Web escritas em Java utilizando as principais tecnologias que englobam essa matéria: Servlets, JavaServer Pages e JavaServer Faces, também podendo utilizar uma IDE. O foco do livro está no desenvolvimento e não na utilização de uma IDE.

No decorrer deste livro, você aprenderá não somente a trabalhar com aplicações Web escritas em Java como também a instalar e configurar um Container Servlet, trabalhar com banco de dados MySQL, criar aplicações dinâmicas utilizando Ajax. Portanto presume-se que você seja um iniciante nas artes do desenvolvimento Web.

Infelizmente isso não o isenta de conhecer a linguagem Java. O livro está baseado no desenvolvimento Web utilizando a tecnologia Java, onde o básico da linguagem é necessário. Caso você não tenha alguma noção, leia os apêndices deste livro, onde poderá facilitar o seu entendimento, mas não se tornar um grande conhecedor da linguagem, o que vai muito além do escopo pretendido por essa obra.

Antes de Começar

Em algumas partes deste livro você encontrará alguns símbolos, que o ajudarão a entender o código proposto e desenvolvido, que são os mostrados a seguir:

- ➥ Indica que o código continua na linha de baixo.
- ❶ Indica que haverá uma explicação do código onde se encontra, indicado em meio à explicação, no texto.
- ... Indica que acima ou abaixo contém mais código, mas que não está sendo exibido por não ter sido alterado.

Os Softwares Requeridos

Os aplicativos criados neste livro não exigem software proprietário. Portanto ao longo dos capítulos você não só aprenderá como usa-los como também onde encontra-los na Internet.

Este livro não está focado especialmente em um sistema operacional, portanto a sua escolha é livre nesse ponto.

Hardware Requerido

Uma boa configuração de hardware se faz necessário para trabalhar com aplicações escritas em Java. Caso você venha a trabalhar com as IDEs apresentadas no livro, um computador deve ter as seguintes configurações para uma confortável utilização:

- Processador: Pentium 4 ou similar
- Memória: 768 MB de RAM mínimo (recomendo 1GB de RAM)
- HD: 10GB de espaço livre
- Monitor: 17 polegadas (necessário para o uso das IDEs)

Alguns testes foram executados em Pentium 3 com 512 MB de memória, no qual houve certa lentidão na utilização das IDEs, mas não a inviabilidade de seu uso.

Códigos dos Exemplos Criados no Livro

Todos os códigos dos exemplos criados no livro se encontram disponíveis na Internet, no site Web do autor: **http://www.integrator.com.br**. Para testar facilmente um aplicativo que fora desenvolvido no livro, você tem os arquivos dispostos em projetos criados na IDE Eclipse sem as bibliotecas, que deverão ser baixadas nos locais indicados ao longo dos capítulos.

Visão Geral dos Capítulos

Ao longo deste livro, você terá muitos códigos para desenvolver. A sua grande maioria está na integra, para que você mesmo o digite. Embora seja um livro voltado para o trabalho com códigos, ainda assim possui uma grande quantidade de imagens (quase 200 figuras), que ilustram desde o resultado do que você obterá nas suas aplicações até mesmo os passos utilizados em uma IDE.

Capítulo 1: Como a Web Trabalha?

Criar páginas Web sem entender como ela trabalha é algo impossível de se imaginar. Neste capítulo você conhecerá os fundamentos sobre a funcionalidade da Web, passando de uma requisição feita pelo seu browser ao servidor até os diversos protocolos existentes.

Capítulo 2: A Linguagem Java

O que é Java? Como configurar minha máquina para utilizar aplicações Java? Posso rodar Java em outros sistemas operacionais? Essa e outras perguntas serão respondidas através deste capítulo, onde você aprenderá onde encontrar, a instalar e configurar o Java SE tanto no sistema operacional Windows como no Linux.

Capítulo 3: Fazendo Funcionar o Java na Web

A configuração de um container Servlet é necessária para que suas páginas Web escritas em Java rodem em sua máquina. Neste capítulo você aprenderá onde baixar, instalar e configurar o Apache Tomcat 5.5, um dos containeres Servlet mais utilizados do mundo.

Capítulo 4: Introdução aos Servlets

Servlets, o que é isso? Neste capítulo você será introduzido no aprendizado sobre Servlets, seu ciclo de vida, sua configuração, seu desenvolvimento, compilação e publicação no Tomcat.

Capítulo 5: Escolha Seu Ambiente de Desenvolvimento

Na atualidade, duas IDEs Java vem se destacando no mercado: Eclipse e NetBeans. A pergunta é: qual utilizar? Você aprenderá neste capítulo a utilizar o básico de cada IDE, desde onde baixar até a sua configuração de projetos e criação de aplicações escritas em Java no desenvolvimento Web.

Capítulo 6: A classe HttpServlet

Com um aprofundamento na criação de Servlets, você aprenderá neste capítulo como captar pedidos via método GET e POST, utilizando links e formulários para envio de informações.

Capítulo 7: Outros Métodos Muito Úteis da Interface HttpServletRequest

Neste capítulo você aprenderá outros métodos utilizados na construção de Servlets que pode desde varrer um conjunto de dados enviados por um formulário até mesmo recuperar cabeçalhos do servidor.

Capítulo 8: Cookies e Sessões

Gerar cookies em páginas Web é algo tão comum, extremamente utilizado em sites de comercio eletrônico e agora ao seu alcance. Neste capítulo você aprenderá a criar e a recuperar cookies, para utilizá-los em um controle as visitas feitas em seu site. Além disso, aprenderá a criar e gerenciar sessões, o habilitando para criar sofisticadas áreas administrativas que exijam um usuário e senha para entrar, e que esses dados persistam por toda a aplicação até a sua saída.

Capítulo 9: Introdução a JavaServer Pages

A tecnologia JSP (JavaServer Pages) fora criada pela Sun Microsystems para facilitar o desenvolvimento de páginas Web que exijam um alto grau de design. Mas o que é JSP? Esse capítulo o introduzirá nessa tecnologia, suas semelhanças e diferenças com Servlets, sua configuração e publicação no Tomcat. Também aprenderá a criar JSP em sua IDE predileta.

Capítulo 10: Comparando JavaServer Pages com Servlets

Após aprender a criar páginas JSP, provavelmente você quer gerar páginas com as mesmas características criadas nos exemplos feitos com Servlets. Este capítulo o mostrará exatamente isso, possibilitando assim uma melhor compreensão de como migrar de Servlets para JSP.

Capítulo 11: Controlando Erros

Erros, uma situação inevitável quando estamos aprendendo. Não poderia ser diferente no desenvolvimento de aplicações Web. Mas como entendê-los e controlá-los? Este capítulo o ensinará a entender os erros mais comuns e como contorná-los sem traumas. Você também aprenderá a tornar seu erro mais amigável ao usuário, em caso de falha no seu sistema quando publicado.

Capítulo 12: Actions

Actions são tags que afetam o comportamento em JSP e a resposta retornada ao cliente. Durante a tradução o container substitui uma Action por um código Java que corresponda a seu efeito. Neste capítulo você aprenderá sobre as diversas actions encontradas na construção de páginas JSP e o quanto isso pode facilitar no seu desenvolvimento.

Capítulo 13: JavaBeans

JavaBeans são classes que possuem o construtor sem argumentos e métodos de acesso **get** e **set**. Muito utilizado em construções de aplicações Java, você aprenderá não só a utilizar essas classes, mas também o que elas podem facilitar no desenvolvimento de suas páginas JSP, separando a lógica do design.

Capítulo 14: Fazendo Upload de Arquivos

Enviar arquivos para o servidor é uma das tarefas mais comuns em sistemas administrativos construídos para rodar em aplicações Web. Neste capítulo você desenvolverá um JavaBean que trabalhará com uma biblioteca Open Source para enviar arquivos para o servidor. Aprenderá também como fazer esse upload com segurança, permitindo um determinado tamanho máximo para o arquivo enviado, bem como também a extensão permitida.

Capítulo 15: Trabalhando com Banco de Dados

Uma imersão ao uso do banco de dados com aplicações escritas em Java utilizando páginas JSP é mostrada neste capítulo. Você aprenderá neste capítulo os passos básicos para trabalhar com um banco de dados, no caso o MySQL. Configurará seu acesso utilizando uma biblioteca JDBC e criará uma aplicação contendo desde a inclusão até a exclusão de dados.

Capítulo 16: JavaServer Pages Expression Language

Com linguagem de expressão JSP, EL (JavaServer Pages Expression Language), você pode melhorar muito o seu aplicativo, tornando-o mais simples. Este capítulo o introduzirá no uso de EL, mostrando os fundamentos, que serão aplicados mais adiante em páginas JSTL e JSF. Além disso, você aprenderá como desativar essa linguagem de expressão, caso haja necessidade.

Capítulo 17: JavaServer Pages Standard Tag Library

Com a biblioteca JSTL (JavaServer Pages Standard Tag Library) você terá uma facilitação no desenvolvimento de páginas JSP, trabalhando com tags personalizadas. Programadores JSP eventualmente usam JSTL para criar páginas rapidamente. Este capítulo lhe dará a visão geral de JSTL, desde seus fundamentos básicos, passando pela internacionalização da aplicação até o uso de banco de dados e XML.

Capítulo 18: Entendendo Custom Tags

Este capítulo o ensinará a criar tags personalizadas, mostrando como desenvolver aplicações utilizando características que envolvem os frameworks, criando seus próprios componentes.

Capítulo 19: Envio de E-mail

Dez entre dez aplicativos criados para a Web enviam e-mail. Enviar e-mail através de suas aplicações é algo vital para a comunicação com os usuários de um site. Nesse capítulo você aprenderá desde a instalar e configurar um servidor Open Source de envio de e-mail até o envio com autenticação e arquivo anexo. Também conhecerá uma biblioteca mais simples de envio de e-mails, facilitando seu trabalho no dia-a-dia.

Capítulo 20: Model-View-Controller e Data Access Object

Com dois padrões de desenvolvimento de aplicações Java, importantíssimos para a elaboração de páginas Web dinâmicas, você aprenderá o que significa MVC (Model-View-Controller) e DAO (Data Access Object) e como aplicá-los em seus sistemas.

Capítulo 21: JavaServer Faces

Este capítulo o ensinará os fundamentos existentes para desenvolver uma aplicação Web com o uso do framework oficial da Sun Microsystems. É apresentada a tecnologia de forma gradual, passando dos passos básicos, internacionalização da aplicação, utilização de banco de dados com o padrão DAO até a paginação de resultados e utilização de estilos.

Capítulo 22: JavaServer Faces e Hibernate

Como uma extensão ao capítulo 21, esse capítulo aborda a utilização da tecnologia JSF com um dos frameworks mais utilizados como camada de acesso ao banco de dados: Hibernate. Você aprenderá nesse capítulo o que é e como o Hibernate trabalha, dando os primeiros passos na sua utilização. Aprenderá também a utilizar sua linguagem, a HQL, e a trabalhar com anotações, um recurso novo neste framework.

Capítulo 23: JavaServer Faces e a API de Persistência EJB 3

A camada de persistência recentemente lançada pela Sun em sua nova versão do Java EE tem agitado muito os desenvolvedores ao redor do mundo.

Neste capítulo você aprenderá a criar acesso a banco de dados utilizando a API de persistência EJB3, conhecendo a linguagem JPQL e aplicando seus desenvolvimentos a uma interface criada pelo framework JSF. Também se aprofundará na utilização de anotações, criando inclusive relacionamento entre objetos para pesquisa em múltiplas tabelas no banco de dados.

Capítulo 24: AJAX

Com a explosão do Web 2.0, este livro não poderia deixar de abordar a construção de aplicações Web escritas em Java com a adição de Ajax.

Este capítulo o ensinará os fundamentos do Ajax, passando pelo uso de frameworks, incluindo para a utilização de JavaServer Faces.

Apêndice A: Um pouco sobre Java

Uma introdução à linguagem Java no que diz respeito aos seus mais básicos conceitos, ideal para quem nunca trabalhou com a linguagem.

Apêndice B: Contexto de desenvolvimento Web em Java

Este apêndice o mostrará como desenvolver um contexto para sua aplicação Web utilizando o Tomcat.

Apêndice C: Trabalhando com Datas

Este apêndice introduz a utilização da classe SimpleDateFormat, dando alguns detalhes, já que sua utilização ao longo do livro é algo muito comum.

Apêndice D: O XHTML

Rodar páginas em um browser não seria possível se a sua saída não fosse em (X)HTML. Esse apêndice introduz um iniciante no desenvolvimento Web na utilização das principais tags existentes nessa linguagem de marcação.

Apêndice E: O MySQL

Existem muitos exemplos em que você acessa várias vezes o banco de dados. Neste livro, o MySQL foi escolhido como o servidor de dados que você acessa. Para isso, uma melhor compreensão de sua utilização é necessária. Este apêndice o ensinará alguns dos principais comandos que você pode utilizar no MySQL, caso não o conheça.

Sumário

APÊNDICES

Como a Web Trabalha?

ESTE CAPÍTULO TEM O INTUITO DE ENSINÁ-LO COMO A WEB TRABALHA, uma vez que você pode ser um iniciante nessa área. Se esse não for o seu caso, ainda assim, dê uma lida no conteúdo. Algumas vezes deixamos despercebido um ou outro detalhe e isso nos causa problemas no momento em que estamos desenvolvendo. Afinal, é importante saber o que está acontecendo antes mesmo de saber como fazer.

Protocolos, Pedidos e Respostas

Existe um conjunto de protocolos que auxiliam o mapeamento de ações dos usuários do lado cliente no uso de aplicações Web.

A Web é uma aplicação cliente/servidor em grande escala, onde o cliente (um navegador Web ou um programa FTP) se conecta ao servidor usando um protocolo. O mais comum desses protocolos é o HTTP (Hypertext Transfer Protocol), onde em uma requisição do browser é devolvido pelo servidor textos e imagens.

Esse protocolo trabalha com pedidos e respostas

O Protocolo HTTP

O protocolo HTTP começa com uma solicitação, que por sua vez o devolve com uma resposta. A seguir você tem as solicitações desse protocolo:

- **GET** – Solicita ao servidor um recurso chamado de solicitação URI. Os parâmetros da solicitação devem ser codificados nessa solicitação, para que o mesmo os entenda. Este é o método mais usado, pois é a forma como o browser chama o servidor quando você digita um URL para que ele o recupere.
- **POST** – Embora similar ao GET, o POST contém um corpo nos quais seus parâmetros de solicitação já são codificados. O mais freqüente uso desse método é na submissão de formulários (X)HTML.
- **HEAD** – Similar ao método GET, o servidor apenas retorna a linha de resposta e os cabeçalhos de resposta.
- **PUT** – Esse método permite o envio de arquivos par ao servidor Web.
- **DELETE** – Permite a exclusão de documentos dentro do servidor Web.
- **OPTIONS** – É possível fazer uma consulta de quais comandos estão disponíveis para um determinado usuário.
- **TRACE** – Permite depurar as requisições, devolvendo o cabeçalho de um documento.

O Pedido Via GET

Após enviar a solicitação, o navegador pode enviar alguns cabeçalhos que fornecem informações a respeito da solicitação, seu conteúdo, o browser que enviou sua solicitação e etc. Os cabeçalhos aparecem em linhas consecutivas. Se você faz um pedido via GET a um endereço Web, como ***www.integrator.com.br***, você recebe as seguintes informações:

```
GET / HTTP/1.1
Host: www.integrator.com.br
User-Agent: Mozilla/5.0 (Windows; U; Windows NT 5.1; pt-BR;
rv:1.8.0.4) Gecko/20060508 Firefox/1.5.0.6
Connection: Keep-Alive
```

De início você tem o método utilizado para fazer o pedido dos dados, no caso o **GET**, seguido de uma barra "/", indicando que a informação requisitada é direta a raiz do domínio. Caso haja um chamado a um diretório específico, também chamado de Diretório Virtual, você veria GET / **diretorio/** HTTP/1.1, indicando que o diretório faz parte da raiz, contendo o nome indicado logo após, o que no caso seria **diretório**. Há também uma outra situação, a de enviar uma string de consulta, conhecida como query string, podendo também ser visto da seguinte forma: GET **/web/?empresa=Integrator%20Technology%20and%20Design**. Nesse caso, você verá o caractere especial de interrogação "**?**", indicando que existe uma string de consulta, seguido do nome da variável chamado no caso de "**empresa**", um sinal de igual indicando a atribuição de valor e o valor da variável logo em seguida. No caso indicado, você também vê uma codificação da URL, comum nos browsers modernos, onde o espaço, por exemplo, é substituído por **%20**. Na mesma linha você tem o protocolo usado, chamado de **HTTP** versão **1.1**: "**HTTP/1.1**" O protocolo HTTP 1.1 se trata de um protocolo que implementa a possibilidade de ter múltiplos hosts sobre um mesmo IP, conhecidos como Virtual Hosts.

Na segunda linha você tem o Host, que indica o objetivo do pedido, no caso o endereço digitado. Essa informação é uma exigência do protocolo HTTP 1.1, pois como já foi dito, em uma maquina pode haver múltiplos hosts, e o servidor precisa saber para qual host ele deve apontar.

A terceira linha você tem o cabeçalho **User-Agent**, que é acessível ao servidor e ao cliente, onde indica o browser que você está usando, bem como o sistema operacional e a língua usada. A quarta e última linha se trata do cabeçalho **Connection**, que tipicamente tem o valor de ***Keep-Alive***.

O Pedido Via POST

Um pedido via POST é muito similar ao pedido via GET, mas se diferencia pela quantidade de informações que podem ser transmitidas por essa forma.

Tipicamente, você veria os seguintes cabeçalhos em um pedido via POST:

```
POST / HTTP/1.1
Host: www.integrator.com.br
User-Agent: Mozilla/5.0 (Windows; U; Windows NT 5.1; pt-BR;
```

```
rv:1.8.0.4) Gecko/20060508 Firefox/1.5.0.4
Content-Type: application/x-www-form-urlencoded
Content-Length: 57
Connection: Keep-Alive
empresa=Integrator%20Technology%20and%20Design&nome=Edson
```

A primeira linha indica o método utilizado, no caso o **POST**. Os cabeçalhos **HOST** e **User-Agent** são iguais ao do método **GET**.

O cabeçalho **Content-Type** indica como o corpo do pedido é codificado. Os browsers sempre codificam os dados postados como **application/x-www-form-urlencoded**, que é o MIME type usado para codificar URL simples (similar ao **%20** explicado anteriormente no método GET).

O cabeçalho **Content-Length** indica o comprimento de bytes transmitidos, que no caso são **57**. Após o cabeçalho **Connection** você tem uma linha em branco, seguida das informações transmitidas pelo método. Nesse caso você tem a transmissão de duas variáveis (**empresa** e **nome**), seguidas de suas respectivas informações. Note o **&** "**e - comercial**", tido como o separador padrão utilizado para envio de mais de uma variável.

A Resposta HTTP

A resposta HTTP tem uma linha de status (como a de solicitação) e cabeçalhos de resposta, assim como o corpo de resposta opcional.

No caso de você entrar em um site e ele estiver disponível, você teria a seguinte resposta:

```
HTTP/1.1 200 OK
Date: Sat, 15 Apr 2006 18:21:25 GMT
Content-Type: text/html;charset=ISO-8859-1
Content-Length: 2541

<html>
  <head>
    <title> Integrator Technology and Design </title>
  </head>
  <body>
  ...
```

Existem respostas no qual o servidor encaminha ao browser, onde contém um número, indicando um problema ocorrido. Os mais comuns são:

- **200 (OK)**: Confirmação de que a requisição foi respondida com sucesso.
- **304 (NOT MODIFIED)**: Os recursos não foram modificados desde a última vez quem que você fez um pedido. Isso ocorre por causa dos mecanismos de cache do browser.
- **401 (UNAUTHORIZED)**: O cliente não tem acesso autorizado para acessar a área requisitada. Pode ocorrer de o browser pedir um nome de usuário e senha, devido ao acesso restrito a essa área no servidor.
- **403 (FORBIDDEN)**: O acesso à área requisitada falhou. Isso pode ocorrer em caso de acesso a áreas que exigem login e senha e não houve autorização para aquele usuário.
- **404 (NOT FOUND)**: Não encontrado. Ocorre quando você tenta acessar uma área inexistente no endereço passado, por exemplo, páginas removidas ou recursos excluídos.

O servidor devolverá um cabeçalho **Date** que indica a data e hora em que a resposta foi gerada no servidor. O cabeçalho de Content-Type especifica o MIME type para HTML (text/html) com uma codificação ISO-8859-1 (padrão para recursos cujas informações contenham acentos, como ocorre em nosso idioma). O cabeçalho Content-Length é similar ao visto em POST. O restante são informações que serão exibidas no browser, ou seja, o conteúdo, propriamente dito, do site.

Outros Protocolos

Não menos importante que o protocolo HTTP, você tem também os seguintes protocolos disponíveis na Internet:

- **TCP** – Sigla para Transport Communication Protocol representa a camada de transporte de dados e comunicação entre máquinas, cliente e servidor.
- **HTTPS** – Similar ao HTTP, mas com SSL (Secure Socket Layer) sobre esse protocolo, possui criptografia que assegura a troca de dados entre cliente e servidor, evitando assim a leitura dos dados por terceiros que não contenham a chave da criptografia.

- **FTP** – Sigla para File Transfer Protocol, onde é muito usado para transmissão de arquivos para um servidor. Fornece os principais comandos para troca de arquivos.
- **SMTP** – Sigla para Simple Message Transfer Protocol, e fornece os comandos necessários para envio de mensagens a um servidor de e-mail.
- **POP** – Sigla para Post Office Protocol, onde permite que um cliente acesse e manipule mensagens de correio eletrônico disponíveis em um servidor.
- **IMAP** – Sigla para Internet Message Access Protocol e permite que um cliente acesse e manipule mensagens de correio eletrônico disponíveis em um servidor, assim como ocorre no protocolo POP.

Capítulo 2

A Linguagem Java

De tempos em tempos o mundo conhece uma grande mudança. No mundo do desenvolvimento, uma delas aconteceu quando Java foi anunciado, em maio de 1995, pela empresa Sun Microsystems, no qual lançava naquele momento uma linguagem de programação que trabalhava em sites produzidos na World Wide Web.

O que chamava atenção nessa linguagem era o fato de que ela podia ser portável para outros sistemas operacionais. Além, sua fama cresceu rapidamente porque a Web como conhecemos hoje estava em ascensão, e Java possibilitava fazer diversas coisas, como animações, que até então não eram possíveis em páginas existentes na World Wide Web.

Seu tamanho também era um fator importante, onde depois de instalado uma máquina virtual em sua máquina, os arquivos Applet, como são conhecidos até hoje, eram pequenos assim como a velocidade de transmissão na época, o que facilitava a visualização desses aplicativos.

O Java amadureceu e com as mudanças ocorridas no mundo, muitas implementações foram criadas, com o intuito de abranger essas mudanças. Hoje você pode estar usando tanto aplicativos desktop, páginas para a Internet ou até mesmo aplicativos pequenos em celulares. Todos criados com a linguagem Java.

A linguagem Java nos dias de hoje é utilizada por grandes bancos, pois fornece extrema segurança. Também é utilizada por grandes empresas que desejam trafegar uma grande quantidade de dados e necessita de estabilidade e portabilidade entre outras empresas.

Milhões de pessoas já aprenderam essa linguagem e, grandes empresas a estão usando. Lugares como a NASA, IBM, ESPN entre outros são apenas exemplos da confiabilidade que a linguagem Java demonstra em seus utilizadores.

As variações de formas e sistemas criados em Java são imensos. Você encontra Java em:

- Servidores Web
- Bancos de dados relacionais
- Computadores de grande porte
- Telefones móveis
- Sistemas de cartão de crédito entre outros

Instalando o Software de Desenvolvimento Java

Atualmente, o SDK (Software Development Kit) está em sua versão 5 e está disponível para as seguintes plataformas:

```
Microsoft Windows
Linux
Sun Solaris
Mac Os
Entre outros
```

Você pode baixar o programa no site Web sobre Java da Sun no endereço **http://java.sun.com**.

A Sun publica periodicamente releases do SDK e costuma numerá-los com um ponto extra e um dígito logo após o número da versão principal, como por exemplo: 1.4.1, 1.5.0.1 e etc.

Cuidado na hora de baixar o kit de desenvolvimento, pois existem outros kits, no qual o que você precisará está descrito logo a seguir.

Fazendo Download do Java SE 5.0 JDK

O primeiro passo para que você comece a desenvolver programas em Java, consiste em obter o Kit de Desenvolvimento Java, que até o momento em que esse livro é escrito, está na versão 1.5, atualmente conhecido como Java SE 5.0. Para conseguir o Java SE 5.0 JDK você deve acessar o endereço: **http://java.sun.com/javase/downloads/index.jsp**.

Após acessar o endereço anterior, a página de download do Java SE 5.0, você verá vários produtos, referentes ao Java SE, para download. Logo a seguir você terá uma descrição dos mais utilizados pelos iniciantes em Java:

- **JDK 5.0 with NetBeans IDE** – Consiste em uma IDE (Ambiente de Desenvolvimento Integrado – como o Eclipse) mais o Java SE 5.0 JDK.
- **JDK 5.0 with Java EE** – Consiste em modelos de componentes, gerenciamento, web services e APIs de comunicação necessários para o desenvolvimento de aplicações Web mais o Java SE 5.0 JDK
- **JDK 5.0** – Este é o kit de desenvolvimento Java. Este kit consiste em um compilador (javac), uma ferramenta de execução (java), uma ferramenta para geração de documentação (javadoc), um conjunto de bibliotecas prontas para o uso e etc.
- **Java Runtime Environment (JRE) 5.0** – Este é o ambiente runtime do Java, usado apenas para executar os programas feitos em Java.
- **J2SE 5.0 Documentation** – A documentação do J2SE. Esta documentação contém as informações sobre todas as bibliotecas do Java.

Clique no link Download JDK, a página de termos de uso (Terms of Use) será mostrada, para efetuar o download do JDK, você deve aceitar os termos de uso do Java SE, clique na caixa de checagem "Accept" e em seguida no botão "Continue". Em seguida a página de Download será carregada.

Observe que na página de Download existe diversos Java SE. Existe Java SE para plataforma Windows, Linux, Solaris SPARC, Solaris x86 e Linux AMD64. No seu caso você efetuará o download do Java SE para o seu sistema operacional.

A Instalação do J2SE 5.0 SDK no Windows

Aqui, neste exemplo, eu irei abordar a instalação do SDK na plataforma Windows, mais especificamente no sistema operacional Windows XP.

O mesmo processo se aplica as outras plataformas Microsoft.

Após efetuar o download do SDK, dê um duplo clique no arquivo executável. No momento em que escrevo esse livro, a versão baixada era **jdk-1_5_0_10-windows-i586-p.exe**.

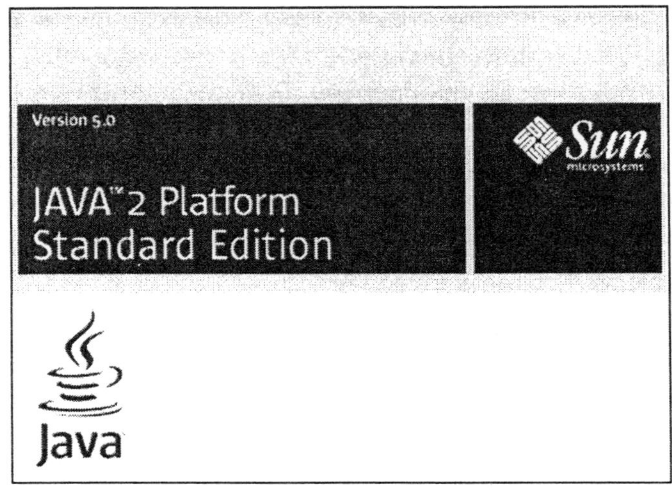

Figura 2.1

A primeira etapa da instalação é a tela de licença. Clique na caixa de seleção "*I accept the terms in the license agreement*", e clique em "*Next*". Esta tela descreve os temos de licença do J2SE 5.0 JDK.

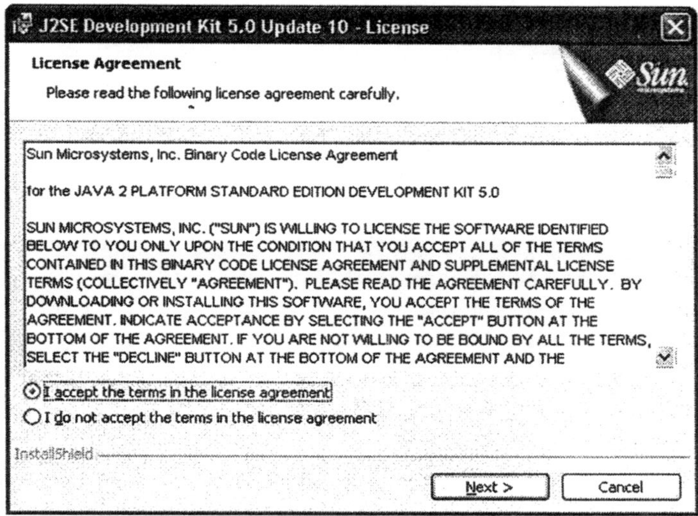

Figura 2.2

Na segunda etapa, você tem a tela de configuração. Nesta tela você pode configurar o tipo de instalação que deseja. . Clique apenas no botão "***Change...***" se desejar alterar o diretório onde o J2SDK será instalado.

J2SE Development Kit 5.0 Update 10 - Custom Setup

Custom Setup

Select the program features you want installed.

Select optional features to install from the list below. You can change your choice of features after installation by using the Add/Remove Programs utility in the Control Panel

Development Tools
Demos
Source Code
Public JRE

Feature Description

J2SE Development Kit 5.0, including private JRE 5.0. This will require 264 MB on your hard drive.

Install to:

C:\Arquivos de programas\Java\jdk1.5.0_10\

Change...

InstallShield

< Back | Next > | Cancel

Figura 2.3

Alterando o diretório de instalação do J2SDK:

Caso você queira alterar o diretório onde será instalado o J2SDK, na caixa "**Folder Name**" altere seu caminho para **C:\jdk1.5.0_10**, deixando igual ao da **Figura 2.4** e clique no botão "**OK**", para retornar a tela anterior. Clique no botão "**Next**" em seguida.

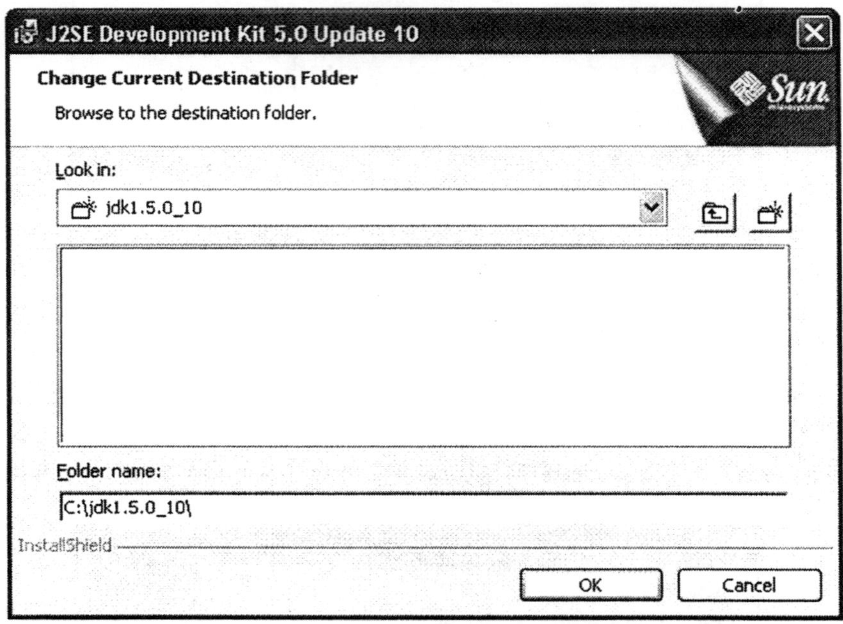

Figura 2.4

Aguarde até o fim do processo de instalação do J2SDK.

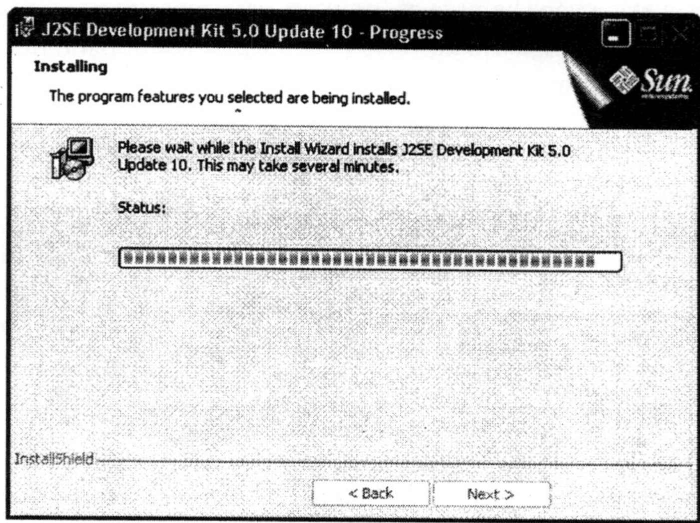

Figura 2.5

Na Tela de Configuração do Runtime do Java (Figura 2.6) clique no botão "**Next**" para continuar, não é necessário mudar o diretório.

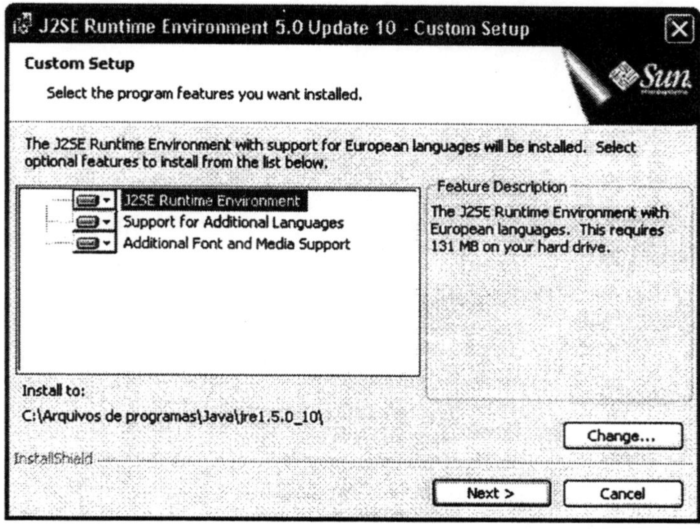

Figura 2.6

Nesta etapa você habilita os browsers para suportar programas desenvolvidos em Java, os Java Applets (Figura 2.7). Depois clique no botão "**Next**" e aguarde os arquivos serem copiados.

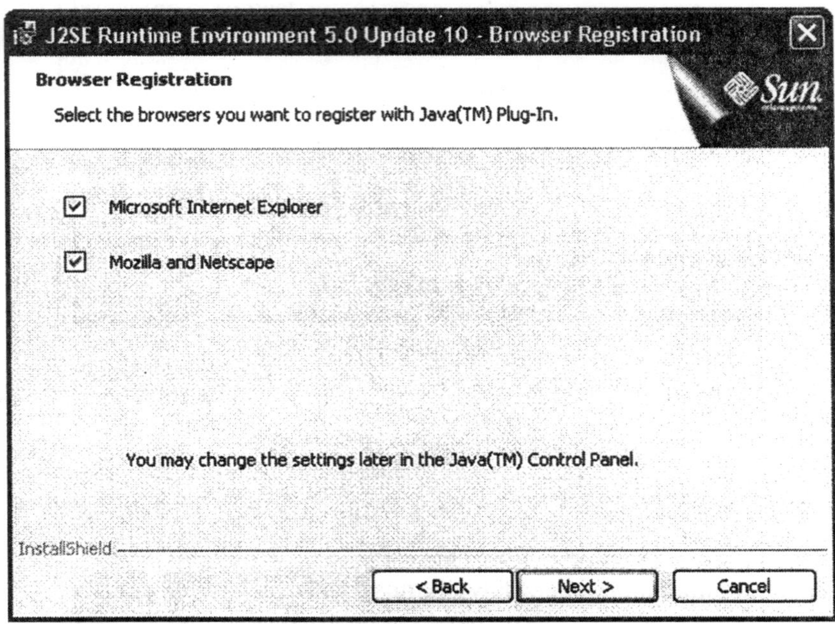

Figura 2.7

Pronto, o processo de instalação do **J2SE 5.0 JDK**, bem como o ***Runtime*** do Java foram completamente instalados. Clique no botão "**Finish**" para finalizar.

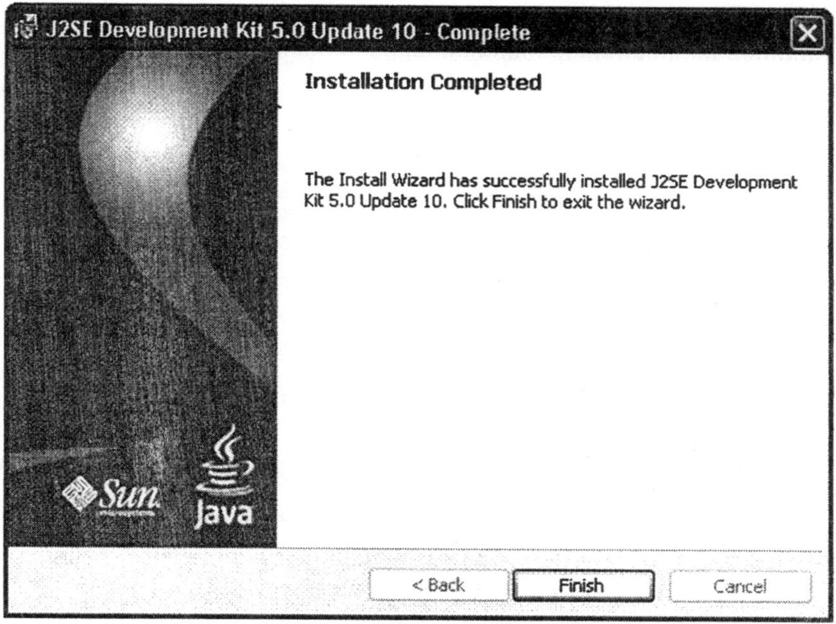

Figura 2.8

Configuração do Kit em seu Ambiente Operacional

Um problema muito comum encontrado nos iniciantes em programação Java é a configuração do kit no seu ambiente operacional.

Para configurar qualquer variável de ambiente em um sistema Windows na versão NT, você deve entrar no ***Painel de Controle***, ***Sistema*** e na guia *Avançado* clique no botão **Variáveis de Ambiente**.

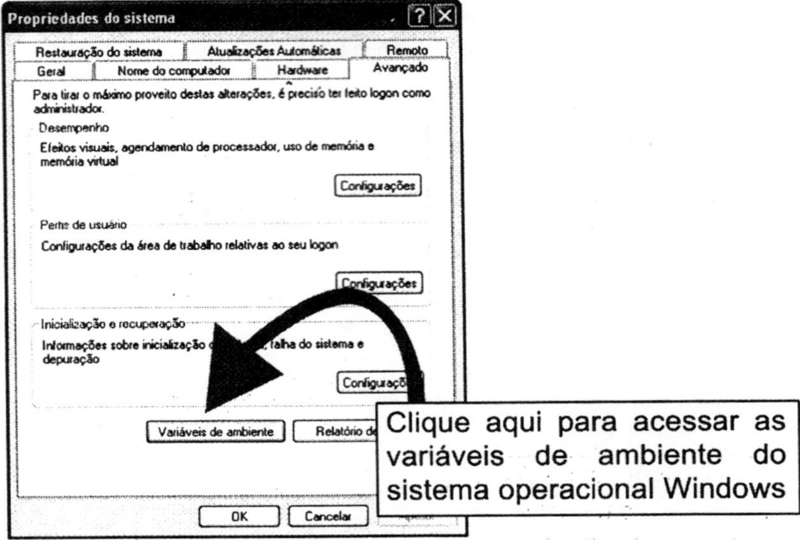

Figura 2.9

As variáveis de ambiente são seqüências de caracteres que contêm informações como unidade, caminho ou nome de arquivo. As variáveis de ambiente controlam o comportamento de vários programas. Como exemplo de variáveis de ambiente tem: **PATH**, **CLASSPATH**, **USER**, **TEMP**, **JAVA_HOME** e etc. Estas variáveis de ambiente são utilizadas por muitos programas, para definir um espaço em memória principal (RAM), onde alguns processamentos serão executados.

A variável PATH contém uma lista de diretórios (caminhos de programas) separados por pontos-e-vírgulas.

Vá até o fim da variável e adicione um ponto-e-vírgula, se esse já não houver, e adicione o caminho onde seu SDK está instalado, seguido do texto \bin, que neste caso seria (Figura 2.10):

```
C:\jdk1.5.0_10\bin;
```

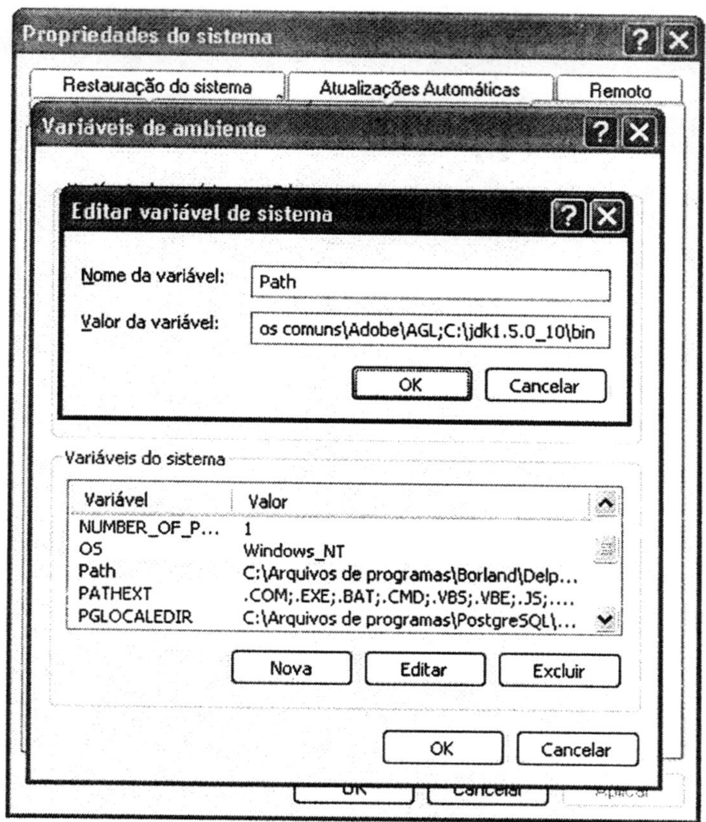

Figura 2.10

Confirme as caixas de diálogos e logo após faça o teste.

Testando a Configuração do J2SDK

Após a configuração do J2SDK, você deverá fazer um teste para ver se tudo ocorreu com sucesso. O processo de teste consiste em abrir o Prompt de comando do Windows:

Botão **Iniciar**, **Todos os programas**, **Acessórios** e finalmente **Prompt de comando**.

Na tela do prompt de comando digite **java –version**:

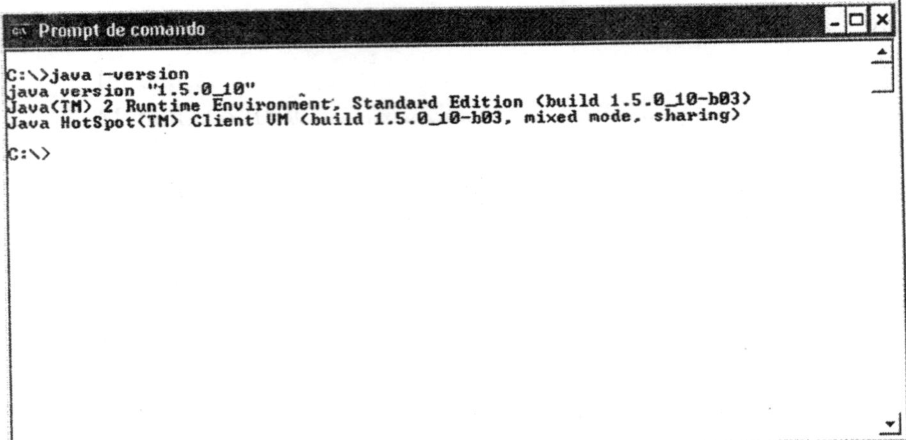
```
C:\>java -version
java version "1.5.0_10"
Java(TM) 2 Runtime Environment, Standard Edition (build 1.5.0_10-b03)
Java HotSpot(TM) Client VM (build 1.5.0_10-b03, mixed mode, sharing)

C:\>
```

Figura 2.11

Em Windows versão 9x

Você deve editar o arquivo **autoexec.bat**, encontrado em **C:\autoexec.bat** e adicionar as variáveis como o exemplo a seguir:

```
set JAVA_HOME= C:\jdk1.5.0_10
```

Onde o local indicado no exemplo, é onde você tem instalado o JDK.

Instalando o J2SE 5.0 JDK no Linux

Após a conclusão do download do SDK, abra o terminal do Linux e siga os passos a seguir. No momento em que escrevo esse livro, a versão baixada era **jdk-1_5_0_10-linux-i586.bin**.

Digamos que você tenha baixado no diretório /tmp, como foi o caso na elaboração desse livro. Não se esqueça estar como root para fazer a instalação.

No terminal digite os comandos a seguir em destaque:

Para entrar no diretório, caso você já não esteja nele:

```
shell# cd /tmp
```

Alterando a permissão do arquivo para executável, assim você poderá instalá-lo:

```
shell# chmod +x jdk-1_5_0_10-linux-i586.bin
```

Executando o arquivo:

```
shell# ./jdk-1_5_0_10-linux-i586.bin
```

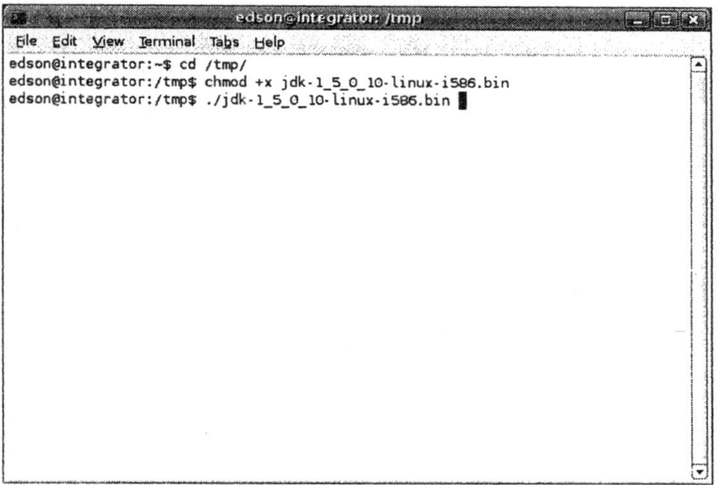

Figura 2.12

Assim que iniciar a instalação, você verá a tela de licença da instalação, como mostra a imagem seguir (Figura 2.13):

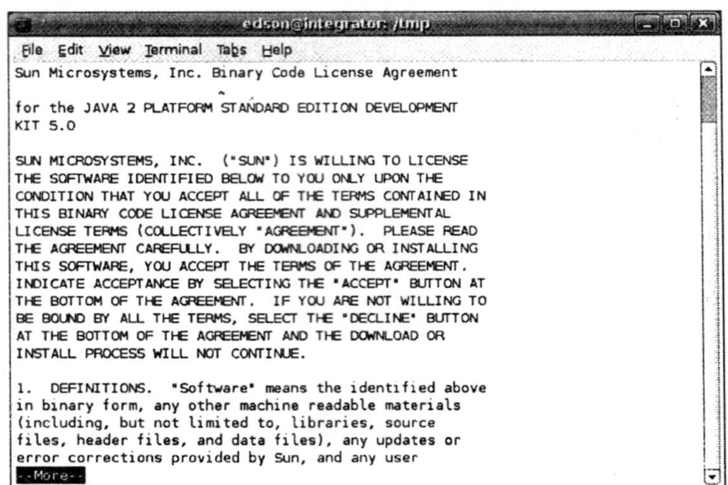

Figura 2.13

Para visualizar toda a licença, use as setas para cima e para baixo do seu teclado. As teclas **Page Up** e **Page Down** também podem ser usadas.

Ao final você verá a pergunta de que aceita os termos de licença "**Do you agree to the above license terms? [yes or no]**". Digite **y** (Figura 2.14):

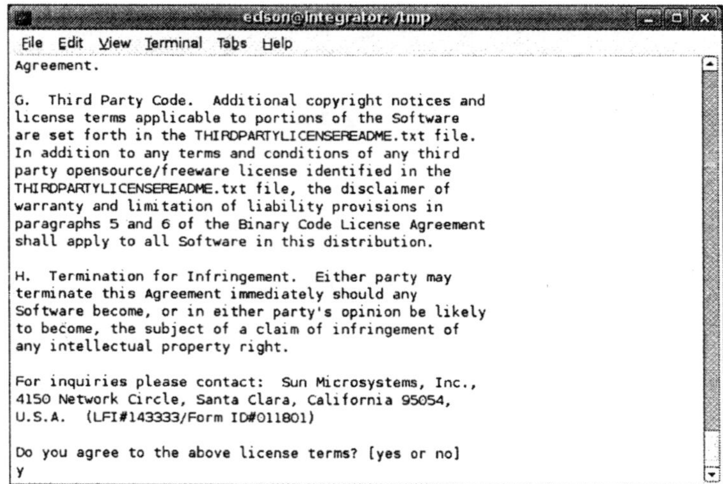

Figura 2.14

A instalação será iniciada. Ao seu término, mova o diretório criado para o local que você achar mais indicado ou para um outro diretório se desejar (Figura 2.15):

```
shell# mv  jdk1.5.0_10  /usr/local/
```

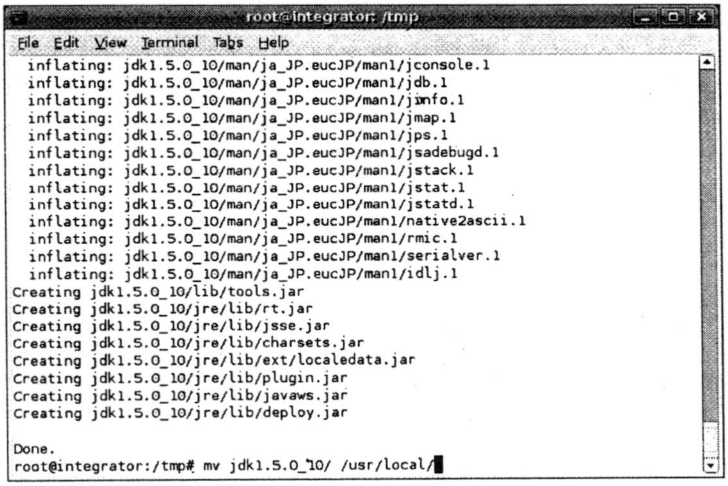

```
root@integrator: /tmp
File Edit View Terminal Tabs Help
  inflating: jdk1.5.0_10/man/ja_JP.eucJP/man1/jconsole.1
  inflating: jdk1.5.0_10/man/ja_JP.eucJP/man1/jdb.1
  inflating: jdk1.5.0_10/man/ja_JP.eucJP/man1/jinfo.1
  inflating: jdk1.5.0_10/man/ja_JP.eucJP/man1/jmap.1
  inflating: jdk1.5.0_10/man/ja_JP.eucJP/man1/jps.1
  inflating: jdk1.5.0_10/man/ja_JP.eucJP/man1/jsadebugd.1
  inflating: jdk1.5.0_10/man/ja_JP.eucJP/man1/jstack.1
  inflating: jdk1.5.0_10/man/ja_JP.eucJP/man1/jstat.1
  inflating: jdk1.5.0_10/man/ja_JP.eucJP/man1/jstatd.1
  inflating: jdk1.5.0_10/man/ja_JP.eucJP/man1/native2ascii.1
  inflating: jdk1.5.0_10/man/ja_JP.eucJP/man1/rmic.1
  inflating: jdk1.5.0_10/man/ja_JP.eucJP/man1/serialver.1
  inflating: jdk1.5.0_10/man/ja_JP.eucJP/man1/idlj.1
Creating jdk1.5.0_10/lib/tools.jar
Creating jdk1.5.0_10/jre/lib/rt.jar
Creating jdk1.5.0_10/jre/lib/jsse.jar
Creating jdk1.5.0_10/jre/lib/charsets.jar
Creating jdk1.5.0_10/jre/lib/ext/localedata.jar
Creating jdk1.5.0_10/jre/lib/plugin.jar
Creating jdk1.5.0_10/jre/lib/javaws.jar
Creating jdk1.5.0_10/jre/lib/deploy.jar

Done.
root@integrator:/tmp# mv jdk1.5.0_10/ /usr/local/
```

Figura 2.15

Entre no arquivo **profile** em **/etc/profile** e adicione as linhas:

```
JAVA_HOME=/ jdk1.5.0_10
JRE_HOME=/ jdk1.5.0_10/jre
export JAVA_HOME
export PATH=$PATH:$JAVA_HOME/bin:$JRE_HOME/lib
export MANPATH=$MANPATH:$JAVA_HOME/man
```

As variáveis usadas são explicadas rapidamente a seguir, dando a você noção do que cada uma faz:

JAVA_HOME – Diretório onde a JDK está instalada

JRE_HOME – Diretório onde a máquina virtual está instalada

PATH – Diretório dos executáveis, onde inclui o do Java
CLASSPATH – Diretório das libs
MANPATH – Diretório do manual, acessível por **man javac**.
java -version
Surgindo as informações, a instalação foi feita com sucesso.

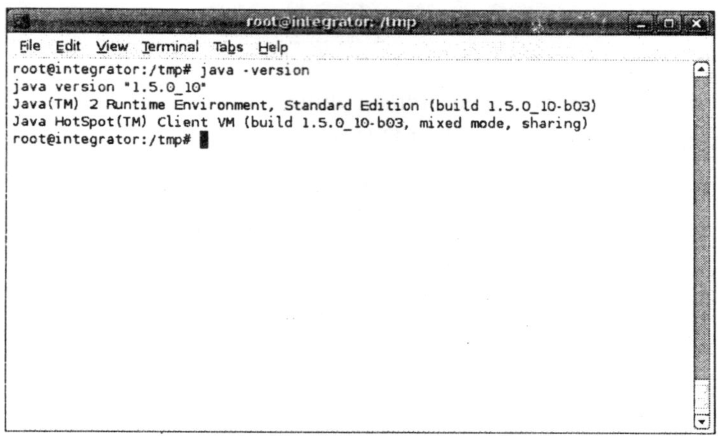

Figura 2.16

Capítulo 3

Fazendo Funcionar o Java na Web

PARA QUE O JAVA FUNCIONE EM APLICAÇÕES ESCRITAS PARA WEB, você precisará de um Container Servlet. Um container Servlet pode ser um servidor, servindo todos os tipos de aplicativos Web, ou a integração de um, trabalhando exclusivamente para servir páginas escritas em Java. Atualmente no mercado existem diversos servidores e containeres, sendo os mais famosos: Apache Tomcat, Red Hat JBoss, IBM WebSphere e etc.

Neste livro você trabalhará exclusivamente com o Tomcat, facilitando assim sua compreensão com relação ao trabalho de um container Servlet.

O Tomcat

Tomcat tem suas origens no início da tecnologia servlet. A Sun Microsystems criou o primeiro contêiner servlet, o Java Web Server, para demonstrar a tecnologia, mas não era um servidor robusto, para uso na Web como se necessitava. Ao mesmo tempo, o Apache Software Foundation (ASF) criou JServ, um servlet engine que integrava com o servidor Web Apache.

Em 1999, a Sun Microsystems doou o código do Java Web Server para o ASF, e os dois projetos se fundiram para criar o Tomcat. A versão 3.x foi à primeira da série Tomcat e teve a descendência direta do código original que a Sun Microsystems doou ao ASF.

Em 2001, o ASF liberou a versão 4.0 do Tomcat, que era uma completa arquitetura redesenhada do Tomcat no qual teve um novo código base. A série Tomcat, versão 4.x é um RI (reference implementation) de especificações Servlet 2.3 e JSP 1.2.

A versão Tomcat 5.x é a atual e é a RI de especificações Servlet 2.4 e JSP 2.0, no qual esse livro está baseado. Embora exista a versão 6.0 a caminho, ela não foi empregada por estar em uma versão não instável, alpha, até o momento em que esta obra é escrita.

Tecnicamente, o Tomcat é um Container Web (como já dito anteriormente). Mas o Tomcat tem a capacidade de atuar também como servidor Web/HTTP assim como pode funcionar integrado a um servidor web dedicado como o Apache ou o Microsoft IIS. O Tomcat, porém, não implementa até o momento um container EJB.

Servlets e JSP

J2SE (Standard Edition) é planejado para desenvolvimento do lado cliente e pode ser usada para desenvolver as tradicionais aplicações baseadas em cliente/servidor.

As aplicações para Web estão alçadas em Java EE (Enterprise Edition). A implementação de aplicações Web usando o padrão Java EE é bastante complexa.

Servlets e JSP são duas tecnologias desenvolvidas pela Sun Microsystems para desenvolvimento de aplicações Web a partir de componentes Java que executem do lado servidor.

Instalando o Tomcat

Para instalar o Tomcat, inicialmente, você deverá ter também instalado o Java em sua máquina.

Se você apenas for rodar aplicações no Tomcat, basta ter o JRE (máquina virtual do Java) instalado. Mas se você desenvolve, o ambiente JDK deverá estar instalado (como já visto anteriormente).

A série estável de versões 5.5.x para o Tomcat 5, uma ramificação da série 5.0.x, é focada para o J2SE 5.0, com uma nova modelagem de vários componentes estruturais visando maior desempenho, estabilidade e facilidade de manutenção. Para quem utiliza o J2SE 1.4, o Tomcat 5.0.x ainda é o mais recomendado. O uso do Tomcat 5.5 com J2SE 1.4 requer o download e instalação de um pacote adicional de compatibilidade (jakarta-tomcat-5.5.?-compat.zip).

A Instalação do Tomcat

Instalar o Tomcat é simples como no caso do JDK. Você deverá baixar a versão desejada no site. Entre no link **http://tomcat.apache.org/download-55.cgi** e selecione a distribuição binária desejada.

No Windows

Existe mais de uma forma de instalar o Tomcat na sua máquina, em Windows. Em **Binary Distributions**, na página, você tem o item **Core**, que permite selecionar o arquivo compactado "zipado", "tarball" ou como **Windows Executable**.

Como executável você terá a instalação em forma de assistente. No caso, iremos dar preferência ao arquivo compactado, baixando para o Windows no formato **zip**.

Descompacte-o e coloque-o em um diretório chamado de **Tomcat**, tornando assim fácil o seu acesso ao diretório.

Se você der preferência pela instalação por assistente, você poderá rodá-lo como serviço ou não, dependendo de você.

Adicionando a Variável CATALINA_HOME

%CATALINA_HOME% é o diretório onde você escolheu para instalar o seu Tomcat. No Windows, em versão NT, faça o mesmo procedimento executado anteriormente no caso da configuração do JDK.

Crie uma variável chamada de **CATALINA_HOME** e coloque em seu valor o caminho da instalação.

No Windows 9x, você deve entrar no arquivo **autoexec.bat** e adicionar a linha:

```
set CATALINA_HOME=C:\tomcat
```

Lembrando que o caminho apresentado é o local onde eu escolhi para instalação do Tomcat.

No Linux

No Linux você tem a possibilidade de instalação como no Windows, baixando o arquivo com extensão **tar.gz** (tarball) ou **.zip** se assim preferir.

Descompacte o arquivo com o seguinte comando, no diretório onde se encontra o arquivo baixado:

```
shell# tar -xpvzf apache-tomcat-5.5.20.tar.gz  /usr/local/tomcat
```

Após a descompactação, no arquivo **/etc/profile** adicione a variável **CATALINA_HOME**:

```
CATALINA_HOME=/usr/local/tomcat<R>export CATALINA_HOME
```

Iniciando o Tomcat

Após instalar o Tomcat, você deverá iniciá-lo. Embora existam dois sistemas operacionais sendo abordados, a inicialização no caso será idêntica, desde que não haja a instalação por assistente no Windows.

No Windows

Para iniciar no Windows, vá até o diretório **%CATALINA_HOME%** e no diretório **bin** dê um duplo clique no arquivo **startup.bat**.

Se você quiser rodar pelo prompt de comando, execute a seguinte linha:

```
%CATALINA_HOME%\bin\startup.bat
```

No Linux

Para o Linux, você deve iniciar através do comando:

```
shell # $CATALINA_HOME/bin/startup.sh
```

Parando o Tomcat

Assim como você inicia, você também pode parar o Tomcat.

No Windows

Para parar o Tomcat no Windows use o comando:

```
%CATALINA_HOME%\bin\shutdown.bat
```

Se preferir, você pode ir até onde o Tomcat está instalado e no diretório **bin** dar um duplo clique no arquivo **shutdown.bat**.

No Linux

Pare o Tomcat com o comando a seguir no Linux:

```
$CATALINA_HOME/bin/shutdown.sh
```

O Tomcat em Operação

Depois de instalado e iniciado o Tomcat, você pode vê-lo trabalhando abrindo um navegador e digitando em sua barra de endereços:

```
http://localhost:8080
```

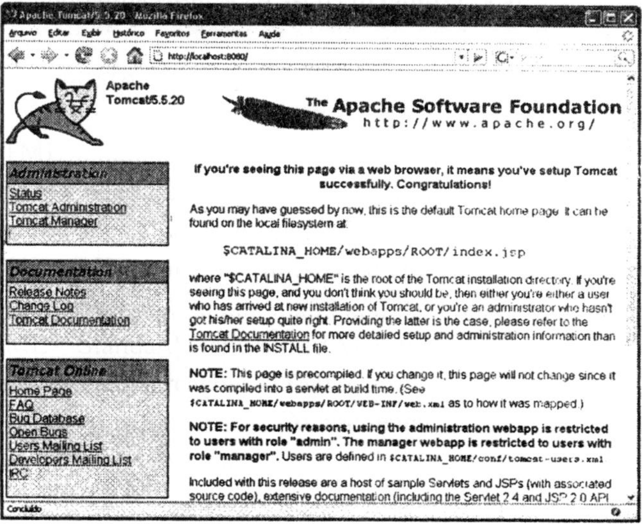

Figura 3.1

Introdução aos Servlets

SERVLETS SÃO CLASSES JAVA, desenvolvidas de acordo com uma estrutura bem definida, e que, quando instaladas junto a um Servidor que implemente um Servlet Container (um servidor que permita a execução de Servlets, muitas vezes chamado de Servidor de Aplicações Java), podem tratar requisições recebidas de clientes.

Porque Iniciar com Servlets?

Muitos desenvolvedores iniciantes atualmente vem aprendendo a trabalhar com Java para aplicações Web utilizando primeiramente JavaServer Pages (JSP) e depois acabam conhecendo Servlets. Na verdade, Servlets são à base do desenvolvimento de qualquer aplicação escrita em Java para a Web. O container Tomcat que você está usando é um Container Servlet.

Como você verá, mesmo que mais adiante você termine utilizando JavaServer Faces, o framework da Sun, ainda assim, você deverá ter conhecimento de Servlets.

Uma Aplicação Servlet

A idéia nesse exemplo é criar o Servlet de forma simples e transparente, para que você entenda basicamente seu funcionamento.

A seguir você tem um exemplo de Servlet:

MeuPrimeiroServlet.java

```
package meupacote;
import java.io.IOException;
import java.io.PrintWriter;
import javax.servlet.ServletException;
import javax.servlet.http.HttpServletRequest;
import javax.servlet.http.HttpServletResponse;
 public class MeuPrimeiroServlet extends
javax.servlet.http.HttpServlet {
  public void destroy( ) {
super.destroy( );
  }

  public void init( ) throws ServletException {
super.init( );
  }

protected void service(HttpServletRequest request,
    HttpServletResponse response)
  throws ServletException, IOException {
response.setContentType("text/html;charset=ISO-8859-1"); ❶
String html = "<html>" +
    "<head><title>Trabalhando com Servlet</title></head>" +
    "</head>" +
    "<body>" +
    "<h1>Meu Primeiro Servlet</h1>" +
    "</body>" +
    "</html>";
PrintWriter out = response.getWriter( );
out.print(html);
out.close( );
  }
}
```

O método **setContentType(String s)** ❶ especifica o tipo de conteúdo (MIME Media Types) da resposta para o navegador. O MIME Type ajuda o navegador a determinar como exibir os dados. O MIME (Multipurpose Internet Mail Extensions) Type nesse caso é **"text/html"**, indicando que a resposta é um documento HTML. Para ver uma lista completa de tipos de conteúdo, visite o site **http://www.iana.org/assignments/media-types/**.

Caso você altere o MIME Type de saída, seu navegador poderá se comportar chamando o programa que represente a leitura da **media** no seu sistema operacional ou então colocará para download caso não o reconheça.

O Ciclo de Vida de um Servlet

Todo Servlet segue um ciclo de vida composto de 3 fases: **inicialização**, **atendimento às requisições** e **finalização**.

A inicialização ocorre quando o Servlet Container carrega o Servlet: se o parâmetro **<load-on-statup/>** estiver presente e contiver um inteiro positivo, abordado mais adiante, essa carga ocorre quando o próprio servidor é iniciado; caso contrário, essa carga ocorre quando é recebida a primeira requisição a ser mapeada para a aplicação que contém o Servlet.

Após a inicialização, o Servlet pode atender requisições. Assim, enquanto o servidor estiver ativo, e a aplicação que contém o Servlet estiver carregada, este permanecerá na fase 2 de seu ciclo. Uma vantagem da tecnologia de Servlets e páginas JSP com relação a outras tecnologias é que o fato do Servlet permanecer carregado permitindo assim com que dados armazenados em variáveis de classe persistam ao longo dos diversos pedidos recebidos. Assim, é possível manter um pool de conexões ao banco de dados, por exemplo, de maneira que não haja necessidade de iniciar e estabelecer uma nova conexão ao banco de dados a cada novo pedido recebido.

Finalmente, quando o servidor é finalizado, ou quando a aplicação é tornada inativa pelo Servlet Container, o Servlet é finalizado.

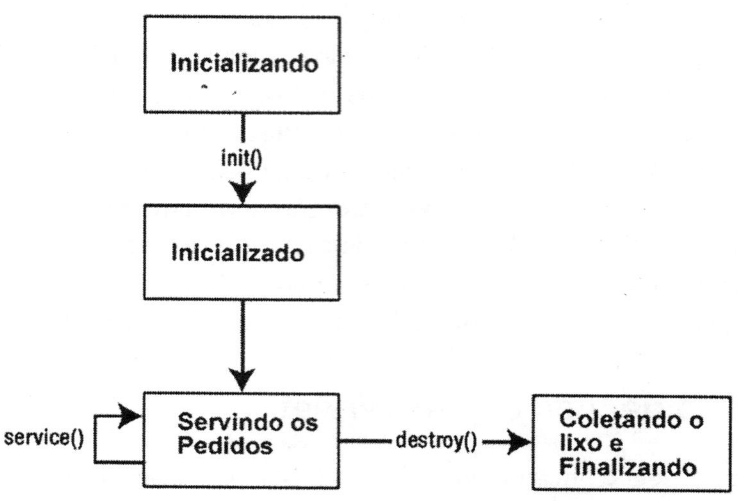

Figura 4.1 – *Ciclo de vida.*

O código anterior, foi desenvolvido em seu escopo inicial na IDE Eclipse, onde você tem um Servlet chamado de **MeuPrimeiroServlet**. Isso nada mais é que uma classe Java que estende a classe **javax.servlet.http.HttpServlet**, uma classe abstrata que estende a **javax.servlet.GenericServlet**. Essa última implementa a interface **javax.servlet.Servlet**, que é a fonte de toda a programação Servlet, onde temos a abstração central dessa tecnologia. Todo Servlet implementa essa interface, direta ou indiretamente.

O funcionamento básico de um Servlet compreende em:

void init (ServletConfig config) – A inicialização do Servlet para parâmetros que podem ser lidos e variáveis comuns a todas as requisições que devem ser inicializadas. Um exemplo disso são as conexões ao banco de dados estabelecidas aqui, na inicialização.

void service(HttpServletRequest req, HttpServletResponse res) – Chamadas ao método de serviço, pelo Servlet Container, onde seu servlet responde as suas solicitações. É aqui onde o Servlet vai interagir com os pedidos, processar e responder.

void destroy( ) – Esse método libera os recursos que estavam sendo usados pelo Servlet e é chamado quando é finalizado pelo servidor em que está sendo executado.

O servlet criado está baseado em HttpServlet, a classe abstrata que gera aplicações web baseadas no protocolo HTTP. No entanto, a API não foi criada somente para esse protocolo.

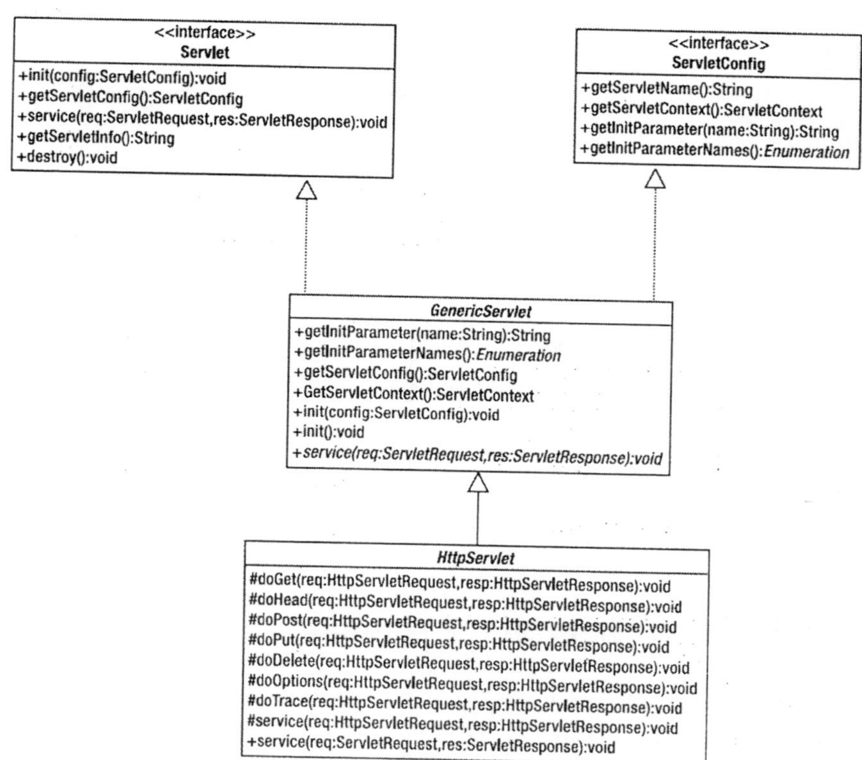

Figura 4.2

A criação de Servlets exige as classes do pacote **javax.servlet** e **javax.servlet.http**, que pertencem a API Servlet do Java, que faz parte do Java EE.

Para compilar o código, você precisa incluir no classpath o arquivo **servlet-api.jar**, que fica no diretório **lib** do Tomcat: **$CATALINA_HOME/common/lib/servlet-api.jar**, onde **$CATALINA_HOME** é o diretório de instalação do seu TOMCAT.

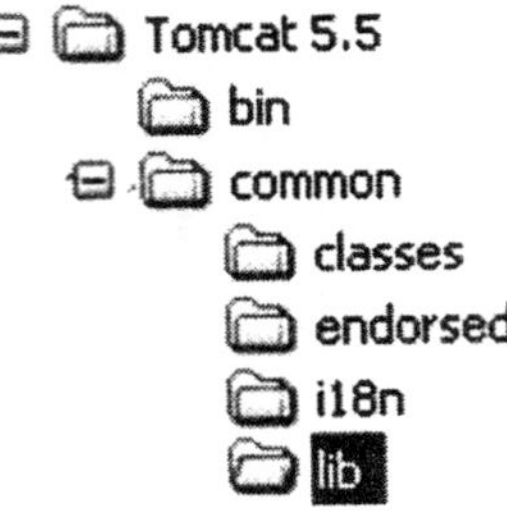

Figura 4.3

Para compilar, você deve fazer:

```
javac -classpath $CATALINA_HOME/common/lib/servlet-api.jar ➥
Site/MeuPrimeiroServlet.java
```

Digamos que no Windows, seu Tomcat esteja instalado em **C:\Tomcat**, então você teria que executar da seguinte maneira:

```
javac -classpath C:\Tomcat\common\lib\servlet-api.jar ➥
Site\MeuPrimeiroServlet.java
```

Um arquivo com a extensão .class é criada.

Rodando o Servlet no Tomcat

Para fazer o exemplo rodar no Tomcat, você deve fazer a seguinte configuração de diretórios: dentro de **$CATALINA_HOME**, em **webapps**, crie um diretório chamado **Site** e dentro dele a seqüência de diretórios e o arquivo **.class** gerado, como mostra a seguir:

```
Tomcat\
  webapps\
Site\
  WEB-INF\
    classes\
      meupacote\
        MeuPrimeiroServlet.class
```

Dentro do diretório **WEB-INF**, você deverá criar um arquivo descritor da sua aplicação. Esse arquivo se chamará **web.xml** e terá a seguinte aparência:

web.xml

```
<?xml version="1.0" encoding="UTF-8"?>
<!DOCTYPE web-app PUBLIC "-//Sun Microsystems, Inc.//DTD Web
Application 2.3//EN" "http://java.sun.com/dtd/web-app_2_3.dtd">
<web-app id="WebApp_ID">
  <description>
Descritor do contexto de desenvolvimento.
  </description>
  <display-name>
Meu Primeiro Servlet
  </display-name>
  <servlet>
<servlet-name>MeuPrimeiroServlet</servlet-name>
<servlet-class>
  meupacote.MeuPrimeiroServlet
</servlet-class>
  </servlet>
  <servlet-mapping>
<servlet-name>MeuPrimeiroServlet</servlet-name>
<url-pattern>/MeuPrimeiroServlet</url-pattern>
  </servlet-mapping>
</web-app>
```

Depois de configurado, digite no navegador o URL do seu Tomcat chamando o Servlet:

```
http://localhost:8080/ProjetoJavaWeb/MeuPrimeiroServlet
```

O resultado será como mostrado na Figura a seguir:

Figura 4.4

Para entender os Servlets, uma breve explicação do pacote **javax.servlet** e **javax.servlet.http**:

javax.servlet – Pacote dos servlets genéricos, independe de protocolo;

javax.servlet.http – Estende a funcionalidade do pacote **javax.servlet** para uso do protocolo HTTP.

A Configuração do Arquivo web.xml

O arquivo descritor de contexto (Deployment Descriptor) padrão de uma aplicação Web, segundo a especificação Java Servlet/Java EE, é o **web.xml**. As informações nele contidas detêm as configurações especificas da aplicação. Onde você tem:

- Informações textuais de título (elemento **<display-name />**, nome para exibição no Manager) e comentário da descrição (**<description />**) do contexto, úteis para identificação e documentação.
- O elemento **<servlet />** indica o nome do Servlet bem como sua classe.
- No elemento **<servlet-mapping />** você mapeia o Servlet para que seja melhor acessível no navegador. Para entender essa última situação, veja a explicação a seguir:

Mapeando um Servlet

Chamar um Servlet pelo pacote e nome da classe é uma situação incomum e estranha, por isso mapear um Servlet é uma boa prática para acesso a mesma. Para isso, o elemento **<servlet />** e **<servlet-mapping />** entram em ação. A **Figura 4.5** demonstra essa situação:

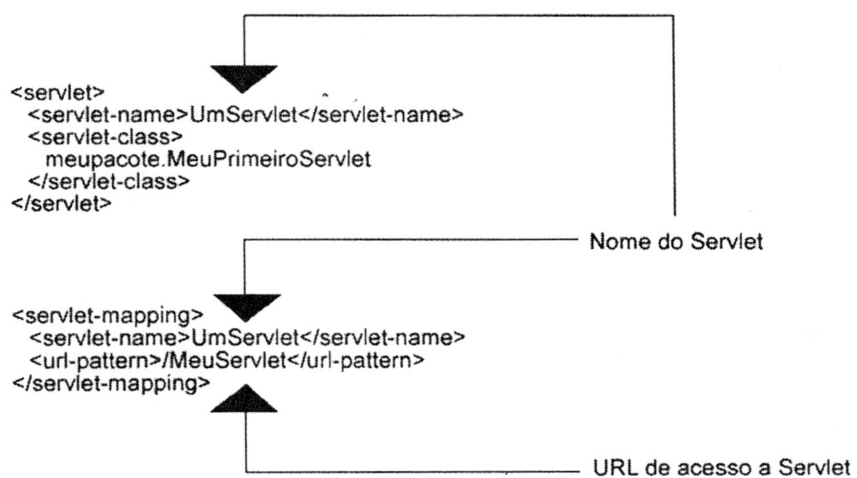

Figura 4.5 – *Servlet chamado de UmServlet é mapeado como MeuServlet.*

O acesso a esse Servlet pelo navegador será digitando **MeuServlet** no caminho da sua aplicação Web:

```
http://localhost:8080/Site/MeuServlet
```

Outras Formas de Mapear um Servlet

Existe uma outra forma de mapear o Servlet, especificando diversas urls, apontando assim para o mesmo Servlet. Se você marcar o elemento **<url-pattern />** como **/MeuServlet/***, toda url que acessar o padrão **http://localhost:8080/Site/MeuServlet/*** irá ter acesso ao Servlet criado:

web.xml

```
...
  <servlet-mapping>
      <servlet-name>UmServlet</servlet-name>
      <url-pattern>/MeuServlet/*</url-pattern>
  </servlet-mapping>
...
```

Também poderá ser acessado da seguinte forma:

```
http://localhost:8080/Site/PrimeiroServlet.java
```

web.xml

```
...
  <servlet-mapping>
    <servlet-name>PrimeiroServlet</servlet-name>
    <url-pattern>*.java</url-pattern>
  </servlet-mapping>
...
```

O elemento **<load-on-startup />** indica que este Servlet deve ser carregado quando a aplicação for iniciada.

O conteúdo desse elemento deve ser um inteiro indicando a ordem na qual o Servlet será carregado. Se o valor um inteiro negativo, ou não for apresentado (se esse elemento não existir), o container carregará o Servlet que quiser. Se o valor é um inteiro positivo ou 0 (zero), o container deve carregar e inicializar o Servlet assim que a aplicação é iniciada. O container deve garantir que os Servlets marcados com inteiros contendo valores menores devem ser carregados primeiramente.

Veja um exemplo de sua utilização:

web.xml

```
...
  <servlet>
      <servlet-name>PrimeiroServlet</servlet-name>
      <servlet-class>
           meupacote.MeuPrimeiroServlet
      </servlet-class>
      <load-on-startup>1</load-on-startup>
  </servlet>
...
```

No elemento **<load-on-startup />** você determina a ordem de carregamento desse Servlet.

Com relação a esse processo de inicialização é que o Servlet somente poderá receber requisições após a conclusão de seu processo de inicialização.

Criando Arquivos Web Archive (WAR)

Um arquivo Web Archive (**WAR**) é uma aplicação Web empacotada. Você pode usar arquivos WAR para importar uma aplicação Web em um servidor Web.

Web ARchive e é um formato compactado, baseado no mesmo formato de compactação de arquivos ZIP, para distribuir aplicações, ou bibliotecas, através de um só arquivo.

Em um arquivo WAR podem-se incluir quaisquer tipos de arquivos como: classes, imagens, configurações, entre outros.

Utilize o comando a seguir para gerar um WAR file, selecionando todos os arquivos existentes no diretório. Entre no diretório **Site** e execute o comando **jar** para criar o WAR file:

```
jar cfv Site.war *
```

Note que surgirá um arquivo chamado **Site.war**, como determinado.

```
Prompt de comando

C:\Site>jar cfv Site.war *
added manifest
adding: WEB-INF/(in = 0) (out= 0)(stored 0%)
adding: WEB-INF/classes/(in = 0) (out= 0)(stored 0%)
adding: WEB-INF/classes/meupacote/(in = 0) (out= 0)(stored 0%)
adding: WEB-INF/classes/meupacote/MeuPrimeiroServlet.class(in = 1316) (out= 653)
(deflated 50%)
adding: WEB-INF/classes/meupacote/MeuSegundoServlet.class(in = 1308) (out= 652)(
deflated 50%)
adding: WEB-INF/lib/(in = 0) (out= 0)(stored 0%)
adding: WEB-INF/web.xml(in = 886) (out= 363)(deflated 59%)

C:\Site>
```

Figura 4.6

Undeploy de uma Aplicação Web Usando o Tomcat 5.5

Como você já tem instalado, devido à operação executada anteriormente, a aplicação Web chamada Site, você irá primeiramente aprender a remover uma aplicação usando o Tomcat. O comando **undeploy** EXCLUI sua aplicação:

```
http://localhost:8080/manager/undeploy?path=/Site
```

No navegador você receberá a seguinte mensagem:

```
OK - Undeployed application at context path /Site
```

Deploying de uma Nova Aplicação Usando o Tomcat 5.5

O processo de instalação de uma aplicação Web é conhecido como **deploy**. O deploy da aplicação compactada necessita do seguinte comando para que seja instalada:

```
http://{hostname}:{portnumber}/manager/deploy?path={context_path}
```

No caso da aplicação criada, digite o exemplo a seguir no Windows, partindo do principio que seu arquivo WAR está no endereço **C:\Site**:

```
http://localhost:8080/manager/deploy?path=/Site&war=file:/
C:\Site\Site.war
```

No Linux, você faria de forma similar, não se esquecendo do endereço onde se encontra seu arquivo WAR:

```
http://localhost:8080/manager/deploy?path=/Site&war=file:/home/Site.war
```

Para visualizar se sua aplicação está funcionando corretamente, digite o endereço no navegador:

```
http://localhost:8080/Site
```

Escolha seu Ambiente de Desenvolvimento

NO DECORRER DESTE LIVRO, você terá muitos códigos a digitar e, com isso, erros irão aparecer. Embora faça parte do processo de aprendizado do iniciante ter erros, muitas vezes comuns e repetidos, o problema é minimizado com o uso de uma boa IDE. Felizmente, em Java, existem ótimas IDEs para desenvolvimento da linguagens que não custam nada. Nesse livro, você será apresentado a duas IDEs, as mais usadas no mercado: NetBeans e Eclipse.

O NetBeans

O NetBeans é considerada uma das melhores IDEs open source do mercado. Desenvolvida pela Sun Microsystems e mantida pela comunidade, a cada nova versão vem se mostrando uma madura e consistente ferramenta para desenvolvimento Java. No momento em que esse livro está sendo escrito, a versão atual da IDE NetBeans era a 5.5. Em matéria de desenvolvimento Web, essa IDE é muito madura, sendo uma excelente alternativa para aqueles que desejam desenvolver aplicações Web de forma simples e rápida. Essa ferramenta possui sistemas de depuração em tempo de desenvolvimento, mostrando a você falhas de digitação, variáveis não declaradas, métodos inexistentes, importações de bibliotecas através de auxilio da ferramenta e etc.

Como Obter essa IDE

Para obter o NetBeans 5.5, entre no endereço **http://www.netbeans.org**. Assim que abrir o site, você encontrará um botão para fazer o Download da IDE:

Figura 5.1

Uma segunda página surgirá, para que você defina exatamente o que deseja baixar. Caso ele não reconheça o sistema que está usando, clique no link **Other Systems & Languages**.

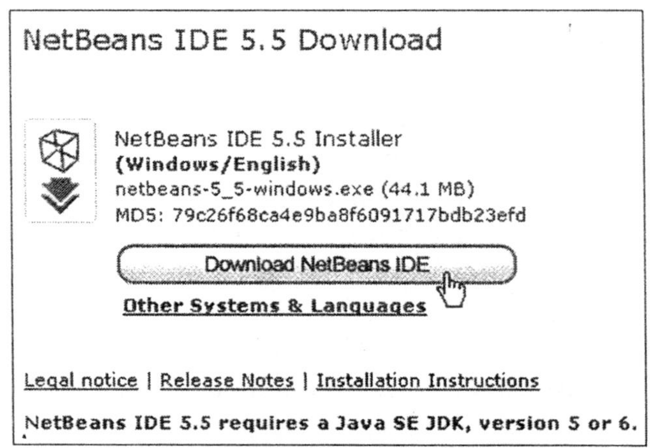

Figura 5.2

Após clicar no segundo botão para download da IDE, uma nova tela o avisará que o download iniciará automaticamente. Caso isso não ocorra, dê um clique no link **download it here**.

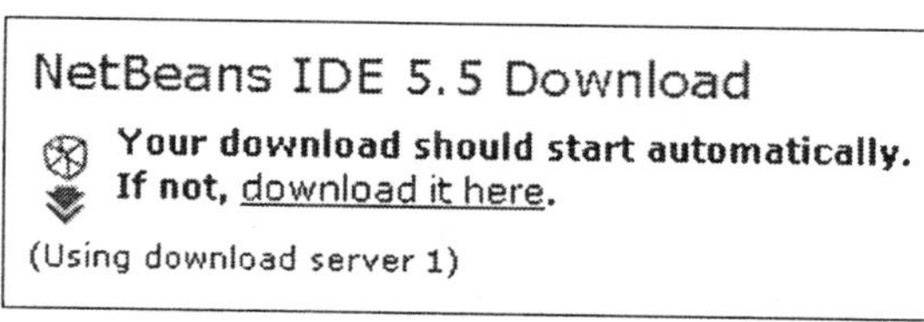

Figura 5.3

Após baixar sua IDE, você precisará instalá-la. Para isso, execute o assistente de instalação, como o de costume. Observe que para funcionar a IDE, você precisa ter o Java 5 ou o 6 instalado em sua máquina. Caso não tenha, existe a opção de baixar o Java na página da Sun contendo a IDE, como já falado em capítulo anterior, na instalação e configuração do Java. Até o momento em que esse livro é escrito, o Java 6 ainda não estava em versão estável.

Figura 5.4

Um outro detalhe é que o NetBeans contém o Tomcat embutido, o que, em matéria de testes, não há necessidade de utilizar o que você instalou, se assim desejar. Há também a possibilidade de configurar o Tomcat por você instalado.

No Linux

Ligeiramente diferente do Windows, no Linux você deve baixar o arquivo com terminação **.bin**. Se você está ambientado nesse sistema operacional, não sentirá dificuldades.

Dê a permissão necessária no arquivo, executando o comando no terminal:

```
shell# chmod +x netbeans-5_5-linux.bin
```

Para executar o instalador do NetBeans, basta fazer a seqüência no terminal:

```
shell# ./ netbeans-5_5-linux.bin
```

Iniciando na IDE NetBeans

Assim que instalar o NetBeans, você poderá abri-lo através dos atalhos encontrados em menu do sistema operacional ou na área de trabalho.

Uma tela de boas vindas aparecerá bem ao centro da IDE (**Figura 5.5**), contendo a paleta **Welcome**. Do lado esquerdo você encontra três janelas já abertas:

- **Projects** – Onde ficam os seus projetos desenvolvidos
- **Files** – Onde você tem acesso a todos os arquivos, inclusive os ocultos (uma espécie de explorer)
- **Runtime** – Onde você tem acesso aos servidores configurados no NetBeans, os servidores de dados configurados e etc.

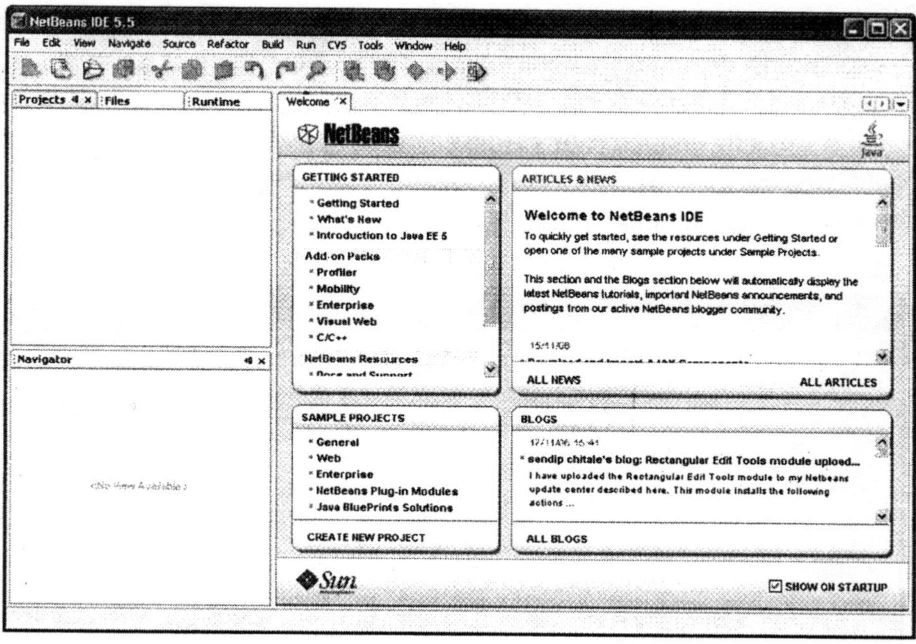

Figura 5.5

Criando seu Primeiro Projeto Web no NetBeans

Para desenvolver seus aplicativos Web descritos neste livro, usando a IDE NetBeans, você precisará iniciar um projeto. Para criar seu primeiro projeto Web, vá ao menu **File** e clique em **New Project**.

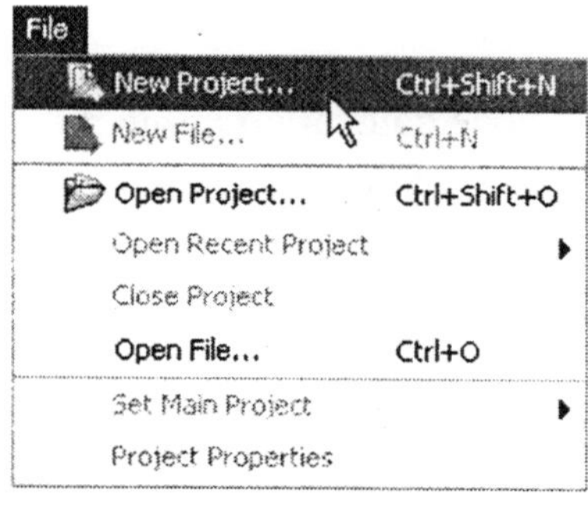

Figura 5.6

Alternativamente, na janela **Projects**, você pode dar um clique com o botão direito do mouse e selecionar a opção **New Project** no menu de contexto.

A caixa de diálogo **New Project** surgirá, onde você deverá selecionar em **Categories** o item **Web** e em **Projects** o item **Web Application**. Clique no botão **Next** para prosseguir.

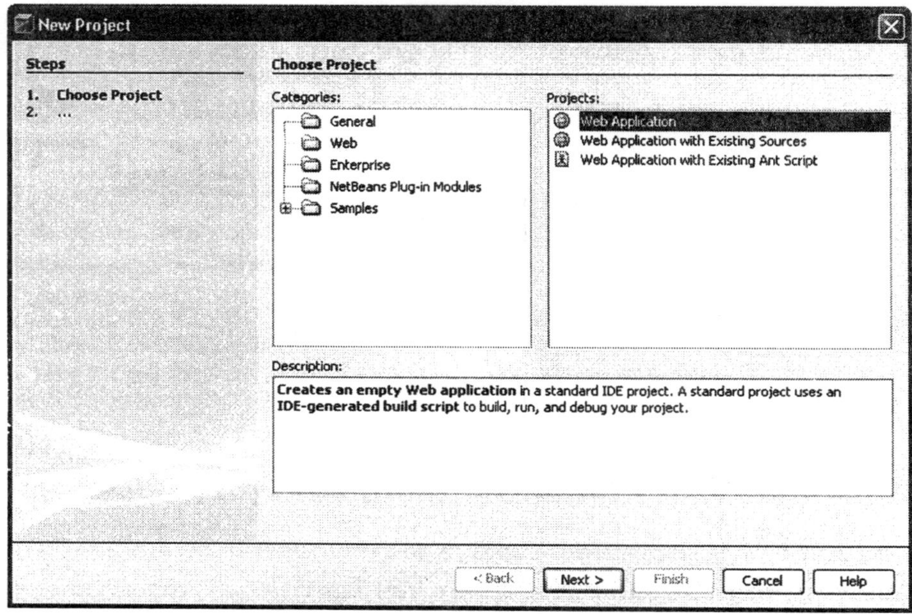

Figura 5.7

Na segunda etapa você colocará o nome do seu projeto, em **Project Name** e desativará o item **Set Source Level to 1.4**. Clique no botão **Finish** para terminar.

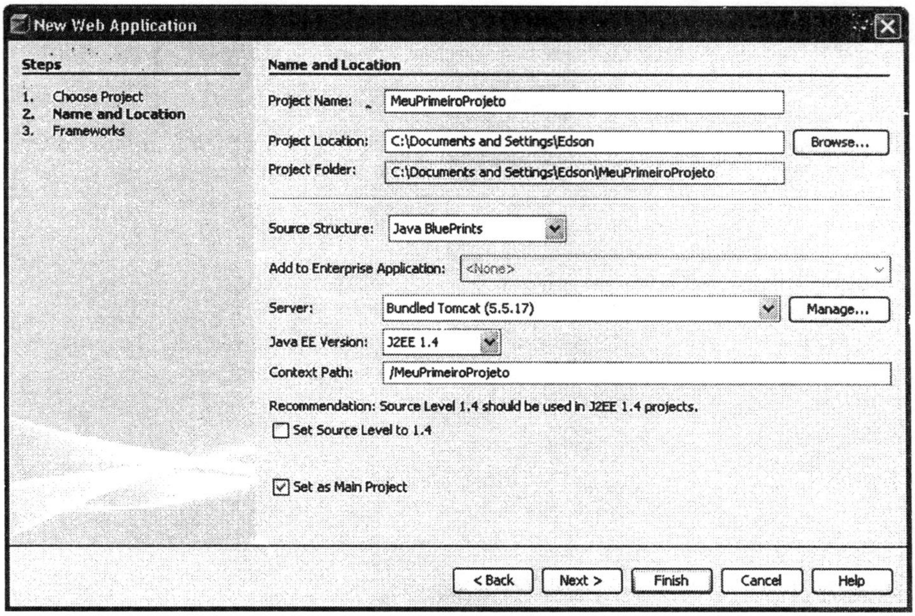

Figura 5.8

O projeto criado pelo NetBeans começa com um arquivo inicial, chamado de **index.jsp**, as configurações de uma aplicação Web escrita em Java (**context.xml** e **web.xml**), assim como os diretórios **META-INF** e **WEB-INF**.

Em **Source Packages** você define o pacote dos seus aplicativos e em **Libraries** você adiciona as bibliotecas utilizadas no desenvolvimento da aplicação.

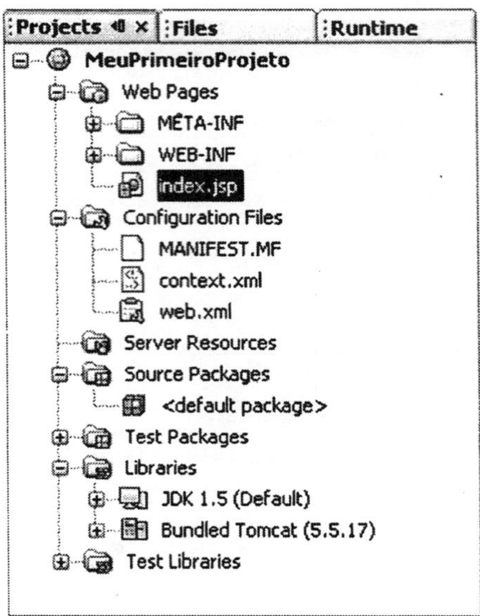

Figura 5.9

Como Desenvolver Servlets Usando o NetBeans

Após criar seu primeiro projeto, vá ao menu **File** e clique em **New File**. A caixa de diálogo **New File** surgirá. Com o item **Web** ativo em **Categories**, selecione **Servlet** em **File Types**. Clique no botão **Next** para ir à próxima etapa.

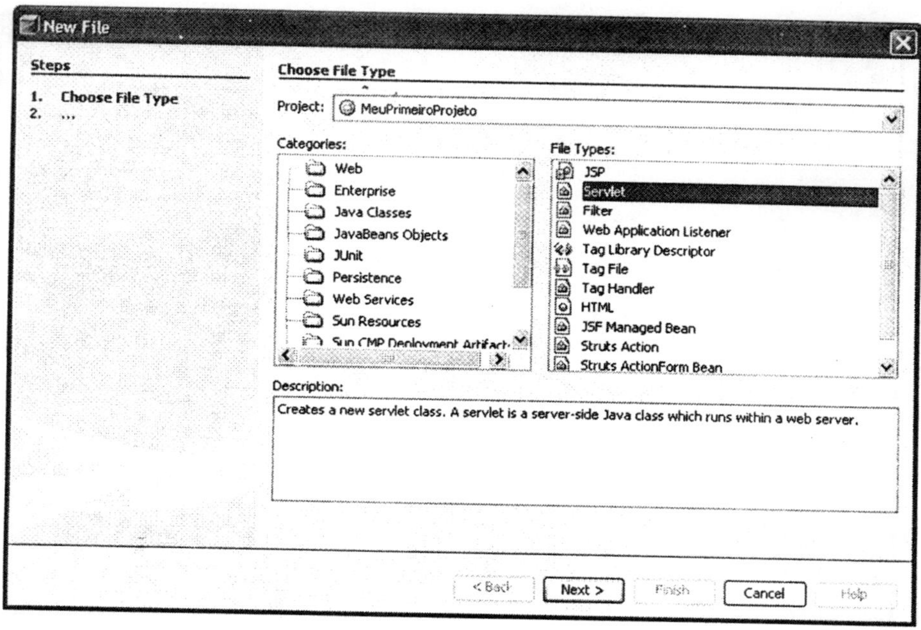

Figura 5.10

Na segunda etapa você coloca o nome do Servlet que está desenvolvendo em **Class Name** e o nome do pacote você digita em **Package**. Caso você tivesse já um pacote, bastava selecioná-lo. Clique em **Next** para prosseguir com o assistente.

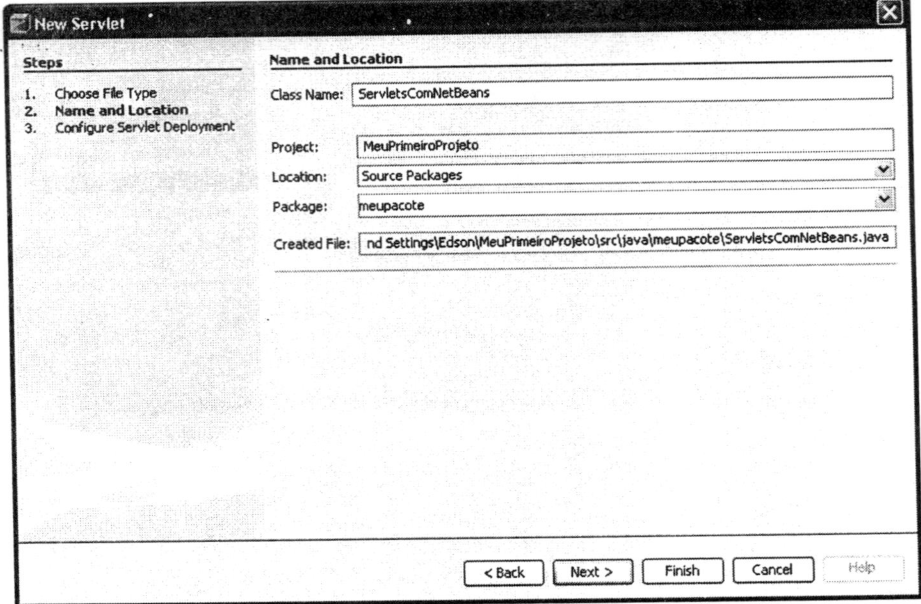

Figura 5.11

A última etapa do assistente é para você configurar o Deployment Descriptor (web.xml), onde você pode adicionar as informações do Servlet no arquivo, mantendo a opção marcada em **Add information to deployment descriptor (web.xml)**. A definição de **Servlet Name** equivale e altera **<servlet-name />** e **URL Pattern(s)** em **<url-pattern />**.

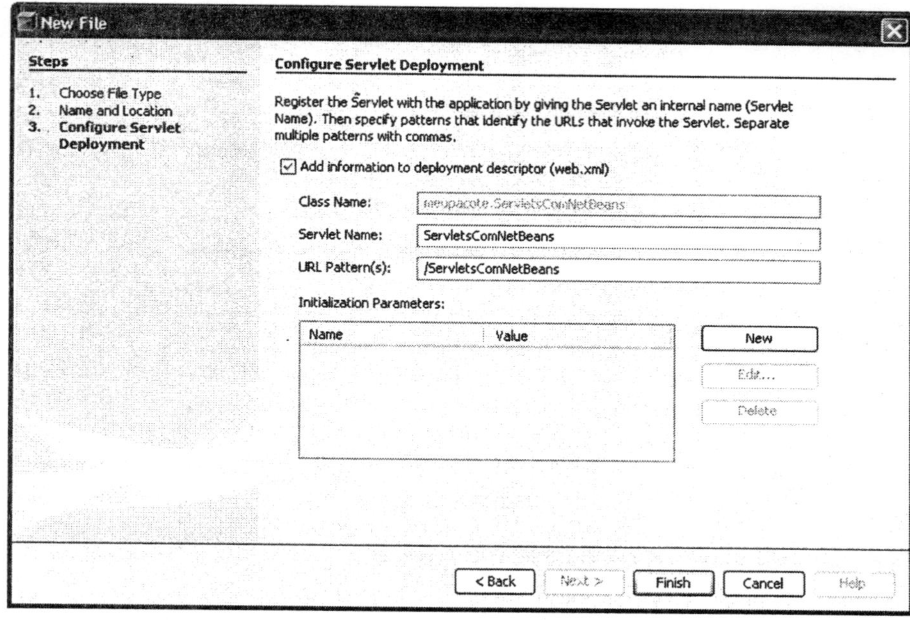

Figura 5.12

Ao final, um Servlet pré-configurado é criado, dando a você a possibilidade de alterá-lo a sua maneira. Um método protegido chamado **processRequest( )** é chamado por **doGet** e **doPost**, portanto é nesse método que você pode alterar o Servlet, acrescentando o conteúdo que desejar para resultar no navegador.

Isso ocorre porque o NetBeans contém templates com pré-configurações, possibilitando assim um código pré-criado após o uso do assistente.

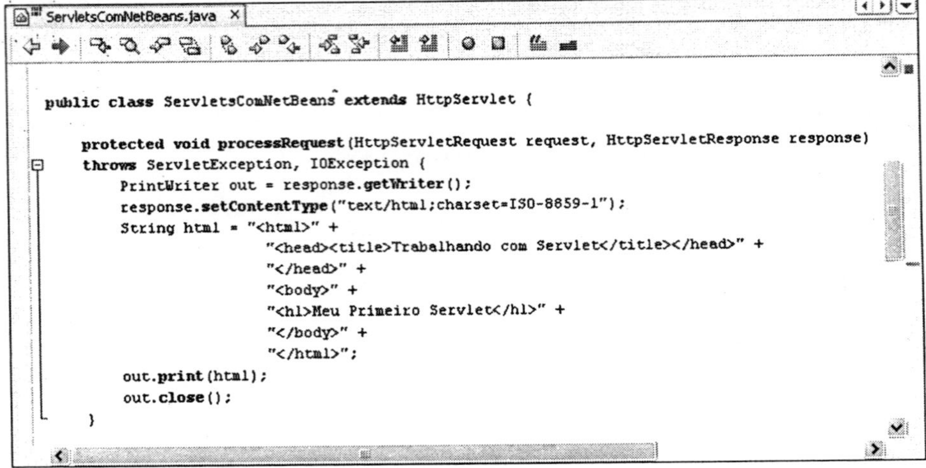

Figura 5.13

Executando o Servlet Criado

Qualquer projeto no NetBeans pode ser executado clicando-se no botão **Run Main Project**, considerando que o projeto que você está trabalhando é o Main Project.

Figura 5.14

Um problema que você vai encontrar é que ele abrirá primeiramente o arquivo **index.jsp**. Dessa maneira, ou você cria um link nesse arquivo (index.jsp) ou digita na barra de endereços o URL para acessar o Servlet.

Criando um WebARchive no NetBeans

Criar um arquivo WAR para publicar suas aplicações é muito simples no NetBeans. Simples porque ele, por padrão, já está configurado para tal situação.

Toda vez que você compila um projeto, o NetBeans por padrão cria um arquivo WAR no diretório **dist**, dentro do diretório de seu projeto.

Mas se você quiser saber onde desativar, basta clicar com o direito do mouse sobre o nome do projeto, e no menu de contexto selecionar a opção **Properties**. Ao abrir a caixa de diálogo **Project Properties**, vá ao item **Packaging** em **Build**. Note que o item **Create WAR file** está ativo. Desmarque essa opção e o NetBeans deixará de criar o WAR file nos seus projetos.

O Eclipse

A IDE Eclipse, chamada por muitos de Plataforma Eclipse, é considerada por uma grande maioria de desenvolvedores Java como a melhor IDE para desenvolvimento dessa linguagem. Além de mais rápida que o NetBeans, tanto em carregamento como no uso de seus assistentes de código, essa IDE possui uma grande gama de plug-ins, podendo se adaptar a qualquer situação de desenvolvimento. Desenvolvida inicialmente pela IBM e liberada a comunidade, essa IDE a apenas cinco anos vem atraindo diversas grandes empresas, unidas no desenvolvimento e melhoria da plataforma. Até o momento em que esse livro está sendo escrito, a versão mais atual do Eclipse é a 3.2.

Obtendo a IDE

Para desenvolver aplicações Web usando a plataforma Eclipse, primeiramente você deverá ter o Eclipse junto ao seu mais recente projeto, o plug-in WTP (Web Tools Platform). O plug-in WTP é necessário para desenvolver aplicações escritas em Java para a Web. Para obter a IDE Eclipse, já configurada com o WTP, vá ao endereço **http://www.eclipse.org/webtools**.

Para baixá-lo, clique no link **Download Now**:

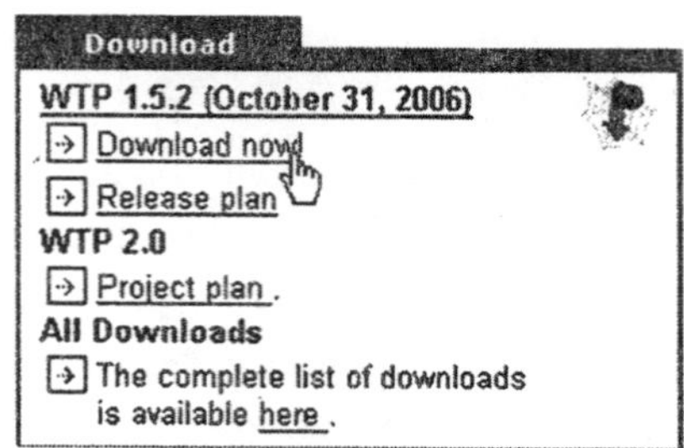

Figura 5.15

Logo após você escolherá a plataforma em que o seu Eclipse vai rodar. Devido ao seu desenvolvimento, a IDE tem uma compilação diferente para cada sistema operacional. Isso pode soar estranho quando se trata de uma IDE desenvolvida em Java, mas o Eclipse utiliza uma linguagem de criação de interface própria, chamada de SWT. Caso queira obter maiores informações a respeito, eu recomendo a leitura do meu livro Dominando Eclipse, onde o SWT é tratado de forma clara e prática.

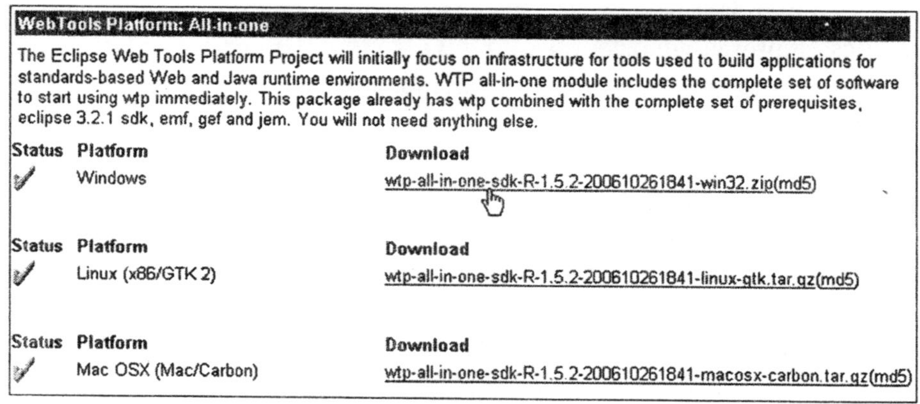

Figura 5.16

No Windows

Após baixá-lo, descompacte-o em um local definido por você em seu sistema operacional. Por exemplo, se estiver usando o drive C: do Windows, descompacte a pasta eclipse nesse local.

No Linux

Ou no Linux, execute o comando para descompactação do Eclipse em um local definido, como no meu caso:

```
shell# tar -xpvzf /tmp/wtp-all-in-one-sdk-R-1.5.2-linux-gtk.tar.gz
/home/edson
```

Iniciando na Plataforma Eclipse

Após descompactar o Eclipse, você pode iniciá-lo diretamente pelo executável **eclipse.exe** no Windows:

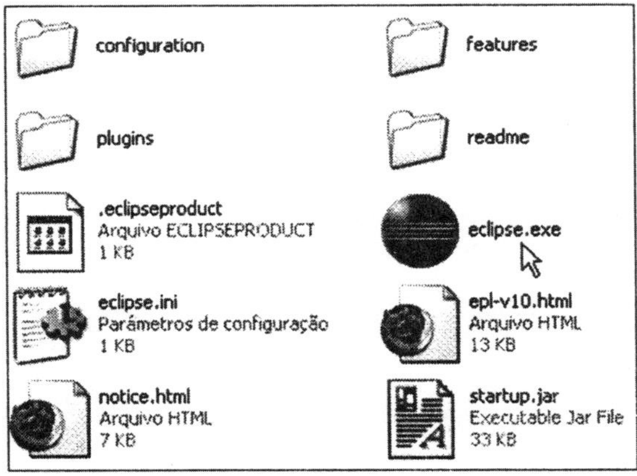

Figura 5.17

No Linux você pode iniciar o Eclipse da seguinte maneira, desde que haja as devidas permissões:

```
shell# /home/edson/eclipse/./eclipse
```

Assim que iniciar o Eclipse, você pode selecionar ou aceitar o local onde ele vai armazenar seus projetos, o chamado **Workspace** e caso não queira mais ter essa caixa de diálogo aparecendo, marque a opção ***Use this as the default and do not ask again***. Confirme após clicando no botão OK:

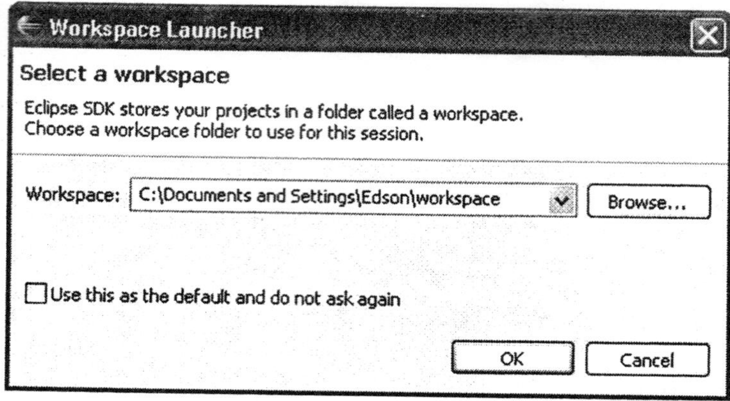

Figura 5.18

Quando o Eclipse carregar, você verá uma tela de boas vindas, como ocorre com o NetBeans:

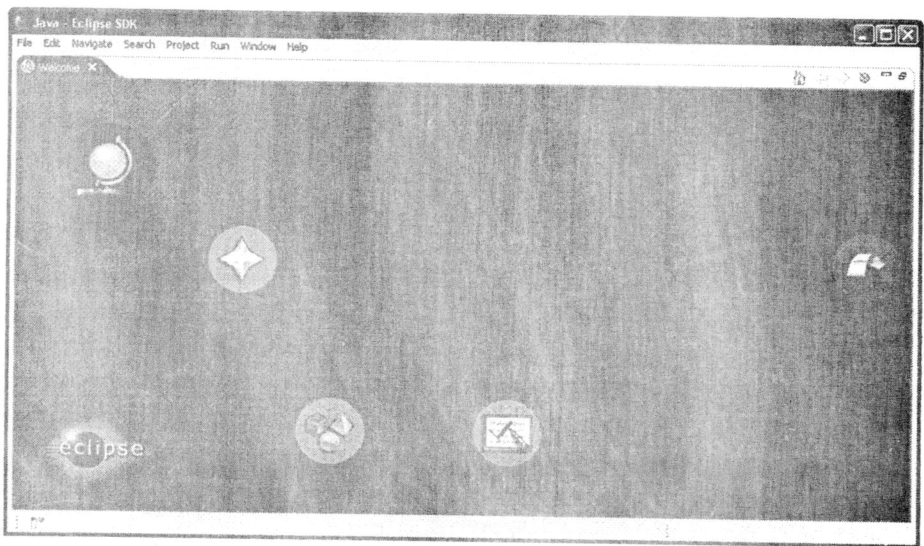

Figura 5.19

O Workbench

Ao fechar a view **Welcome**, você vê o que chamamos de Workbench. O Workbench é a interface gráfica do usuário no Eclipse. Além de exibir os familiares menus e caixas de ferramentas, é organizados em perspectivas que contêm visões e editores.

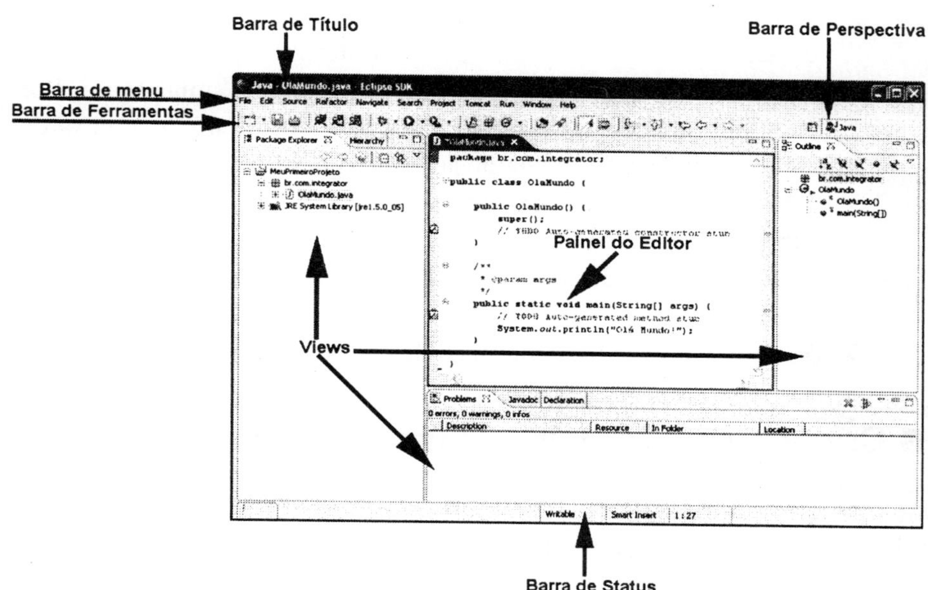

Figura 5.20

As **barras de título, ferramentas, perspectiva** e **status** tendem a ficar no mesmo local de uma perspectiva para outra. Se você não personalizar o aparecimento e conteúdo das barras, as barras estarão sempre disponíveis e nos mesmos locais, podendo sofrer pequenas variações dependendo da perspectiva:

- **Barra de Título:** A barra de título sempre exibe o nome da perspectiva atual.

- **Barra de Menu:** Esta é a barra de menu global do Eclipse, que lhe permite fazer todas as tarefas gerais. As opções disponíveis em cada menu também mudarão dependendo do que estiver selecionado.
- **Barra de Ferramentas:** Esta é a barra de ferramentas global do Eclipse que também lhe permite executar tarefas gerais e tarefas específicas para itens selecionados.
- **Barra de Status:** Esta linha exibe tipicamente informação sobre o item selecionado, embora possa conter informações adicionais que dependem da tarefa você está executando atualmente. Por exemplo, quando você estiver em um editor de texto, a barra de status poderá mostrar sua posição atual dentro do documento.
- **Painel do Editor:** É exatamente o que o seu nome diz: é uma ferramenta para editar documentos. Esses documentos podem ser qualquer coisa, desde fontes de programas ou configurações de sistemas.
- **Views:** Views mostram grupos de objetos relacionados.

Criando seu Primeiro Projeto Web no Eclipse

Se você deseja desenvolver seus aplicativos Web descritos nesse livro usando a IDE Eclipse, você precisará iniciar um projeto, assim como ocorre com o NetBeans.

No menu **File** vá até o item **New** e clique em **Project**. A caixa de diálogo **New Project** surgirá, onde você definirá o tipo de projeto que você deseja desenvolver. No caso, você expandirá a opção **Web** e selecionará **Dynamic Web Project**. Clique no botão **Next** para prosseguir:

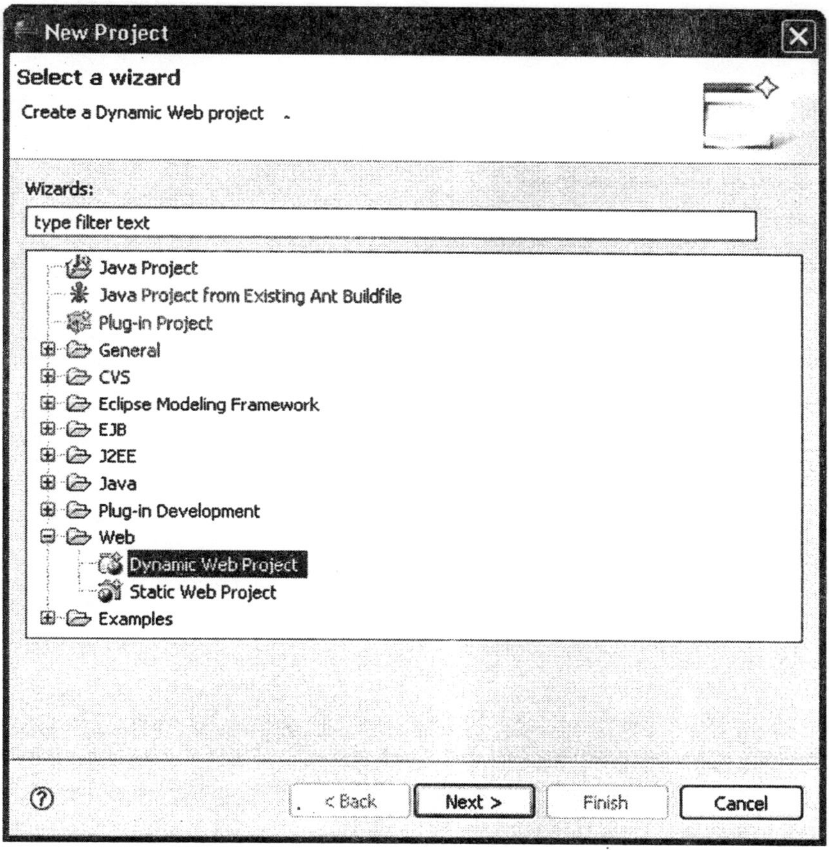

Figura 5.21

No próximo passo do assistente, em **Project Name**, você digita o nome do seu projeto. Diferente do NetBeans que vem com o Container Servlet embutido, no Eclipse você deve defini-lo.

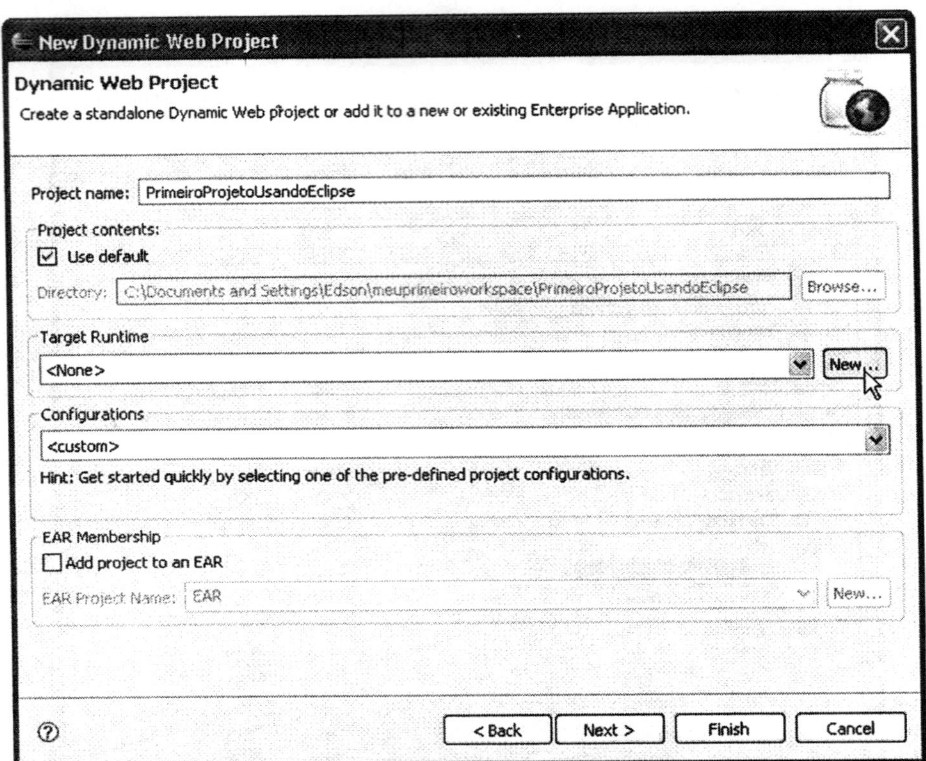

Figura 5.22

Em **Target Runtime** clique no botão **New**. A caixa de diálogo **New Server Runtime** surgirá. Nessa caixa de diálogo você define qual o servidor ou Container Servlet você irá utilizar. Nesse caso, seguindo o mesmo modelo de desenvolvimento usado no NetBeans, você utilizará o Apache Tomcat na versão 5.5. Expanda a opção **Apache** e selecione **Apache Tomcat v5.5**. Clique no botão **Next** para prosseguir:

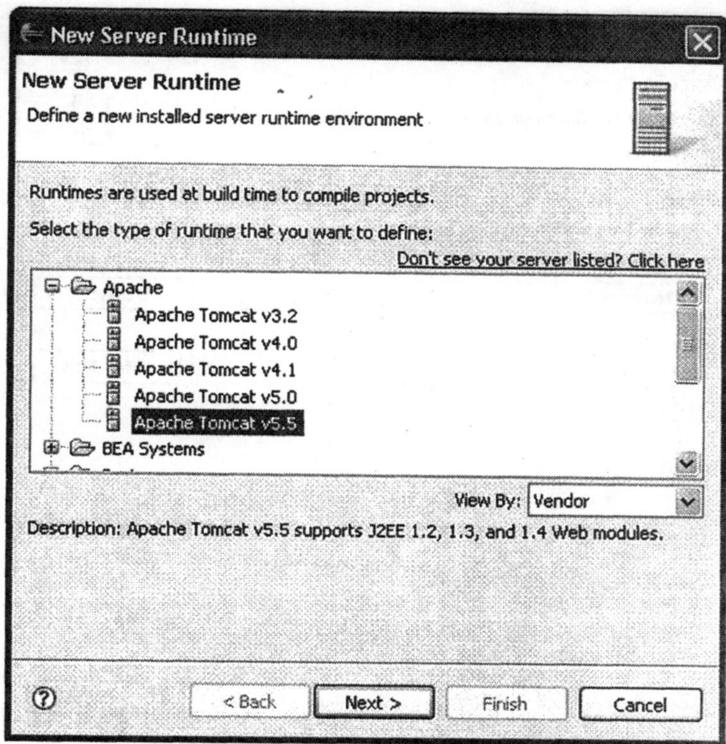

Figura 5.23

Na próxima caixa de diálogo, você terá que selecionar o local onde se encontra o seu Tomcat instalado. Faça isso clicando no botão **Browse** no item **Tomcat installation directory**. Confirme assim que selecionar a instalação do Tomcat no botão **Finish**.

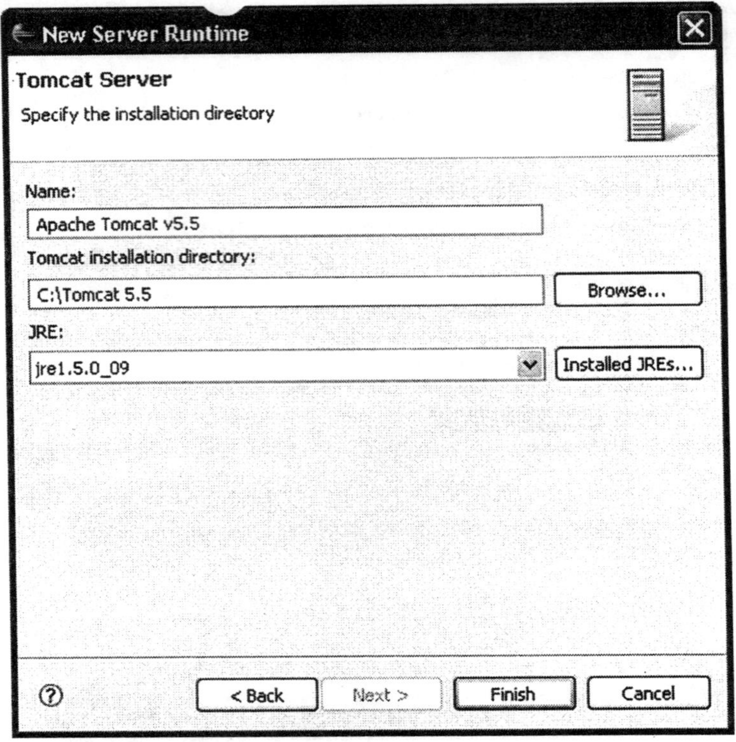

Figura 5.24

Voltando para a caixa de diálogo **New Dynamic Web Project** confirme clicando no botão **Finish**. Uma caixa de diálogo chamada **License Agreement** aparecerá, bastando apenas confirma-la clicando no botão **I Agree**.

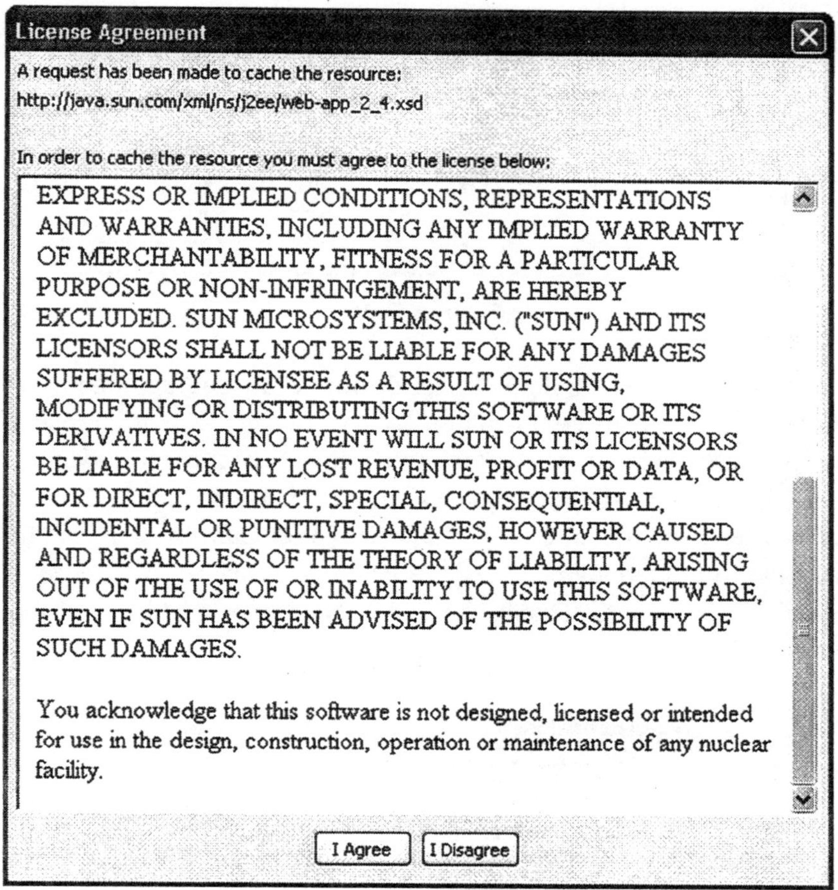

Figura 5.25

Provavelmente seu Eclipse não está utilizando a perspectiva **J2EE**, portanto não se assuste quando vir essa caixa de mensagem "**Open Associated Perspective?**". Clique no botão **Yes** para confirmar a utilização da perspectiva.

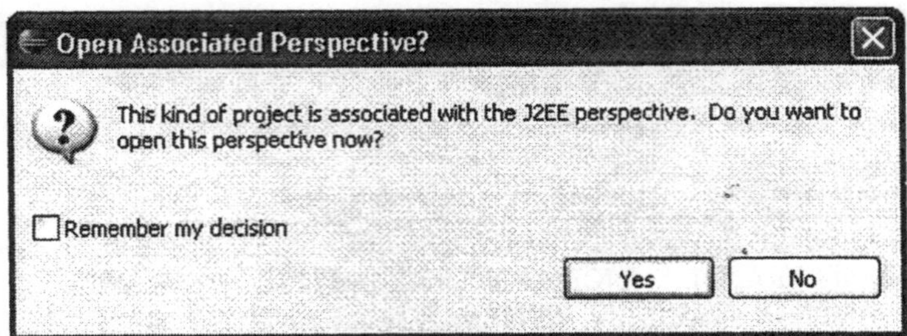

Figura 5.26

O projeto criado pelo Eclipse, diferente do que acontece com o NetBeans, não começa com nenhum arquivo inicial. As configurações de uma aplicação Web escrita em Java (**web.xml**), assim como os diretórios **META-INF** e **WEB-INF**, também estão no projeto criado pelo Eclipse. Se você não fez nenhuma alteração, o diretório **WebContent** é o usado para armazenar os arquivos Web. Em **Java Resources: src** ficam armazenados os arquivos **.java**, bem como seus pacotes. No diretório **build** você tem os arquivos **.class**, o **.java** compilado.

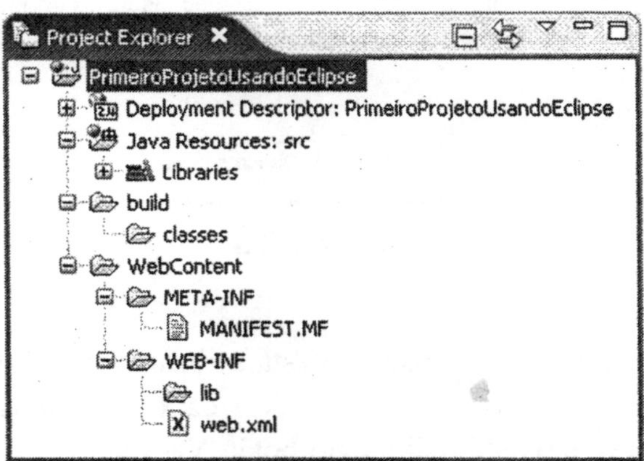

Figura 5.27

Desenvolvendo Servlets Usando o Eclipse

Após criar seu primeiro projeto, vá ao menu **File**, na opção **New** e clique em **Other**.

A caixa de diálogo **New** surgirá. Expanda o item **Web** e selecione **Servlet**. Clique no botão **Next** para prosseguir.

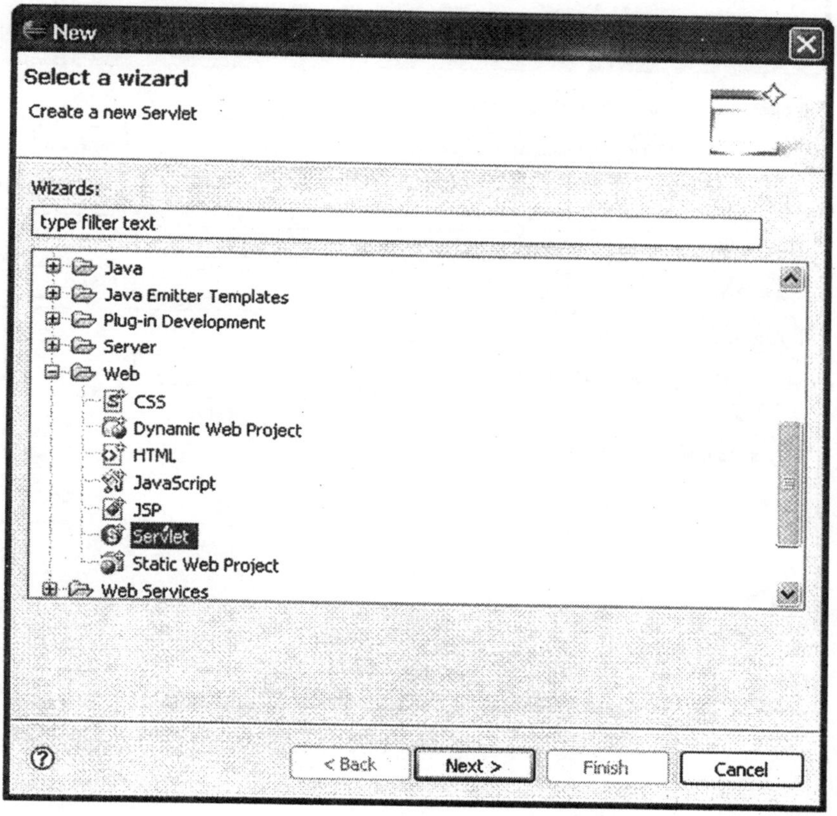

Figura 5.28

Alternativamente você pode clicar com o botão direito do mouse sobre o nome do projeto, na view **Project Explorer,** e selecionar a opção **Servlet** no item **New**.

A caixa de diálogo **Create Servlet** surgirá. Em **Class name** você digitará o nome do seu **Servlet** e em **Java package** você digitará o nome do seu pacote. Clique no botão **Next** para prosseguir.

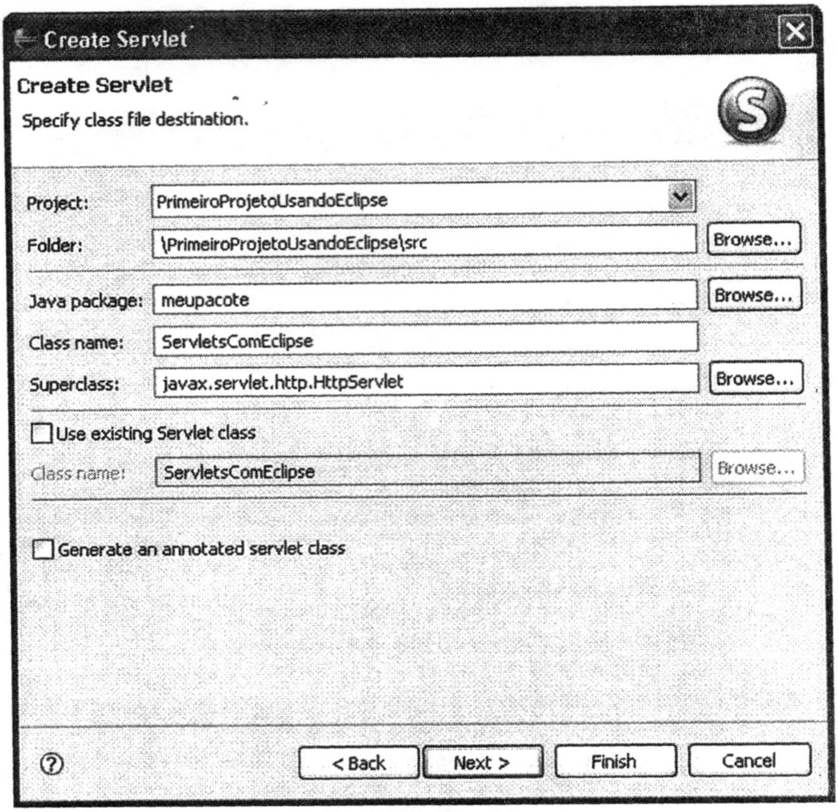

Figura 5.29

A próxima etapa do assistente é para você configurar o Deployment Descriptor (web.xml), onde você adiciona as informações do Servlet no arquivo (não opcionalmente como em NetBeans). A definição de **Name** equivale e altera **<servlet-name />** e **URL Mappings** em **<url-pattern />**. Em **URL Mappings**, inclusive, se você desejar altera-lo, terá que selecioná-lo e depois clicar no botão **Edit**.

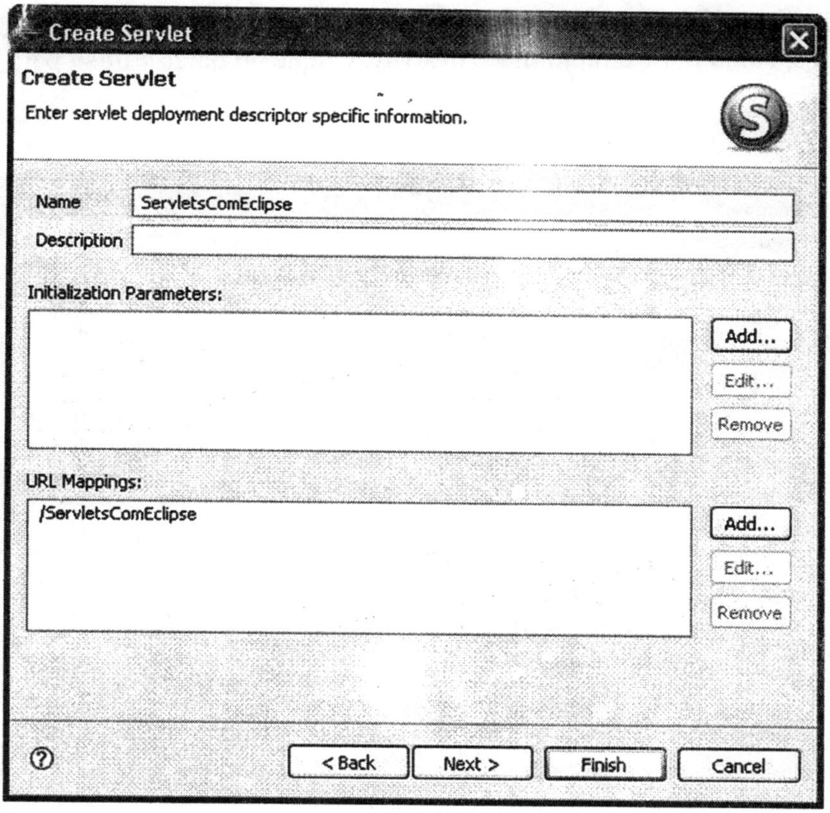

Figura 5.30

Figura 5.31 – *Alteração alternativa do url-pattern.*

Clique no botão **Next** para ir até a última etapa.

Em **Interfaces**, selecione o item **javax.servlet.Servlet** e clique no botão **Remove** para excluir.

Na parte inferior você deve selecionar os itens que não estão selecionados, como por exemplo **init** e **destroy**. Clique no botão **Finish** para terminar.

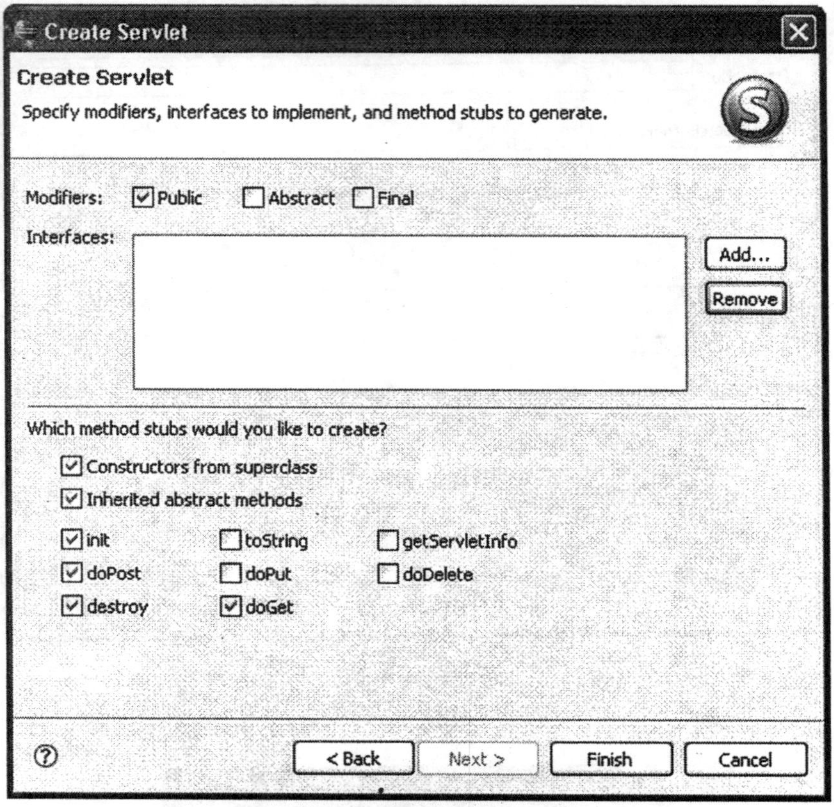

Figura 5.32

Embora o Eclipse tenha feito parte dos códigos necessários para o Servlet, você deverá acrescentar bem mais informações do que acontecia no NetBeans. Isso é bom, pois o faz treinar os códigos. Da mesma forma que no NetBeans, o Eclipse contém um conjunto de templates que são utilizados quando um assistente é chamado.

Em alguns casos, você digitará códigos que não estão disponíveis no escopo do seu arquivo .java, precisando ser importado. A importação de um pacote trás ao seu aplicativo uma determinada funcionalidade que ali não existia.

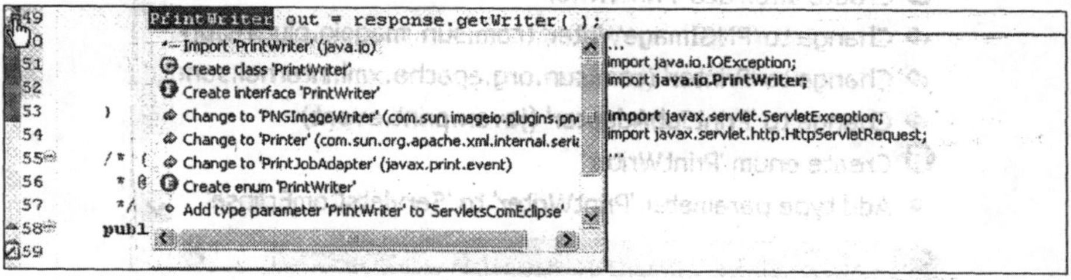

Figura 5.33

No Eclipse, assim como no NetBeans, você encontra assistentes no desenvolvimento do código, como por exemplo o de resolver uma possível falha de importação de um pacote. Uma lâmpada amarela aparece na lateral esquerda do **Code Editor** do Eclipse, na mesma linha do erro apontado com um sublinhado vermelho. Com o ponteiro do mouse você dá um clique nessa lâmpada e aparece uma caixa de opções para que você decida a melhor forma de resolver o problema. É importante frisar que essa ajuda não resolve o problema dando a você a primeira opção como sendo a mais certa, o que exige, com certeza, um conhecimento a respeito do que você está desenvolvendo.

Para aceitar a opção proposta, basta dar um **duplo clique** ou simplesmente ao clicar na lâmpada assistente, a primeira opção sendo a correta, basta você confirmar com o **Enter** no teclado. Se for outra a opção, as setas direcionais no teclado também podem ser usadas, seguidas com o **Enter** para confirmação.

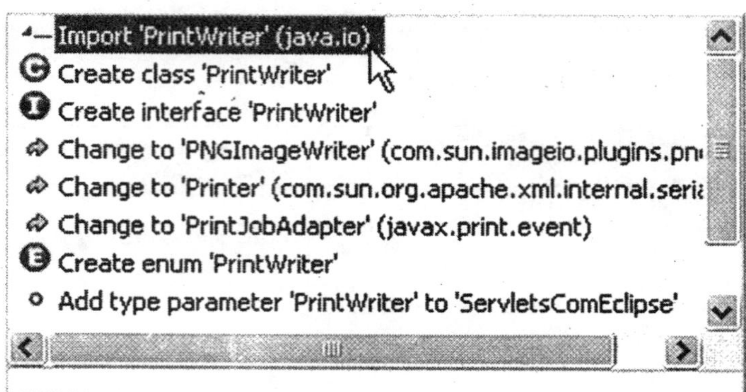

Figura 5.34

Executando o Servlet Criado no Eclipse

Para executar a aplicação, você deverá clicar em **Run** e em **Run As** e selecionar **Run on Server**.

Figura 5.35

A caixa de diálogo **Run On Server** surgirá, onde o servidor já configurado existe já selecionado em **Server runtime**. Se você não quiser mais essa caixa de diálogo, marque a opção **Set server as project default (do not ask again)**. Clique no botão **Finish** para executar.

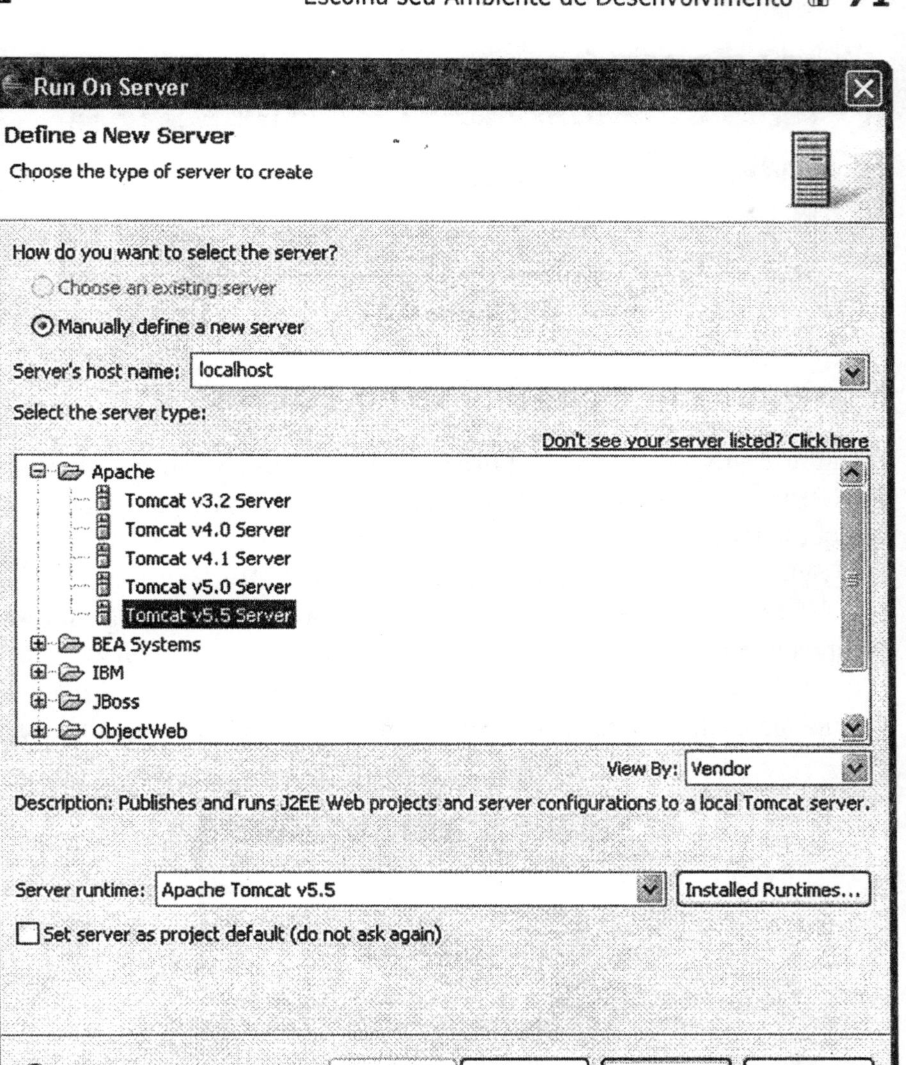

Figura 5.36

Diferente do NetBeans, o Eclipse não abre, por padrão, um navegador externo. Ele usa a API do Internet Explorer, no caso do Windows, para usar dentro da própria IDE. Outro detalhe está na execução da aplicação. Se você mandar rodar o Servlet, é ele que surgirá no navegador.

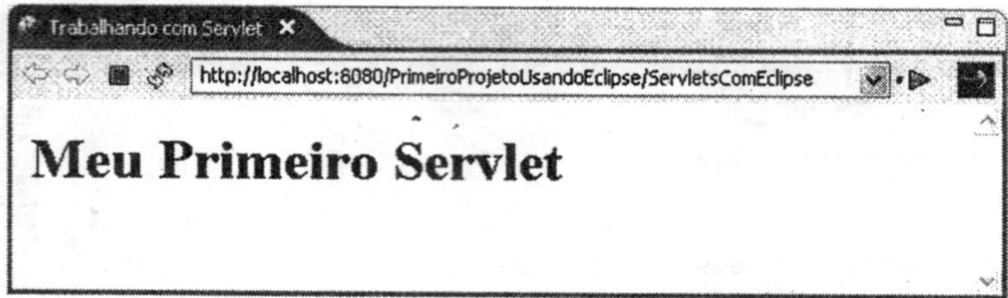

Figura 5.37

Criando um WebARchive no Eclipse

Criar um arquivo WAR para publicar suas aplicações no Eclipse é diferente do NetBeans. Enquanto o NetBeans tem isso por padrão, no Eclipse você tem que criar quando quiser e no projeto que desejar.

Selecione o projeto que deseja criar o arquivo WAR.

Vá ao menu **File** e clique em **Export**. Na caixa de diálogo **Export** expanda o item **Web** e selecione **WAR file**. Clique no botão **Next**.

Em **Web module** você tem o nome do arquivo e em **Destination** você seleciona o destino onde será criado o arquivo, clicando no botão **Browse**.

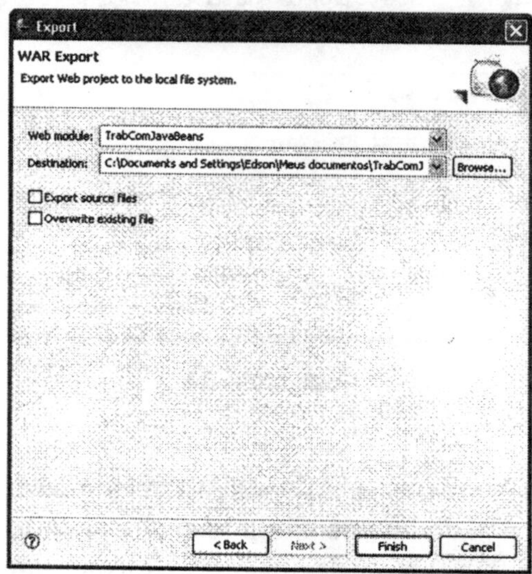

Figura 5.38

Qual é a Melhor IDE?

Muitos fóruns de discussão e blogs mantêm sempre a mesma pergunta: **Qual é a melhor IDE?**

A idéia desse capítulo não é dizer qual é a melhor ou pior, mas sim orientá-lo para que você escolha a sua IDE predileta, partindo do princípio de que, antes de emitir uma opinião, se deve primeiramente conhecer como cada uma trabalha e como se encaixa nas suas necessidades.

Outro detalhe que você não pode deixar de lado é o fato de que as duas são gratuitas e ambas podem ser usadas em conjunto.

A Classe HttpServlet

A CLASSE HTTPSERVLET SOBRESCREVE O MÉTODO **SERVICE** para distinguir entre as solicitações típicas recebidas de um navegador Web cliente. Os dois métodos mais comuns e usados de solicitação HTTP são **GET** e **POST**.

As utilizações dos dois métodos são muito comuns, uma vez que o método GET pode tanto obter informações, onde você pode requisitar um arquivo ou uma imagem, como também pode enviar dados, que neste caso temos o limite do cabeçalho HTTP.

O método POST não requisita informações, e sim as envia (posta), dados para o servidor. As utilizações mais comuns de solicitações POST consistem em enviar ao servidor informações de um formulário HTML em que o cliente insere dados ou envia informações ao servidor para que esse possa pesquisar em um banco de dados e etc.

A classe **HttpServlet** define os métodos **doGet** e **doPost** para responder as solicitações GET e POST vindas de um cliente.

Os dois métodos recebem como argumentos um objeto **HttpServletRequest** e um objeto **HttpServletResponse** que permitem interação entre o cliente e o servidor.

Criando um Servlet que Trabalha com o Método POST

A seguir você tem um Servlet que trabalha com o método POST:

TrabComPost.java

```
package pacote;

import java.io.IOException;
import java.io.PrintWriter;
import javax.servlet.ServletException;
import javax.servlet.http.HttpServletRequest;
import javax.servlet.http.HttpServletResponse;

 public class TrabComPost extends javax.servlet.http.HttpServlet {

  public void destroy( ) {
    super.destroy( );
  }

protected void doPost(HttpServletRequest request, ❶
    HttpServletResponse response)

throws ServletException, IOException
  {
    String usuario = request.getParameter("usuario"); ❷
    String senha = request.getParameter("senha");

String html = "<html><head>"+
      "<title>Trabalhando com Post em Servlet</title>"+
      "</head>"+
      "<body>";
  ❸if(usuario.equals("edson") && senha.equals("123")){
         html += "Seja bem vindo Edson";
       }
       else{

       html += "Usuário ou senha inválidos";
       }
          html += "</body></html>";
```

```
response.setContentType("text/html");
    PrintWriter writer = response.getWriter( ); ❹
    writer.print(html);
    writer.close( );
  }

  public void init( ) throws ServletException {
    super.init( );
  }
}
```

Utilizando o método **doPost( )** ❶ você recupera valores vindos pelo método POST. Quando uma requisição HTTP é recebida por uma classe que estende HttpServlet, seu método **service( )** é chamado, sendo que a implementação padrão desse método irá chamar a função correspondente ao método da requisição recebida. Ou seja, caso um envio seja feito pelo método **POST**, como no exemplo, o método **doPost( )** implementado por você será chamado.

A interface **HttpServletRequest** trabalha com alguns métodos e no caso, você conheceu o método **getParameter(String n)** ❷. Esse método retorna o valor associado com um parâmetro enviado para o Servlet como parte de uma associação GET ou POST. O argumento **n** representa o nome do parâmetro. No caso do seu servlet foi **usuario** e a **senha**, no qual vinham das tags <input /> do xhtml de mesmo nome.

Através de uma condicional **if** ❸ você verifica se foram passados valores como **usuario** e **senha** iguais ao valor verificado pelo método **equals(String s)**.

A interface **HttpServletResponse** contém a resposta ao cliente. Uma grande número de métodos são fornecidos para permitir ao Servlet formular uma resposta. No seu caso, o método **setContentType(String tipo)** define o tipo MIME da resposta ao navegador. O tipo MIME permite ao navegador determinar como exibir os dados. No caso o tipo MIME de resposta foi "text/html", que indica que a resposta é um documento HTML.

Para dar uma resposta ao cliente, você pode usar a **OutputStream** ou o **PrintWriter** que é retornado do objeto response.

```
PrintWriter writer = response.getWriter( ); ❹
OutputStream stream = response.getOutputStream( );
```

Também é possível redirecionar o usuário para outra página através do método sendRedirect(String):

```
response.sendRedirect("logado.html");
```

Atenção Você só deve chamar um dos três métodos mostrados. Escrevendo através do writer, o cabeçalho é enviado ao cliente e impede o redirecionamento, enquanto que se você chamar o método getWriter e depois o getOutputStream ocorrerá um erro.

index.html

```
<!DOCTYPE html PUBLIC "-//W3C//DTD XHTML 1.0 Transitional//EN"
"http://www.w3.org/TR/xhtml1/DTD/xhtml1-transitional.dtd">
<html xmlns="http://www.w3.org/1999/xhtml">
<head>
<title>Login e Senha</title>
</head>
<body>
<form action="ServletPost" method="post"> ❶
Login:<input type="text" name="usuario" /> ❷    <br />
Senha:<input type="password" name="senha" />   <br />
<input type="submit" value="Logar" />
</form>
</body>
</html>
```

❶ A tag <form /> envia os dados via **POST** para o **action** indicado, que no caso se chama **ServletPost**, o nome mapeado no arquivo **web.xml**.

❷ Os dados enviados são compostos por dois campos, um do tipo **text**, que envia o **usuario** e outro do tipo **password** que envia a **senha**.

Trabalhando com o Método GET

O método GET trabalha com informações enviadas via URL. Esse método pode ser usado via query string de um link ou via formulário com o atributo **method** em **GET**.

Uma string de consulta é parte do URL que aparece depois de um ponto de interrogação. Por exemplo, o URL a seguir contém uma string de consulta:

```
http://integrator.com.br/buscar/?p=Hypertext+Preprocessor
```

Nesse exemplo, a string de consulta contém uma variável denominada **p** cujo valor é **"Hypertext Preprocessor"**.

As strings de consulta são usadas para transmitir informações do navegador para o servidor. Normalmente, você não digita a string de consulta diretamente na barra de endereços do navegador. Ao contrário, cria um link em uma página que contém a string de consulta.

```
http://integrator.com.br/TrabComGetServlet?empresa=Integrator
```

Você pode transmitir diversas variáveis de consulta em uma únic string. Para fazer isso, basta separá-las com o caractere **&**("e" comercial)

```
http://integrator.com.br/
TrabComGetServlet?nome=Edson&empresa=Integrator
```

A página a seguir demonstra um link transmitindo mais de uma st de consulta:

index.html

```
<!DOCTYPE html PUBLIC "-//W3C//DTD XHTML 1.0 Transitional//EN"
"http://www.w3.org/TR/xhtml1/DTD/xhtml1-transitional.dtd">
<html xmlns="http://www.w3.org/1999/xhtml">
<head>
<title>Trabalhando com Método GET</title>
</head>
<body>
```

```
  <a href="TrabComGetServlet?nome=Edson&empresa=Integrator"> ❶
    Meu nome e minha Empresa
  </a>
  <br />
  <a href="TrabComGetServlet?empresa=Integrator"> ❷
    Minha empresa
</body>
</html>
```

❶ – Note o envio de mais de uma string de consulta (query string), onde se tem a variável **nome** com o valor **Edson** e a outra variável **empresa** com o valor **Integrator** separados por um **& "e-comercial"**.

❷ – Aqui você tem o envio de apenas uma string de consulta.

Recuperando Strings de Consulta com Servlets

Para recuperar uma string de consulta com um Servlet, crie o seguinte arquivo:

TrabComGetServlet.java

```
package meupacote;

import java.io.IOException;
import java.io.PrintWriter;

import javax.servlet.ServletException;
import javax.servlet.http.HttpServletRequest;
import javax.servlet.http.HttpServletResponse;

 public class TrabComGetServlet extends
javax.servlet.http.HttpServlet {

    public void destroy( ) {
      super.destroy( );
    }
```

```
protected void doGet(HttpServletRequest request,
  HttpServletResponse response)
throws ServletException, IOException {
  String nome = request.getParameter("nome"); ❶
  String empresa = request.getParameter("empresa");
  String html = "<html><head>"+
    "<title>Trabalhando com GET em Servlet</title>"+
    "</head>"+
    "<body>"+
    "Nome: <strong>"+nome+"</strong><br />"+
    "Empresa: <strong>"+empresa+"</strong><br />" +
    "A query string enviada é: <strong>"+
    request.getQueryString( )+"</strong>" + ❷
    "</body></html>";

   response.setContentType("text/html");
   PrintWriter writer = response.getWriter( );
   writer.print(html);
   writer.close( );

}

public void init( ) throws ServletException {
  super.init( );
}
}
```

Note que você pode recuperar uma query string (string de consulta) da mesma forma que você recupera no método **doPost( )**, só que a diferença é que é pelo método **doGet( )**.

O método **getParameter(String s)** ❶ além de retornar o valor informado, também retorna **null** caso não recupere o valor indicado entre os parênteses.

Caso você queira toda a string de consulta, basta usar o método **getQueryString( )** ❷, que retorna a query string completa, aquela após o sinal de interrogação "?".

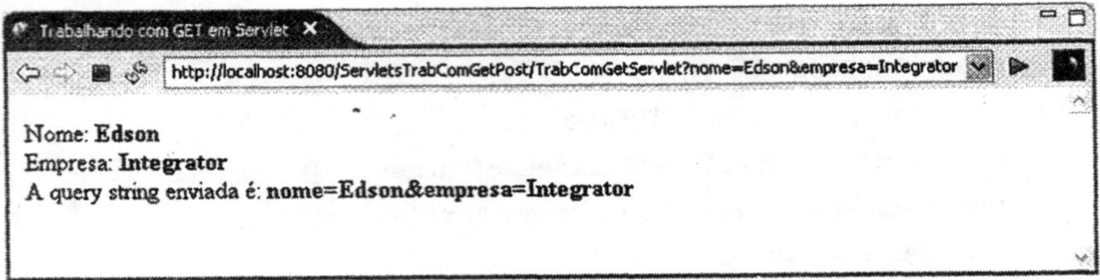

Figura 6.1

Enviando Caracteres Especiais em Query Strings

Em alguns casos você vai precisar enviar caracteres especiais em seus links e que, sem isso, com certeza situações indesejadas acontecerão.

Um problema clássico é de o usuário querer enviar caracteres especiais que causam problemas quando são tratados de maneira comum na URL, como é o caso do & "e-comercial". Quando a string é codificada, possíveis caracteres problemáticos serão substituídos.

Uma outra situação que apontaria esse tipo de utilização e em sistemas de busca cujo transmitem informações via HTTP, exigindo assim uma codificação dos caracteres especiais.

O Servlet a seguir trata exatamente disso:

EnvCaractEspec.java

```
package meupacote;

import java.io.IOException;
import java.io.PrintWriter;
import java.net.URLEncoder; ❶

import javax.servlet.ServletException;
import javax.servlet.http.HttpServletRequest;
import javax.servlet.http.HttpServletResponse;

public class EnvCaractEspec extends javax.servlet.http.HttpServlet
```

```
{
  public void destroy( ) {
    super.destroy( );
  }

  protected void doGet(HttpServletRequest request,
    HttpServletResponse response)
  throws ServletException, IOException {
    String queryString =
      URLEncoder.encode("Cidadão&João","ISO-8859-1");❷
    String html = "<html><head>"+
    "<title>Enviando Caracteres especiais</title>"+
    "</head>"+
    "<body>" +
    "<a href=\"RecCaractEspec?dados="+queryString+"\">" + ❸
        "Clique aqui para enviar" +
    "</a>"+
    "</body></html>";

      response.setContentType("text/html");
      PrintWriter writer = response.getWriter( );
      writer.print(html);
      writer.close( );
  }

  public void init( ) throws ServletException {
    super.init( );
  }
}
```

❶ – A importação do pacote **java.net.URLEncoder** é necessário para que você possa utilizar o método **encode(String s, String s)** para codificar a query string que deseja enviar para um outro Servlet, JSP ou outra aplicação Web. A classe **URLEncoder** contém métodos estáticos por converter uma String para o formato MIME application/x-www-form-urlencoded.

Caso você queira saber mais a respeito dessa codificação, o link **http://www.w3.org/TR/html4/** poderá ajudá-lo.

❷ – O método **encode(String text, String enc)** é chamado da classe URLEncoder, possibilitando assim a conversão do caractere **& (e-comercial)** para o seu equivalente em URL encode (%26). Os acentos também utilizados serão codificados pelos seus equivalentes, enviando assim uma string de consulta totalmente aceitável nos padrões da Web. Embora o segundo parâmetro seja opcional, ele torna o método depreciado, portanto o certo é ter o dois obrigatoriamente. O segundo parâmetro indica a codificação que será utilizada, como no caso será em ISO-8859-1. Mas se seu documento for salvo no padrão UTF-8, utilize esse encode.

❸ – Nesse momento a variável **queryString** recebe os dados com o encode aplicado e é colocado no link que será gerado pelo Servlet.

A Servlet a seguir receberá essa string.

RecCaractEspec.java

```
package meupacote;

import java.io.IOException;
import java.io.PrintWriter;

import javax.servlet.ServletException;
import javax.servlet.http.HttpServletRequest;
import javax.servlet.http.HttpServletResponse;

 public class RecCaractEspec extends javax.servlet.http.HttpServlet
{

  public void destroy( ) {
    super.destroy( );
  }

  protected void doGet(HttpServletRequest request,
    HttpServletResponse response)
  throws ServletException, IOException {
```

```
    String dados = request.getParameter("dados");
    String html = "<html><head>"+
    "<title>Recebendô caracteres especiais</title>"+
    "</head>"+
    "<body>"+
    "Os dados recebidos são: <strong>"+dados+"</strong><br />"+
    "A query string recebida é: <strong>"+
    request.getQueryString( )+"</strong>" +
    "</body></html>";

    response.setContentType("text/html");
    PrintWriter writer = response.getWriter( );
    writer.print(html);
    writer.close( );

  }

  public void init( ) throws ServletException {
    super.init( );
  }
}
```

Esse Servlet não terá explicação, pois seu conteúdo não tem nenhum tipo de novidade.

Outros Métodos Muito Úteis da Interface HttpServletRequest

LOGICAMENTE VOCÊ DEVE ESTAR QUERENDO não só recuperar cada parâmetro separado, mas varrer esses valores em um loop. Essa interface, além de oferecer os métodos da superclasse **ServletRequest**, oferece também suporte a cookies e sessões.

Além do método **getParameter( )** você também conta com os seguintes métodos:

String[] getParameterValues(String s) – Retorna um array de Strings caso o parâmetro tenha múltiplos valores.

Enumeration getParameterNames( ) – Retorna uma enumeração com os nomes de todos os parâmetros enviados.

String getHeader(String s) – Retorna o valor do cabeçalho enviado.

Enumeration getHeaders(String s) – Retorna uma enumeração com os valores do cabeçalho.

Enumeration getHeaderNames( ) – Retorna uma enumeração com os nomes de todos os cabeçalhos.

Como são métodos encontrados com a classe **ServletRequest** você pode usá-los em outros protocolos que não sejam HTTP.

Praticando os Métodos

Considere a seguinte situação:

Você tem um formulário com opções musicais e gostaria de varrê-lo para saber quais foram escolhidas pelo usuário.

index.html

```
<!DOCTYPE html PUBLIC "-//W3C//DTD XHTML 1.0 Transitional//EN"
"http://www.w3.org/TR/xhtml1/DTD/xhtml1-transitional.dtd">
<html xmlns="http://www.w3.org/1999/xhtml">
<head>
<meta http-equiv="Content-Type" content="text/html; charset=ISO-
8859-1" />
<title>Trabalhando com outros métodos de HttpServletRequest</title>
</head>
<body>
<form action="TrabOutrosMetComServlet" method="post">
<h2>Escolha as músicas</h2>
  <p>
    <input name="musica" type="checkbox" value="ROCK" /> ❶
    Rock<br />
    <input name="musica" type="checkbox" value="POP" />
    POP<br />
    <input name="musica" type="checkbox" value="DANCE" />
    Dance<br />
    <input name="musica" type="checkbox" value="MPB" />
    MPB<br />
    <input name="musica" type="checkbox" value="SERTANEJO" />
    Sertanejo
  </p>
  <br />
  <input type="submit" name="btEnviar" value="Enviar" />
</form>
</body>
</html>
```

❶ – O formulário demonstra várias caixas de checagem com o mesmo nome. A idéia é o usuário selecionar uma ou mais músicas, mas capturar apenas as selecionadas.

O Servlet a seguir demonstrará como você varre os valores para obter esse resultado, usando o método **getParameterValues( )**:

TrabOutrosMetComServlet.java

```
package meupacote;

import java.io.IOException;
import java.io.PrintWriter;

import javax.servlet.ServletException;
import javax.servlet.http.HttpServletRequest;
import javax.servlet.http.HttpServletResponse;

 public class TrabOutrosMetComServlet extends
javax.servlet.http.HttpServlet {

  public void destroy( ) {
    super.destroy( );
  }

  protected void doPost(HttpServletRequest request,
    HttpServletResponse response)
  throws ServletException, IOException
  {
    String[] e = request.getParameterValues("musica"); ❶
    String html = "<html><head>"+
      "<title>Trabalhando com Outros métodos em Servlet</title>"+
      "</head>"+
      "<body>" +
      "<h2>Músicas escolhidas:</h2>";
    for(int i=0; i< e.length; i++){❷
      html+= "<strong>"+e[i]+"</strong><br />";
```

```
    }
    html+="</body></html>";

      response.setContentType("text/html");
      PrintWriter writer = response.getWriter( );
      writer.print(html);
      writer.close( );

  }

  public void init( ) throws ServletException {
    super.init( );
  }
}
```

❶ – Através do método **getParameterValues(String s)** você chama o campo música,selecionados pelo usuário, e o atribui a um array (isso porque é um array de informações).

❷ – Com o loop **for( )** você distribui os valores encontrados na variável **e[ ]** gravando-os no html que será impresso na tela do usuário.

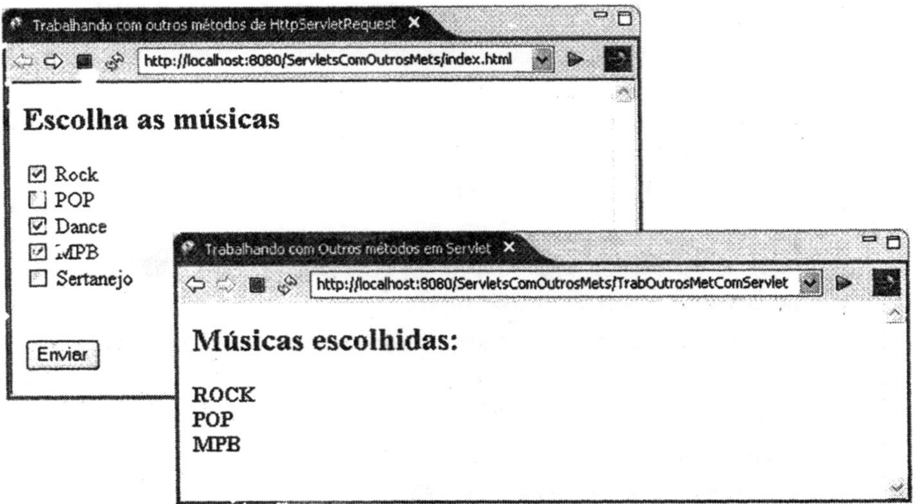

Figura 7.1

Varrendo um Formulário

Agora se você preferir, pode fazer também a varredura em todos os objetos enviados em um formulário, por exemplo:

formulario.html

```
<!DOCTYPE html PUBLIC "-//W3C//DTD XHTML 1.0 Transitional//EN"
"http://www.w3.org/TR/xhtml1/DTD/xhtml1-transitional.dtd">
<html xmlns="http://www.w3.org/1999/xhtml">
<head>
<meta http-equiv="Content-Type" content="text/html; charset=ISO-
8859-1" />
<title>Trabalhando com outros métodos de HttpServletRequest</title>
</head>
<body>
<form action="VarrendoTodosObjetos" method="post">
<h2>Cadastre-se aqui:</h2>
  <p>
    Nome:<input name="nome" type="text" />
    <br />
    E-mail: <input name="email" type="text" />
    <br />
    Site: <input name="site" type="text" />
    <br />
  </p>
  <br />
  <input type="submit" name="Enviar" value="Enviar" />
</form>
</body>
</html>
```

O formulário criado no documento **formulario.html** é simples com campos de texto somente. A seguir você tem o Servlet que faz a varredura nesse formulário:

VarrendoTodosObjetos.java

```
package meupacote;

import java.io.IOException;
import java.io.PrintWriter;
import java.util.Enumeration;
import javax.servlet.ServletException;
import javax.servlet.http.HttpServletRequest;
import javax.servlet.http.HttpServletResponse;

 public class VarrendoTodosObjetos extends
javax.servlet.http.HttpServlet {

  public void destroy( ) {
    super.destroy( );
  }

  protected void doPost(HttpServletRequest request,
    HttpServletResponse response)
  throws ServletException, IOException
  {
    Enumeration e = request.getParameterNames( ); ❶
    String html = "<html><head>"+
      "<title>Trabalhando com getParameterNames( )</title>"+
      "</head>"+
      "<body>" +
      "<h2>Dados Cadastrados:</h2>";
    while(e.hasMoreElements( )){ ❷
      String param = (String) e.nextElement( ); ❸
      html+= "<strong>"+param+":</strong>"+ ❹
        request.getParameter(param)+"<br />";
    }
    html+="</body></html>";
      response.setContentType("text/html");
      PrintWriter writer = response.getWriter( );
```

```
    writer.print(html);
    writer.close( );
  }

  public void init( ) throws ServletException {
    super.init( );
  }
}
```

❶ – Como já foi dito anteriormente, mas não custa reforçar, o método **getParameterNames( )** retorna uma enumeração com os nomes de todos os parâmetros enviados.

❷ – Com o método **hasMoreElements( )** você testa se a enumeração contém mais elementos, onde o loop while faz com que todos os elementos sejam vistos.

❸ – A chamada ao método **nextElement( )**, de Enumeration retorna os sucessivos elementos, onde ocorre uma coerção de tipo (Type Casting) para String. A variável **param** nesse momento contém como valor o nome dos campos passados pelo formulário.

❹ – Nesse momento você transmite a String **html** o nome do campo enviado pelo formulário, através da variável **param** e também os valores enviados por esse campo, trazidos pelo método **getParameter()** que recebe como parâmetro a variável **param** (pois é nela que se encontra o nome do campo, alterado a cada nova passada do loop while).

Recuperando os Cabeçalhos Enviados

Uma outra situação interessante que você pode vir a fazer é recuperar os cabeçalhos vindos do navegador. A seguir você tem um Servlet que faz exatamente isso:

RecCabecalhos.java

```
package meupacote;

import java.io.IOException;
```

```
import java.io.PrintWriter;
import java.util.Enumeration;
import javax.servlet.ServletException;
import javax.servlet.http.HttpServletRequest;
import javax.servlet.http.HttpServletResponse;

public class RecCabecalhos extends javax.servlet.http.HttpServlet {
  public void destroy( ) {
    super.destroy( );
  }
  public void init( ) throws ServletException {
    super.init( );
  }
  protected void service(HttpServletRequest request,
        HttpServletResponse response)
  throws ServletException, IOException
  {

    response.setContentType("text/html;charset=ISO-8859-1");
    String html = "<html>" +
        "<head><title>Trabalhando com Servlet</title></head>" +
        "</head>" +
        "<body>";
    Enumeration e = request.getHeaderNames( );
    while(e.hasMoreElements( )){
      String cabecalho = (String) e.nextElement( );
      html+= "<strong>"+ cabecalho +": </strong>"+
      request.getHeader(cabecalho); 1
      html+= "<br />";
    }

    html+= "</body>" +
            "</html>";
    PrintWriter out = response.getWriter( );
    out.print(html);
  }
}
```

O método **getHeaders( )** ❶, como já foi dito, retorna uma enumeração com os valores do cabeçalho, propositalmente colocado dentro de um loop com método **hasMoreElements( )** para varrer todos os cabeçalhos encontrados.

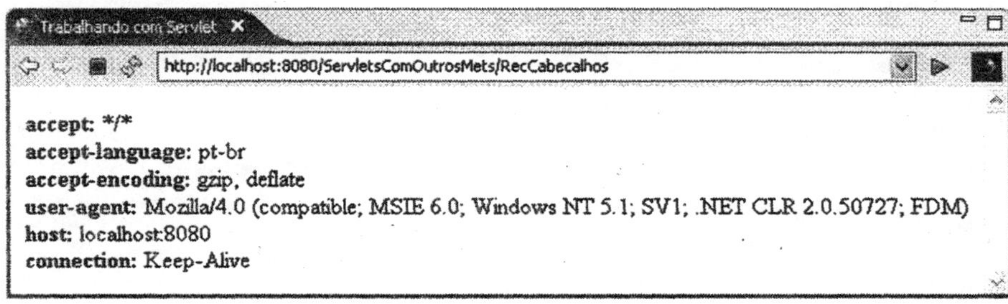

Figura 7.2 - *Resultado obtido dos headers no chamado do Servlet*

Redirecionando um Acesso

Algumas vezes você precisa redirecionar um acesso para uma outra página, no mesmo site, ou para um outro site. Fazer isso usando Servlet é simples, basta usar o método **sendRedirect(String s)** ❶.

RedirComServlet.java

```
package meupacote;

import java.io.IOException;
import java.io.PrintWriter;

import javax.servlet.ServletException;
import javax.servlet.http.HttpServletRequest;
import javax.servlet.http.HttpServletResponse;

 public class RedirComServlet extends
javax.servlet.http.HttpServlet {
```

```
public void destroy( ) {
  super.destroy( );
}

protected void doPost(HttpServletRequest request,
  HttpServletResponse response)
throws ServletException, IOException {
  String usuario = request.getParameter("usuario");
  String senha = request.getParameter("senha");
  if(usuario.equals("edson") && senha.equals("123")){
    response.sendRedirect("usuario_val.html"); u
  }
  else{
    response.sendRedirect("usuario_inv.html");
  }
}

public void init( ) throws ServletException {
  super.init( );
}
}
```

Para funcionar o Servlet anterior, basta criar uma página inicial com uma caixa de **usuário** e uma caixa de **senha**.

```
<form action="RedirComServlet" method="post">
  Login:<input type="text" name="usuario" /><br />
  Senha:<input type="password" name="senha" /><br />
  <input type="submit" value="Logar" />
</form>
```

Para as páginas no qual o Servlet irá redirecionar fica a seu critério quanto ao seu conteúdo, apenas não se esquecendo do nome do arquivo para usuário válido, sendo **usuario_val.html**, e para usuário inválido, sendo **usuario_inv.html**.

Capítulo 8

Cookies e Sessões

ESTE CAPÍTULO O INTRODUZIRÁ EM DOIS CONCEITOS MUITO USADOS no mundo do desenvolvimento de sites: cookies e sessões.

De um lado você tem os cookies, usados até os dias de hoje para armazenar no computador do usuário suas preferências na navegação de um site, comum em sites de comércio eletrônico e as sessões, utilizadas para armazenar temporariamente informações de um usuário em uma determinada área de um site, como por exemplo, à área administrativa ou então uma caixa de e-mails.

Cookies

Você pode usar um cookie para armazenar informações no computador de um cliente quando ele visitar seu site da Web.

Essas informações podem ser usadas para identificar o cliente quando ele retornar ao seu site.

A capacidade de identificar os clientes e personalizar conteúdo é importante porque pode ser usada para aumentar as vendas. Um exemplo simples: talvez você queira exibir anúncios distintos para clientes diferentes, de acordo com seus interesses. Se você registrou o fato de que um determinado cliente gosta de visitar as páginas de seu site da Web que mostram livros de informática, pode mostrar automaticamente a esse cliente mais anúncios relacionados a livros de informática quando ele retornar a visitar o site. É assim que o comércio eletrônico Amazon.com ficou famoso.

Os cookies foram desenvolvidos pela Netscape para corrigir uma deficiência observada na interação entre servidores da Web e navegadores. Sem os cookies, a interação entre os servidores e navegadores sairia do controle.

CURIOSIDADE

De onde vem o termo "**cookie**"? Lou Montulli, que programou a especificação original do **cookie** para a Netscape, explica: "**Cookie** é um termo bastante conhecido em computação, utilizado quando se descreve uma parte opaca de dados mantida por um intermediário. O termo se aplica perfeitamente ao uso; simplesmente não é muito conhecido fora da área da computação."

Há dois tipos de cookies: cookies de sessão e cookies persistentes. Os cookies de sessão são armazenados na memória. Permanecem no computador do cliente somente enquanto ele está visitando o seu site da Web.

O cookie persistente, por outro lado, podem durar meses ou até anos. Os cookies persistentes são armazenados em um arquivo de texto no computador do cliente. Esse arquivo de texto é denominado arquivo Cookie nos computadores com sistema operacional Windows e arquivo Magic Cookie nos computadores Macintosh.

Criando Cookies

Para criar um cookie, você precisa instanciar a classe **javax.servlet.http.Cookie**. Essa classe fornece apenas um tipo de construtor que recebe duas variáveis do tipo String, que representam o nome e o valor do cookie.

O servlet a seguir mostra como criar um cookie:

CriandoCookie.java

```
package meupacote;

import java.io.IOException;
import java.io.PrintWriter;
import javax.servlet.ServletException;
import javax.servlet.http.Cookie;
import javax.servlet.http.HttpServletRequest;
```

```
import javax.servlet.http.HttpServletResponse;

public class CriandoCookie extends javax.servlet.http.HttpServlet
{

  public void destroy( ) {
    super.destroy( );
  }

  protected void doGet(HttpServletRequest request,
    HttpServletResponse response)
  throws ServletException, IOException
  {
    Cookie meucookie = new Cookie("nome", "Edson");❶
    meucookie.setMaxAge(60); ❷
    meucookie.setSecure(false); ❸
    meucookie.setComment("Meu nome"); ❹
    response.addCookie(meucookie);❺

    String html = "<html><head>"+
    "<title>Criando um Cookie</title>"+
    "</head><body>"+
    "<h2>Seu cookie foi criado com sucesso!</h2>"+
    "<a href=\"VisualizaCookie\">" +
    "Clique aqui para ver o Cookie criado" +
    "</a>"+
    "</body></html>";

    response.setContentType("text/html");
    PrintWriter writer = response.getWriter( );
    writer.print(html);
    writer.close( );
  }

  public void init( ) throws ServletException {
    super.init( );
  }
}
```

❶ A classe **Cookie(String s, String s)** é chamada com a passagem de dois parâmetros, um o **nome do cookie** e o outro o **valor**.

❷ O método **setMaxAge(int i)** define o tempo (em segundos) para que o cookie expire. No caso de você ter um cookie por dois dias na máquina, poderia ser definido da seguinte forma: seucookie.**setMaxAge(2*24*60*60)**.

❸ O método **setSecure(boolean b)** indica se o cookie deve ser transferido pelo protocolo HTTP padrão.

❹ O método **setComment(String s)** cria um comentário para o cookie criado.

❺ Com o método **addCookie(Cookie c)** você grava o cookie na máquina do usuário.

O resultado dessa página será apenas uma saída HTML comum, contendo um texto e um link. Esse link o levará direto para um Servlet que irá receber o cookie.

Recuperando um Cookie

Para recuperar um cookie você usa o método **getCookies( )** do objeto implícito request. O Servlet a seguir recupera o cookie criado anteriormente:

VisualizaCookie.java

```
package meupacote;

import java.io.IOException;
import java.io.PrintWriter;
import javax.servlet.ServletException;
import javax.servlet.http.Cookie;
import javax.servlet.http.HttpServletRequest;
import javax.servlet.http.HttpServletResponse;

 public class VisualizaCookie extends
javax.servlet.http.HttpServlet {

  public void destroy( ) {
    super.destroy( );
  }
```

```
protected void doGet(HttpServletRequest request,
  HttpServletResponse response)
throws ServletException, IOException {

  Cookie listaCookies[] = request.getCookies( ); ❶

  Cookie nome = null;

  if (listaCookies != null) {
    for (int i = 0 ; i < listaCookies.length ; i++)  { ❷
      if (listaCookies[i].getName( ).equals("nome")) {
        nome = listaCookies[i];
        break;
      }
    }

  }

  String html = "<html><head>"+
  "<title>Visualizando um Cookie</title>"+
  "</head>"+
  "<body>" +
  "O Cookie chamado <strong>nome</strong> tem o valor: " +
  "<strong>" + nome.getValue( ) + "</strong>"+ ❸
  "</body></html>";

  response.setContentType("text/html");
  PrintWriter writer = response.getWriter( );
  writer.print(html);
  writer.close( );

}

public void init( ) throws ServletException {
  super.init( );
}
}
```

❶ O método **getCookies( )** recupera os cookies encontrados.

❷ O loop **for** varre os cookies e com o **if** você verifica se o cookie é o que se chama **nome**. Caso seja, o valor é atribuído a variável **nome** e o **break** é chamado para finalizar o loop.

❸ O método **getValue( )** é o responsável por retornar o valor encontrado no cookie. No caso seria **Edson** o valor encontrado no cookie criado no Servlet anterior.

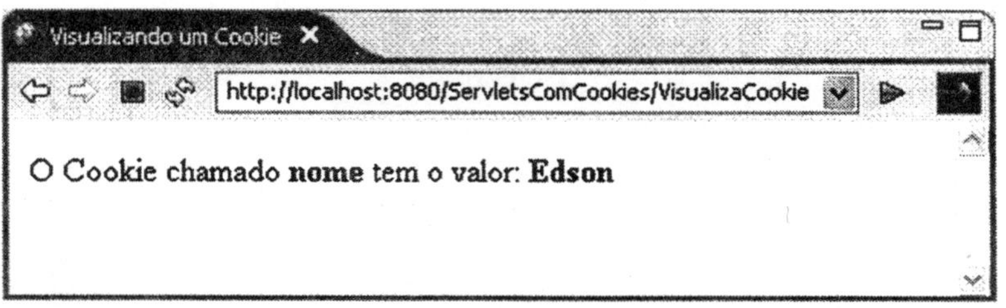

Figura 8.1

Atenção: Se os cookies não funcionarem, significa que o browser do usuário está configurado explicitamente para não aceitar cookies. Com as crescentes preocupações em torno da privacidade de quem navega na Internet, alguns usuários passaram a bloquear o armazenamento de cookies em seus browsers.

Sessões

Largamente usada em aplicações Web administrativas e também em comércios eletrônicos, as sessões carregam geralmente informações de uma página para outra, usando ou não cookies.

A API de Servlets disponibiliza um módulo extremamente útil no controle de informações associadas ao usuário que acessa uma área restrita ou que necessita de informações que sejam transmitidas de uma página para outra, conhecido como módulo de gerenciamento de sessões de usuários.

Esse módulo funciona basicamente criando um identificador de sessão na primeira vez que o usuário acessa a aplicação. A interface que representa a sessão de usuário é a **javax.servlet.http.HttpSession**.

A partir dessa definição, o servidor procura fazer com que todas as requisições vindas daquele usuário carreguem esse identificador de sessão, seja através de cookies, ou de URLs (com informações adicionais de caminho) para que incorporem essa informação.

Dentro do servidor é estabelecido um objeto de sessão único e que somente pode ser acessado pelo cliente que o chamou. Assim sendo, esses objetos de sessão não são compartilhados entre cada usuário da aplicação.

A seguir você vai fazer dois Servlets que representará a criação e a utilização da Sessão:

ServletSessionPagUm.java

```
package meupacote;

import java.io.IOException;
import java.io.PrintWriter;

import javax.servlet.ServletException;
import javax.servlet.http.HttpServletRequest;
import javax.servlet.http.HttpServletResponse;
import javax.servlet.http.HttpSession;

 public class ServletSessionPagUm extends
javax.servlet.http.HttpServlet {

  public void destroy( ) {
    super.destroy( );
  }

  protected void doGet(HttpServletRequest request,
    HttpServletResponse response)
  throws ServletException, IOException {
    HttpSession sessao = request.getSession(true); ➊
```

```
    sessao.setAttribute("nome", "Edson");❷

    String html = "<html><head>" +
    "<title>Trabalhando com Sessão</title>" +
    "</head>"+
    "<body>" +
    "Sua sessão foi criada com sucesso!<br />" +
    "Sua ID é: <strong>" + sessao.getId( ) + "</strong><br />" + ❸
    "<a href=\"ServletSessionPagDois\">Clique aqui</a>" +
    " para ver a sessão na página seguinte." +
    "</body></html>";

      response.setContentType("text/html");
      PrintWriter writer = response.getWriter( );
      writer.print(html);
      writer.close( );

  }

  public void init( ) throws ServletException {
    super.init( );
  }
}
```

O método **getSession(boolean b)** ❶ retorna um objeto **HttpSession** associado com a atual sessão de navegação do cliente. Esse método pode criar um objeto HttpSession (argumento **true**) se ainda não existir um para o cliente.

O armazenamento de um objeto de sessão é feito pelo método **setAttribute(String s, Object obj)** ❷. No caso, o objeto de sessão chamado **nome** contém um valor chamado de **Edson**.

O método **getId( )** ❸ captura o identificador dessa sessão.

Quando você clicar para ir ao segundo Servlet criado, essa sessão será mantida, para que o nome criado nessa sessão seja recuperado.

ServletSessionPagDois.java

```
package meupacote;

import java.io.IOException;
import java.io.PrintWriter;

import javax.servlet.ServletException;
import javax.servlet.http.HttpServletRequest;
import javax.servlet.http.HttpServletResponse;
import javax.servlet.http.HttpSession;

public class ServletSessionPagDois extends
javax.servlet.http.HttpServlet {

  public void destroy( ) {
    super.destroy( );
  }


  protected void doGet(HttpServletRequest request,
    HttpServletResponse response)
  throws ServletException, IOException {

    HttpSession sessao = request.getSession(true);
    String nome = (String)sessao.getAttribute("nome"); ❶

    String html = "<html><head>"+
    "<title>Trabalhando com Sessão</title>" +
    "</head>"+
    "<body>";
    if(nome!=null){ ❷
      html += "Sua ID é:<strong>" + sessao.getId( ) +
        "</strong><br />"+
        "E seu nome é: <strong>"+nome+"</strong>";
    }
    else{
```

```
        html += "Sua sessão não foi criada. <br />"+
          "<a href=\"ServletSessionPagUm\">Clique aqui</a>" +
          " para criar a sua sessão.";

      }
        html += "</body></html>";

        response.setContentType("text/html");
        PrintWriter writer = response.getWriter( );
        writer.print(html);
        writer.close( );

    }

    public void init( ) throws ServletException {
      super.init( );
    }
}
```

Para recuperar um objeto de sessão, você deve usar o método **getAttribute(String s)** ❶. Esse método retorna um **Object** e que, para você ter em formato String, uma coerção de tipo deve ser feita. Caso não encontre o objeto de sessão procurado, esse método retorna um valor **null** ❷.

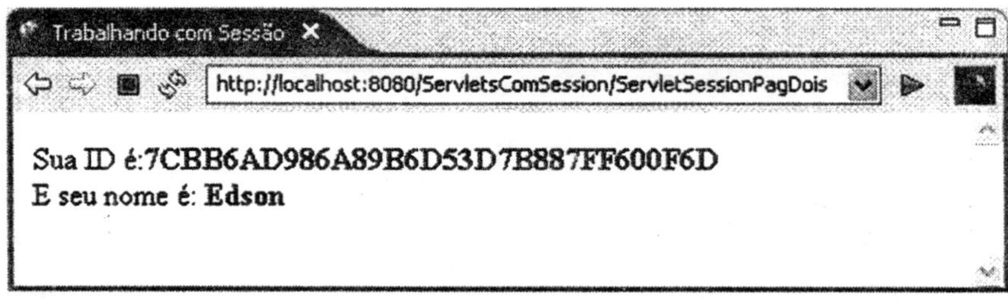

Figura 8.2

Terminando uma Sessão

Uma outra característica importante dos objetos de sessão é que ele permite que sessões criadas automaticamente expirem após um determinado tempo de inatividade. Obviamente, o desenvolvedor também pode expirar uma sessão explicitamente através de sua programação.

Primeiramente para dar continuidade no exemplo já em curso, você irá acrescentar as seguintes linhasu, em destaque, no arquivo **ServletSessionPagDois.java**:

```
...
  if(nome!=null){
     html += "Sua ID é:<strong>" + sessao.getId( ) +
       "</strong><br />"+
       "E seu nome é: <strong>"+nome+"</strong><br />"+ ❶
       "<a href=\"ServletFecharSessao\">Clique aqui</a>"+
       " para fechar a sessão";

   }
...
```

O Servlet a seguir irá remover o valor do objeto de sessão chamado **nome** ❶.

ServletFecharSessao.java

```
package meupacote;

import java.io.IOException;
import java.io.PrintWriter;

import javax.servlet.ServletException;
import javax.servlet.http.HttpServletRequest;
import javax.servlet.http.HttpServletResponse;
import javax.servlet.http.HttpSession;
```

```
public class ServletFecharSessao extends
javax.servlet.http.HttpServlet {

  public void destroy( ) {
    super.destroy( );
  }

  protected void doGet(HttpServletRequest request,
    HttpServletResponse response)
  throws ServletException, IOException {
    HttpSession sessao = request.getSession(true);

    sessao.removeAttribute("nome");❶
    String nome = (String)sessao.getAttribute("nome");
    String html = "<html><head>"+
      "<title>Terminando uma Sessão</title>"+
      "</head>"+
      "<body>"+
      "Sua ID é:<strong>" + sessao.getId( ) + ❷
      "</strong><br />"+
      "E seu nome é: <strong>"+nome+"</strong><br />"+
      "<a href=\"ServletSessionPagUm\">Clique aqui</a>"+
      " para iniciar uma nova sessão"+
      "</body></html>";

    response.setContentType("text/html");
    PrintWriter writer = response.getWriter( );
    writer.print(html);
    writer.close( );
  }

  public void init( ) throws ServletException {
    super.init( );
  }
}
```

Embora o método **removeAttribute(String s)** ❶ seja chamado, apenas o objeto de sessão **nome** é removido. A sessão em si continua sendo ativa. Você pode ver isso com o método **getId( )** ❷.

Figura 8.3

Gerenciando uma Sessão

Você pode controlar a expiração de uma sessão, obtendo um maior controle de sua aplicação Web.

Usando método **setMaxInactiveInterval(int i)** você pode definir o tempo máximo de inatividade na aplicação, em segundos. Com o método **getMaxInactiveInterval( )** você captura o tempo dado como máximo de inatividade, em segundos.

Usando o método **invalidate( )** você permite que a sessão seja expirada explicitamente pela aplicação.

Para exemplificar como funciona esse controle sobre uma sessão, você irá modificar o arquivo **ServletSessionPagUm.java** como mostrado a seguir:

```
...
 protected void doGet(HttpServletRequest request,
   HttpServletResponse response)
 throws ServletException, IOException {
   HttpSession sessao = request.getSession(true);
   sessao.setAttribute("nome", "Edson");
   sessao.setMaxInactiveInterval(1); ❶
```

```
  String html = "<html><head>"+
"<title>Trabalhando com Sessão</title>"+
"</head>"+
"<body>" +

"Sua sessão foi criada com sucesso!<br />"+
"Sua ID é: <strong>" + sessao.getId( ) + "</strong><br />"+
"O tempo máximo de inatividade é: <strong>" +
sessao.getMaxInactiveInterval( ) + ❷
"</strong> segundo(s)<br />"+
"<a href=\"ServletSessionPagDois\">Clique aqui</a>"+
" para ver a sessão na página seguinte."+
"</body></html>";

  response.setContentType("text/html");
  PrintWriter writer = response.getWriter( );
  writer.print(html);
  writer.close( );

 }
...
```

❶ Nesse ponto você determinou, através do método **setMaxInactiveInterval(1)** que o tempo de inatividade do acesso ao seu Servlet seria de apenas **um segundo**.

❷ Com o método **getMaxInactiveInterval( )** você pode colocar na página o tempo configurado para a inatividade da aplicação.

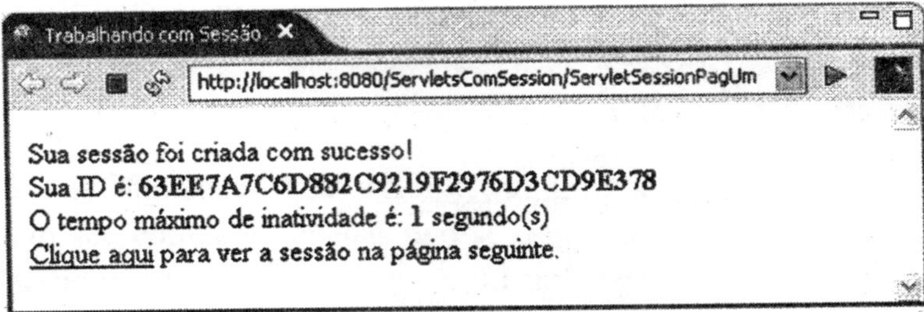

Figura 8.4

Caso você venha a querer ir para o Servlet seguinte, será necessário ir antes de um segundo, pois a sessão será expirada. É uma ótima forma de configurar áreas que exijam segurança.

Descobrindo a Criação e o Último Acesso

Além de controlar a expiração de uma sessão, você também pode descobrir quando foi criada e o último acesso.

Para fazer isso basta chamar o método **getCreationTime( )** para a data de criação e **getLastAccessedTime( )**.

Caso queira usá-los, faça como no exemplo a seguir:

```
new Date(sessao.getCreationTime( ))
new Date(sessao.getLastAccessedTime( ))
```

Foi utilizado **Date** do pacote **java.util** para converter em formato de data o resultado obtido pelos métodos usados.

Perceba que nesta simples data você tem diversas informações como dia da semana (Sun), mês (Set) dia, hora e outras informações como o timezone.

Caso queira converter em nosso sistema idiomático, pode fazê-lo de forma simples, como mostrado a seguir:

ServletSessionPagUm.java

```
...
import java.text.SimpleDateFormat; ❶
import java.util.Date;
...
  protected void doGet(HttpServletRequest request,
    HttpServletResponse response)
  throws ServletException, IOException {
    HttpSession sessao = request.getSession(true);
    sessao.setAttribute("nome", "Edson");

    SimpleDateFormat formato =
```

```
    new SimpleDateFormat("dd/MM/yy - HH:mm:ss"); ❷

String html = "<html><head>"+
"<title>Trabalhando com Sessão</title>"+
"</head>"+
"<body>" +
"Sua sessão foi criada com sucesso!<br />"+
"Sua ID é: <strong>" + sessao.getId( ) + "</strong><br />"+
"O tempo máximo de inatividade é: <strong>" +
sessao.getMaxInactiveInterval( ) + "</strong> segundo(s)<br />"+
"Sessão criada em: <strong>"+
formato.format(new Date(sessao.getCreationTime( )))+ ❸
"</strong><br />" +
"Último acesso em: <strong>"+
formato.format(new Date(sessao.getLastAccessedTime( )))+
"</strong><br />"+
"<a href=\"ServletSessionPagDois\">Clique aqui</a>"+
" para ver a sessão na página seguinte."+
"</body></html>";

  response.setContentType("text/html");
  PrintWriter writer = response.getWriter( );
  writer.print(html);
  writer.close( );

}
...
```

Primeiro, e muito importante, não esqueça de importar os pacotes referentes a classe Date e a classe **SimpleDateFormat** ❶.

A classe **SimpleDateFormat** ❷ fornece um conjunto de caracteres padrão para formatação do objeto **Date**.

Para utilizar, chame o método **format** ❸, trazendo assim o formato de data que criou na chamada da classe. Caso queira mais detalhes, veja o ***Apêndice*** que trata sobre o assunto no final deste livro.

Configurando a Expiração no Arquivo web.xml

Evidentemente que você pode chegar a se esquecer de colocar um tempo para expiração da sua sessão e, tendo em vista que isso consome certo recurso do servidor, existe a possibilidade de ter a expiração (timeout) da sessão pelo arquivo **web.xml**.

A configuração feita pelo arquivo **web.xml** faz com que você tenha a expiração dada pelo tempo indicado em todas as sessões correntes na sua aplicação Web, sem exceção.

Para configurá-lo, adicione os seguintes elementos, como mostrado:

web.xml

```
...
  <session-config>
    <session-timeout>5</session-timeout> ❶
  </session-config>
</web-app>
```

O elemento **<session-config />** configura a sessão de uma aplicação Web, onde você tem o elemento opcional **<session-timeout />** ❶ com o tempo para finalizar a sessão da aplicação. O número deve ser um inteiro. O número **cinco** em questão representa o tempo em **minutos** para a expiração da sessão da sua aplicação.

Evidentemente você nesse caso não precisaria usar o método **setMax InactiveInterval(int i)**, a menos que você queira controlar a sessão especificamente para essa parte da sua aplicação.

Usando o método **getMaxInactiveInterval( )** você verá o tempo dado como **300** (trezentos) segundos nesse caso.

Destruindo uma Sessão

Você viu que é possível remover um objeto de sessão, mas que isso não destruiu a sessão. Destruir uma sessão é removê-la, e que, se for chamar novamente uma página contendo sessões, um novo objeto de sessão é criado.

Para saber se uma sessão é nova, você pode usar o método **isNew( )**.

ServletFecharSessao.java

```
...
  protected void doGet(HttpServletRequest request,
    HttpServletResponse response)
  throws ServletException, IOException {

    HttpSession sessao = request.getSession(true);
    sessao.invalidate( ); ❶
    //sessao.removeAttribute("nome");
    //String nome = (String)sessao.getAttribute("nome");

    String html = "<html><head>" +
      "<title>Destruindo uma Sessão</title>" +
      "</head>" +
      "<body>\n" +
      "<strong> Sessão destruida com sucesso!</strong><br />"+
      "<a href=\"ServletSessionPagUm\">Clique aqui</a>" +
      " para iniciar uma nova sessão\n" +
      "</body></html>";

      response.setContentType("text/html");
      PrintWriter writer = response.getWriter( );
      writer.print(html);
      writer.close( );

  }
...
```

O Servlet **ServletFecharSessao** foi modificado para destruir o objeto de sessão, usando o método **invalidate( )** ❶. Se você retornar ao **ServletSessionPagUm** um novo objeto de sessão será criado.

Introdução a JavaServer Pages

ENQUANTO QUE DESENVOLVER UM SERVLET, você tem que inserir muitos códigos Java, a parte de layout da página fica a cargo do Web Designer, no qual trabalha com imagens, cores e outros elementos visuais existentes em um web site.

Graças a esse problema, a equipe da Sun desenvolveu uma tecnologia baseada em Servlets chamada de JavaServer Pages (JSP).

JavaServer Pages são páginas Java embebidas em HTML. Dessa forma a página dinâmica é gerada pelo código JSP. A primeira vez que uma página JSP é carregada pelo container JSP, o código Java é compilado gerando um Servlet que é executado. As chamadas subseqüentes são enviadas diretamente ao Servlet, não havendo mais a recopilação do código Java.

A Estrutura da Página JavaServer Pages

Como as páginas JavaServer Pages são códigos Java embebidos em páginas HTML, você pode definir o local que deseja colocar seu código.

Dentro do arquivo, você insere elementos pertencentes ao JSP, seguindo a sintaxe:

index.jsp

```
<%@ page language="java" contentType="text/html; charset=ISO-8859-1"
    pageEncoding="ISO-8859-1"%>
```

```
<!DOCTYPE html PUBLIC "-//W3C//DTD XHTML 1.0 Transitional//EN"
"http://www.w3.org/TR/xhtml1/DTD/xhtml1-transitional.dtd">
<html xmlns="http://www.w3.org/1999/xhtml">
<head>
<meta http-equiv="Content-Type" content="text/html; charset=ISO-
8859-1" />
<title>Trabalhando com JavaServer Pages</title>
</head>
<body>
<%
  String s = "<h2>Esse é um código JSP embebido no HTML</h2>";
  out.write(s); ❶
%>
</body>
</html>
```

O arquivo **index.jsp**, diferente do Servlet, não fica dentro do diretório **classes**, em **WEB-INF**, mas sim diretamente na raiz da sua aplicação. Observe também que o arquivo, embora contenha códigos HTML, tem a extensão modificada para **.jsp**.

Para escrever código Java em sua página basta colocá-lo entre as tags **<%** e **%>**. Esse código é chamado de **scriptlet**.

Scriptlet, o código escrito entre **<%** e **%>**, é um nome composto da palavra script (linguagem de script) com o sufixo **let**, que indica pequeno.

Esse costume é dotado pela Sun Microsystems, foi assim com Serv**let** e agora com Scriptlet entre outras nomenclaturas que não vem ao caso.

❶ Existem variáveis já implícitas no código jsp, onde todo arquivo jsp já possui uma variável chamada **out** (do tipo **JspWriter**) que permite imprimir objetos através do método **write**, **print** ou **println**:

```
<% out.write(s); %>
```

Preciso Compilar uma Página JavaServer Pages?

Uma das grandes vantagens de desenvolver em JavaServer Pages é que você não precisa compilar seu código. Você cria a página e a coloca pra rodar no Servlet Container. Caso precise alterar, altere e pronto.

JavaServer Pages são Servlets?

A página JSP é um arquivo de script interpretado inicialmente e depois compilado em um Servlet. O arquivo é pré-compilado numa classe Java quando acontecer o primeiro chamado desse arquivo. Você pode visualizar o Java criado, assim como o compilado no Tomcat em:

```
$CATALINA_HOME/work/Catalina/localhost/SiteJSP/org/apache/jsp
```

Como o Servlet Container Saberá que Alterei o Arquivo?

O compilador verifica a data de alteração do arquivo que contém a página JSP e caso essa data se modifique, o processo de compilação é executado novamente para garantir que as alterações feitas na página sejam visíveis para os usuários da aplicação.

Devido a todo esse processo de compilação / recopilação, após a modificação, assim como na criação, de uma página JSP, é sempre mais lento que os acessos seguintes.

Por trás de uma página JSP existe um Servlet especial, chamado **Page Compiler**, que intercepta requisições direcionadas a recursos com extensão **.jsp**.

A Configuração do Arquivo web.xml

No caso da criação de arquivos JSP, você adiciona novos elementos no arquivo **web.xml** para ter a chamada de um arquivo inicial, quando sua aplicação for chamada:

web.xml

```
<?xml version="1.0" encoding="UTF-8"?>
<!DOCTYPE web-app PUBLIC "-//Sun Microsystems, Inc.//DTD Web
Application 2.3//EN" "http://java.sun.com/dtd/web-app_2_3.dtd">
<web-app id="WebApp_ID">
  <display-name>
    TrabComJSP
  </display-name>
  <welcome-file-list>
    <welcome-file>index.jsp</welcome-file> ❶
    <welcome-file>index.htm</welcome-file>
    <welcome-file>index.html</welcome-file>
    <welcome-file>default.html</welcome-file>
    <welcome-file>default.htm</welcome-file>
    <welcome-file>default.jsp</welcome-file>
  </welcome-file-list>
</web-app>
```

Note a adição do elemento **<welcome-file-list />** que contém um subelemento **<webcome-file />**, indicando um ou mais nomes de arquivos que deverão ser carregados automaticamente caso você não digite o nome do arquivo na chamada da aplicação no navegador. Como você já deve ter notado, o primeiro da lista é o chamado para ser a página *default*, caso não seja encontrada, a segunda da lista é o arquivo inicial e assim por diante até o fim.

Ao executar essa aplicação no Servlet Container, você notará que a chamada inicial é lenta, isso graças a sua compilação. Depois disso, na segunda chamada em diante fica consideravelmente mais rápido, como já dito anteriormente.

O Ciclo de Vida

O fato de uma página JSP ser convertida para um Servlet faz com que ela tenha o mesmo ciclo de vida apresentado pelo Servlet, onde existe a inicialização, a requisição, e finalmente a finalização.

Não existem métodos equivalentes ao **doGet** e **doPost** de um Servlet para o atendimento as requisições, já que o próprio conteúdo da página contém o código a ser executado e retornado para o browser a cada chamada.

Por outro lado, existem os métodos **jspInit( )** e **jspDestroy( )** que possibilitam a implementação de códigos de inicialização e finalização, respectivamente, da página JSP.

A Estrutura do JavaServer Pages

Em páginas dinâmicas escritas em JSP você tem as tags de abertura **<%** e fechamento **%>**, como já dito anteriormente, para se adicionar o comando desejado.

As tags mais comuns são:

- Comentários: **<%-- esse é um comentário em JSP --%>** e
<%
/* esse comentário tem
mais de uma linha */
%>
- Declaração de atributos ou métodos: **<%! %>**
- Expressão de um resultado: **<%= %>**
- Tags Personalizadas: **<%@ taglib %>**

Exemplo de tag personalizada:

```
<%@taglib uri="http://java.sun.com/jsp/jstl/core" prefix="c"%>
```

Onde **uri** é o nome definido no arquivo **TLD** e **prefix** é o nome da tag que será utilizada na página JSP.

Diretivas

Diretivas são usadas para fornecer informações especiais ditas ao container sobre a página JSP quando esta é compilada para Servlet.

Você tem três tipos de diretivas principais:

- **page**: permite importação de classes, customização de super classes servlet entre outras;

- **include**: permite que um conteúdo seja inserido de um arquivo no servlet.
- **taglib**: permite que o ambiente JSP importe uma determinada biblioteca de tags.

Para cada um desses tipos de diretivas, existem conjuntos de atributos específicos utilizados para parametrizar a diretiva.

Diretiva Page

Conforme o próprio nome indica, a diretiva **page** serve para se definir diretivas da página. A diretiva page tem a seguinte sintaxe: **<%@ page %>**

Os atributos mais usados são:

- **language="java"** – Especifica a linguagem que está sendo usada.
- **extends="pacote.classe"** – Define se a super classe do servlet por herança.
- **import="pacote.classe.*"** – Pacote que deve ser importado.
- **session="true | false"** – Permite ou não variáveis de sessão.
- **buffer="none | 10kb"** – Tamanho do buffer em KB para o JspWriter out. O buffer padrão é definido pelo servidor.
- **info="mensagem"** – Define uma string que pode ser recuperada pelo método **getServletInfo( )**. Com esse atributo o desenvolvedor pode adicionar uma documentação à página que resume sua funcionalidade.
- **errorPage="erro.jsp"** – Define a página de erro no qual será desviado caso isso ocorra.
- **isErrorPage="true | false"** – Define se é uma página de controle de erro.
- **contentType="text/html"** – Informações sobé a página, o MIME type do documento.
- **pageEncoding="ISO-8859-1"** – Define o conjunto de caracteres para a página JSP.
- **autoFlush="true | false"** – O valor **true** (padrão) indica se o buffer deve ser esvaziado quando estive cheio. Em **false**, indica que uma exceção deve ser mostrada quando ocorrer overflows.

Desenvolvendo JSP no NetBeans 5.5

Você já sabe que o NetBeans por padrão, ao criar um projeto, cria uma página **JSP** chamada de **index.jsp**, desde que seu projeto siga os passos executados no Capítulo 5. Mas a idéia aqui é mostrar como criar uma nova página JSP, caso assim você queira.

No menu **File**, clique em **New File**. Na caixa de diálogo **New File**, no item **Web** em **Categories**, você seleciona **JSP** em **File Types**. Clique no botão **Next**.

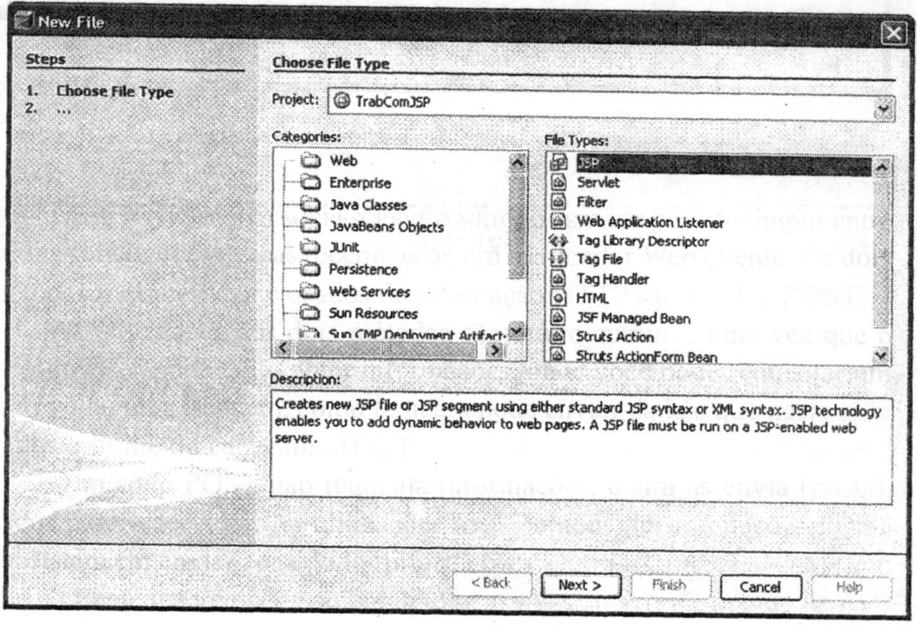

Figura 9.1

Na última etapa do assistente, você define o nome da sua página JSP, sem a extensão, em **JSP File Name**. Em **Folder** você ainda pode determinar um diretório em especial para salvar o arquivo. O item **Options** determina qual a sintaxe que será usada em suas páginas JSP, que no caso está selecionado inicialmente o padrão – **JSP File (Standard Syntax)**.

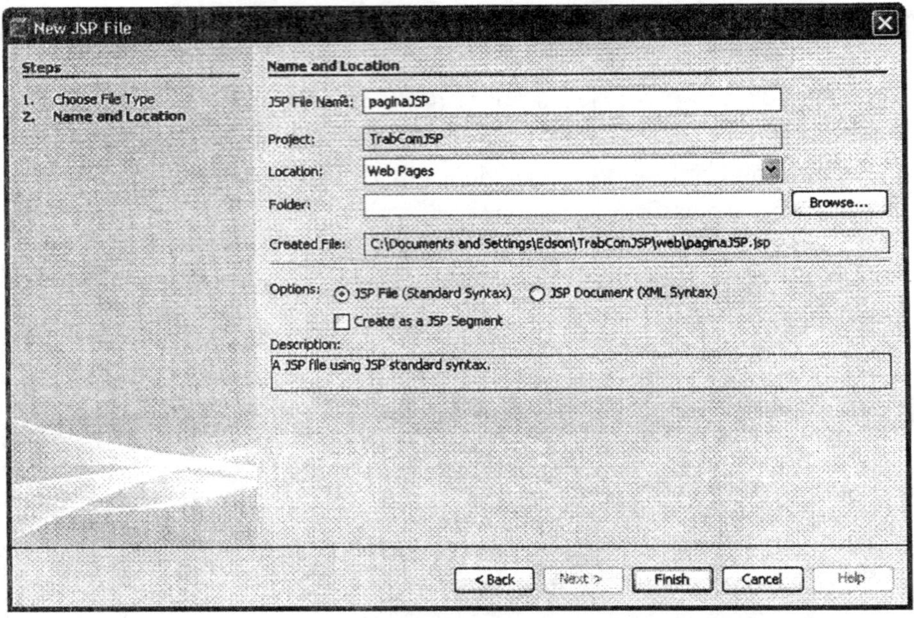

Figura 9.2

Desenvolvendo JSP no Eclipse 3.2 usando WTP

Fazer páginas JSP no Eclipse usando o plug-in WTP é simples como na criação dos Servlets. Com o projeto criado e selecionado, vá ao menu **File**, em **New** e clique em **Other**.

Na caixa de diálogo **New**, expanda o item **Web** e selecione **JSP**. Clique no botão **Next**.

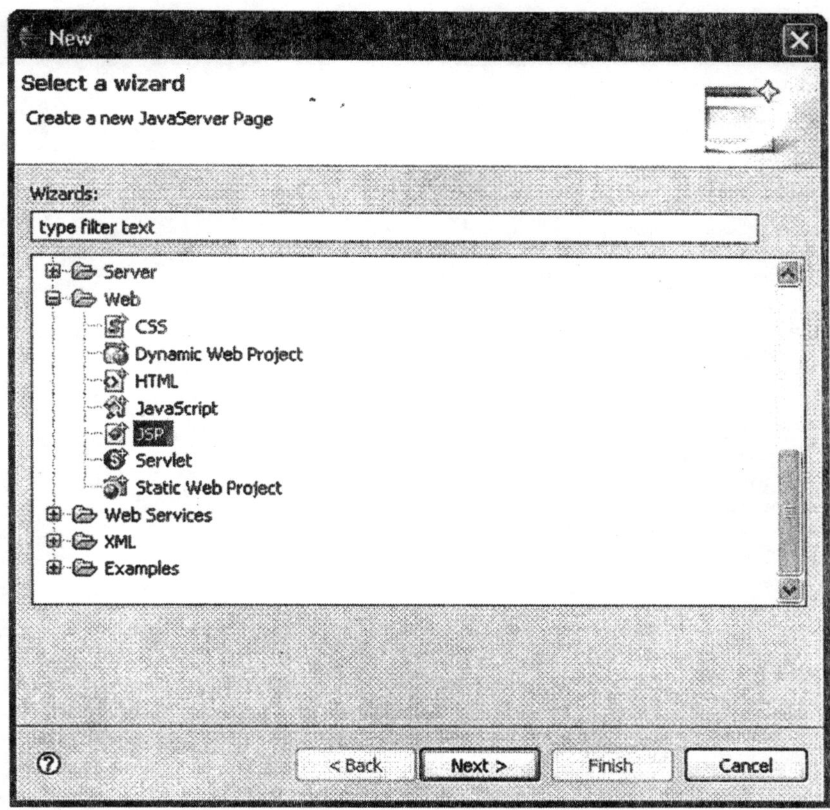

Figura 9.3

Na segunda etapa do assistente você pode determinar em que diretório deseja criar a página JSP, bem como também definir seu nome. Por padrão, quando você seleciona o projeto que deseja criar a página, ele já seleciona o diretório **WebContent**. Não é necessário colocar a extensão. Clique em **Next** para prosseguir.

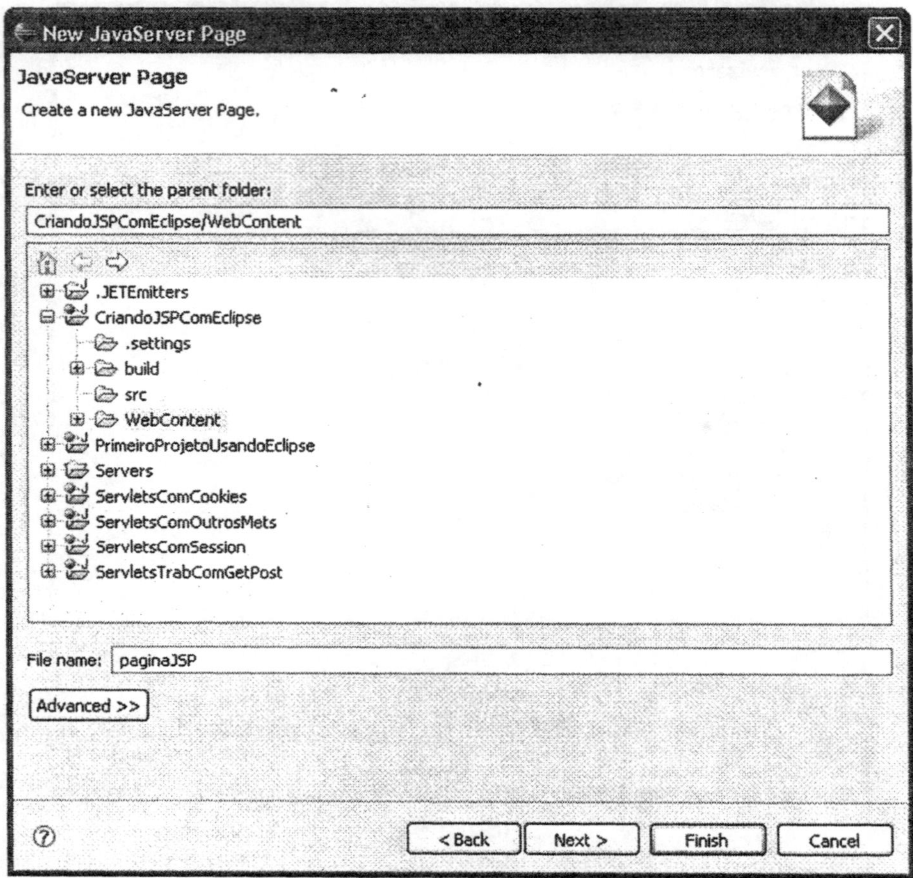

Figura 9.4

Na terceira e última etapa você seleciona um template gerado para a criação da página JSP. Se não quiser usar um template, desmarque a opção **Use JSP Template**. Nesse caso, o arquivo será gerado em branco, podendo assim ser feito totalmente a sua maneira. Ao terminar, clique no botão **Finish**.

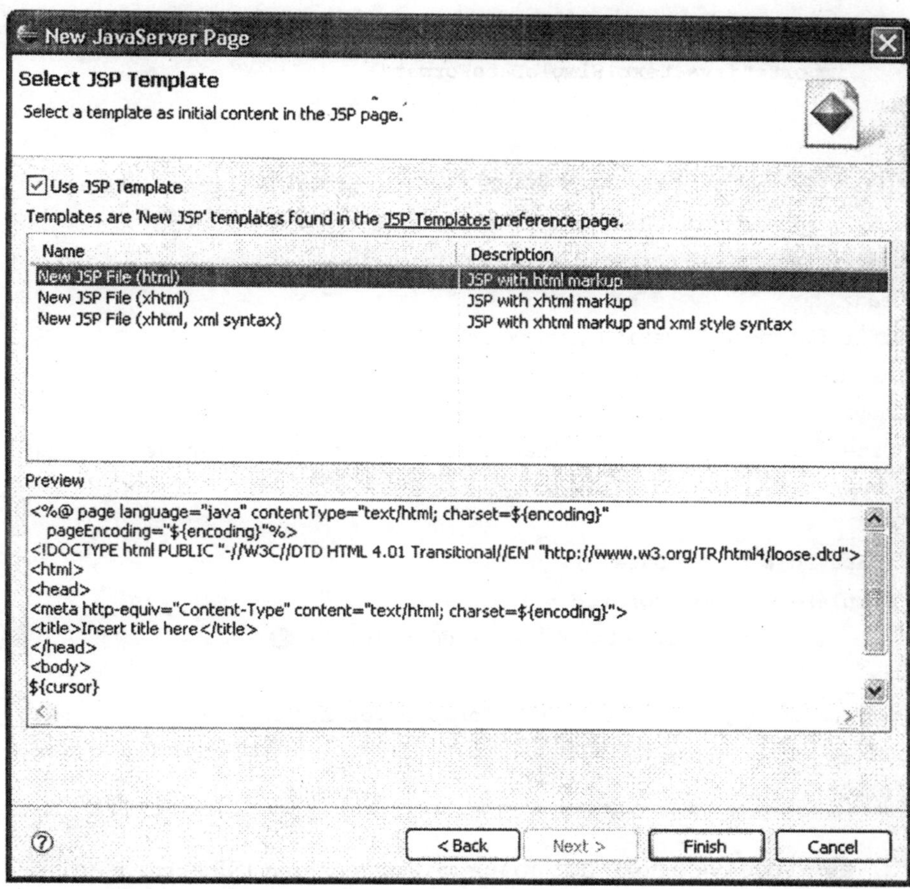

Figura 9.5

Usando a Diretiva Page

A página JSP a seguir demonstra alguns atributos da diretiva **page**:

data.jsp

```
<%@ page language="java" ❶
    contentType="text/html"
      pageEncoding="ISO-8859-1"
      info="Escrito por Edson Gonçalves"
```

```
    import="java.util.*"
    import="java.text.SimpleDateFormat"


<!DOCTYPE html PUBLIC "-//W3C//DTD XHTML 1.0 Transitional//EN"
"http://www.w3.org/TR/xhtml1/DTD/xhtml1-transitional.dtd">
<html xmlns="http://www.w3.org/1999/xhtml">
<head>
<title>Usando a Diretiva page</title>
</head>
<body>
  Esse é um exemplo da utilização da diretiva <strong>page</strong>
  <br />
  <%
   Date hoje = new Date( );
  SimpleDateFormat formato =
           new SimpleDateFormat("dd/MM/yy"); ❷
  %>
  A data de hoje é: <strong><%= formato.format(hoje) %></strong>❸
</body>
</html>
```

❶ Você pode notar que no início da sua página JSP existe a diretiva **page** com vários atributos, discutidos no início desse tópico. O mais importante nesse ponto é compreender a simplicidade perto do desenvolvimento usando Servlets.

❷ No Capítulo 8 desse livro você já havia visto a utilização da classe **SimpleDateFormat**. Novamente lembrando, caso queira mais informações a respeito, vá até o Apêndice no final deste livro.

❸ Como resultado da diretiva **page** em conjunto com o atributo **import** você pode manipular a data do servidor e formatá-la, dando como resultado o visto na imagem a seguir:

Você verá mais a diretiva **page** em ação em capítulos posteriores.

Figura 9.6

Diretiva Include

A diretiva include permite que sejam incluídos arquivos na hora em que a página JSP é compilada em Servlet. Sua sintaxe é similar a:

```
<%@ include file="topo.html" %>
```

Para exemplificar essa diretiva, você irá criar três páginas: **usandoDiretivaImport.jsp**, **cabecalho.html** e **rodape.html**.

cabecalho.html

```
<h1 style="color:red; background-color:#EEEEEE">
 Esse é o cabeçalho
</h1>
```

rodape.html

```
<strong>Esse texto faz parte do rodapé</strong>
```

A única página dinâmica no caso, ou seja, feita em JSP é o arquivo **usandoDiretivaImport.jsp**:

```
<%@ page language="java"
    contentType="text/html"
    pageEncoding="ISO-8859-1"
%>
<!DOCTYPE html PUBLIC "-//W3C//DTD XHTML 1.0 Transitional//EN"
```

```
"http://www.w3.org/TR/xhtml1/DTD/xhtml1-transitional.dtd">
<html xmlns="http://www.w3.org/1999/xhtml">
  <head>
    <title>Usando a Diretiva import</title>
  </head>
  <body>
    <%@ include file="cabecalho.html" %>❶
    <h3>Esse é o conteúdo da página</h3>
    <%@ include file="rodape.html" %>
  </body>
</html>
```

Figura 9.7

A vantagem de utilizar essa diretiva está no fato de que você pode manter conteúdo estático ou dinâmico comum a diversas páginas JSP em arquivos separados, incluídos, através dessa diretiva, conforme a necessidade. Sendo assim, um menu, cabeçalho, rodapé e outras situações que podem se repetir ao longo de diversas páginas no site podem ser inclusos, não necessitando de ser refeito a cada nova página e, auxiliando assim, na administração do conteúdo.

taglib

Tags Personalizadas ou Customizadas são comuns no desenvolvimento de páginas dinâmicas escritas em Java. Ao longo dos anos dois tipos de tags personalizadas surgiram, que aqui chamaremos de Tags Clássicas e Tags Simples.

O objetivo nesse exemplo é criar uma tag básica que não tem a intenção de ser reutilizável, mas de apresentar o desenvolvimento de uma **taglib** personalizada. Esse exemplo utilizará uma Tag Clássica. Esse exemplo será necessário principalmente porque envolve uma série de detalhes com a construção que o ajudará a entender melhor sua aplicabilidade.

A tag que você irá produzir simplesmente imprimirá uma frase: "**Desenvolvendo com taglib**" como resultado em uma página HTML.

A classe a seguir demonstra como criar uma tag personalizada:

DesenvolvendoTaglibs.java

```
package meupacote;

import java.io.IOException;
import javax.servlet.jsp.*;
import javax.servlet.jsp.tagext.TagSupport;

public class DesenvolvendoTaglibs extends TagSupport { ❶

  public int doStartTag( ) throws JspException { ❷
        try {
            pageContext.getOut( ).print("Desenvolvendo com
taglib"); ❸

   } catch (IOException ioe) { ❹
            throw new JspTagException("Erro: IOException");
        }
        return SKIP_BODY;❺
    }
}
```

❶ A classe abstrata **TagSupport** é parte das APIs de tags JSP e define todos os métodos que o JSP precisa em tempo de execução para chegar à funcionalidade da tag.

❷ O método público **doStartTag( )** é chamado em runtime(tempo de execução) para trazer as tags personalizadas. Observe que não existe um construtor explícito para essa tag e nem mesmo um método **main( )** para chamar a classe. Isso acontece porque o processador de tag não é uma classe independente, mas sim é instanciado em runtime pelo código JSP quando chama seus métodos. A API de tags personalizadas define um conjunto de métodos para essas tags.

❸ A tag quando chamada irá imprimir na tela a mensagem "**Desenvolvendo com taglib**" para o usuário, usando o método **print** de **pageContext**.

❹ Caso haja um erro na execução, é disparado um erro, uma exceção **IOException**.

❺ O retorno da constante **SKIP_BODY** é necessário, como exigido pelo método, para que diga ao runtime como proceder quando encontrar a tag. Esse retorno diz ao mecanismo de execução para simplesmente ignorar o corpo da tag, se houver um, e prosseguir avaliando o restante da página. Evidentemente existem outros valores de retorno válidos para **doStartTag( )**, mas que não está sendo explorado aqui, nesse momento.

Mesmo que você me veja citando a palavra **runtime**, não significa que o seu desenvolvimento será recopilado toda vez que chamar uma página JSP. Na verdade, o código JSP é chamado e compilado somente uma vez, sem ter uma alteração posterior, transformando-se em um Servlet, como já dito anteriormente.

Como Compilar a taglib Criada

A compilação é bem simples, como se faz quando você quer compilar um Servlet. A compilação exige o CLASSPATH para uma determinada biblioteca que o ajudará na compilação da tag desenvolvida.

Para compilar, no Windows faça:

```
javac -classpath $CATALINA_HOME\common\lib\jsp-api.jar ➥
meupacote\DesenvolvendoTaglibs.java
```

Onde a compilação seria mais ou menos da seguinte forma:

Digamos que seu Tomcat esteja instalado no Windows no diretório **tomcat** no drive **C:**, e que o local onde se encontra sua aplicação seja em **C:\tomcat\webapps\TrabTagLib**, sendo assim, você faria:

```
C:\Tomcat\webapps\TrabTaglib\WEB-INF\classes> ➥
javac -classpath C:\Tomcat\common\lib\jsp-api.jar ➥
meupacote\DesenvolvendoTaglibs.java
```

Note que a navegação foi feita até o diretório **classes**, e lá se originou a compilação. Mas isso não é obrigatório, pois poderia ser feito assim, caso o seu Tomcat esteja instalado no drive **C:** e que tem o nome **Tomcat 5.5** no diretório:

```
C:\>javac -classpath "C:\Tomcat 5.5\common\lib\jsp-api.jar" ➥
"C:\Tomcat 5.5\webapps\TrabTaglib\WEB-INF\classes\meupacote ➥
\DesenvolvendoTaglibs.java"
```

No **Linux**, você segue a mesma regra, partindo do princípio que você tem o Tomcat instalado no diretório **/usr/local/tomcat**:

```
shell# javac -classpath /usr/local/tomcat/common/lib/jsp-api.jar ➥
/usr/local/tomcat/webapps/TrabTaglib/WEB-INF/classes/meupacote ➥
/DesenvolvendoTaglibs.java
```

O Descritor da Biblioteca de Tags (TLD – Tag Library Descriptor)

Depois de compilado, você tem uma classe dentro do diretório **classes**, no pacote **meupacote**, chamado de **DesenvolvendoTaglibs** em **WEB-INF**.

Dentro desse mesmo diretório, **WEB-INF**, você vai criar um outro diretório chamado de **tld**, e adicionar o arquivo mostrado a seguir, dentro dele com a extensão **.tld**:

TrabComTaglib.tld

```
<?xml version="1.0" encoding="ISO-8859-1"?>
<!DOCTYPE taglib PUBLIC "-//Sun Microsystems, Inc.//DTD JSP Tag
Library 1.1//
EN" "http://java.sun.com/j2ee/dtds/web-jsptaglibrary_1_1.dtd">
<taglib>
    <tlibversion>1.0</tlibversion>
    <jspversion>1.2</jspversion>
    <shortname></shortname>
    <uri>desenvolvendoTaglibs</uri> ❶

  <tag>
    <name>frase</name> ❷
    <tagclass>meupacote.DesenvolvendoTaglibs</tagclass> ❸
      <bodycontent>empty</bodycontent> ❹
      <info>
        Desenvolvendo com taglibs
      </info>
  </tag>
</taglib>
```

❶ O elemento **<uri />** define o nome para a referencia da taglib que você ainda vai fazer na sua página JSP.

❷ No elemento **<name />** você define o nome para o elemento que será chamado pela página JSP para imprimir na página o conteúdo desenvolvido na classe **DesenvolvendoTaglibs**.

❸ O elemento **<tagclass />** define o caminho para a sua classe, onde se encontra a tag personalizada. Note que segue a mesma lógica dos Servlets, se houver um pacote (o que por convenção deve sempre haver) o nome do pacote vem antes e separado por ponto o nome da classe.

❹ O elemento **<bodycontent />** determina que sua tag personalizada não tenha um corpo, ou seja, *não iniciará* como alguns elementos HTML, como **<h2>** e terminará com **</h2>**.

Como Utilizar essa taglib em sua Aplicação

Depois de desenvolvido e configurado o TLD, você precisa configurar o seu deployment descriptor (**web.xml**) para que seja possível rodar a aplicação utilizando essa tag personalizada.

web.xml

```
<?xml version="1.0" encoding="UTF-8"?>
<!DOCTYPE web-app
     PUBLIC "-//Sun Microsystems, Inc.//DTD Web Application 2.3//EN"
    "http://java.sun.com/dtd/web-app_2_3.dtd">
<web-app>
  <display-name>
      TrabComTagLib
  </display-name>
  <welcome-file-list>
    <welcome-file>index.html</welcome-file>
    <welcome-file>index.htm</welcome-file>
    <welcome-file>index.jsp</welcome-file>
  </welcome-file-list>
  <taglib>
    <taglib-uri>desenvolvendoTaglibs</taglib-uri> ❶
    <taglib-location>
       /WEB-INF/tld/TrabComTaglib.tld
    </taglib-location>
  </taglib>
</web-app>
```

❶ No deployment descriptor da sua aplicação você é obrigado a colocar o elemento **<taglib />** envolvendo os elementos:

<taglib-uri /> – que deve ser adicionado o mesmo nome dados pelo elemento <uri /> definido no TLD **TrabComTaglib.tld**.

<taglib-location /> – aqui você define o local onde se encontra o arquivo TLD criado.

Utilizando a tag Personalizada em uma Página JSP

Depois de desenvolvido e configurado, você precisa apenas chamar essa tag personalizada. Para chamá-la a página a seguir demonstra como fazer:

utilizandoTagPers.jsp

```
<%@ taglib uri="desenvolvendoTaglibs" prefix="jsps" %>❶
<%@ page language="java"
    contentType="text/html"
  pageEncoding="ISO-8859-1"
%>
<!DOCTYPE html PUBLIC "-//W3C//DTD XHTML 1.0 Transitional//EN"
"http://www.w3.org/TR/xhtml1/DTD/xhtml1-transitional.dtd">
<html xmlns="http://www.w3.org/1999/xhtml">
<head>
<meta http-equiv="Content-Type" content="text/html; charset=ISO-
8859-1" />
<title>Trabalhando com taglibs</title>
</head>
<body>
<h3> <jsps:frase /> </h3> ❷

</body>
</html>
```

❶ Depois de todo o desenvolvimento, que a primeira vista assusta um iniciante, você tem a diretiva **taglib** em ação, onde você utiliza o atributo **uri** necessário para chamar a **sua tag personalizada**. No elemento **prefix** você define o nome de um prefixo que será colocado na chamada a tag personalizada.

❷ Para chamar a tag personalizada, você utiliza o nome dado no atributo **prefix**, da diretiva **taglib**, separado por dois-pontos e o nome da tag personalizada. Só para lembrá-lo, esse nome você definiu no TLD **TrabComTaglib.tld** no elemento **<name />**.

Mais adiante você verá como fazer mais tags personalizadas, em um capítulo totalmente dedicado a isso.

O Uso de Expressões

Em algumas páginas JSP construídas até agora utilizamos um elemento dinâmico chamado de **expressão**. Esse elemento serve para imprimir o resultado na página do usuário Web, convertendo o valor em uma String.

```
<%= expressão %>
```

Note que a expressão contém um sinal de igual "=" e não termina com ponto-e-vírgula.

Comparando JavaServer Pages com Servlets

A IDÉIA DESTE CAPÍTULO É COMPARAR, lado-a-lado, os Servlets criados com seus similares em JavaServer Pages.

Isso não quer dizer que você deva ignorar o conhecimento adquirido nos capítulos de Servlets, já que perceberá rapidamente que é bem mais simples desenvolver JSP. A base de tudo e outras coisas mais estão nos Servlets.

Recebendo Dados Via POST

Como já foi dito, os métodos **doGet** e **doPost** não se encontram nas páginas JSPs. Graças a isso você tem uma maior flexibilidade de qual método vai usar quanto ao seu recebimento.

O formulário criado é similar ao usado no Capítulo 6 deste livro, mas vai ser colocado aqui para conferência:

index.html

```
<!DOCTYPE html PUBLIC "-//W3C//DTD XHTML 1.0 Transitional//EN"
"http://www.w3.org/TR/xhtml1/DTD/xhtml1-transitional.dtd">
<html xmlns="http://www.w3.org/1999/xhtml">
<head>
<meta http-equiv="Content-Type" content="text/html; charset=ISO-
8859-1" />
```

```
<title>Login e Senha</title>
</head>
<body>
  <form action="recebe.jsp" method="post"> ❶
    Login:<input type="text" name="usuario" /> <br />
    Senha:<input type="password" name="senha" /><br />
    <input type="submit" value="Logar" />
  </form>
</body>
</html>
```

❶ Como ocorria com o Servlet, você deve enviar o formulário para o arquivo indicado no atributo **action** da tag **<form />**. Observe que o formulário contém dois campos, um chamado **usuario** e o outro **senha**.

A página JSP à seguir imita o Servlet **TrabComPost** do Capítulo 6:

recebe.jsp

```
<%@ page language="java" contentType="text/html"
   pageEncoding="ISO-8859-1"%>
<!DOCTYPE html PUBLIC "-//W3C//DTD XHTML 1.0 Transitional//EN"
"http://www.w3.org/TR/xhtml1/DTD/xhtml1-transitional.dtd">
<html xmlns="http://www.w3.org/1999/xhtml">
<head>
<meta http-equiv="Content-Type" content="text/html; charset=ISO-
8859-1" />
<title>Recebendo dados via POST com JSP</title>
</head>
<body>
<%
   String usuario = request.getParameter("usuario"); ❶
   String senha = request.getParameter("senha");

   if(usuario.equals("edson") && senha.equals("123")){
```

```
        out.println( "Seja bem vindo Edson" );
    }
    else{
      out.println( "Usuário ou senha inválidos" );
    }

 %>
</body>
</html>
```

No Servlet, você chamava o método **getParameter(String s)**, do objeto **HttpServletRequest** e nesse momento você poderia usá-lo. Aqui isso não aconteceu, ou seja, você não precisou chamar um objeto para usar o método **getParameter(String s)** ❶, mas é obrigado a utilizar o objeto implícito **request.** Isso facilita o desenvolvimento de páginas criadas com a linguagem Java, mas têm consigo o problema de "sujar" o código como as demais linguagens dinâmicas, que será abordado mais adiante.

Objetos Implícitos em JSP

Com a intenção de dar produtividade no desenvolvimento de aplicações Web usando a linguagem Java, a Sun Microsystems elaborou um conjunto de objetos que podem ser usados dentro de uma página JSP sem precisar de declaração. A esses objetos damos o nome de **Objetos Implícitos**.

Dessa forma, como acontece com todo objeto em Java, cada objeto implícito é uma instância de uma classe ou interface seguindo sua API correspondente.

REQUEST

Um dos mais utilizados objetos implícitos, o objeto **request** é instanciado da interface *javax.servlet.http.ServletRequest.* Esse objeto provê acesso a todas as informações disponíveis requisitadas pelo usuário (como parâmetros de requisições e cabeçalhos) e pode ser usado exatamente da mesma forma que o parâmetro HttpServletRequest, usado no método service( ) de um Servlet.

RESPONSE

Assim como o objeto **request**, o objeto **response** é implícito e instanciado da interface *javax.servlet.http.HttpServletResponse*. Novamente, este objeto pode ser usado de exatamente do mesmo modo que o parâmetro HttpServletResponse, usado no método **service( )** de um Servlet.

OUT

O objeto implícito **out** representa uma instância da classe *javax.servlet.jsp.JspWriter* e é usada para imprimir caracteres como a classe similar *java.io.PrintWriter*. Você tem em uso os métodos **print( )**, **println( )** e **write( )** para escrever dados como resposta.

SESSION

O objeto implícito **session** representa o objeto da classe *javax.servlet.http.HttpSession* e define a sessão do usuário, como feito na Servlet.

CONFIG

O objeto implícito **config** define uma referência ao objeto da interface *javax.servlet.ServletConfig* que representa o objeto de configuração do Servlet gerado para o JSP, podendo ser configurado pelo deployment descriptor (**web.xml**).

APPLICATION

O objeto implícito **application** provê uma referencia a interface *javax.servlet.ServletContext* que representa o contexto da aplicação. Com isso, você pode armazenar dados que serão compartilhados e visíveis a todas as sessões da aplicação.

PAGE

Esse objeto implícito se refere à própria página.

PAGECONTEXT

Uma referência de objeto *javax.servlet.jsp.PageContext* é diferente do restante de objetos implícitos avaliados. A instancia pageContext proporciona ao desenvolvedor JSP acesso a todos os escopos disponíveis no JSP e para vários atributos de página úteis, como o pedido atual e resposta, o ServletContext, HttpSession e ServletConfig.

EXCEPTION

O próprio objeto implícito **exception** é uma instância do objeto *java.lang.Throwable*, representando uma exceção e estará presente em páginas de erros na aplicação.

Após ver os objetos implícitos que a tecnologia JSP disponibiliza sem a necessidade de declaração, você continuará na comparação dos exemplos criados em Servlets vs JSP.

Enviando e Recebendo Dados Via Método GET

Um exemplo interessante usado na construção de Servlets era o envio de caracteres especiais utilizando o método GET.

Os caracteres especiais devem ser tratados, sempre que você quiser passar essas informações usando o método GET não utilizando um formulário. Digo isso porque, se você fizer um teste, o formulário (X)HTML já codifica os dados enviados pelo método GET, tratando-os da forma correta para que seja passado pelo cabeçalho HTTP.

envCaractEspeciais.jsp

```
<%@ page language="java"
    contentType="text/html"
      pageEncoding="ISO-8859-1"
      import="java.net.URLEncoder" ❶
%>
<!DOCTYPE html PUBLIC "-//W3C//DTD XHTML 1.0 Transitional//EN"
"http://www.w3.org/TR/xhtml1/DTD/xhtml1-transitional.dtd">
<html xmlns="http://www.w3.org/1999/xhtml">
<head>
<meta http-equiv="Content-Type" content="text/html; charset=ISO-
8859-1" />
  <title>Enviando Caracteres Especiais Usando JSP</title>
</head>
<body>
  <%
    String queryString =
      URLEncoder.encode("Cidadão&João","ISO-8859-1"); ❷
  %>
  <a href="recCaractEspeciais.jsp?dados=<%=queryString %>"> ❸
    Envia Caracteres Especiais
  </a>
</body>
</html>
```

❶ A importação do pacote **java.net.URLEncoder** é necessário para que você possa utilizar o método **encode(String s, String s)** para codificar a query string, assim como ocorria com o Servlet criado no Capítulo 3 desse livro.

❷ O método **encode(String s, String s)** é utilizado através da classe **URLEncoder** para codificar os caracteres especiais.

❸ Depois de codificados, os caracteres são transmitidos a variável String **queryString** que será remetida a página **recCaractEspeciais.jsp**.

recCaractEspeciais.jsp

```
<linh<%@ page language="java"
     contentType="text/html"
     pageEncoding="ISO-8859-1"
%>
<!DOCTYPE html PUBLIC "-//W3C//DTD XHTML 1.0 Transitional//EN"
"http://www.w3.org/TR/xhtml1/DTD/xhtml1-transitional.dtd">
<html xmlns="http://www.w3.org/1999/xhtml">
<head>
<meta http-equiv="Content-Type" content="text/html; charset=ISO-
8859-1" />
<title>Recebendo Caracteres Especiais</title>
</head>
<body>
  <%
    String dados = request.getParameter("dados"); ❶
  %>
  Você enviou os seguintes dados: <strong><%=dados%></strong>
  <br />


  A query string passada foi:<br />
  <strong><%=request.getQueryString( )%></strong> ❷
</body>
</html>
```

Como já era de se esperar, você recupera os valores enviados e os imprime na tela ❶, e também exibe a string de consulta enviada (detalhe: codificada) ❷.

Recuperando Vários Valores Enviados

A idéia aqui é fazer como o Servlet já feito anteriormente, só que usando uma página JSP para recuperar diversos valores selecionados em uma lista de um formulário.

envDivOpc.jsp

```
<%@ page language="java"
    contentType="text/html"
    pageEncoding="ISO-8859-1"%>
<!DOCTYPE html PUBLIC "-//W3C//DTD XHTML 1.0 Transitional//EN"
"http://www.w3.org/TR/xhtml1/DTD/xhtml1-transitional.dtd">
<html xmlns="http://www.w3.org/1999/xhtml">
<head>
  <title>Selecione os programas que você usa</title>
</head>
<body>
<%
  String[ ] e = request.getParameterValues("programas"); ❶

  if(e!=null){ ❷
    out.println("<h2>Você selecionou os seguintes programas</h2>");

    for(int i=0; i< e.length; i++){
      out.println( "<strong>"+e[i]+"</strong><br />" );
    }

  }

%>
  <h2>Selecione um ou mais programas usando o Ctrl</h2>
  <form action="envDivOpc.jsp" method="post">
    <select name="programas" size="4" multiple="multiple"> ❸
      <option value="Eclipse">Eclipse</option>
      <option value="NetBeans">NetBeans</option>
      <option value="VisualStudio.NET">VisualStudio.NET</option>
      <option value="BrOffice.org">BrOffice.org</option>
      <option value="Dreamweaver">Dreamweaver</option>
    </select>
    <input type="submit" name="btEnviar" value="Enviar" />
  </form>
</body>
</html>
```

Similar ao ocorrido com o Servlet já feito, você recupera diversos valores encontrados dentro da caixa de seleção múltipla do HTML.

Primeiramente você tenta recuperar os diversos valores enviados usando o método **getParameterValues(String s)** ❶. Até ai, nenhuma novidade.

Mas veja que existe uma verificação pra saber se o valor recuperado é **NULO** ❷. Isso é importante, porque se ele não existe, então ele é **null** em JSP, assim como nos Servlets, é claro.

Os diversos valores enviados são colocados em uma tag (X)HTML chamada **<select />** que contém o atributo **multiple** ❸, possibilitando o usuário de selecionar um ou mais valores. Inclusive essa situação foi colocada principalmente porque, diferente do exemplo usado no Servlet, esse tipo de opção não tem alternativa, pois os valores se concentram todos em uma única tag, dispondo de diversos elementos agrupados. As checkbox eram diferentes, pois você poderia recorrer a colocar nomes diferentes para cada caixa de checagem e burlar o problema de recuperá-los como um array.

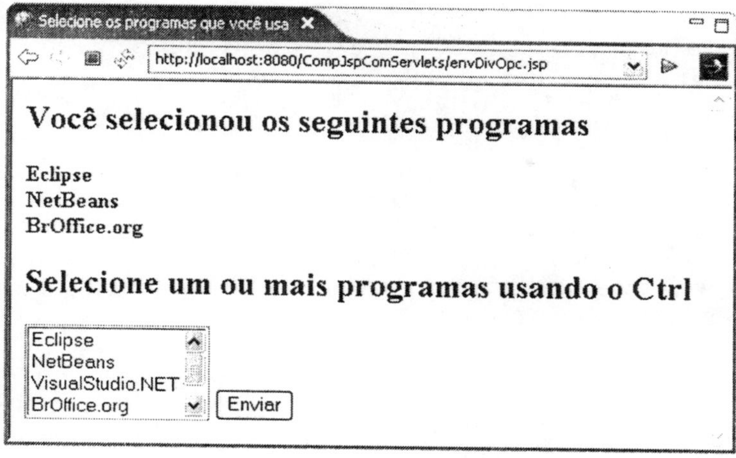

Figura 10.1

Capítulo

11

Controlando Erros

DURANTE A EXECUÇÃO DE UMA APLICAÇÃO WEB ESCRITA EM JAVA, existe a possibilidade de acontecer vários erros durante o processamento de um recurso no servidor, onde, caso haja um erro do próprio servidor, este cuida da sua manipulação (ou não). Caso haja um erro da aplicação, o Container fornece meios para o desenvolvedor manipulá-lo.

Os erros de servidor podem ser considerados como exceções Java (em tempo de execução ou erros, ServletException ou subclasses, IOException e subclasses) ou pelos próprios códigos HTTP, chamado de status.

Controlar erros é simples, não necessitando impor mudanças nas classes e sim de um simples arquivo de configuração.

Através dele é possível configurar cada tipo de erro (através de código ou exception), dizendo qual página html, jsp, Servlet e etc., deve ser utilizada.

Tratando os Erros

Para tratar os erros, você cria páginas de erros específicas. As páginas de erros podem ser alteradas via **deployment descriptor** que define uma lista dessas páginas, permitindo a configuração dos recursos a serem retornados por um container, indicando onde está o erro de resposta no Servlet, ou se foi uma exceção do Java ou do container. Um Servlet pode usar o RequestDispatcher para chamar outro Servlet que trate erros, desviando o processamento para uma página de erro adequada. Se o Servlet gerar um erro que não seja manuseado pelos mecanismos da página, o **status code** deve ser atribuído para **500**, indicando um erro dentro do servidor http no qual impediu o resultado de uma solicitação.

Para ajudá-lo a entender algumas exceções, crie o Servlet mostrado a seguir:

TrabComErros.java

```
package meupacote;

import java.io.IOException;
import java.io.PrintWriter;

import javax.servlet.ServletException;
import javax.servlet.http.HttpServletRequest;
import javax.servlet.http.HttpServletResponse;

public class TrabComErros extends javax.servlet.http.HttpServlet {

  public void init( ) throws ServletException {
    super.init( );
  }

  protected void doGet(HttpServletRequest request,
      HttpServletResponse response)
  throws ServletException, IOException {
    int val1 = Integer.parseInt(request.getParameter("val1"));❶
    int val2 = Integer.parseInt(request.getParameter("val2"));
    float resultado=val1/val2;
    String html = "<html><head>"+
      "<title>Tratando Erros</title>"+
      "</head>"+
      "<body>"+
      "O resultado é: <strong>"+resultado+"</strong><br />" +
      "A query string enviada é: <strong>" +
```

```
        request.getQueryString( ) +
        "</strong><br />" +
        "<form action=\"TrabComErros\" method=\"get\">"+
        "Valor 1: <input type=\"text\" name=\"val1\" /><br />" +
        "Valor 2: <input type=\"text\" name=\"val2\" /><br />" +
        "<input type=\"submit\" value=\"Enviar\" />" +
        "</body></html>";

        response.setContentType("text/html");
        PrintWriter writer = response.getWriter( );
        writer.print(html);
        writer.close( );
    }
    public void destroy( ) {
      super.destroy( );
    }

}
```

Sem nenhum segredo aparente, você capturou dois parâmetros enviados por uma string de consulta, chamados de **val1** e **val2** e fez o Type Casting (coerção de tipo) para números inteiros ❶. A idéia aqui é fazer uma divisão entre o **valor** enviado por **val1** e o **valor** enviado por **val2**.

Mas esse Servlet começa com um pequeno problema, ele precisa ter um valor inicial para ambas as variáveis. Se isso não acontecer, a exceção **NumberFormatException** de **java.lang** será disparada. Na Figura 11.1 você tem ilustrado o erro dado pelo Tomcat.

Embora você tenha a explicação da causa, sua tarefa é amenizar a apresentação do problema, mostrando ao usuário uma tela mais agradável e mais compreensível a um leigo.

Para personalizar essa página, você irá alterar o arquivo **web.xml** da sua aplicação, acrescendo essa exceção.

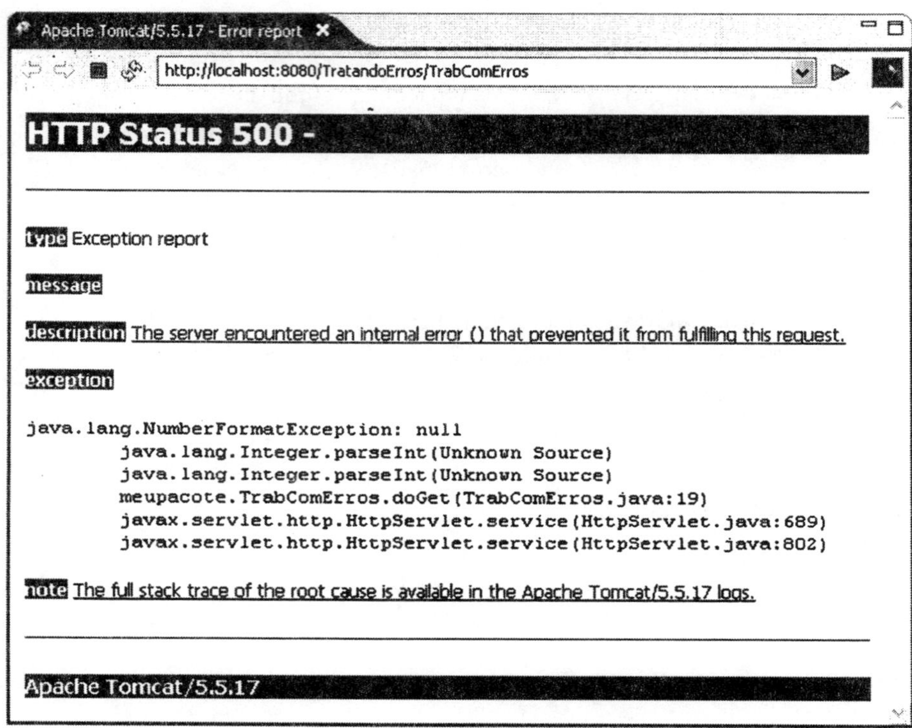

Figura 11.1

web.xml

```
...
  <error-page>
    <exception-type>
    java.lang.NumberFormatException ❶
    </exception-type>
    <location>/erro_nfe.html</location> ❷
  </error-page>
</web-app>
```

Primeiramente você adicionou um elemento **<error-page />** contendo o sub-elemento **<exception-type />**, onde se tem a exceção que deve ser tratada, o que nesse caso é **java.lang.NumberFormatException** ❶.

No elemento **<location />**❷ você determina a página que tratará essa exceção. A URI do recurso indicado deverá iniciar com /, significando ser relativo à raiz da aplicação. A página poderá ser dinâmica (JSP, Servlet, JSF e etc.), neste caso, o recurso dinâmico terá os atributos de **HttpServletRequest**: *javax.servlet.error.status_code* e *javax.servlet.error.message* automaticamente fornecidos.

A seguir um exemplo de uma página para tratar essa exceção:

erro_nfe.html

```
<!DOCTYPE html PUBLIC "-//W3C//DTD XHTML 1.0 Transitional//EN"
"http://www.w3.org/TR/xhtml1/DTD/xhtml1-transitional.dtd">
<html xmlns="http://www.w3.org/1999/xhtml">
<head>
<title>java.lang.NumberFormatException</title>
</head>
<body>
<h2>Um erro ocorreu com a sua aplicação</h2>
<h3>java.lang.NumberFormatException</h3>
  <!-- Esse comentário foi feito porque o Internet Explorer tem um
  tamanho de arquivo considerado ideal para que seja enviado para
  o navegador.
  Caso o erro que você personalizou não apareça e, em seu lugar,
  o IE coloque o erro dele, crie um comentário como esse daqui,
  sendo assim chamado por ele -->
</body>
</html>
```

Essa página contém informações simples, que evidentemente você a tornará mais interessante.

Atenção

Note também que nela contém um comentário. O Internet Explorer, em testes, não considerava essa página, sem o comentário, como sendo possível de ser exibida pelo navegador, exibindo em seu lugar o default usado pelo navegador. O navegador, IE 6, considera um tamanho mínimo de bytes para que eles sejam exibidos. Ao que parece, um arquivo com 512 bytes é o suficiente para exibir o conteúdo, embora em testes, algumas páginas somente eram exibidas com 1024 bytes.

Se não quiser esse tipo de erro, você tem duas alternativas: ou cria valores iniciais para que a sua aplicação não gere um erro; ou cria uma condição evitando que sua aplicação tenha um erro antes de ter o envio dos valores pelo formulário.

Outros Erros Comuns

Como bem você deve saber, uma aplicação nunca está totalmente imune a erros. Mesmo tendo resolvido um problema, outros também podem ocorrer. Um deles é você tentar dividir certo número por zero.

Mais uma vez uma exceção é disparada, só que dessa vez é diferente da anterior. Para resolver esse problema, você deverá incluir o tratamento dessa exceção no deployment descriptor, assim como fora feito com o exemplo anterior.

Abra o arquivo **web.xml** e adicione as seguintes linhas em destaque:

web.xml

```
...
  <error-page>❶
    <exception-type>java.lang.ArithmeticException</exception-type>
    <location>/erro_ae.html</location>
  </error-page>
  <context-param>
```

O seguinte trecho adicionado irá tratar um erro que o servidor havia encontrado, o **java.lang.ArithmeticException**, mostrando ao usuário uma página chamada de **erro_ae.html❶**.

A seguir você tem a página **erro_ae.html**, lembrando novamente do comportamento do IE com relação ao tamanho por ele considerado ideal para um arquivo HTML.

erro_ae.html

```
<!DOCTYPE html PUBLIC "-//W3C//DTD XHTML 1.0 Transitional//EN"
"http://www.w3.org/TR/xhtml1/DTD/xhtml1-transitional.dtd">
<html xmlns="http://www.w3.org/1999/xhtml">
  <head>
    <title>HTTP 500: Erro interno do servidor</title>
  </head>
  <body>
    <h2>Um erro interno ocorreu com o servidor:</h2>
    Sua aplicação está tentando executar uma operação ilegal,
dividindo um
    valor por zero. Essa divisão disparou no servidor uma
exceção:<br />
    <strong>java.lang.ArithmeticException</strong><br />
    Entre em contato com o administrador do sistema e o informe
desse erro.
  </body>
</html>
```

Procedendo dessa forma, o erro será mais amigável.

Um outro erro muito comum é tentar acessar uma URI inválida, ou seja, uma página inexistente. Evidentemente isso também irá disparar um erro de número 404.

O erro 404 é o padrão para informar que o recurso que você está tentando acessar não existe no endereço indicado. Novamente esse erro é estranho e pode ser personalizado.

Entre novamente no deployment descriptor, o arquivo **web.xml** e adicione as linhas em destaque a seguir:

web.xml

```
...
  <error-page>
    <exception-type>java.lang.ArithmeticException</exception-type>
    <location>/erro_ae.html</location>
  </error-page>
  <error-page>
    <error-code>404</error-code>
    <location>/404.html</location>
  </error-page>
  <context-param>
...
```

A seguir você tem o código na integra da página **404.html**, indicando o status 404 lançado pelo servidor personalizado:

404.html

```
<!DOCTYPE html PUBLIC "-//W3C//DTD XHTML 1.0 Transitional//EN"
"http://www.w3.org/TR/xhtml1/DTD/xhtml1-transitional.dtd">
<html xmlns="http://www.w3.org/1999/xhtml">
  <head>
    <title>HTTP 404: Página ou arquivo não encontrado</title>
  </head>
  <body>
    <h2>HTTP 404: Página ou arquivo não encontrado</h2>
    Se você está vendo essa mensagem é porque o endereço que
    você está tentando acessar ou não existe ou foi movido.<br />
    Caso queira mais informações a respeito, entre em contato com
    o administrador do site.
  </body>
</html>
```

URI é cada recurso disponível na Web como documento HTML, imagens, vídeos, músicas, programas e etc., que tem um endereço que pode ser codificado por um Identificador Universal de Recursos, ou URI (sigla inglesa para Universal Resource Identifier).

Um detalhe importante a ser dito é que cada servidor é livre para implementar o comportamento padrão de manipulação de exceções em caso de erros, caso exception-type não seja determinado.

Capturando Erros Usando JavaServer Pages

Você também pode usar os recursos de capturar erros com JavaServer Pages, bastando para isso usar a diretiva **page**, como visto a seguir:

tratErrosUsandoJSP.jsp

```
<%@ page language="java"
      contentType="text/html"
      pageEncoding="ISO-8859-1"
      errorPage="error_page.html" ❶
%>
<!DOCTYPE html PUBLIC "-//W3C//DTD XHTML 1.0 Transitional//EN"
"http://www.w3.org/TR/xhtml1/DTD/xhtml1-transitional.dtd">
<html xmlns="http://www.w3.org/1999/xhtml">
<head>
<title>Tratando Erros</title>
</head>
<body>
<%
  String val1 = request.getParameter("val1");
  String val2 = request.getParameter("val2");
  int valor1 = Integer.getInteger(val1);
  int valor2 = Integer.getInteger(val2);
%>
</body>
</html>
```

Essa página JSP, criada especialmente com um erro, contém a diretiva **page** com o atributo **errorPage❶**, apontando para uma página estática criada em HTML.

Personalizando uma Página JSP para Exibir o Erro

Embora você possa personalizar em uma página estática um erro, evidentemente você deve querer capturar esse erro. Para isso você deve apontar o atributo **errorPage** da diretiva **page** para uma página **JSP**:

```
errorPage="error_page.jsp"
```

Ficando assim no topo de sua página tratErrosUsandoJSP.jsp:

```
<%@ page language="java"
    contentType="text/html"
    pageEncoding="ISO-8859-1"
    errorPage="error_page.jsp"
%>
```

Capturando o Erro

A página **error_page.jsp** deverá ter na diretiva **page** o atributo **isErrorPage**, contendo um valor booleano **true**.

error_page.jsp

```
<%@ page language ="java"
    contentType="text/html;"
    pageEncoding="ISO-8859-1"
    isErrorPage="true" ❶
%>
<!DOCTYPE html PUBLIC "-//W3C//DTD XHTML 1.0 Transitional//EN"
 "http://www.w3.org/TR/xhtml1/DTD/xhtml1-transitional.dtd">
```

```
<html xmlns="http://www.w3.org/1999/xhtml">
<head>
<title>Erro na execução da sua página JSP</title>
</head>
<body>
<h1>Erro na execução da sua página JSP</h1>
Um erro ocorreu no seu sistema. Verifique a seguir a possibilidade
de executar novamente a página corrigindo suas falhas:
<strong>
<%= exception.toString( ) %> ❷
</strong>
</body>
</html>
```

Com atributo **isErrorPage**, contendo o valor **true** ❶, você está informando ao Container Servlet de que essa é uma página de erros.

A exceção é capturada logo a seguir, sendo impressa na tela ❷.

Enviando Erros

Gerar e enviar uma resposta automaticamente para o cliente contendo uma página de erro padrão de acordo com o número do status informado é algo que um Servlet pode fazer, usando o método de resposta **sendError(int i, String s)**. Esse método recebe o número do erro que deseja enviar e também pode receber uma mensagem como parâmetro para ser enviado de forma personalizada ao usuário. Se a resposta já tiver sido executada esse método lança uma exceção **IllegalStateException**. O Servlet a seguir envia ao usuário o erro 403 (Forbidden):

EnviandoErros.java

```
package meupacote;

import java.io.IOException;
import javax.servlet.ServletException;
```

```
import javax.servlet.http.HttpServletRequest;
import javax.servlet.http.HttpServletResponse;

public class EnviandoErros extends javax.servlet.http.HttpServlet
{

  public void destroy( ) {
    super.destroy( );
  }

  protected void doGet(HttpServletRequest request,
    HttpServletResponse response)
  throws ServletException, IOException {
    response.sendError(403,"Você não tem permissão");❶

  }

  public void init( ) throws ServletException {
    super.init( );
  }
}
```

O método **sendError(int status, String message)❶** envia para o usuário o HTTP Status Code 403, e também uma mensagem personalizada. O resultado ao acessar esse Servlet pode ser conferido na Figura 11.2:

Embora não seja obrigatório, você deve utilizar as constantes que significam exatamente o inteiro HTTP Status Code. Por exemplo, ao invés de utilizar o inteiro 403, você utilizaria **SC_FORBIDDEN**.

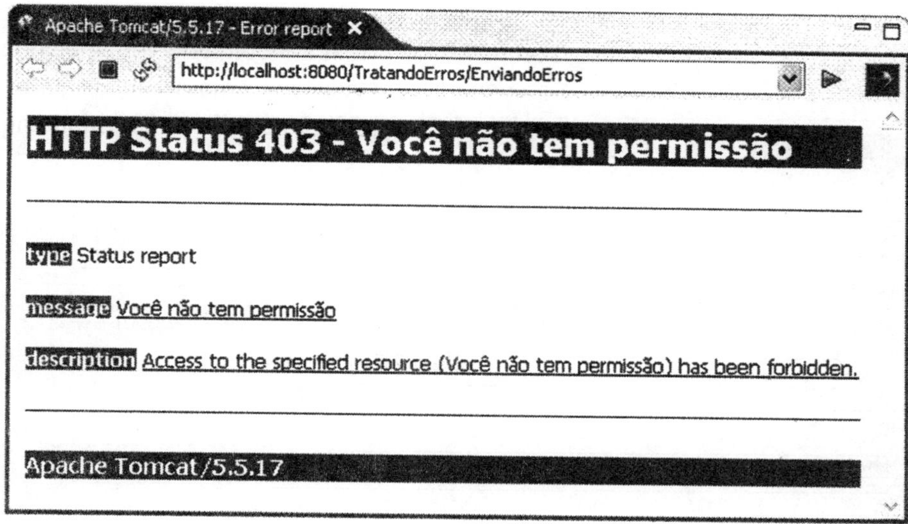

Figura 11.2

O trecho a seguir demonstra a substituição do número inteiro 403 pela sua constante equivalente:

EnviandoErros.java

```
...
protected void doGet(HttpServletRequest request,
                     HttpServletResponse response)
throws ServletException, IOException
{
  response.sendError(response.SC_FORBIDDEN,"Você não tem
permissão");

}
...
```

A seguir você tem uma tabela com a constante equivalente no HTTP Status Code, a mensagem do que significa e a versão do HTTP.

Tabela 11.1

Constante	*Código*	*Mensagem Padrão*	*Versão do HTTP*
SC_CONTINUE	100	Continue	1.1
SC_SWITCHING_PROTOCOLS	101	Switching Protocols	1.1
SC_OK	200	OK	1.0
SC_CREATED	201	Created	1.0
SC_ACCEPTED	202	Accepted	1.0
SC_NON_AUTHORITATIVE_INFORMATION	203	Non-Authoritative Information	1.1
SC_NO_CONTENT	204	No Content	1.0
SC_RESET_CONTENT	205	Reset Content	1.1
SC_PARTIAL_CONTENT	206	Partial Content	1.1
SC_MULTIPLE_CHOICES	300	Multiple Choices	1.1
SC_MOVED_PERMANENTLY	301	Moved Permanently	1.0
SC_MOVED_TEMPORARILY	302	Moved Temporarily	1.0
SC_SEE_OTHER	303	See Other	1.1
SC_NOT_MODIFIED	304	Not Modified	1.0
SC_USE_PROXY	305	Use Proxy	1.1
SC_BAD_REQUEST	400	Bad Request	1.0
SC_UNAUTHORIZED	401	Unauthorized	1.0
SC_PAYMENT_REQUIRED	402	Payment Required	1.1
SC_FORBIDDEN	403	Forbidden	1.0
SC_NOT_FOUND	404	Not Found	1.0
SC_METHOD_NOT_ALLOWED	405	Method Not Allowed	1.1
SC_NOT_ACCEPTABLE	406	Not Acceptable	1.1
SC_PROXY_AUTHENTICATION_REQUIRED	407	Proxy Authentication Required	1.1
SC_REQUEST_TIMEOUT	408	Request Timeout	1.1
SC_CONFLICT	409	Conflict	1.0
SC_GONE	410	Gone	1.1
SC_LENGTH_REQUIRED	411	Length Required	1.1
SC_PRECONDITION_FAILED	412	Precondition Failed	1.1
SC_REQUEST_ENTITY_TOO_LARGE	413	Request Entity Too Large	1.1
SC_REQUEST_URI_TOO_LONG	414	Request-URI Too Long	1.1

Tabela 11.1 *(continuação)*

Constante	***Código***	***Mensagem Padrão***	***Versão do HTTP***
SC_UNSUPPORTED_MEDIA_TYPE	415	Unsupported Media Type	1.1
SC_INTERNAL_SERVER_ERROR	500	Internal Server Error	1.0
SC_NOT_IMPLEMENTED	501	Not Implemented	1.0
SC_BAD_GATEWAY	502	Bad Gateway	1.0
SC_SERVICE_UNAVAILABLE	503	Service Unavailable	1.0
SC_GATEWAY_TIMEOUT	504	Gateway Timeout	1.1
SC_HTTP_VERSION_ NOT_SUPPORTED	505	HTTP Version Not Supported	1.1

Capítulo 12

Actions

ACTIONS SÃO TAGS QUE AFETAM O COMPORTAMENTO EM JSP e a resposta retornada ao cliente. Durante a tradução o container substitui uma Action por um código Java que corresponda a seu efeito.

Você já deve ter notado que, apesar de mais simples, utilizar o JSP no lugar dos Servlets ainda não melhorou muito.

Como alternativa a isso, você pode usar as bibliotecas de tags que contém encapsulada partes de funcionalidades lógicas. Essas ações fazem com que as páginas JSP fiquem muito mais limpas e mais fáceis de serem lidas. Além, essas tags são baseadas no formato XML e podem ser usadas tranquilamente por um não desenvolvedor Java.

Mas infelizmente, desenvolver bibliotecas de tags personalizadas é uma alternativa complexa, pois o envolve em um projeto que exige tempo, tanto para desenvolver como também para testar. Pensando nisso, muitos desenvolvedores ao redor do mundo passaram a criar, e compartilhar de forma livre, bibliotecas personalizadas com o intuito de serem aperfeiçoadas e testados por muitas pessoas ao mesmo tempo. A própria Sun Microsystems, junto com o Apache Software Foundation também desenvolveram suas tags.

Os três tipos de elementos Actions em JSP são:

- Standard actions
- Custom actions
- JSTL actions

Standard Actions

A JSP Standard Actions existe desde o primeiro release da especificação JSP 1.0 e possibilita ao autor da página JSP a capacidade de ter um conjunto de ações escritas de forma relativamente pequena em sua sintaxe. A maioria das funcionalidades dadas são baseados na manipulação de componentes JavaBeans como requisição de arquivos (include), redirecionamento de URL e etc.

A Action <jsp:include />

A action **<jsp:include** /> é similar ao visto anteriormente, na diretiva **include**, onde você pode incluir uma página, ou um pedaço de documento em uma outra página.

A action<jsp:include /> demonstra uma facilidade semelhante à diretiva include, mas com algumas diferenças sutis. A action <jsp:include />é executada atualmente em tempo de pedido, habilitando assim a inclusão de conteúdo dinâmico, assim como estático, tornando assim mais flexível. Outra diferença é que a action <jsp:include /> não inclui o conteúdo atual do recurso incluído da mesma maneira como a diretiva include. Ao invés disso, a action <jsp:include /> incluirá qualquer saída gerada pelo recurso incluído diretamente para a JspWriter apontando para a variável implícita **out**. Isso significa que você pode especificar qualquer tipo diferente de recurso Web, como outra página JSP ou Servlet, contanto que produza um conteúdo do mesmo tipo que a chamada pela página JSP.

A sintaxe a seguir demonstra como usar a action <jsp:include />:

```
<jsp:include page="pagina.jsp" flush="true"/>
```

Para dinamizar o exemplo, crie a página a seguir:

topo.jsp

```
<%
  String texto = "Esse texto é do topo";
  out.println(texto);
%>
```

A pagina a seguir irá incluir a página JSP **topo.jsp**:

index.jsp

```
<%@ page language="java"
   contentType="text/html"
   pageEncoding="ISO-8859-1"
%>
<!DOCTYPE html PUBLIC "-//W3C//DTD XHTML 1.0 Transitional//EN"
"http://www.w3.org/TR/xhtml1/DTD/xhtml1-transitional.dtd">
<html xmlns="http://www.w3.org/1999/xhtml">
<head>
<title>Trabalhando com Standard Actions </title>
</head>
<body>
  <jsp:include page="topo.jsp"/>
</body>
</html>
```

Como você mesmo pode comprovar, a Standard Action <jsp:include / > é muito simples e fácil de ser usada.

Essa tag action pode também conter um corpo e, com ajuda de outra tag, você pode passar parâmetros:

```
<jsp:include page="topo.jsp">
  <jsp:param name="texto" value="Esse texto é do topo" />
</jsp:include>
```

O tag **<jsp:param />** tem dois atributos: **name** e **value**. O atributo **name** dá o nome do parâmetro que pode ser usado pela página incluída para acessar esse parâmetro. O atributo **value** é o valor dado ao atributo **name**.

Com uma pequena mudança você pode usar essa tag nas páginas já criadas:

topo.jsp

```
<%
  String texto = request.getParameter("texto");
  out.println(texto);
%>
```

index.jsp

```
<%@ page language="java"
      contentType="text/html"
      pageEncoding="ISO-8859-1"
%>
<!DOCTYPE html PUBLIC "-//W3C//DTD XHTML 1.0 Transitional//EN"
"http://www.w3.org/TR/xhtml1/DTD/xhtml1-transitional.dtd">
<html xmlns="http://www.w3.org/1999/xhtml">
<head>
<title>Trabalhando com Standard Actions  </title>
</head>
<body>
<h3>
  <jsp:include page="topo.jsp" >
    <jsp:param name="texto" value="Esse texto é do topo"/>
  </jsp:include>
</h3>
</body>
</html>
```

A Action <jsp:forward />

A action **<jsp:forward** /> é usada para redirecionar o pedido atual a outro recurso, como uma página estática, uma página JSP ou um Servlet. A sintaxe a seguir demonstra a tag da action <jsp:forward />:

```
<jsp:forward page="pagina.jsp" />
```

A tag **<jsp:param />** também pode ser usado com <jsp:forward />:

redirecionando.jsp

```
<%@ page language="java"
    contentType="text/html"
    pageEncoding="ISO-8859-1"
%>
<!DOCTYPE html PUBLIC "-//W3C//DTD XHTML 1.0 Transitional//EN"
"http://www.w3.org/TR/xhtml1/DTD/xhtml1-transitional.dtd">
<html xmlns="http://www.w3.org/1999/xhtml">
<head>
<title>Usando Standard Actions para redirecionar</title>
</head>
<body>
  <jsp:forward page="index.jsp" />
</body>
</html>
```

Você também pode usar em conjunto com a tag **<jsp:param />** como no caso anterior:

```
<jsp:forward page="redirecionado.jsp">
  <jsp:param name="texto" value="Esse texto veio da página que ↪
redirecionava" />
</jsp:forward>
```

A seguir você tem os exemplos desse modo de redirecionamento em ação:

redirecionando.jsp

```
<%@ page language="java"
    contentType="text/html"
    pageEncoding="ISO-8859-1"
%>
<!DOCTYPE html PUBLIC "-//W3C//DTD XHTML 1.0 Transitional//EN"
```

```
"http://www.w3.org/TR/xhtml1/DTD/xhtml1-transitional.dtd">
<html xmlns="http://www.w3.org/1999/xhtml">
<head>
<title>Usando Standard Actions para redirecionar</title>
</head>
<body>
 <jsp:forward page="redirecionado.jsp">
  <jsp:param name="texto" value="Esse texto veio da página que↪
redirecionava" />
 </jsp:forward>
</body>
</html>
```

redirecionado.jsp

```
<%@ page language="java"
      contentType="text/html"
      pageEncoding="ISO-8859-1"
%>
<!DOCTYPE html PUBLIC "-//W3C//DTD XHTML 1.0 Transitional//EN"
"http://www.w3.org/TR/xhtml1/DTD/xhtml1-transitional.dtd">
<html xmlns="http://www.w3.org/1999/xhtml">
<head>
<title>Trabalhando com Standard Actions</title>
</head>
<body>
  <%=request.getParameter("texto")%>
</body>
</html>
```

A Action <jsp:useBean />

A action <jsp:useBean /> é projetada especificamente para simplificar o trabalho dos desenvolvedores com relação a separação do conteúdo e do código. Este padrão associa um exemplo de um objeto Java (conhecido como JavaBean). A action <jsp:useBean /> é altamente flexível, e sua funcionalidade é controlada pelos atributos passados à action.

Essa action será abordada detalhadamente em capítulo posterior.

Custom Actions

Desenvolver em JSP permite desenvolver módulos reutilizáveis, chamados de **Custom Actions**. Uma custom action é invocada usando uma tag customizada (ou personalizada), popularmente conhecida como custom tag, em uma página JSP.

Uma Tag Library é um conjunto de custom tags. Você já teve em capítulo anterior um pequeno exemplo dessa tag. Criar tags personalizadas facilita o uso no desenvolvimento de páginas onde equipes de trabalho se misturam em programadores e designers. Criando uma tag, você separa a lógica do design, evitando assim fazer com que o designer seja obrigado a conhecer a linguagem Java.

JSTL Actions

A **JavaServer Pages Standard Tag Library Actions**, conhecida também como JSTL, encapsula, em tags simples, as funcionalidades mais comuns em muitas aplicações JSP. JSTL consiste em uma coleção de bibliotecas, tendo cada uma um propósito bem definido, que permitem escrever páginas JSP's sem código Java, aumentando assim a legibilidade do código e a interação entre desenvolvedores e web designers, proporcionando assim maior rapidez no desenvolvimento de um web site.

Uma página JSTL é uma página JSP contendo um conjunto de tags JSTL's. Cada tag realiza um determinado tipo de processamento, onde cada tag JSTL, faz parte de uma biblioteca JSTL. Sendo assim, uma página JSTL pode utilizar várias bibliotecas JSTL's.

A primeira especificação JSTL foi libertada em junho de 2002, com o propósito exclusivo de fazer com que páginas JSP se tornassem mais fáceis de escrever.

Mais adiante você verá uma capítulo completo, com detalhes sobre essas actions.

[illegible]

Figura 13.9

Confirme a caixa de diálogo no botão OK.

Capítulo 13

JavaBeans

JavaBeans são classes que possuem o construtor sem argumentos e métodos de acesso **get** e **set**. Tecnicamente isso não é necessário, para uma classe ser considerada um JavaBean. JavaBeans são amplamente utilizados em conjunto com páginas JSP, tendo a principal característica de separar a lógica do visual.

Essa classe pode realizar qualquer tipo de tarefa dentro de uma aplicação Java. O código de JavaServer Pages possui um conjunto de tags para definir o uso dos JavaBeans. A action **<jsp:useBean />** é altamente flexível, e sua funcionalidade é controlada pelos atributos passados à action.

A action *<jsp:useBean />* é extremamente flexível e sua funcionalidade exata é controlada pelos atributos passados à ação.

Se usada corretamente, essa ação pode reduzir beneficamente a quantia de código scriptlet que seria necessário em caso contrário.

O JavaBeans não existe apenas para o desenvolvimento Web, como é largamente usado. Sua concepção inicial era a reutilização de programação visual, os famosos "Beans" do Swing. Tecnicamente JavaBeans é o termo correto para a reutilização de partes de programas visuais, com certas funcionalidades, mas que passou a ser conhecida popularmente como **componentes**, na programação visual para desktop.

Criando seu Primeiro JavaBean

Como você já sabe, é possível converter boa parte do código Scriptlet, presente em uma página JSP, para um JavaBean, ou componente, visando à reutilização de objetos. A parte mais importante disso é a separação da lógica da aplicação com a parte visual, facilitando assim o trabalho do designer e também o do desenvolvedor.

Para utilizar um JavaBean, você precisa primeiro criá-lo. O JavaBean a seguir é um simples exibidor de mensagem, visando introduzi-lo nessa "forma" de desenvolvimento.

MeuPrimeiroJavaBean.java

```
package meupacote;

public class MeuPrimeiroJavaBean {
  private String mensagem = "";
  public String getMensagem( ) {
    return mensagem;
    }
  public void  setMensagem (String mensagem) {
    this.mensagem = mensagem;
  }
}
```

Como Fazer esse Bean Usando o NetBeans

Como você pode perceber, o Bean nada mais é do que uma simples classe com atributos privados e métodos acessores públicos de mesmo nome com get e set no início.

Para isso, no NetBeans, vá ao menu **File**, no item **New File**. Na caixa de diálogo **New File**, selecione em **Categories** o item **Java Classes** e em **File Types** o item **Java Class**. Embora o NetBeans possua uma categoria de JavaBeans, é para componentes e não para o caso como o que está sendo apresentado. Clicando em **Next**, você tem na segunda etapa do assistente o nome da classe em **Class Name** e do pacote em **Package**. Ao terminar o preenchimento, clique em **Finish**.

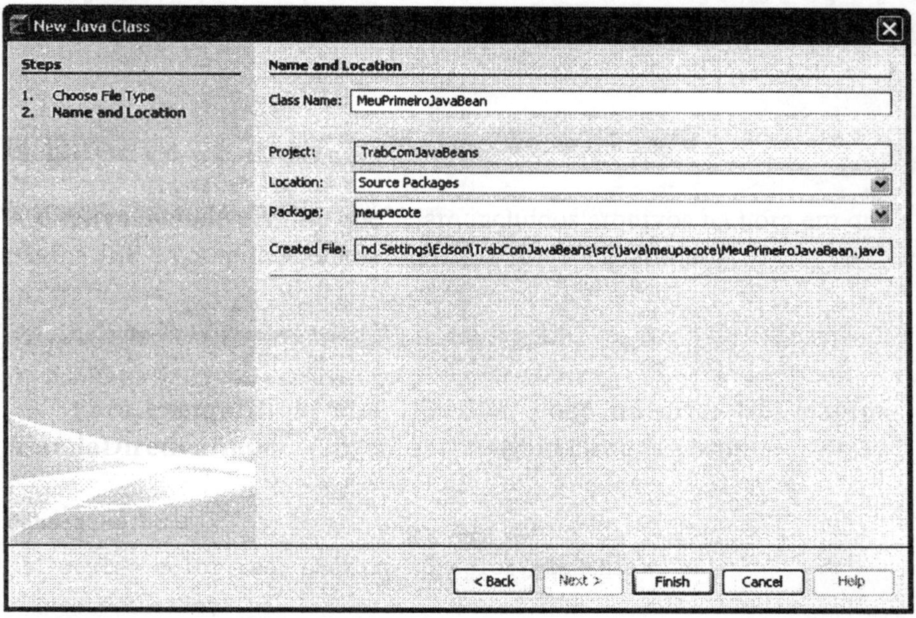

Figura 13.

Quando o código gerado aparecer, você só precisa criar o atributo, ou atributos, que deseja utilizar.

Selecione um deles clicando com o direito do mouse. No menu de contexto vá até o item **Refactor** e clique em **Encapsulate Fields**.

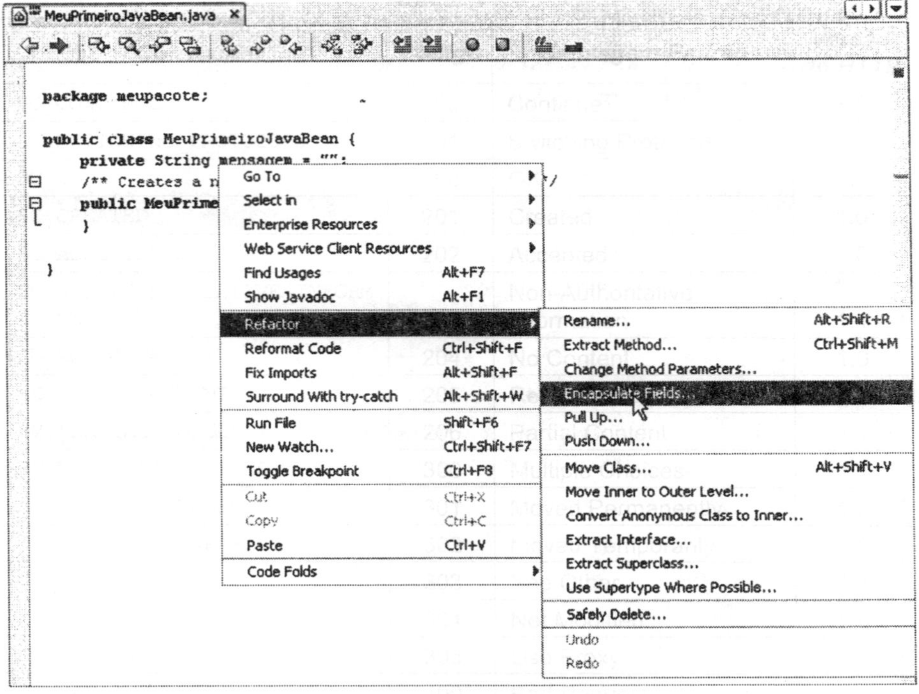

Figura 13.2

A caixa de diálogo **Encapsulate Fields** surgirá, contendo a lista de campos que serão encapsulados em métodos **getters** e **setters**.

Abaixo existe a visibilidade dos métodos acessores (**Accessor's Visibility**), que no caso deve ser **public**.

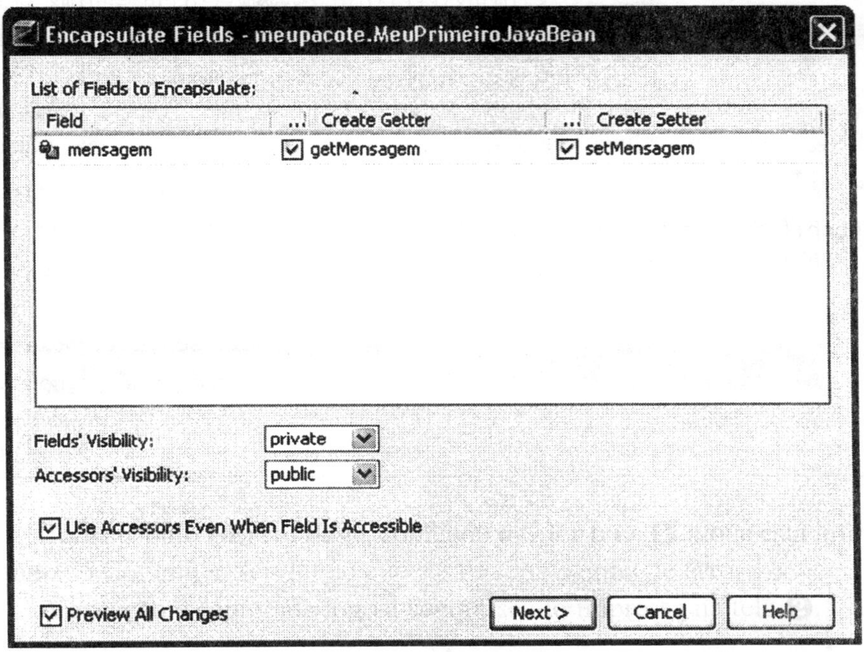

Figura 13.3

Clique no botão **Next**. Na parte inferior da sua IDE, aparecerá a janela **Refactoring**. Essa janela mostra as alterações que serão feitas no seu arquivo. Clique em **Do Refactoring** para confirmar ou **Cancel** se desejar cancelar toda a operação.

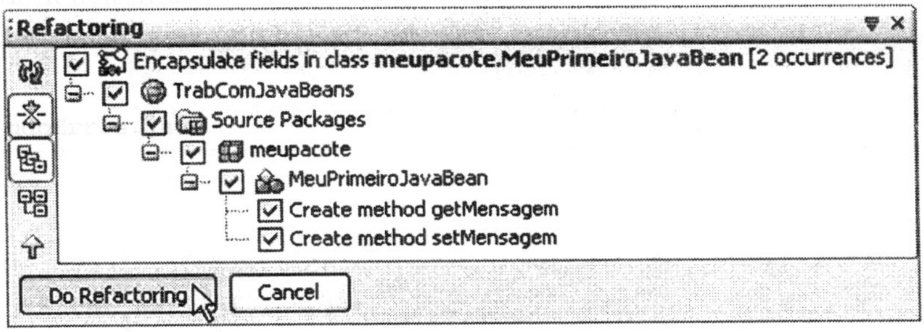

Figura 13.4

Como Fazer esse Bean Usando o Eclipse

Simples como fazer no NetBeans, vá ao menu **File**, item **New** e clique em **Other**. Selecione **Class** no topo da lista na caixa de diálogo **New**. Clique no botão **Next**.

Em **Package** digite o nome do pacote e em **Name** o nome do Bean. Clique no botão **Finish**.

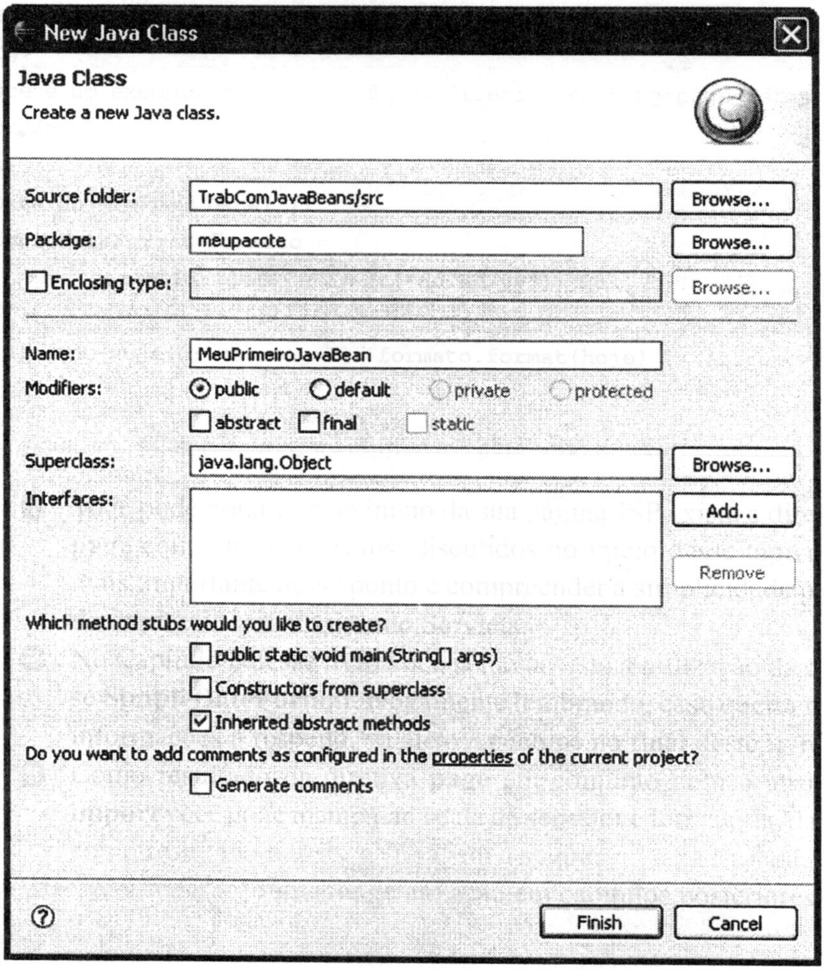

Figura 13.5

Para encapsular em métodos acessores públicos, você pode fazer da mesma forma que no NetBeans. Clique com o direito do mouse sobre o atributo que deseja encapsular e no menu de contexto selecione **Refactor** e clique em **Encapsulate Fields**.

Os nomes dos métodos **getter** e **setter** já estão prontos, bastando apenas selecionar o acesso, em **Access modifier**, que deverá ser **public**.

Por fim, se desejar ter um preview do que vai acontecer como ocorreu no NetBeans, dando a possibilidade de cancelar as alterações se assim desejar, basta clicar no botão **Preview** ou então ir direto as mudanças clicando no botão **OK**.

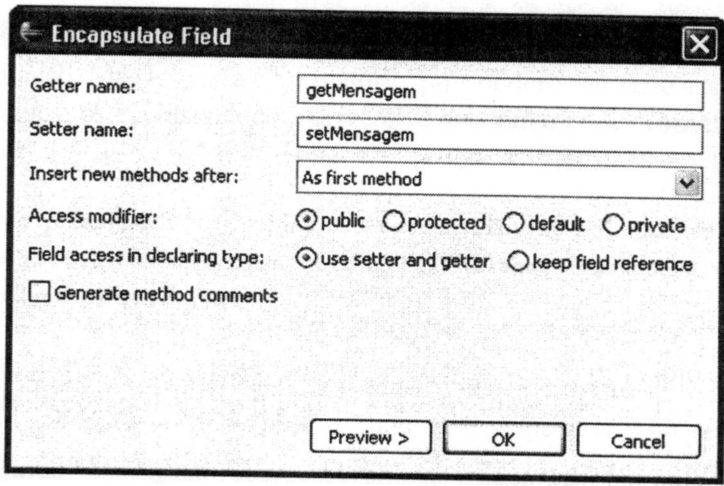

Figura 13.6

Para utilizar esse JavaBean, crie a seguinte página JSP:

usandoMeuPrimJavaBean.jsp

```
<%@ page language="java"
    contentType="text/html"
    pageEncoding="ISO-8859-1"
%>
<!DOCTYPE html PUBLIC "-//W3C//DTD XHTML 1.0 Transitional//EN"
```

```
"http://www.w3.org/TR/xhtml1/DTD/xhtml1-transitional.dtd">
<html xmlns="http://www.w3.org/1999/xhtml">
<head>
<title>Usando meu primeiro JavaBean</title>
</head>
<body>
  <jsp:useBean id="primeirojb"
       class="meupacote.MeuPrimeiroJavaBean"/>
  A mensagem atual é <strong><%= primeirojb.getMensagem( ) %>
</strong>
  <br />
  A mensagem, depois de adicionada é:<br />
  <strong>
    <%
      primeirojb.setMensagem("Meu primeiro JavaBean");
      out.println(primeirojb.getMensagem( ));
    %>
  </strong>
</body>
</html>
```

A action **<jsp:useBean />** cria uma instância da classe JavaBean e armazena uma referência para ela em uma variável scripting, chamada **primeirojb**. Uma expressão JSP simples é usada para chamar o método **getMensagem( )** para trazer a mensagem existente. Não existindo nenhuma mensagem, o método **setMensagem(String m)** lhe dá a possibilidade de colocar um texto e depois recuperá-lo com **getMensagem( )**. Evidentemente esse exemplo é muito básico e não vem a ser a verdadeira lógica por trás desse recurso, no qual sua utilidade está aqui apenas para ensiná-lo de forma simplificada.

A imagem a seguir demonstra o resultado ocorrido na utilização desse JavaBean.

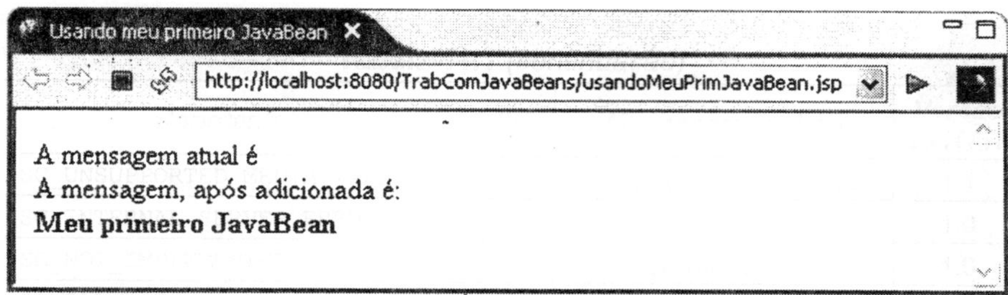

Figura 13.7

Um Outro Exemplo

A idéia desse exemplo é criar um JavaBean que formatará suas datas, como já apresentando anteriormente com o uso de Servlet.

FormatandoDatas.java

```
<lipackage meupacote;

import java.util.Date;
import java.text.*;

public class FormatandoDatas {
  private DateFormat dateFormat;
  private Date data;

  public FormatandoDatas( ) {
    dateFormat = DateFormat.getInstance( );  ❶
    data = new Date( );
  }

  public String getData( ) {
    return dateFormat.format(data);
  }

  public void setData(Date data) {
```

```
    this.data = data;
  }

  public void setFormato(String formato) {
    this.dateFormat = new SimpleDateFormat(formato);
  }

}
```

Para utilizar esse JavaBean crie a página JSP a seguir:

TrabComDatas.jsp

```
<%@ page language="java"
    contentType="text/html"
    pageEncoding="ISO-8859-1"
%>
<!DOCTYPE html PUBLIC "-//W3C//DTD XHTML 1.0 Transitional//EN"
"http://www.w3.org/TR/xhtml1/DTD/xhtml1-transitional.dtd">
<html xmlns="http://www.w3.org/1999/xhtml">
<head>
<title>Usando JavaBeans para formatar datas</title>
</head>
<body>
<jsp:useBean id="data" class="meupacote.FormatandoDatas"/>
A data atual é <strong><%= data.getData( ) %></strong>

</body>
</html>
```

Esse exemplo é bem simples, pois o JavaBean chama a data atual e através da formatação executada pelo método **getInstance( )** ❶ da classe **DateFormat**. Esse método retorna um formato no estilo **SHORT**.

Mas é lógico que você pode manipular essa saída e a forma que você pode usar é simples:

TrabComDatas.jsp

```
...
<body>
<jsp:useBean id="data" class="meupacote.FormatandoDatas"/>

<% data.setFormato("dd/MM/yy"); %> ❶

A data atual é <strong><%= data.getData( ) %></strong>

</body>
...
```

Veja que basta, antes de chamar o método **getData( )**, chamar o método **setFormato(String f)** ❶ e dar a ele o formato de data que quer exibir.

Compreendendo os JavaBeans

Como você pode ter notado, até o momento, um JavaBean nada mais é do que uma classe que obedece a um conjunto de regras, utilizando métodos "getters" e "setters". Mas essas regras são adotadas voluntariamente pelo desenvolvedor, onde se ele desejar, poderá iniciar seus métodos com outros nomes.

É claro que isso implicaria em outras situações que não estão em discussão nesse momento. O que realmente você deve entender é que, qualificar uma classe como sendo um JavaBean é uma situação exclusivamente sua. O compilador não lhe dirá: isso é um JavaBean. Você é quem diz a ele.

As Regras

Em uma situação técnica, você também tem que seguir algumas regras, para que o que você está desenvolvendo seja realmente um JavaBean.

Os JavaBeans, como já foi dito anteriormente, existem tanto para modelar sistemas gráficos criados para desktop ou também para aplicações Web em conjunto com páginas JSP. Isso, na prática, implica em duas diferenças iniciais básicas:

1. JavaBeans criados para trabalhar em desenvolvimento de aplicações gráficas desktop precisam implementar a interface

java.io.Serializable. Isso acontece porque são armazenados em arquivos. Já no caso de páginas JSP, isso não é necessário, uma vez que, normalmente, só existem em memória.

2. Os JavaBeans desenvolvidos para aplicações desktop tem uma tendência dos nomes com métodos iniciando com **set** e **get** coincidirem com os nomes dos atributos da classe, pois esses representam, numa maioria das vezes, objetos visuais que necessitam ser configurados.

A tabela a seguir demonstra as regras de trabalho com JavaBeans:

Tabela 13.1

Regra	*Descrição da Regra*
Construtor	Se o JavaBean não contiver nenhum construtor declarado explicitamente, o interpretador Java considerará, já faz parte da definição da linguagem, a existência de um construtor implícito sem argumentos e sem nenhuma utilidade.
Persistência	Os JavaBeans podem implementar a interface **java.io.Serializable**. Mas como já foi dito, essa regra não precisa ser obedecida. A não existência dessa implementação o impossibilita de ser salvo em arquivo ou ser enviado de um computador para outro em uma aplicação distribuída.
Atributos	Se o JavaBean criado possui um **atributo** que você deseja obter o seu valor, ele deve ser acessível por um método público que, de preferência, deve ter o mesmo nome, com o prefixo **get**. Por exemplo: um atributo chamado teste deve ser acessível externamente por um método **public getTeste( )**. Caso se queira alterar o valor do atributo, o mesmo deve ser feito por um outro método, também público, **void**, com o prefixo **set**; tendo também, um parâmetro de mesmo tipo para tal mudança. Por exemplo: seguindo o caso anterior, o atributo **teste** será alterado em seu valor através do método **public void setTeste (Tipo valor)**. Executando essa normativa, você tem os atributos encapsulados. Portanto esses mesmos atributos devem ser qualificados como **protected** ou **private**.

Usando as Actions <jsp:setProperty /> e <jsp:getPropert />

Como você viu, os JavaBeans, acessíveis através da **action <jsp:useBean />**, são simples de trabalhar dentro das páginas JSP. Ma a utilização ainda de

Scriptlets não agrada no seu trabalho. Evidentemente você já deve ter concluído que devem existir actions específicas para isso.

Como o nome já sugere, a tag **<jsp:setProperty />** é usada para alterar uma propriedade existente em seu JavaBean.

Para um JavaBean, usando o exemplo da data feito anteriormente, você pode setar uma propriedade chamada **data**, desde exista o método **setData( )**. A seguir você tem a sintaxe dessa tag:

```
<jsp:setProperty name="data"
property="formato" value="dd/MM/yy"/>
```

Para colocar em prática, você vai alterar o exemplo último, tirando o scriptlet e o substituindo pela action <jsp:setProperty />, como mostra a seguir o detalhe em destaque:

TrabComDatas.jsp

```
...
<body>
  <jsp:useBean id="data" class="meupacote.FormatandoDatas"/>
  <jsp:setProperty name="data"
         property="formato" value="dd/MM/yyyy"/> ❶
  A data atual é <strong><%= data.getData( ) %></strong>

</body>
</html>
```

O resultado obtido é o mesmo do scriptlet, mas com a diferença que você está usando uma tag.

Da mesma forma que você pode alterar um valor, através de uma action, você também pode capturar um valor de uma propriedade. Para isso, a action **<jsp:getProperty />**❶ captura o valor existente na propriedade chamada. Como no exemplo anterior, se eu desejo capturar o valor de uma propriedade chamada **data**, eu posso desde que exista um método chamado **getData( )**. A seguir você tem a sintaxe dessa tag:

```
<jsp:getProperty name="data" property="data"/>
```

Para propósitos mais práticos, altere como mostrado a seguir, na sua página JSP deste capítulo:

TrabComDatas.jsp

```
...
<body>
  <jsp:useBean id="data" class="meupacote.FormatandoDatas"/>
  <jsp:setProperty name="data" property="formato" value="dd/MM/yyyy"/>
  A data atual é
  <strong>
    <jsp:getProperty name="data" property="data"/>
  </strong>
</body>
</html>
```

Note que houve uma simplificação do código, tornando-o mais claro a um usuário sem experiência com Java e, possibilitando assim, um melhor trabalho em equipe, onde a colaboração pela clareza do código ajuda no desenvolvimento do design.

Criando um JavaBean mais Dinâmico

Até o momento você criou JavaBeans estáticos, que trazem e levam informações, mas todas sem interação com o usuário. O exemplo a seguir demonstra a criação de um JavaBean interagindo com o usuário:

InteragindoBean.java

```
package meupacote;

public class InteragindoBean {
  private String nome;

  public String getNome( ) {
    return nome;
```

```
  }

  public void setNome(String nome) {
    this.nome = nome;
  }

}
```

O JavaBean criado é simples e portanto não será comentado.

Para acessá-lo, você vai criar a seguinte página:

interagindo.jsp

```
<%@ page language="java"
   contentType="text/html"
   pageEncoding="ISO-8859-1"
%>
<!DOCTYPE html PUBLIC "-//W3C//DTD XHTML 1.0 Transitional//EN"
"http://www.w3.org/TR/xhtml1/DTD/xhtml1-transitional.dtd">
<html xmlns="http://www.w3.org/1999/xhtml">
<head>
<title>Interagindo com o Usuário</title>
</head>
<body>
  <jsp:useBean id="interagindo" class="meupacote.InteragindoBean" />
  <jsp:setProperty name="interagindo" property="*" /> ❶
  Seu nome é: <strong>
    <jsp:getProperty name="interagindo" property="nome" />
  </strong>
  <form method="post" action="interagindo.jsp">
    Nome: <input type="text" size="20" name="nome" /> <br /> ❷
    <input type="submit" name="submit" value="Enviar" />
  </form>
</body>
</html>
```

Se na tag **<jsp:setProperty />** você usar o valor "*" para o atributo **property** ❶, significa que todos os valores de elementos de formulários que possuírem nomes iguais às propriedades serão transferidos para as respectivas propriedades no momento do processamento da requisição. No exemplo dado, você tem um atributo chamado **nome** em seu JavaBean e, para enviar esse valor, chamou a tag **<jsp:setProperty** atribuindo o valor * ao atributo **property**, indicando o nome da tag HTML **<input/>**, no atributo **name** com o valor **nome** ❷.

Os valores dos parâmetros enviados pelo cliente para o servidor são sempre do tipo String. Os valores String são convertidos para outros tipos de dados para serem utilizados pelas propriedades encontradas no JavaBean.

Essa conversão é mostrada pela tabela a seguir:

Tabela 13.2 – A conversão do *<jsp:setProperty />*

Tipo da Propriedade	*O valor String é convertido usando*
boolean ou Boolean	java.lang.Boolean.valueOf(String s)
byte ou Byte	java.lang.Byte.valueOf(String s)
char ou Character	java.lang.Character.valueOf(String s)
double ou Double	java.lang.Double.valueOf(String s)
integer ou Integer	java.lang.Integer.valueOf(String s)
float ou Float	java.lang.Float.valueOf(String s)
long ou Long	java.lang.Long.valueOf(String s)

Quando você usar o atributo **property="*"**, as propriedades do Bean não precisam aparecer necessariamente como no formulário HTML e vice-versa.

O Atributo Scope

Existe um atributo chamado **scope**, do qual ainda não foi visto, que aparece na tag <jsp:useBean />. O escopo dos JavaBeans indicam a utilização daquele objeto. Existem quatro valores possíveis para o escopo de um objeto: page, request, session e application. A seguir você tem uma tabela com a descrição de cada uma desses escopos:

Tabela 13.3

Escopo	***Descrição***
page	Objetos declarados com êsse escopo são válidos até a resposta ser enviada ou o pedido ser encaminhado para outro programa no mesmo ambiente, ou seja, só podem ser referenciados nas páginas onde forem declarados e é removido no fim da execução da mesma. Objetos declarados com o escopo page são referenciados pelo objeto pageContext.
request	Objetos declarados com esse escopo são válidos durante o pedido e são acessíveis mesmo quando esse pedido é encaminhado a outro programa no mesmo ambiente. Somente está disponível durante a execução do request, ou seja, a cada novo pedido, um JavaBean é instanciado para atender a requisição. Objetos declarados com o escopo request são referenciados pelo objeto request.
session	Objetos declarados com esse escopo são válidos durante a sessão existente, desde que a página seja definida para funcionar em uma sessão e é removido quando a sessão expirar ou se for encerrada explicitamente. Objetos declarados com o escopo session são referenciados pelo objeto session.
application	Objetos declarados com esse escopo são acessíveis por páginas no mesmo servidor de aplicação e removido quando o servidor Web é parado ou quando a aplicação Web é reiniciada. Objetos declarados com o escopo application são referenciados pelo objeto application.

Encapsulando mais de um Campo no Eclipse

Enquanto que no NetBeans, mais de um campo privado pode ser encapsulado de uma só vez, usando a ferramenta Refactor, no Eclipse é ligeiramente diferente.

Veja o caso na Figura 13.8 a seguir:

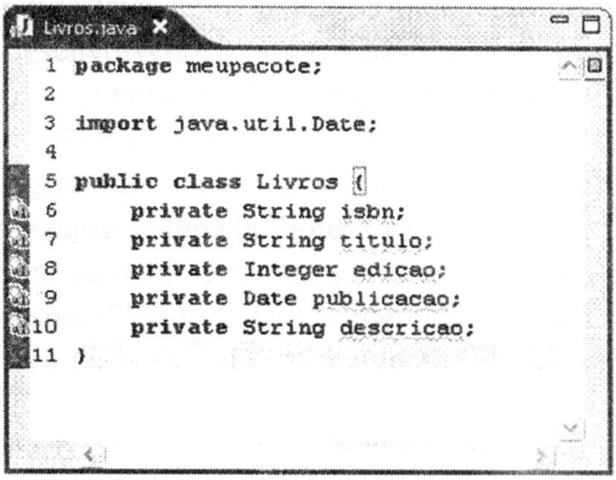

Livros.java

```
package meupacote;

import java.util.Date;

public class Livros {
    private String isbn;
    private String titulo;
    private Integer edicao;
    private Date publicacao;
    private String descricao;
}
```

Figura 13.8

Note que são vários os atributos dessa classe, o que fará com que vários métodos **getters** e **setters** sejam feitos. Mas para encapsular todos de uma só vez no Eclipse, vá ao menu **Source** e clique no item **Generate Getters and Setters**. Na caixa de diálogo **Generate Getters and Setters** clique no botão **Select All**.

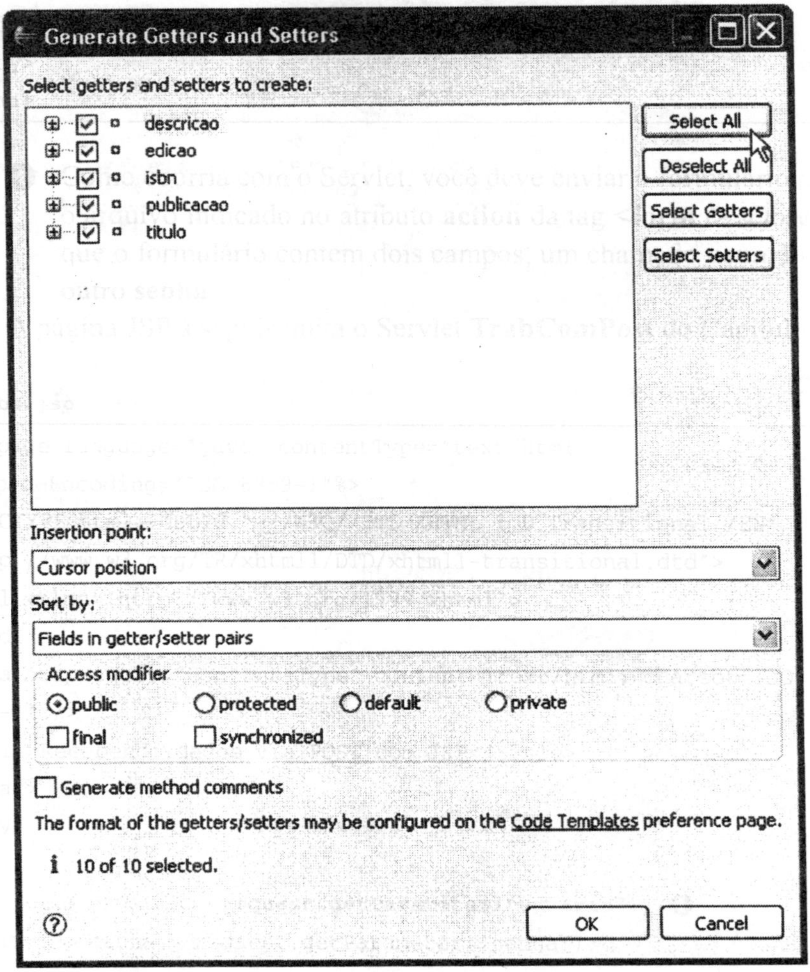

Figura 13.9

Confirme a caixa de diálogo no botão OK.

Fazendo Upload de Arquivos

ALGUMAS VEZES VOCÊ PRECISA ENVIAR ARQUIVOS AO SERVIDOR e para fazer isso, você precisará se preocupar com alguns detalhes:

- Que arquivo desejo enviar
- O tamanho máximo que o arquivo poderá ter
- O local onde desejo armazenar os arquivos enviados

Trabalhar com arquivos em Java não é uma tarefa fácil. Mas você pode utilizar uma biblioteca de terceiros, ajudando-o assim nessa tarefa.

A Biblioteca File Upload

Um exemplo de uma biblioteca que pode ser utilizada para esse tipo de tratamento pode ser encontrada no endereço **http://jakarta.apache.org/commons/fileupload/** . A versão atual no momento em que esse livro está sendo desenvolvido é **FileUpload 1.1.1**.

O arquivo é **commons-fileupload-1.1.1.jar** e deve ser colocado dentro do diretório **lib**, que deve se encontrar em **WEB-INF**.

Além desse arquivo, você precisará do arquivo **commons-io-1.2.jar**, que pode ser baixado no endereço

`http://jakarta.apache.org/commons/io/.`

Commons IO é uma biblioteca de utilidades para dar assistência com o desenvolvimento de funcionalidades para entradas e saídas (Input/Output). A biblioteca FileUpload depende dessa biblioteca.

Fazendo upload de Arquivos Utilizando JSP e JavaBeans

A idéia é criar um simples JavaBean, mas poderá ser aperfeiçoado com métodos que o ajudem no desenvolvimento para utilizar o Upload de arquivos.

UploadBean.java

```
package meupacote;

import java.io.File;
import java.util.*;

import org.apache.commons.fileupload.*;
import org.apache.commons.fileupload.disk.DiskFileItemFactory;
import org.apache.commons.fileupload.servlet.ServletFileUpload;

import javax.servlet.ServletContext;
import javax.servlet.http.*;

public class UploadBean {

  private DiskFileItemFactory fileUpload = new DiskFileItemFactory( );
  private ServletFileUpload sfu = new
ServletFileUpload(fileUpload);
  private String diretorio;
  private String filename;

  public void setDiretorio(String diretorio) {
    this.diretorio = diretorio;
  }
```

```
public String getDiretorio( ) {
  return diretorio;
}

public String getFilename( ) {
  return filename;
}

public boolean doFilePost(HttpServletRequest request,  ❶
          ServletContext context)
{
     if (request.getContentType( ) == null) ❷
               return false;

     if (!request.getContentType( ).startsWith("multipart/form-
data")) ❸
               return false;

      String path = context.getRealPath(getDiretorio( )); ❹
      try
  {
               List list = sfu.parseRequest(request); ❺
               Iterator iterator = list.iterator( ); ❻

               while(iterator.hasNext( )){
                  FileItem item = (FileItem)iterator.next( );

                  if (!item.isFormField( )){
                      filename = item.getName( );❼

                      if ((filename != null) &&
(!filename.equals(""))){
                             filename = (new File(filename)).getName( );
                             item.write(new File(path + "/" +
filename));❽
```

```
                    }
                }
            }

        }catch (FileUploadException e) {
            e.printStackTrace( );
        }catch (Exception e) {
            e.printStackTrace( );
        }

        return true;
    }
}
```

Esse JavaBean criado é simples e o auxilia a fazer upload de arquivos sem trauma. Você perceberá que pode ser implementado com muito mais funcionalidades.

Antes de mais nada, você precisa importar a biblioteca do **FileUpload**:

```
import org.apache.commons.fileupload.*;
import org.apache.commons.fileupload.disk.DiskFileItemFactory;
import org.apache.commons.fileupload.servlet.ServletFileUpload;
```

A classe pública **DiskFileItemFactory** estende java.lang.Object e implementa **FileItemFactory**. Se os elementos forem pequenos, os mantém em memória, ou em um arquivo temporário no disco, para elementos maiores. O limite de tamanho sobre o qual será armazenado o conteúdo em disco é configurável, assim como é o diretório no qual serão criados os arquivos temporários.

```
private DiskFileItemFactory fileUpload =
                new DiskFileItemFactory( );
```

A classe pública **ServletFileUpload** estende **FileUpload**. Esta classe controla múltiplos arquivos por único envio.

```
private ServletFileUpload sfu =
                new ServletFileUpload(fileUpload);
```

O método **doUpload(HttpServletRequest hsr, ServletContext sc)** ❶, recebe dois parâmetros, onde um é a requisição feita pelo formulário e a outra é o contexto necessário para a aplicação Web criada por você. Graças à interface **ServletContext**, do pacote **javax.servlet.ServletContext**, usado para acessar informações a respeito do ambiente do Servlet, onde você pode, por exemplo, recuperar o caminho físico dado a um determinado arquivo, partindo do contexto onde se encontra sua aplicação Web.

Com **request.getContentType( )** ❷ você verifica se foi enviado alguma informação para o método **doUpload ( )**. Caso não tenha sido submetido nada, ele retorna false. O mesmo acontece se você submeter um arquivo de um formulário sem o atributo **enctype="multipart/form-data"** ❸.

O caminho físico mencionado a pouco é tido pelo método **getRealPath(String path)** ❹.

Através de **parseRequest(HttpServletRequest hsr)** ❺ você adquire uma lista de elementos, que são associados a um **List**.

A interface **Iterator** ❻ associa, a cada coleção, um mecanismo para percorrer seu conteúdo independentemente da sua estrutura interna. Um objeto desta classe oferece os métodos: **hasNext( )**, **next( )** e **remove( )**.

A variável **filename** é o nome do arquivo, que após o loop **while** é pego com o método **getName( )**❼, no qual retorna uma String. A classe ***File*** encapsula a funcionalidade necessária para se trabalhar com o sistema de arquivos na máquina.

Com o método **write**❽ você tem o arquivo encontrado escrito no diretório mencionado pela variável **path**.

Para utilizar esse JavaBean, basta criar a página mostrada a seguir:

fazendoUploadComJsp.jsp

```
<%@ page language="java"
      contentType="text/html"
      pageEncoding="ISO-8859-1"
%>
```

```
<!DOCTYPE html PUBLIC "-//W3C//DTD XHTML 1.0 Transitional//EN"
"http://www.w3.org/TR/xhtml1/DTD/xhtml1-transitional.dtd">
<html xmlns="http://www.w3.org/1999/xhtml">
<head>
<title>Fazendo Upload de arquivos</title>
</head>
<body>
  <jsp:useBean id="upl" scope="page"
               class="meupacote.UploadBean" /> ❶

  <jsp:setProperty name="upl" property="diretorio"
value="arquivos"/> ❷


<%
  if(upl.doFilePost(request,application)){  ❸
    out.println(upl.getFilename( ));❹
  }
%>

  <form method="post" action="fazendoUploadComJsp.jsp"
                  enctype="multipart/form-data">
      Arquivo: <input type="file" name="file" /><br />
      <input type="submit" name="submit" value="Enviar" />
  </form>
</body>
</html>
```

❶ Primeiro você chama o JavaBean criado.

❷ Com a tag <jsp:setProperty /> você determina o nome do diretório que irá receber os arquivos no Upload.

❸ Com um IF, você verifica se o método **doUpload( )** retorna **true** ou **false**. Perceba também os parâmetros passados para que ele funcione corretamente.

❹ Caso a o método **doUpload( )** retorne um valor **true**, significa que você fez o upload do arquivo com sucesso e portanto poderá ter impresso na página o nome do arquivo enviado, através do método **getFilename( )**, que retorna esse nome.

Para Funcionar

Você NÃO pode esquecer de colocar os arquivos **commons-fileupload-1.1.1.jar** e **commons-io-1.2.jar** dentro do diretório **lib** em **WEB-INF**.

Sem esses arquivos você não fará o upload desejado, sem contar os erros que aparecerão.

Como Adicionar uma Biblioteca Usando o NetBeans

No seu projeto, vá com o direito do mouse sobre o item **Libraries** e no menu de contexto selecione **Add JAR/Folder**.

Selecione os arquivos desejados e clique em confirme.

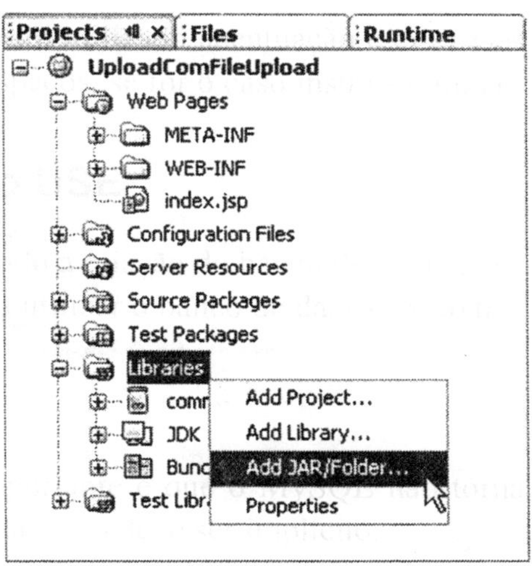

Figura 14.1

Como Adicionar uma Biblioteca Usando o Eclipse

Com o seu projeto selecionado, vá ao menu **Project** e clique no item **Properties**. Na caixa de diálogo **Properties** clique no botão **Add External JARs**. Selecione os arquivos e confirme.

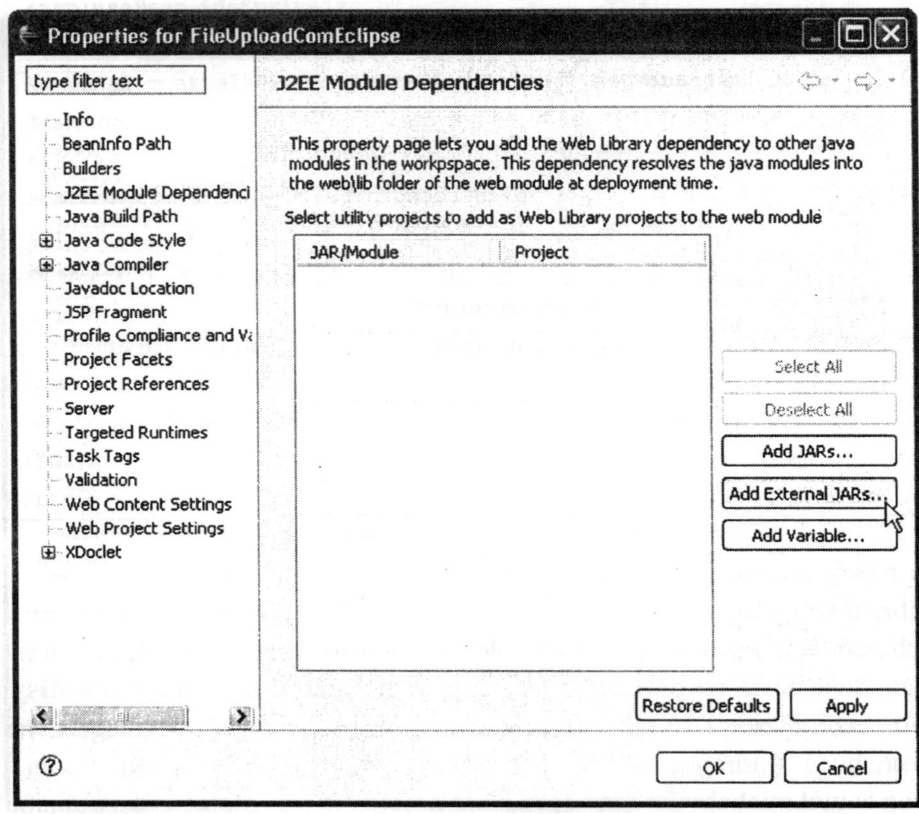

Figura 14.2

Segurança no Upload

Um problema que você vai enfrentar, ao enviar arquivos para o servidor, será o de dizer quais estão autorizados para serem feitos upload. Isso, principalmente se não for você a pessoa no qual vai operar a aplicação.

Dizer também o tamanho do arquivo e o nome do diretório no qual irá armazenar os arquivos enviados. Também é interessante verificar um erro comum, o de esquecer o **enctype="multipart/form-data"**.

Para fazer tudo isso, você vai modificar o Bean criado, adicionando novos métodos e propriedades. O JavaBean, com as alterações em destaque, é mostrado na integra logo a seguir:

UploadBean.java

```
package meupacote;

import java.io.File;
import java.util.*;

import org.apache.commons.fileupload.*;
import org.apache.commons.fileupload.disk.DiskFileItemFactory;
import org.apache.commons.fileupload.servlet.ServletFileUpload;

import javax.servlet.ServletContext;
import javax.servlet.http.*;

public class UploadBean {

    private DiskFileItemFactory fileUpload = new
DiskFileItemFactory( );
    private ServletFileUpload sfu = new
ServletFileUpload(fileUpload);

    private String diretorio;
    private String filename;

    private static int KB = 1024; ❶
    private static int MB = 1024 * 1024;
    private int size;
    private String extensoesPermitidas;

    private String erro=null;
```

```
public void setDiretorio(String diretorio) {
  this.diretorio = diretorio;
}

public String getDiretorio( ) {
  return diretorio;
}

public String getFilename( ) {
  return filename;
}
public void setSize(int size) {
  this.size = size;
}

public int getSize( ) {
  return size;
}

private void setErro(String erro) {
  this.erro = erro;
}

public String getErro( ) {
  return erro;
}

public void setExtensoesPermitidas(String extensoesPermitidas) {
  this.extensoesPermitidas = extensoesPermitidas;
}

public String getExtensoesPermitidas( ) {
  return extensoesPermitidas;
}
```

```
public boolean doFilePost(HttpServletRequest request,
            ServletContext context)
{
            if (request.getContentType( ) == null){
return false;
            }


            if (!request.getContentType( ).startsWith("multipart/
form-data"))
            {
                setErro("Seu formulário não envia arquivos");
                return false;
            }


            fileUpload.setSizeThreshold(4 * KB);


            String path = context.getRealPath(getDiretorio( ));
            try
            {
                sfu.setSizeMax(getSize( ) * MB); ❷

                List list = sfu.parseRequest(request);


                for (Iterator iterator = list.iterator( );
iterator.hasNext( );) {
                    FileItem item = (FileItem)iterator.next( );

                    if (!item.isFormField( )){
                        filename = item.getName( );


                        if ((filename != null) &&
```

```
(!filename.equals(""))){

 filename = (new File(filename)).getName( );

                                  if(isPermission(filename)){
 item.write(new File(path + "/" + filename));
                                  }
                                  else{
 setErro("Arquivo não permitido");
 return false;
                                  }
                       }
                 }
           }

           }catch(FileUploadBase.SizeLimitExceededException slee){❸
   slee.printStackTrace( );
   setErro("Tamanho excedido");
   return false;

           }catch (Exception e) {
                setErro("Uma Exceção ocorreu: "+e.getMessage( ));
                e.printStackTrace( );
                return false;
           }

           return true;

   }

    public boolean isPermission(String fileName) ❹
      {
        String lowerCaseName = fileName.toLowerCase( );
        StringTokenizer st = new
StringTokenizer(extensoesPermitidas," ,");
```

```
        while(st.hasMoreTokens( )){
            if (lowerCaseName.endsWith("."+st.nextToken( )))
                return true;
        }

        return false;
    }

}
```

Novos atributos foram adicionados nesse JavaBean ❶, com o intuito de definir regras como tamanho do arquivo (**size**), valor MB, KB, extensões permitidas (**extensoesPermitidas**) e erros (**erro**). Com esses atributos, você encapsula em métodos **setters** e **getters** valores que serão definidos pelo usuário.

Com o método **setSizeMax(long l)**❷, de ***org.apache.commons.fileupload.servlet.ServletFileUpload***, você define o tamanho máximo permitido pelo arquivo, em **bytes**. Evidentemente essa definição deve ficar, embora não obrigatório, dentro de um bloco **try...catch**, para que uma exceção seja disparada caso o tamanho definido exceda. Se exceder, a exceção **FileUploadBase.SizeLimitExceededException**❸ é disparada, no qual você pode capturar e avisar seu usuário do problema ocorrido, como fora feito no caso.

Um outro método, chamado de **isPermission(String filename)**❹, entra em ação, determinando se a extensão do arquivo que você está fazendo upload é permitida. A idéia nesse caso é transmitir pela tag <jsp:setProperty />, no atributo **value**, as extensões permitidas separadas por vírgula, como por exemplo: "jsp, pdf, gif".

Para que isso seja possível, entra em cena a classe **StringTokenizer**, capaz de varrer uma String e quebrá-la em *tokens*, isto é, palavras-chave separadas por algum caractere delimitador, como no caso, a vírgula. Através do loop While( ), você varre os tokens, através do método ***hasMoreTokens( )***, que retorna true enquanto houver algo na String. O método **nextToken( )** retornará o token atual, concatenando-se ao ponto **"."**. Isso foi necessário, porque o arquivo que você fizer upload, será lido pela sua extensão, após o ponto. Isso é possível porque, ao transmitir o arquivo, em tipo String, você pode usar o método **endsWith( )** (termina com) e determinar a extensão que quiser, como ".jpg", ".gif" e etc. Você deve estar se perguntando, mas eu posso fazer isso sem o ponto, então, o porquê do ponto?

A resposta para isso está no nome do arquivo que um usuário pode mandar, algo como **meuarquivogif** e não conter a extensão. E esse ser um arquivo pernicioso, como ocorre no Linux, onde um executável não precisa de extensão, como no Windows. É claro que isso não o assegura de que ainda assim um arquivo pernicioso não seja enviado, mas o ajuda a barrar pelo menos para os menos experientes.

Utilizando esse JavaBean

Fica evidente que se toda a lógica está aplicada no JavaBean, a sua página JSP será bem simples, uma vez que você só precisa chamar esses novos métodos e exibir as mensagens de erros, quando houver. A página JSP é mostrada na integra a seguir, com destaques para as adições:

fazendoUploadComJsp.jsp

```
<%@ page language="java" contentType="text/html"
    pageEncoding="ISO-8859-1"%>
<!DOCTYPE html PUBLIC "-//W3C//DTD XHTML 1.0 Transitional//EN"
"http://www.w3.org/TR/xhtml1/DTD/xhtml1-transitional.dtd">
<html xmlns="http://www.w3.org/1999/xhtml">
<head>
<title>Fazendo Upload de arquivos</title>
</head>
<body>
  <jsp:useBean id="upl" scope="page" class="meupacote.UploadBean" />
  <jsp:setProperty name="upl" property="diretorio"
value="arquivos"/>

  <jsp:setProperty name="upl" property="size" value="1"/>❶

  <jsp:setProperty name="upl" property="extensoesPermitidas"
```

```
value="jpg, gif, pdf, doc, odt"/> ❷

<%
  if(upl.doFilePost(request,application)){
    out.println(upl.getFilename( ));
  }
  else{
    if(upl.getErro( )!=null) ❸
      out.println(upl.getErro( ));
  }
%>

  <form method="post" action="fazendoUploadComJsp.jsp"
enctype="multipart/form-data">
       Arquivo: <input type="file" name="file" /><br />
       <input type="submit" name="submit" value="Enviar" />
  </form>
</body>
</html>
```

---

❶ Chamando a propriedade **size**, você define, em **MB**, o tamanho máximo que seu arquivo terá.

❷ Em **extensoesPermitidas**, você define as extensões, sem o **ponto**, que serão permitidas, todas, separadas por vírgula.

❸ Caso o Upload do arquivo tenha alguma falha, o método **getErro( )** trará pra você o erro armazenado graças ao método **setErro (String err)** do seu JavaBean.

Se na tag **<jsp:setProperty />** você usar o valor "*" para o atributo **property** ❶, significa que todos os valores de elementos de formulários que possuírem nomes iguais às propriedades serão transferidos para as respectivas propriedades no momento do processamento da requisição. No exemplo dado, você tem um atributo chamado **nome** em seu JavaBean e, para enviar esse valor, chamou a tag **<jsp:setProperty** atribuindo o valor * ao atributo **property**, indicando o nome da tag HTML **<input/>**, no atributo **name** com o valor **nome** ❷.

Os valores dos parâmetros enviados pelo cliente para o servidor são sempre do tipo String. Os valores String são convertidos para outros tipos de dados para serem utilizados pelas propriedades encontradas no JavaBean.

Essa conversão é mostrada pela tabela a seguir:

Tabela 13.2 – A conversão do *<jsp:setProperty />*

Tipo da Propriedade	*O valor String é convertido usando*
boolean ou Boolean	java.lang.Boolean.valueOf(String s)
byte ou Byte	java.lang.Byte.valueOf(String s)
char ou Character	java.lang.Character.valueOf(String s)
double ou Double	java.lang.Double.valueOf(String s)
integer ou Integer	java.lang.Integer.valueOf(String s)
float ou Float	java.lang.Float.valueOf(String s)
long ou Long	java.lang.Long.valueOf(String s)

Quando você usar o atributo **property="*"**, as propriedades do Bean não precisam aparecer necessariamente como no formulário HTML e vice-versa.

O Atributo Scope

Existe um atributo chamado **scope**, do qual ainda não foi visto, que aparece na tag <jsp:useBean />. O escopo dos JavaBeans indicam a utilização daquele objeto. Existem quatro valores possíveis para o escopo de um objeto: **page**, **request**, **session** e **application**. A seguir você tem uma tabela com a descrição de cada uma desses escopos:

Capítulo 15

Trabalhando com Banco de Dados

TRABALHAR COM BANCO DE DADOS EM APLICAÇÕES WEB é a coisa mais comum no desenvolvimento. Este capítulo tratará do uso de banco de dados em aplicações Web com Servlets e páginas JSP. Existem atualmente dezenas de bancos de dados no mercado. Os mais populares são o Oracle, MySQL, SQL Server, PostgreSQL, DB2, Interbase, Firebird. Todos eles são baseados no conceito relacional de dados.

Introdução ao JDBC

JDBC é uma API incluída dentro da linguagem Java para o acesso a banco de dados. Consiste em um conjunto de classes e interfaces escritas em Java que oferecem uma completa API para a programação com banco de dados, por tanto é uma solução 100% Java.

JDBC é uma especificação formada por uma coleção de interfaces e classes abstratas, que devem implementar todos os fabricantes de drivers que queiram realizar uma implementação de seu driver 100% Java e compatível com JDBC.

Devido ao JDBC ser escrito completamente em Java também passa a ter a vantagem de ser independente de plataforma. Sendo assim, não será necessário escrever um programa para cada tipo de banco de dados, uma mesma aplicação escrita utilizando JDBC poderá trabalhar com banco de dados como Oracle, Sybase, SQL Server, MySQL, Firebird, PostgreSQL e etc. Para que isso aconteça, basta alterar o JDBC referente ao banco de dados usado e o seu sistema passará a se comunicar com o banco de dados configurado.

MySQL e o JDBC

Sendo um dos sistemas de gerenciamento de bancos de dados mais usados do mundo, sua velocidade e capacidade de ser multiplataforma só poderiam chamar a atenção de quem desenvolve em Java.

O driver JDBC escolhido para fazer os exemplos neste livro foi o ***Connector/J***. Usando o driver Connector/J, todos os tipos de aplicações de Java podem acessar um banco de dados e seus dados, desde que seja em MySQL é claro.

A Instalação e Utilização do MySQL

O MySQL tem diferentes formas de instalação quando se trata de sistemas operacionais. No caso do Windows, você pode baixar a última distribuição através do site:

```
http://www.mysql.com/downloads.
```

Instalando no Windows

Procure pelo formato executável. O arquivo vem compactado no formato **.zip**.

Descompacte e instale. A instalação, como não poderia deixar de ser, é feita por um assistente. Siga os passos até a finalização.

Caso sua máquina tenha o sistema operacional Windows pertencente à família NT(NT, 2000 ou XP), o MySQL é instalado como serviço. Então basta iniciar ou parar o serviço, encontrado no **Painel de Controle>Ferramentas Administrativas>Serviços**.

Você também pode utilizar o comando pelo prompt, desde que você saiba o nome do serviço do seu MySQL:

Para iniciar o serviço

```
net start mysql
```

Para parar o serviço

```
net stop mysql
```

Instalando o MySQL no Linux

O MySQL Server pode ser instalado no Linux de várias formas. A forma recomendada é a que está em formato RPM.

Você deve baixar dois arquivos para instalar o MySQL na sua máquina. Esses arquivos são:

MySQL-server-[versão].i386.rpm – para instalar o servidor mysqld no Linux

MySQL-client-[versão].i386.rpm – para instalar o cliente mysql para executar os comandos no Linux.

A instalação poderá ser feita através do comando rpm, no Shell do seu Linux. Um exemplo seria:

```
Shell> rpm -ivh MySQL-server-5.0.1.i386.rpm MySQL-client-
5.0.1.i386.rpm
```

A versão RPM já vem com pré-configurações e assim que ocorrer a instalação, para iniciar ou parar o servidor, a seguinte sintaxe poderá ser feita:

```
Shell>/etc/init.d/./mysql start - para iniciar o servidor MySQL
Shell>/etc/init.d/./mysql stop - para parar o servidor MySQL
```

Se o seu sistema operacional for Linux e sua distribuição for o Debian ou baseados nesta distro, você pode compilar os fontes ou converter em .deb usando o Alien. O Alien permite converter pacotes .rpm, que originalmente seriam destinados a distribuições como o Fedora, Red Hat Enterprise em .deb.

Acessando o Banco de Dados MySQL

No Windows

Se você estiver usando o sistema operacional Windows e utilizou a instalação padrão do programa, abra o prompt de comando e digite a seqüência:

```
>cd\mysql\bin
```

Lembrando que você deve estar no drive em que o MySQL está instalado. Por padrão você o instala no drive **C**.

Digitando o comando a seguir você entra no MySQL.

```
# mysql -u root -p
```

Tecle ENTER e receberá o pedido de senha:

```
password
```

Digite a senha que você configurou na instalação e tecle ENTER novamente.

Versões mais modernas do MySQL para o sistema operacional Windows não necessitam de tantos passos para iniciar, bastando ir até o atalho encontrado no menu Iniciar do sistema e clicando no atalho do MySQL para iniciar o prompt de comando encontrado neste local.

No Linux

Se você utilizou a instalação binária, em rpm (recomendado), basta abrir o terminal e digitar a seqüência:

```
shell>mysql -u root
```

Se já estiver logado como **root**, no seu sistema operacional, não há necessidade de colocar o **–u root** depois do comando **mysql**.

O Comando CREATE

Há muitas maneiras diferentes de criar banco de dados no MySQL (assim como há em outros bancos da mesma categoria). Ao criar um banco de dados, você normalmente terá o layout inteiro pronto. Normalmente adicionaria as tabelas imediatamente depois de criar o banco de dado, mas, teremos uma etapa por vez.

A primeira etapa para criar um banco de dados no MySQL é inserir o comando ***CREATE DATABASE nome_banco_de_dados*** da SQL (Structured Query Language) no monitor MySQL, onde nome_banco_de_dados é o nome do banco de dados que você está criado.

No prompt de comando, no monitor do MySQL, insira o seguinte comando:

```
mysql> CREATE DATABASE  livraria;
```

Note que não foi utilizado acentuação e em casos de palavras compostas não insira espaços, se for o caso insira sublinhado " _ " .

O Comando USE

Depois de confirmado a criação do banco de dados, você deverá utilizar o comando **USE** para utilizar o banco de dados **livraria**.

```
USE livraria;
```

Um ponto importante é que o MySQL não torna ativo o banco de dados que você criou, isso deve ser implícito.

Criando Tabelas

Criar tabela no MySQL é uma tarefa relativamente fácil. Para se criar uma tabela basta usar a seqüência mostrada a seguir em destaque. Observe os passos:

1 – Logar no sistema:

```
shell>mysql -u root -p
```

2 – Entrar no banco de dados criado:

```
mysql> USE livraria;
```

3 – Criar a tabela livros:

```
mysql> CREATE TABLE  livros(
      -> isbn CHAR(13) NOT NULL PRIMARY KEY,
      -> titulo VARCHAR(50),
      -> edicao_num TINYINT(2),
      -> ano_publicacao YEAR,
      -> descricao TEXT
      -> );
```

O Comando SHOW

Assim que criada sua primeira tabela. Para ver o resultado basta digitar a seqüência:

```
SHOW TABLES FROM livraria;
```

Para ver as colunas que existem na sua tabela digite:

<

SHOW COLUMNS FROM livros;

Configurando Usuários

O comando GRANT é utilizado para fornecer direitos aos usuários do MySQL. Ele pode ser concedido nos seguintes níveis:

- Global
- Banco de dados
- Tabela
- Coluna

O comando para criar um usuário com privilégios é como mostrado a seguir:

```
mysql> grant all
        -> on livraria.*
        -> to edson identified by 'integrator';
```

Com isso você concede todos os privilégios de manipulação do banco de dados livraria somente ao usuário **edson**, com a senha **integrator**.

Confirmando o Novo Usuário

Para confirmar a criação do novo usuário, você deve executar a instrução a seguir:

```
mysql> flush privileges;
```

Inserindo um Registro

Para inserir um registro, execute a seguir a instrução SQL:

```
mysql> INSERT INTO livros (isbn, titulo, edicao_num,
  -> ano_publicacao, descricao)
  -> VALUES ('85-7393-543-X','Dominando AJAX',1,'2006','AJAX');
```

Instalando o Driver JDBC

O arquivo que será adicionado, o ajudará a se conectar ao banco de dados **MySQL**. Esse arquivo JAR é o driver **JDBC** chamado de **Connector/J**, que você poderá baixar no site **http://www.mysql.com/downloads**. No momento em que escrevo, o driver que estou utilizando é o **mysql-connector-java-5.0.3-bin.jar**. O arquivo pode ser baixado em formato **.zip** ou formato **.tar.gz**. Após baixar, descompacte e coloque o arquivo citado anteriormente no diretório **lib** em **WEB-INF** da sua aplicação.

Utilizando um Driver JDBC no NetBeans e no Eclipse

Da mesma forma aprendida no Capítulo 14, você pode configurar o driver JDBC seguindo os mesmos passos descritos, portanto detalhes sobre essa configuração será omitida nesse capítulo.

As APIs JDBC

As APIs JDBC consistem em diversos pacotes que possibilita ao desenvolvedor de aplicativos vários serviços.

A versão 2.0 da API JDBC contém duas partes principais: o JDBC 2.1 Core API (representado através de classes nos pacotes java.sql) e o JDBC 2.0 Optional Package API (representado através das classes nos pacotes javax.sql). Na versão 3.0 da API JDBC, as duas partes principais foram combinadas em uma, o JDBC API; porém em sua versão 3.0, permanece o pacote original que ainda nomeia todas as classes. O JDBC API 4.0 busca melhorar a aplicação Java ao acesso a dados SQL, com o intuito de melhorar o desenvolvimento, aproveitando os recursos do Java SE 5, como os Generics e Annotations, além de adicionar novas classes utilitárias. Apesar de mencionado, o JDBC API versão 4 será disponibilizado pelo Java SE 6, de codinome Mustang, que até o momento em que esse livro é escrito, se encontra em versão beta.

O Pacote java.sql

Este pacote contém as classes core e interfaces que são necessárias para lidar com o bancos de dados.

Esses elementos relacionam as tarefas como às mostradas a seguir:

- Fazer uma conexão ao banco de dados pelo **DriverManager**;
- Enviar declarações SQL para um banco de dados, inclusive elementos como **Statement**, **PreparedStatement** e **Connection**;
- Lidar com respostas e atualizações via **ResultSet**;
- Mapeamento padrão de tipos SQL para classes e interfaces na linguagem Java, inclusive elementos como ***Array***, ***Blob***, ***Clob***, ***Date***, ***Time*** e ***Timestamp***,
- Obter metadados de um banco de dados por **DatabaseMetaData**, colunas em um *ResultSet* via **ResultSetMetaData**
- Lidar com exceções tal como o **SQLException**.

O javax.sql

Este pacote contém as classes e interfaces que são usadas pelo acesso de lado servidor de fonte de dados.

A principal inclusão como parte de javax.sql é o **DataSource** que possibilita uma alternativa para **DriverManager**. Também inclui coisas como pool de conexões, transações distribuídas, e a implementação de *RowSet*.

O Acesso ao Banco de Dados e a Conexão JDBC

A tabela a seguir descreve algumas das classes mais comuns e interfaces usadas para conexões de banco de dados e a execução de querys no banco de dados.

Tabela 15.1

Classe	*Descrição*
java.sql.DriverManager	Provê um serviço básico para administrar drivers JDBC. Em JDBC 2.0, este foi cedido pelo uso de javax.sql.DataSource.
javax.sql.DataSource	Permite localizar o objeto que provê uma interface para a atual conexão de banco de dados. O DataSource é implementado pelo autor do driver JDBC e pode ter os seguintes resultados quando o método getConnection( ) é invocado:Basic: Chamadas devolverão um objeto standard Connection. Connection pooling: As chamadas produzirão um objeto Connection que automaticamente participa em um pool de conexões. Transação distribuída: As chamadas produzirão um objeto Connection que pode ser usado em uma transação distribuída, e na maioria dos casos será capaz de participar em um pool conexões.
java.sql.Statement	Um Statement é usado para executar uma declaração SQL estática e devolver os resultados. Apenas um único ResultSet pode estar aberto para um Statement por vez. Aplicações que necessitam de múltiplos ResultSets abertos tem que criar objetos Statements separados.
java.sql.PreparedStatement	Um PreparedStatement é uma sub-interface de Statement e isso representa uma declaração SQL pré-compilada. Esta declaração SQL pode incluir parâmetros que podem ser mudados a cada chamada, sem re-especificar a declaração. Uma declaração parametrizada, por exemplo, pode ser **"SELECT * FROM LIVROS WHERE ISBN=?"**.
java.sql.CallableStatement	Uma sub-interface de PreparedStatement, CallableStatement, provê um modo padrão para chamar procedimentos armazenados (stored procedure) pelo JDBC de maneira independente de banco de dados. Um CallableStatement pode devolver um ou mais objetos ResultSet.
java.sql.ResultSet	Um ResultSet contém as linhas retornadas de um Statement (incluindo Prepared e Callable) examinando o banco de dados. ResultSet tem um cursor que pode ser usado para interagir através dos resultados. Dependendo do ResultSet, pode ser navegável em direções mais de uma direção, além de pode ser atualizável.

Os Tipos de Dados no Java e na SQL

Não é novidade alguma dizer que a linguagem Java é diferente da linguagem SQL, tanto em suas estruturas como em tipo de dados. Evidentemente isso não é um problema, uma vez que você pode desenvolver classes Java que usam comandos SQL, podendo traduzir de um modelo para o outro. Para que isso seja possível, você precisa mapear os tipos de dados do Java para os tipos de dados da SQL. A tabela a seguir mostra os tipos de objeto Java e seus similares no tipo JDBC:

Tabela 15.2 – Tipos de Objeto Java Mapeados para Tipos JDBC

Tipo de Objeto Java	*Tipo JDBC*
String	CHAR, VARCHAR ou LONGVARCHAR
java.math.BigDecimal	NUMERIC
Boolean	BIT
Integer	INTEGER
Long	BIGINT
Float	REAL
Double	DOUBLE
byte[]	BINARY, VARBINARY ou LONGVARBINARY
java.sql.Date	DATE
java.sql.Time	TIME
java.sql.Timestamp	TIMESTAMP
Clob	CLOB
Blob	BLOB
Array	ARRAY
Struct	STRUCT
Ref	REF
Java class	JAVA_OBJECT

Para ajudá-lo a compreender o mapeamento no uso do banco de dados MySQL, o método *ResultSet.getObject( )* usa as conversões de tipo entre MySQL e tipos Java, seguindo a especificação de JDBC onde apropriado. O valor devolvido por *ResultSetMetaData.GetColumnClassName( )* também é mostrado a seguir:

Tabela 15.3 – Tipos MySQL para Tipos Java em *ResultSet.getObject( )*

Tipos MySQL	*Valor retornado de GetColumnClassName*	*Retornado como Classe Java*
BIT(1) (MySQL 5.0)	BIT	*java.lang.Boolean*
BIT(> 1) (MySQL 5.0)	BIT	*byte[]*
TINYINT	TINYINT	*java.lang.Boolean* se TINYINT se a configuração da propriedade ***tinyInt1isBit*** é definida como true (o padrão) e é armazenado um tamanho de 1 ou *java.lang.Integer* para mais.
BOOL, BOOLEAN	TINYINT	Veja TINYINT, como TINYINT(1) para valores booleanos
SMALLINT[(M)] [UNSIGNED]	SMALLINT [UNSIGNED]	*java.lang.Integer* (indiferentemente se UNSIGNED ou não)
MEDIUMINT[(M)] [UNSIGNED]	MEDIUMINT [UNSIGNED]	*java.lang.Integer*, se UNSIGNED é *java.lang.Long*
INT,INTEGER[(M)] [UNSIGNED]	INTEGER [UNSIGNED]	*java.lang.Integer*, se UNSIGNED *java.lang.Long*
BIGINT[(M)] [UNSIGNED]	BIGINT [UNSIGNED]	*java.lang.Long*, se UNSIGNED *java.math.BigInteger*
FLOAT[(M,D)]	FLOAT	*java.lang.Float*
DOUBLE[(M,B)]	DOUBLE	*java.lang.Double*
DECIMAL[(M[,D])]	DECIMAL	*java.math.BigDecimal*
DATE	DATE	*java.sql.Date*
DATETIME	DATETIME	*java.sql.Timestamp*
TIMESTAMP[(M)]	TIMESTAMP	*java.sql.Timestamp*
TIME	TIME	*java.sql.Time*
YEAR[(2 ou 4)]	YEAR	Se a configuração da propriedade ***yearIsDateType*** é definida para false, então o tipo de objeto retornado é *java.sql.Short*. Se for true (o padrão) então o tipo é *java.sql.Date* (com a data fixada em 1º de Janeiro, à meia noite). Exemplo, um ano armazenado como 2006, retorna 2006-01-01.
CHAR(M)	CHAR	*java.lang.String* (a menos que o caractere fixado para a coluna seja BINARY, então *byte[]* é retornado)
VARCHAR(M) [BINARY]	VARCHAR	*java.lang.String* (a menos que o caractere fixado para a coluna seja BINARY, então *byte[]* é retornado)

Tabela 15.3 – Tipos MySQL para Tipos Java em *ResultSet.getObject( ) (continuação)*

Tipos MySQL	*Valor retornado de GetColumnClassName*	*Retornado como Classe Java*
BINARY(M)	BINARY	*byte[]*
VARBINARY(M)	VARBINARY	*byte[]*
TINYBLOB	TINYBLOB	*byte[]*
TINYTEXT	VARCHAR	*java.lang.String*
BLOB	BLOB	*byte[]*
TEXT	VARCHAR	*java.lang.String*
MEDIUMBLOB	MEDIUMBLOB	*byte[]*
MEDIUMTEXT	VARCHAR	*java.lang.String*
LONGBLOB	LONGBLOB	*byte[]*
LONGTEXT	VARCHAR	*java.lang.String*
ENUM('valor1','valor2',...)	CHAR	*java.lang.String*
SET('valor1','valor2',...)	CHAR	java.lang.String

Desenvolvendo Via JDBC

Os exemplos mostrados a seguir demonstram o trabalho de páginas JSP usando a API JDBC. Embora essa prática de desenvolvimento não seja recomendada nos dias atuais, é importante que você, como desenvolvedor iniciante, aprenda como utilizá-la.

Esses exemplos são importantes para adquirir o conhecimento necessário para o trabalho com banco de dados e sua manipulação via páginas Web.

Se você está vindo de outras tecnologias Web, como PHP ou ASP, essas técnicas serão ideais para que você se familiarize com a tecnologia Java.

Conectando sua Página JSP ao Banco de Dados

Para que você entenda como funciona a conexão e a leitura de dados de um banco de dados, a página JSP a seguir demonstra de forma simples como trabalhar com o MySQL.

trabComDBusandoJSPeJDBC.jsp

```
<%@ page language="java"
        contentType="text/html"
        pageEncoding="ISO-8859-1"
        import="java.sql.*" ❶
%>
<!DOCTYPE html PUBLIC "-//W3C//DTD XHTML 1.0 Transitional//EN"
"http://www.w3.org/TR/xhtml1/DTD/xhtml1-transitional.dtd">
<html xmlns="http://www.w3.org/1999/xhtml">
<head>
<title>Trabalhando com Banco de dados usando JDBC e JSP</title>
</head>
<body>
  <table border="1">
  <thead>
    <tr>
      <th>ISBN</th><th>Título</th>
    </tr>
  </thead>
  <tbody>
  <%
  Connection conn = null;
  Statement st = null;
  ResultSet rs = null;

  try {
   Class.forName("com.mysql.jdbc.Driver").newInstance( ); ❷

   conn =
   DriverManager.getConnection("jdbc:mysql://localhost/livraria",❸
                "edson","integrator");

      st = conn.createStatement( ); ❹
      rs = st.executeQuery("select isbn, titulo from livros");❺
```

```
        while(rs.next( )) { ❻
  %>

    <tr>
❼   <td><%= rs.getString("isbn") %></td>
      <td><%= rs.getString("titulo") %></td>
    </tr>
  <%
      } //end while

  }  catch (Exception ex) {
    ex.printStackTrace( );
  }  finally {
❽   if (rs != null) rs.close( );
      if (st != null) st.close( );
      if (conn != null) conn.close( );
  }
  %>
  </tbody>
  </table>
</body>
</html>
```

Dentro do bloco **try...catch** você define o trabalho com o banco de dados para se conectar e executar a instrução SQL.

Ao importar o pacote **java.sql.*** ❶, através da diretiva **page**, você tem acesso às classes e interfaces para manipular os bancos de dados relacionais em Java.

O driver de banco de dados deve ser empregado antes do programa se conectar ao banco de dados.

A linha anterior utiliza o método static **forName** ❷ da classe **Class** (pacote **java.lang**) para carregar a definição de classe para o driver de banco de dados.

Se a classe não for localizada, ele dispara uma exceção: **java.lang.ClassNotFoundException**.

Um objeto **Connection** gerencia a conexão entre o programa Java e o banco de dados. Ele também fornece suporte ao programa para executar instruções SQL.

Através do método static **getConnection** ❸, a classe **DriverManager** tenta uma conexão com o banco de dados especificado pela string: **jdbc:mysql://localhost/livraria**. Os argumentos seguintes são o *nome de usuário* e a *senha*, demonstrados pela *String* **edson** e **integrator** respectivamente.

Caso a classe **DriverManager** não conseguir se conectar ao banco de dados, o método **getConnection** dispara uma exceção:

A responsabilidade principal da interface **Statement** é executar sentenças SQL no banco de dados.

Com o método público **createStatement** ❹ você cria um objeto Statement para enviar declarações SQL ao banco de dados. Se houver um erro, dispara também a exceção **java.sql.SQLException**.

Com o método **executeQuery** ❺, você tem o retorno de um objeto que implementa **ResultSet** e que contém os resultados da consulta.

Através de um loop **while** ❻ você varre os resultados encontrados, onde o método **next( )**, de **ResultSet**, retorna um valor booleano true, quando o resultado das linhas pesquisadas na query forem exauridas.

O método **getString( )** ❼, de **ResultSet**, traz o valor da coluna designada na fila atual deste ResultSet como uma String na linguagem Java.

Depois de consumidos, os recursos devem ser retornados ao servidor, utilizando o método **close( )** ❽. Nesse caso a cláusula usada é **finally**, que liberará os recursos, caso os resultados sejam bem sucedidos ou não.

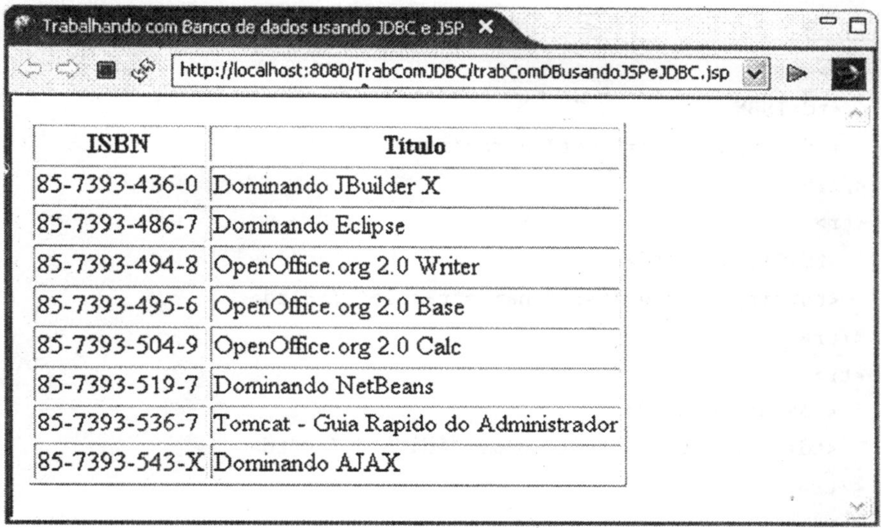

ISBN	Título
85-7393-436-0	Dominando JBuilder X
85-7393-486-7	Dominando Eclipse
85-7393-494-8	OpenOffice.org 2.0 Writer
85-7393-495-6	OpenOffice.org 2.0 Base
85-7393-504-9	OpenOffice.org 2.0 Calc
85-7393-519-7	Dominando NetBeans
85-7393-536-7	Tomcat - Guia Rapido do Administrador
85-7393-543-X	Dominando AJAX

Figura 15.1

Inserindo Dados

O exemplo que será feito agora irá ilustrar a inserção de dados no banco de dados. Você terá em uma página JSP, um formulário HTML comum, sem código dinâmico, contendo os campos necessários para inserir. Esse formulário irá enviar os dados, via método **POST**, para uma outra página JSP, que recuperará essas informações e as enviará para o banco de dados MySQL.

formInserindoDados.jsp

```
<!DOCTYPE html PUBLIC "-//W3C//DTD XHTML 1.0 Transitional//EN"
"http://www.w3.org/TR/xhtml1/DTD/xhtml1-transitional.dtd">
<html xmlns="http://www.w3.org/1999/xhtml">
<head>
<title>Inserindo dados via JDBC com JSP</title>
</head>
<body>
<form action="inserindoDados.jsp" method="post">
```

```
<table>
  <tr>
    <td>ISBN:</td>
    <td><input type="text" name="isbn" /></td>
  </tr>
  <tr>
    <td>Título:</td>
    <td><input type="text" name="titulo" /></td>
  </tr>
  <tr>
    <td>Edição:</td>
    <td><input type="text" name="edicao" /></td>
  </tr>
  <tr>
    <td>Publicação:</td>
    <td><input type="text" name="publicacao" /></td>
  </tr>
  <tr>
    <td>Descrição:</td>
    <td><textarea name="descricao" rows="5" cols="25"></textarea></
td>
  </tr>
  <tr>
    <td colspan="2">
      <input type="submit" name="btCadastrar" value="Enviar" />
    </td>
  </tr>
</table>
</form>
</body>
</html>
```

Como essa é uma página simples com um formulário básico contendo apenas conteúdo HTML, não haverá comentários sobre o mesmo.

A página JSP que irá receber esses valores é mostrada a seguir:

inserindoDados.jsp

```
<%@ page language="java"
        contentType="text/html; "
        pageEncoding="ISO-8859-1"
        import="java.sql.*"
%>
<%
  String isbn = request.getParameter("isbn");
  String titulo = request.getParameter("titulo");
  String edicao = request.getParameter("edicao");
  String publicacao = request.getParameter("publicacao");
  String descricao = request.getParameter("descricao");

  Connection conn = null;
  PreparedStatement pst = null;

  try {
      Class.forName("com.mysql.jdbc.Driver").newInstance( );
      conn =
        DriverManager.getConnection("jdbc:mysql://localhost/livraria",
                  "edson","integrator");

❶String SQL = "INSERT INTO livros (isbn, titulo, edicao_num, " +
             "ano_publicacao, descricao) " +
         "values (?, ?, ?, ?, ?)";

      pst = conn.prepareStatement(SQL); ❷

❸ pst.setString(1, isbn);
      pst.setString(2, titulo);
      pst.setInt(3, Integer.parseInt(edicao));
      pst.setString(4, publicacao);
      pst.setString(5, descricao);

      pst.executeUpdate( ); ❹
```

```
        pst.clearParameters( ); ❺

    } catch (Exception ex) {
        ex.printStackTrace( );
    } finally {
        if (pst != null) pst.close( );
        if (conn != null) conn.close( );
    }
%>
<!DOCTYPE html PUBLIC "-//W3C//DTD XHTML 1.0 Transitional//EN"
"http://www.w3.org/TR/xhtml1/DTD/xhtml1-transitional.dtd">
<html xmlns="http://www.w3.org/1999/xhtml">
<head>
<title>Dados recebidos</title>
</head>
<body>
O ISBN <strong><%=isbn %></strong> foi inserido com sucesso!
</body>
</html>
```

A interface **PreparedStatement** tem um papel semelhante à interface *Statement*, o que nos permite executar sentenças SQL sobre uma conexão estabelecida com um banco de dados. Porém, neste caso, você utiliza sentenças mais especializadas, como a de inserir dados, onde você pode receber vários parâmetros como entrada.

Um parâmetro de entrada ❶ é aquele cujo valor não se especifica quando a sentença é criada. No seu lugar a sentença recebe um sinal de interrogação (?) para cada parâmetro de entrada. Antes de executar a sentença, você deve especificar um valor para cada parâmetro, através dos métodos set apropriados.

Para criar um objeto PreparedStatement você deve lançar um método **prepareStatement(String s)** ❷ da interface *Connection* sobre o objeto que representa a conexão estabelecida com o banco de dados.

Através do método **setString(int i, String s)** ❸, você prepara os dados que estão vindo dos campos do seu aplicativo para inserir no banco de dados. Como você mesmo já concluiu, o tipo string foi utilizado graças ao tipo existente no banco de dados.

O método **setInt(int i, int i)** faz o mesmo que o anterior, mas exige um valor inteiro. Com o método **executeUpdate( )** ❹ você executa a sentença SQL para o tipo, que no caso é de inserção (INSERT). Esse método também serve para os atualizações (UPDATE) e exclusões (DELETE).

Após utilizar os métodos **setter**, você pode limpá-los usando o método **clearParameters( )** ❺.

Entendendo os Principais Statements

Como você viu, Statements são essenciais para se comunicar com uma base de dados que usa a linguagem SQL. Há três principais tipos de Statements. O primeiro é a interface Statement. Quando são criados objetos pela implementação da interface Statements , estes são geralmente usados para executar declarações SQL genéricas que não levam qualquer parâmetro. O segundo tipo é o PreparedStatement que herda da interface Statement. Objetos PreparedStatement são úteis quando você precisar criar e compilar declarações SQL antes do tempo. Objetos PreparedStatement também aceitam parâmetros IN.

O tipo final de statement é o CallableStatement. O CallableStatement herda de PreparedStatement e aceita parâmetros IN e OUT. Seu propósito principal é executar procedimentos armazenados de banco de dados.

Explorando a Interface PreparedStatement

Se você precisar executar declarações SQL muitas vezes, o PreparedStatement é a escolha perfeita para essa tarefa, isso porque aumenta a eficiência e desempenho do programa. O PreparedStatement é a escolha lógica do nome para a interface porque contém uma declaração SQL que previamente foi compilada e enviada ao DBMS de sua escolha, por isso o termo *prepared*.

O PreparedStatement dá o desenvolvedor que a habilidade de embutir parâmetros na declaração SQL contidos no objeto PreparedStatement. Estes parâmetros IN (de entrada) são denotadas na declaração SQL pelo símbolo de interrogação (?).

A tabela a seguir mostra os métodos **setters** que indicam os tipos para PreparedStatement:

Tabela 15.4

Método void	*Descrição*
setBoolean(int paramIndex, boolean b)	Parâmetro de entrada com valor booleano.
setDate(int paramIndex, Date d)	Parâmetro de data de entrada. Deve ser um valor *java.sql.Date*.
setDouble(int paramIndex, double d)	Parâmetro de entrada com valor double.
setFloat(int paramIndex, float f)	Parâmetro de entrada com valor float.
setInt(int paramIndex, int i)	Parâmetro de entrada com valor int.
setLong(int paramIndex, long l)	Parâmetro de entrada com valor long.
setString(int paramIndex, String s)	Parâmetro de entrada com valor String.
clearParameters( )	Limpa os parâmetros enviados pelos métodos **setters**.

Explorando a Interface CallableStatement

Ocasionalmente você pode precisar de uma situação onde você executará procedimentos armazenados em um sistema administrativo de banco de dados (RDBMS). O CallableStatement dá a você a possibilidade de chamar procedimentos armazenados usando a API JDBC. A sintaxe SQL possui duas formas de procedimentos armazenados. A primeira forma inclui um parâmetro de resultado conhecido como OUT. A segunda forma não usa o parâmetro OUT. Cada uma das formas tem um parâmetro IN.

Para melhor esclarecer essa interface, você irá construir um Stored Procedure no MySQL.

O MySQL usado nesses exemplos está na versão 5. Versões inferiores a essa não dão suporte a stored procedures (procedimentos armazenados).

Criando Stored Procedures no MySQL

Para ilustrar o uso da interface CallableStatement, primeiro você precisa ter procedimentos armazenados em seu banco de dados. Como o livro está todo baseado no desenvolvimento com o banco de dados MySQL, evidentemente você precisará criar os procedimentos armazenados nesse banco de dados.

As stored procedures pode consistir em declarações de SQL e várias estruturas de controle especiais. Isto pode ser útil quando você quiser executar a mesma função de aplicações diferentes ou plataformas, ou como um modo de encapsular funcionalidade.

Para esse exemplo, você irá criar um stored procedure com parâmetro. Para isso, no seu MySQL digite a sequência a seguir:

```
DELIMITER $$
CREATE PROCEDURE sp_m_liv_isbn(IN vIsbn VARCHAR(100))
BEGIN
  SELECT * FROM livros WHERE isbn=vIsbn;
END;
$$
DELIMITER  ;
```

A idéia é transmitir um parâmetro para que você possa filtrar os livros, chamando apenas uma procedure com o ISBN do livro.

Para testar a stored procedure, antes de mais nada, será preciso que você tenha feito pelo menos um cadastro de um livro. Depois disso, chame-a da seguinte forma:

```
call  sp_m_liv_isbn('85-7393-543-X');
```

Agora você irá construir a página JSP que irá trabalhar com esse procedimento armazenado.

trabComStoredProcedure.jsp

```
<%@ page language="java"
   contentType="text/html"
   pageEncoding="ISO-8859-1"
   import="java.sql.*"
%>
<!DOCTYPE html PUBLIC "-//W3C//DTD XHTML 1.0 Transitional//EN"
"http://www.w3.org/TR/xhtml1/DTD/xhtml1-transitional.dtd">
<html xmlns="http://www.w3.org/1999/xhtml">
<head>
<title>Trabalhando com Stored Procedure</title>
</head>
<body>
<form action="trabComStoredProcedure.jsp">
ISBN: <input type="text" name="isbn" />
<input type="submit" name="btEnviar" value="Pesquisar" />
</form>
<%
  String isbn = request.getParameter("isbn");

  Connection conn = null;
  ResultSet rs = null;
  CallableStatement cStatement = null;

  if(isbn!=null){
    try {
       Class.forName("com.mysql.jdbc.Driver").newInstance();
        conn =
          DriverManager.getConnection("jdbc:mysql://localhost/
livraria",
                  "edson","integrator");

      cStatement =
           conn.prepareCall("{CALL sp_m_liv_isbn(?)}");❶

      cStatement.setString(1,isbn); ❷
```

```
    rs = cStatement.executeQuery( ); ❸

  if(rs.next( )){
%>
    <table border="1">
      <tr>
        <th>ISBN</th><th>Título</th>
      </tr>
  <%
        do {
  %>

      <tr>
        <td><%= rs.getString(1) %></td>
        <td><%= rs.getString(2) %></td>
      </tr>
  <%
        }while(rs.next( ));
  %>
    </table>
<%
  }
  else{
    out.print("Livro não encontrado");
  }
 } catch (Exception ex) {
  ex.printStackTrace( );
 } finally {
  if (conn != null) conn.close( );
  if (rs != null) rs.close( );
  if (cStatement != null) cStatement.close( );
 }
}//end if
%>
</body>
</html>
```

Com o método **prepareCall(String s)** ❶, de CallableStatement, você pode chamar seu stored procedure, criado no MySQL. Utilizando o método **setString( )** ❷, similar ao usado em PreparedStatement, você transmitiu ao procedimento o valor que desejava passar, o IN do stored procedure. O resultado é capturado pelo ResultSet, através do método **executeQuery( )** ❸.

Apesar de a página JSP ser de simples compreensão, vale esclarecer algumas situações ocorridas nela. A primeira é que existe uma verificação inicial, antes de qualquer coisa, para que você possa transmitir um ISBN válido. Lembre-se de que o método **getParameter( )** retorna **NULL** caso ele não encontre nenhum valor.

Depois de passado o ISBN, um outro fator importante está na existência ou não do valor transmitido. Caso o ISBN seja válido, isso é feito pelo IF(rs.next()), o loop **do...while** traz os valores para você. Esse é um caso em que você é obrigado a usar o do...while, ou nem tê-lo, uma vez que o resultado deve ser apenas um livro ou nenhum. O do...while foi colocado porque o rs.next( ) existente no IF já captura o primeiro valor existente. Caso usasse um loop while ou for, não haveria mais valores para serem exibidos, devido ao retorno false de rs.next( ) da verificação desses loops. Isso anularia o exemplo, não exibindo nada.

Atualizando e Excluindo Valores

Outra situação comum no desenvolvimento de páginas JSP é a atualização de valores e a exclusão.

Para atualizar uma linha de um banco de dados, existem mais de uma forma. A mais simples é manipular a declaração SQL diretamente, usando o comando UPDATE. O mesmo se aplica ao DELETE.

Para exemplificar essas situações, você irá criar o exemplo a seguir que irá excluir inicialmente um livro:

excluindoDB.jsp

```
<%@ page language="java"
    contentType="text/html"
    pageEncoding="ISO-8859-1"
    import="java.sql.*"
%>
```

```
<!DOCTYPE html PUBLIC "-//W3C//DTD XHTML 1.0 Transitional//EN"
"http://www.w3.org/TR/xhtml1/DTD/xhtml1-transitional.dtd">
<html xmlns="http://www.w3.org/1999/xhtml">
<head>
<title>Exclusão de livro</title>
</head>
<body>
<%
  String isbn=request.getParameter("isbn");
  if(isbn!=null){
    Connection conn = null;
    Statement st = null;

    try {
      Class.forName("com.mysql.jdbc.Driver").newInstance( );
      conn =
          DriverManager.getConnection("jdbc:mysql://localhost/
livraria",                    "edson","integrator");

      st = conn.createStatement( );

      st.executeUpdate("delete from livros where isbn='"+isbn+"'"); ❶

      out.println("O livro de ISBN <strong>"+
              isbn+"</strong> foi excluido com sucesso!");

    } catch (Exception ex) {
        ex.printStackTrace( );
        out.println("Problema ao excluir");

      } finally {
        if (st != null) st.close( );
        if (conn != null) conn.close( );
      }
  }
```

```
%>
</body>
</html>
```

Você irá notar nesse exemplo que, diferente do que já foi feito, o valor da variável ISBN é embebido diretamente na SQL❶. Isso é necessário quando você não está usando a interface PreparementStatement.

Para facilitar a sua vida, altere o primeiro exemplo com banco de dados feito neste livro, como mostra a seguir o trecho em destaque:

trabComDBusandoJSPeJDBC.jsp

```
...
    <tr>
      <th>ISBN</th><th>Título</th>
      <th>Excluir</th><th>Atualizar</th> ❶
    </tr>
  </thead>
  <tbody>
  <%
  Connection conn = null;
  Statement st = null;
  ResultSet rs = null;

  try {
      Class.forName("com.mysql.jdbc.Driver").newInstance( );
      conn =
        DriverManager.getConnection("jdbc:mysql://localhost/
livraria",
                "edson","integrator");

      st = conn.createStatement( );
      rs = st.executeQuery("select isbn, titulo from livros");
      while(rs.next( )) {
  %>
```

```
    <tr>
      <td><%= rs.getString("isbn") %></td>
      <td><%= rs.getString("titulo") %></td>
      <td>
❷<a href="excluindoDB.jsp?isbn=<%= rs.getString("isbn") %>">
        Clique aqui
      </a>
      </td>
      <td>
      <a href="atDB.jsp?isbn=<%= rs.getString("isbn") %>">
        Clique aqui
      </a>
      </td>
    </tr>
...
```

A Figura 15.2 a seguir ilustra como ficará sua tela com as alterações feitas:

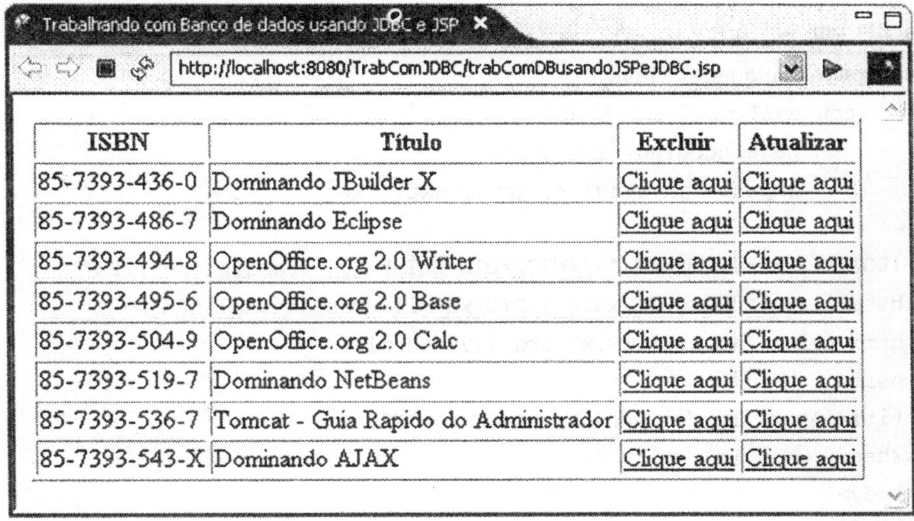

ISBN	Título	Excluir	Atualizar
85-7393-436-0	Dominando JBuilder X	Clique aqui	Clique aqui
85-7393-486-7	Dominando Eclipse	Clique aqui	Clique aqui
85-7393-494-8	OpenOffice.org 2.0 Writer	Clique aqui	Clique aqui
85-7393-495-6	OpenOffice.org 2.0 Base	Clique aqui	Clique aqui
85-7393-504-9	OpenOffice.org 2.0 Calc	Clique aqui	Clique aqui
85-7393-519-7	Dominando NetBeans	Clique aqui	Clique aqui
85-7393-536-7	Tomcat - Guia Rapido do Administrador	Clique aqui	Clique aqui
85-7393-543-X	Dominando AJAX	Clique aqui	Clique aqui

Figura 15.2

Partindo dessa página JSP, você irá clicar em um dos links escritos "Clique aqui" e transmitirá pelo link o ISBN pertencente a essa linha. A página **excluindoDB.jsp** se responsabilizará em receber o ISBN, verificar se ele não é nulo e então excluir a linha pertencente a esse valor.

A Atualização

Para atualizar, você precisa de dois passos. O primeiro é enviar esses dados a uma página contendo um formulário. Esse por usa vez será preenchido com os resultados vindos do banco de dados, mostrando assim ao usuário seu estado atual. Após o usuário alterá-lo, o formulário será submetido ao comando UPDATE.

O Formulário que será Preenchido

O formulário a seguir será preenchido pelos resultados vindos do banco de dados. Esse formulário não será o resultado final da atualização, mas o intercambio entre o que você quer atualizar e a atualização efetuada em si.

atDB.jsp

```
<%@ page language="java"
    contentType="text/html"
        pageEncoding="ISO-8859-1"
        import="java.sql.*, java.text.*"%>

<!DOCTYPE html PUBLIC "-//W3C//DTD XHTML 1.0 Transitional//EN"
"http://www.w3.org/TR/xhtml1/DTD/xhtml1-transitional.dtd">
<html xmlns="http://www.w3.org/1999/xhtml">
<head>
<title>Atualizando dados via JDBC com JSP</title>
</head>
<body>
<%
  String isbn = request.getParameter("isbn").trim( ); ❶
```

```
  if(isbn!=null){ ❷
    Connection conn = null;
    PreparedStatement pst = null;
    ResultSet rs = null;
    SimpleDateFormat dateFormat = null;

    try {
        Class.forName("com.mysql.jdbc.Driver").newInstance( );
        conn =
          DriverManager.getConnection("jdbc:mysql://localhost/
livraria",

  "edson","integrator");

  ❸  pst = conn.prepareStatement("select * from livros where isbn=?");
        pst.setString(1, isbn);
        rs = pst.executeQuery( );
      pst.clearParameters( );
      dateFormat = new SimpleDateFormat("yyyy"); ❹

        if(rs.next( )){ ❺

%>
<form action="atualizaDB.jsp" method="post">
<table>
  <tr>
    <td>ISBN:</td>
    <td><input type="text" name="isbn"
          value="<%= rs.getString("isbn") %>"
          readonly="readonly" />
    </td>
  </tr>
  <tr>
    <td>Título:</td>
    <td><input type="text" name="titulo"
```

```
            value="<%= rs.getString("titulo") %>" />
    </td>
  </tr>
  <tr>
    <td>Edição:</td>
    <td><input type="text" name="edicao"
            value="<%= rs.getString("edicao_num") %>" />
    </td>
  </tr>
  <tr>
    <td>Publicação:</td>
    <td>
<input type="text" name="publicacao"
  value="<%= dateFormat.format(rs.getDate("ano_publicacao")) %>" ❻
/>
    </td>
  </tr>
  <tr>
    <td>Descrição:</td>
    <td>
      <textarea name="descricao" rows="5" cols="25">
<%= rs.getString("descricao") %></textarea>
    </td>
  </tr>
  <tr>
    <td colspan="2">
      <input type="submit" name="btAtualizar" value="Atualizar" />
    </td>
  </tr>
</table>
</form>
<%
      }//end if
      else{ out.println("Livro não encontrado"); } ❼
    } catch (Exception ex) {
      ex.printStackTrace( );
```

```
    } finally {
      if (pst != null) pst.close( );
      if (rs != null) rs.close( );
      if (conn != null) conn.close( );
    }
  }// end if
%>
</body>
</html>
```

❶ Quando você clica no link "**Clique aqui**", na coluna Atualizar, existente na página JSP **trabComDBusandoJSPeJDBC.jsp**, você transmite o ISBN. Nesse ponto você recupera o ISBN enviado.

❷ A verificação para saber se o valor recuperado existe é importante, para evitar erros na consulta que deverá ser feita.

❸ Utilizando PreparedStatement, você faz uma consulta aos livros existentes na tabela **livros** com o ISBN recuperado.

❹ Atente ao formato do ano, feito por SimpleDateFormat, apresentando apenas o ano, em formato longo, com a String "yyyy". Isso será necessário para a exibição correta do ano cadastrado.

❺ Antes de sair exibindo os valores do banco em seus respectivos campos, você deve verificar se existe algum resultado. Se existir, o formulário HTML é preenchido com os resultados. Como o ISBN não poderá ser alterado, o campo que o recebe do banco de dados tem um atributo **readonly="readonly"**. Com esse atributo, você poderá apenas ler o resultado, mas não poderá editá-lo. Existe um outro atributo HTML para a tag <input /> chamado de **disabled="disabled"**. Não o use, pois o campo ISBN será necessário para a recuperação do valor contido na hora da atualização, para que a declaração SQL UPDATE saiba qual a linha deve ser atualizada.

❻ O formato de data vindo do banco de dados, via JDBC será ANO-MÊS-DIA. Por exemplo, se o ano cadastrado na linha que deseja atualizar for 2006, o resultado será 2006-01-01, ou seja, o ano cadastrado do primeiro mês e com o primeiro dia. Evidentemente não foi isso que você cadastrou. Para que o valor exibido seja como o cadastrado, entra em ação o método **format(Date d)** da classe **SimpleDateFormat**, com o formato "yyyy", como você configurou no início dessa página.

❼ Caso nenhum livro seja encontrado pelo ISBN transmitido ou alguém está tentando digitar um valor inválido, a mensagem "**Livro não encontrado**" será exibida.

Esse formulário envia para a página **atualizaDB.jsp** os resultados encontrados nos campos, e nesse caso, essa página JSP será responsável pela atualização.

atualizaDB.jsp

```
<%@ page language="java"
    contentType="text/html"
    pageEncoding="ISO-8859-1"
    import="java.sql.*"
%>
<!DOCTYPE html PUBLIC "-//W3C//DTD XHTML 1.0 Transitional//EN"
"http://www.w3.org/TR/xhtml1/DTD/xhtml1-transitional.dtd">
<html xmlns="http://www.w3.org/1999/xhtml">
<head>
<title>Dados atualizados</title>
</head>
<body>
  <%
  String isbn = request.getParameter("isbn");
  String titulo = request.getParameter("titulo");
  String edicao = request.getParameter("edicao");
  String publicacao = request.getParameter("publicacao");
  String descricao = request.getParameter("descricao");

  if(isbn!=null){
    Connection conn = null;
    PreparedStatement pst = null;

    try {
```

```
        Class.forName("com.mysql.jdbc.Driver").newInstance( );
        conn =
          DriverManager.getConnection("jdbc:mysql://localhost/
livraria",
                     "edson","integrator");

  ❶String SQL = "UPDATE livros SET titulo=?, " +
          " edicao_num=?, " +
          "ano_publicacao=?, descricao=? " +
     "where isbn=?";

        pst = conn.prepareStatement(SQL);
        pst.setString(1, titulo);
        pst.setInt(2, Integer.parseInt(edicao));
        pst.setString(3, publicacao);
        pst.setString(4, descricao);
        pst.setString(5, isbn);
        pst.executeUpdate( );
        pst.clearParameters( );
        out.println("Os dados do ISBN: "+isbn+" foram atualizados");

    } catch (Exception ex) {
        ex.printStackTrace( );
        out.println("Erro ao atualizar");
    } finally {
        if (pst != null) pst.close( );
        if (conn != null) conn.close( );
    }
  }//end if
  else{
     out.println("ISBN não existente");
  }

  %>
</body>
</html>
```

❶ Com os campos enviados e recuperados, tudo que você tem que fazer é executar o comando **UPDATE** da linguagem SQL. Com a alteração feita, uma mensagem é exibida. Caso não exista um ISBN uma outra mensagem será mostrada.

Pool de Conexões

Quando uma aplicação Web acessa um banco de dados remoto, esse acesso pode ser feito por uma conexão JDBC, como visto anteriormente. Tipicamente, uma conexão de JDBC física é estabelecida entre a aplicação cliente e o servidor de banco de dados por uma conexão TCP/IP.

Pool de conexões reduzem expressivamente o tempo de conexões estabelecidas criando uma conexão física no início do sistema.

Quando uma aplicação requerer uma conexão, uma destas conexões físicas é provida a essa aplicação. Em um sistema comum, sem o pool de conexão, quando a aplicação termina de usar a conexão, este a desconecta, como feito anteriormente usando o método **close( )**. Porém, no caso de uma conexão física, essa é devolvida somente para o pool de conexões, onde espera o próximo pedido da aplicação para um novo acesso ao banco de dados.

Configurando o Recurso JNDI JDBC

Usando recursos JNDI no Tomcat para configurar acesso a dados via JDBC é o modo indicado para proporcionar acesso ao banco de dados por aplicações Web.

Primeiramente adicione a biblioteca JDBC do MySQL em **$CATALINA_HOME/common/lib**, onde $CATALINA_HOME é o local onde se encontra instalado o Tomcat.

No arquivo **server.xml**, localizado em $CATALINA_HOME/**conf**, procure a linha onde se encontra a sua aplicação Web e adicione como mostrado a seguir:

server.xml

```
...
❶ <Context path="/Site">
❷ <Resource name="jdbc/LivrariaDB" auth="Application"
            type="javax.sql.DataSource"
            driverClassName="com.mysql.jdbc.Driver"
            url="jdbc:mysql://localhost:3306/livraria"
            username="edson"
            password="integrator"
            maxActive="30"
            maxIdle="20000"
            maxWait="120"/>
  </Context>
...
```

❶ A configuração para o pool de conexões será através do contexto da sua aplicação. No caso foi ilustrado aqui com o nome de **/Site**, mas verifique o nome que você deu.

❷ Dentro do contexto, você configura os dados necessários para o acesso ao banco de dados. Para que você entenda o significado dos principais atributos dados, veja na Tabela 15.5 a seguir:

Tabela 15.5

Atributo	***Descrição***
driverClassName	O nome da classe do driver JDBC.
maxActive	O número máximo de conexões ativas neste pool
maxIdle	O número máximo de conexões inativas nesse pool
maxWait	Em milissegundos, indica o máximo de espera para uma conexão, gerando após uma exceção.
username	Nome do usuário
password	Senha
url	O URL JDBC compatível especificando o banco de dados para ser usado
validationQuery	Uma query SQL opcional usada para validar uma conexão, exemplo: validationQuery="select * from testdata;"

Depois de configurado e entendido o que significa cada atributo, você irá configurar o arquivo **web.xml**, em **WEB-INF** da sua aplicação Web:

web.xml:

```
...
  <resource-ref>
    <res-ref-name>jdbc/LivrariaDB</res-ref-name>
    <res-type>javax.sql.DataSource</res-type>
    <res-auth>Application</res-auth>
  </resource-ref>
</web-app>
```

Com o elemento **<resource-ref />** você define o JNDI configurado no Tomcat. A interface *javax.sql.DataSource* foi introduzida como parte do JDBC 2.0 Standard Extension para proporcionar em aplicações Java um modo padrão para fazer administração da conexão do banco de dados e poll de conexões fornecidas para aplicações de servidores Java.

Caso o Tomcat diga que não está encontrado o driver JDBC do MySQL é porque você adicionou o driver com o Tomcat rodando. Pare e inicie a instância do Tomcat para que esse venha a reconhecê-lo.

Trabalhando com o Aplicativo Web Admin

Uma das principais vantagens de uma configuração GUI baseada na Web é a potencialidade para ser executada remotamente. O Tomcat tem uma ferramenta de administração baseada em Web que você pode usar para administrar o servidor e aplicações Web individuais. Essa ferramenta lhe permite editar o arquivo **server.xml**. Para que se possa usar essa ferramenta, antes, você deve efetuar download da mesma, pois esse não vem instalado com o Tomcat por padrão.

Baixando e Instalando o Admin

Inicialmente você terá que voltar ao site do projeto Tomcat e baixar o **Admin**, que, como já foi dito, não vem com a distribuição.

Volte novamente à página para download **http://tomcat.apache.org/download-55.cgi** e vá até o item **Binary Distributions**.

Em **Administration Web Application** você pode escolher em qual formato você vai baixar.

Descompacte o arquivo e, se o Tomcat estiver rodando, pare-o por uns instantes. No diretório onde se encontra o $CATALINA_HOME, arraste o diretório **conf** ou copie-o, como preferir. O mesmo deverá ser feito com o diretório **server**. Feito isso, você só irá acrescentar os itens inexistentes no Tomcat. O diretório **conf** que estava compactado vem com a configuração para a execução do **admin**, arquivo esse chamado de **admin.xml**. Em **server** você tem um diretório **webapps** que contém o subdiretório **admin**, onde se encontram os arquivos da aplicação GUI Web do admin.

Criando um Administrador para Acessar a Aplicação Admin

Para configurar um novo administrador, vá em $CATALINA_HOME/conf/**tomcat-users.xml**.

Edite o arquivo como mostrado em destaque a seguir:

tomcat-users.xml

```
<?xml version='1.0' encoding='utf-8'?>
<tomcat-users>
   <role rolename="tomcat"/>
   <role rolename="role1"/>
   <role rolename="manager"/>
   <role rolename="admin"/>
   <user username="admin" password="admin" roles="manager, admin"/>
   <user username="tomcat" password="tomcat" roles="tomcat"/>
   <user username="both" password="tomcat" roles="tomcat,role1"/>
   <user username="role1" password="tomcat" roles="role1"/>
</tomcat-users>
```

Inicie novamente o Tomcat. Entre no endereço, pelo seu navegador:

```
http://localhost:8080/admin
```

A entrada do Tomcat Web Server Administration Tool, o Admin, tem um formulário para se logar, diferente do Manager visto no Capítulo 3.

Perceba que você adicionou um **role** chamado **admin** (referindo-se a aplicação), mas não foi necessário acrescentar outro usuário. O usuário **admin** foi mantido, o mesmo do usado para acessar o **Manager**, precisando apenas adicionar o **rolename** ao atributo **roles**, separando apenas por uma vírgula do **role** já existente.

Como você já sabe, coloque **admin** no campo **User Name** e **admin** no campo **Password**.

Como Configurar pelo Admin o JNDI

Digamos que você não tenha feito a configuração para acessar a livraria ou exclua essa configuração. Para criar uma nova, usando o admin, vá a **Data Sources** da sua aplicação Web e, em **Data Source Actions**, no menu **drop down**, selecione **Create New Data Source**.

Preencha os campos como mostrado na **Figura 15.3** a seguir:

Data Sources

Property	Value
JNDI Name:	jdbc/LivrariaDB
Data Source URL:	jdbc:mysql://localhost:3306/livraria
JDBC Driver Class:	com.mysql.jdbc.Driver
User Name:	edson
Password:	••••••••••
Max. Active Connections:	30
Max. Idle Connections:	20000
Max. Wait for Connection:	120
Validation Query:	

Figura 15.3

Salve as alterações clicando no botão **Save**.

A seguir você tem a página JSP que acessa o JNDI configurado:

usandoJNDIDB.jsp

```
<%@ page language="java" contentType="text/html"
    pageEncoding="ISO-8859-1"
    import="java.sql.*, javax.sql.*, javax.naming.InitialContext"
%>
<!DOCTYPE html PUBLIC "-//W3C//DTD XHTML 1.0 Transitional//EN"
"http://www.w3.org/TR/xhtml1/DTD/xhtml1-transitional.dtd">
<html xmlns="http://www.w3.org/1999/xhtml">
<head>
<title>Usando Pool de Conexão</title>
</head>
<body>
  <table border="1">
```

```
  <tr>
    <th>ISBN</th><th>Título</th>
  </tr>
<%
Connection conn = null;
Statement st = null;
ResultSet rs = null;

try {
    InitialContext ctx = new InitialContext( );
  DataSource ds =
❶ (DataSource) ctx.lookup("java:comp/env/jdbc/LivrariaDB");

  conn = ds.getConnection( );
  st = conn.createStatement( );
  rs = st.executeQuery("select isbn, titulo from livros");
  while(rs.next( )) {
%>

  <tr>
    <td><%= rs.getString("isbn") %></td>
    <td><%= rs.getString("titulo") %></td>
  </tr>
<%
     }

  } catch (Exception ex) {
      ex.printStackTrace( );
    } finally {
      if (rs != null) rs.close( );
      if (st != null) st.close( );
    }
%>
</table>
</body>
</html>
```

Nota que o nome do seu JNDI que é o **jdbc/LivrariaDB** ❶ com um prefixo adicionado **java:comp/env/**. Este prefixo indica ao recipiente que o recurso é um recurso interno.

Desenvolver dessa Forma é Correto?

Definitivamente, entender como funciona uma página JSP acessando e modificando dados de um banco de dados é correto. Mas desenvolver dessa maneira NÃO.

Não é correto porque você está trabalhando de forma procedural. Mas Java não é orientado a objetos?

A resposta é sim. Mas orientação a objetos significaria criar classes que tem acesso a um banco de dados e classes que respondem com os valores e os manipulam. Em uma página JSP o correto é conter apenas o mínimo possível de scriptlets. A essa forma de desenvolver aplicações chamamos de Padrões de Desenvolvimento. Um padrão muito praticado no desenvolvimento de aplicações Web escritas em Java é o Model 2, baseado no paradigma MVC. Quanto ao acesso a banco de dados temos um padrão popularmente usado, chamado de DAO (Data Access Object).

Capítulo 16

JavaServer Pages Expression Language

EXPRESSION LANGUAGE OU EL, COMO É MAIS CONHECIDA, são declarações que disponibilizam uma sintaxe mais simples para executar algumas das ações que os elementos de script JSP o fazem. A EL foi introduzida como parte do padrão JSP a partir da versão 2.0.

A EL simplifica certas características do desenvolvimento, principalmente onde JSP é mais complexo no que diz respeito de escrever aplicações Web sem usar vários scriptlets dentro de suas páginas. Na verdade, há muitos problemas com a utilização de código Java na forma de scriptlets em páginas JSP.

O primeiro problema mais comum e mais óbvio, está na criação de interface do usuário para um sistema. É bem provável que os desenhistas gráficos (designers) façam essa tarefa. Eles são escalados por geralmente serem melhores que os programadores Java a criar interfaces de usuário funcionais. O segundo problema causado pelo uso de scriptlets é isso de manutenção. Quantidades grandes de código embutindo na interface do usuário de um sistema fazem dessa interface uma tarefa muito mais difícil de alterar e entender.

Graças a esses motivos, uma linguagem de expressão mais simples viria a ser bem aceita, uma vez que simplifica a vida dos desenvolvedores e designers de aplicativos construídos para Web.

A Sintaxe

Antes de mais nada, não importa onde a EL é usado, ele sempre é invocado de uma maneira consistente, pela construção ***${expr}*** ou ***#{expr}***, onde expr é a expressão EL que você deseja avaliar. Na especificação EL 2.1, a sintaxe de **${expr}** e **#{expr}** são equivalentes e podem ser intercambiadas em seu uso. Porém, na utilização de outra API Java Platform, Enterprise Edition, pode ocorrer de terem restrições em seu uso. Especificamente, quando usadas em páginas JSP, as duas formas não podem ser usadas em conjunto.

Em uma página JSP, ${expr} é usada para expressões que são avaliadas imediatamente, no entanto #{expr} é usada para expressões para as quais seu resultado é adiado.

A seguir você tem um exemplo do uso de EL:

```
<jsp:useBean id="jbean" class="pacote.MeuJBean"/>
${jbean.nome}
```

Esse trecho chama o JavaBean e tem como saída à propriedade **nome**.

Literals

Da mesma maneira que em qualquer linguagem de programação, a EL fornece vários literals para os desenvolvedores usarem. Um literal pode ser de um valor Booleano, inteiro, ponto flutuante, String ou um valor nulo. A tabela a seguir mostra os valores que são válidos por cada tipo de literal:

Tabela 16.1

Valor	***Descrição***
Booleano	Valores true ou false.
String	Qualquer string delimitada por aspas duplas ou simples. O backslash é usado como um caractere de escape para aspas e backslashes. Por exemplo: 'Este texto \'contém um valor entre aspas simples\', mas com caractere de escape\\' ou com o uso de diretórios como "c:\\My Documents\\apress". Você precisa escapar aspas só quando elas estão inclusas por uma aspas do mesmo tipo; em outras palavras, '\' ' ou "\" ". Sendo assim, uma situação como: O valor de "marca d'água."; não precisa ser escapada.
Ponto Flutuante	Qualquer número de ponto flutuante positivo ou negativo (-1.3E-50, 3.13159, 4.0000000000001, .55, .66e2, e assim por diante)
Inteiros	Qualquer número de inteiro positivo ou negativo (-20, 10, 1250, e assim por diante).
Null	Um valor nulo

A seguir você tem alguns exemplos de expressões simples e o que eles avaliam em uma página JSP:

${true} <%--avalia para verdadeiro--%>

${"Aqui você tem uma marca d'água com aspas simples que não precisa de caracteres de escape"}

${5*4} <%--resulta no número 20--%>

Operadores

Você pode usar a maioria dos habituais operadores Java dentro das declarações EL. A tabela a seguir mostra os operadores:

Tabela 16.2

Tipo	*Operador*
Aritméticos	+, -, *, /, div, %, mod
Comparação	== e eq != e ne < e lt > e gt <= e le >= e ge
Lógico	&& e and || e or ! e not
Outro	(), empty, [], . (ponto)

A seguir você tem um exemplo do uso de expressões aritméticas:

usandoELemJSP.jsp

```
<%@ page language="java"
  contentType="text/html"
  pageEncoding="ISO-8859-1"%>
<!DOCTYPE html PUBLIC "-//W3C//DTD XHTML 1.0 Transitional//EN"
"http://www.w3.org/TR/xhtml1/DTD/xhtml1-transitional.dtd">
<html xmlns="http://www.w3.org/1999/xhtml">
<head>
```

```
<title>Trabalhando com Expression Language</title>
</head>
<body>
<h2>Expressões Aritméticas</h2>
  Um exemplo de cálculo 1 + 5 * 10 - 3 / 2:
  <strong> ${1 + 5 * 10 - 3 / 2} </strong><br/>
  Um valor negativo (-5 -8): <strong> ${-5 - 8}</strong><br/>
  Uma divisão usando div: <strong> ${6 div 2}</strong><br/>
  O resto de uma divisão (10%8): <strong>${10 % 8}</strong>
  <h2>Comparações</h2>
  <h3>Utilizando Boolean</h3>
  Uma comparação usando operador ternário "? :" :
  <strong>${(true) ? "verdadeiro" : "falso"} </strong>
  <h2>Operador empty</h2>
  empty "" : <strong>${empty ""}</strong><br/>
  empty "texto" : <strong>${empty "texto"}</strong><br/>
  <h2>Valor Null</h2>
  null == null : <strong>${null == null}</strong><br/>
  "null" == null : <strong> ${"null" == null}</strong><br/>
</body>
</html>
```

O Operador empty

O operador **empty** é um operador de prefixo, tendo um único operando a sua direita. Pode ser usado para verificar se um valor é nulo. Por exemplo:

```
${empty ""}
```

Retorna **true**. Já a situação:

```
${empty "texto"}
```

Retorna **false**, pois contém um valor entre as aspas.

A não existência de uma variável em EL é considerado **null**. Um valor **null** é considerado **empty** (vazio) se testado com o operador **empty**.

A tabela a seguir demonsfra a utilização do operador **empty** também em determinadas situações:

Tabela 16.3

Tipo de dados do operando	*Valor empty*
String	""
Variável	NULL
Array	Sem elementos
Map	Sem elementos
List	Sem elementos

Conversão de Tipo Automática

Não é necessário declarar o tipo de uma variável antes de usá-la. Isto é diferente do que você já conhece na utilização da linguagem de programação Java, onde o nome de cada variável deve ser declarada com o seu respectivo tipo antes de seu uso.

A vantagem de uma linguagem automaticamente tipada, como no caso da EL, está na facilidade de programar. O desenvolvedor JSP/EL não tem que se preocupar com a declaração de toda variável usada e seu tipo mais apropriado. Com maior facilidade de programar, o desenvolvedor, muitas vezes, não precisa chamar qualquer tipo de funções de coerção de tipo (converter um tipo para outro). Ao invés disso, o desenvolvedor pode confiar em um conjunto de regras embutidas na EL, regras de coerção de tipo neste caso.

A desvantagem dessa forma de programação é que, em algumas situações, você pode precisar de um melhor controle em cima do tipo de dados. Nestes casos, você precisará entender as diferentes regras definidas e como elas podem afetar seu resultado.

Boxing

A conversão de tipo básica está baseada em boxing. Boxing simplesmente é a ação de criar um objeto Java associado a um tipo primitivo. Na tabela a seguir você tem tipos primitivos comuns em Java e a utilização do boxing:

Tabela 16.4

Tipos primitivos	*Boxed Type*
int	Integer
long	Long
double	Double
char	Character
boolean	Boolean

O boxing de uma variável do tipo int é embrulhado com um Integer. O boxing de um long, é embrulhado em uma instância Long.

A ação de converter um valor embrulhado a seu valor primitivo associado é chamada de **unboxing**.

Coerção, ou conversão de tipo automática, acontece quando o tipo exigido não é igual ao tipo do valor ou variável entrante. Um exemplo disso é você enviar um valor inteiro de uma variável cuja a necessidade seja de uma String ou vice-versa. Antes de esta conversão acontecer, a EL sempre empacotará um tipo primitivo.

Um EL mais Dinâmico

Você pode usar a EL dentro do corpo de uma página JSP de forma que passa produzir conteúdo dinâmico.

usandoELparaRecVal.jsp

```
<%@ page language="java"
  contentType="text/html"
  pageEncoding="ISO-8859-1"
%>
<!DOCTYPE html PUBLIC "-//W3C//DTD XHTML 1.0 Transitional//EN"
```

```
"http://www.w3.org/TR/xhtml1/DTD/xhtml1-transitional.dtd">
<html xmlns="http://www.w3.org/1999/xhtml">
<head>
<title>Trabalhando com EL</title>
</head>
<body>
  <strong>${param['nome']}</strong>❶
  <form action="usandoELparaRecVal.jsp">
    Nome: <input type="text" name="nome" />
    <br />
    <input type="submit" value="Enviar"/>
  </form>
</body>
</html>
```

Objetos implícitos em EL são disponíveis ao desenvolvedor de páginas JSP, dentro de uma expressão EL, sem qualquer codificação explícita ou declarações. São projetados objetos implícitos para facilitar a programação e fazer os aspectos mais comuns de uma página JSP disponíveis para escrever código dentro do escopo EL.

Graças a esse objeto implícito, você pôde acessar o valor do campo **nome** através de **param** ❶. Você pode por exemplo, capturar o browser usado:

```
${header["user-agent"]}
```

A tabela a seguir mostra os objetos implícitos que você pode usar em suas páginas JSP com EL:

Tabela 16.5

Objeto Implícito	*Descrição*
applicationScope	Contém todas as variáveis do escopo da aplicação.
cookie	Mapeia o cookie através de um único objeto Cookie. Se mais de um cookie existir com o mesmo nome, o primeiro é recuperado.
header	Recupera os valores contidos no cabeçalho específico.
headerValues	Recupera em um array todos os possíveis cabeçalhos encontrados.
initParam	Recupera o parâmetro de inicialização contido no contexto.
pageContext	O objeto PageContext.
pageScope	Contém todas as variáveis de escopo da página.
param	Recupera o parâmetro enviado para a página.
paramValues	Recupera em um array os vários parâmetros com seus valores enviados.
requestScope	Recupera todas as variáveis de escopo.
sessionScope	Recupera as variáveis de sessão.

A página a seguir demonstrará melhor alguns desses objetos:

objetosImplicitosNaEL.jsp

```
<%@ page language="java"
  contentType="text/html"
  pageEncoding="ISO-8859-1"
%>
<!DOCTYPE html PUBLIC "-//W3C//DTD XHTML 1.0 Transitional//EN"
"http://www.w3.org/TR/xhtml1/DTD/xhtml1-transitional.dtd">
<html xmlns="http://www.w3.org/1999/xhtml">
<head>
<title>Trabalhando com Objetos Implícitos no EL</title>
</head>
<body>
<table border="1">
  <tr>
    <td>Objeto</td>
```

```
    <td>Código usado</td>
    <td>Saída</td>
  </tr>
  <tr>
    <td>PageContext</td>
    <td>${'${'}pageContext.request.requestURI}</td>
    <td>${pageContext.request.requestURI}</td>
  </tr>
  <tr>
    <td>param</td>
    <td>${'${'}param["varios"]}</td>
    <td>${param["varios"]}</td>
  </tr>
  <tr>
    <td>paramValues</td>
    <td>${'${'}paramValues.varios[1]}</td>
    <td>${paramValues.varios[1]}</td>
  </tr>
</table>
</body>
</html>
```

Quando rodar essa aplicação, passe os parâmetros pela URL como mostrado a seguir:

objetosImplicitosNaEL.jsp?**varios=Edson&varios=Integrator**

Não haverá explicação, pois o resultado falará por si mesmo. A Figura 16.1, a seguir, demonstra a saída obtida:

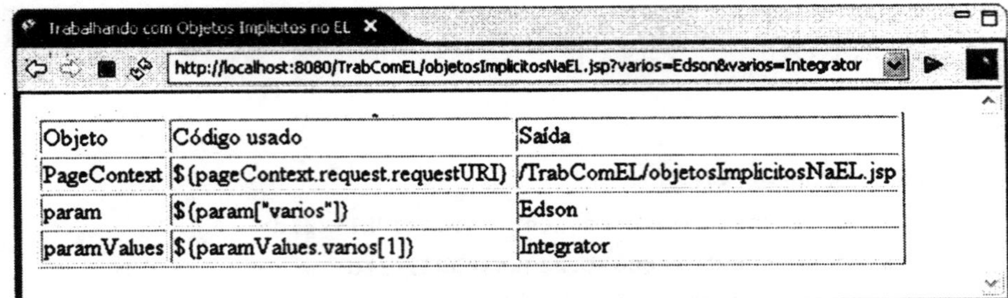

Objeto	Código usado	Saída
PageContext	${pageContext.request.requestURI}	/TrabComEL/objetosImplicitosNaEL.jsp
param	${param["varios"]}	Edson
paramValues	${paramValues.varios[1]}	Integrator

Figura 16.1

A Expression Language e os JavaBeans

Você também pode usar EL em conjunto com JavaBeans. Isso com certeza simplifica ainda mais o código usado. Por exemplo:

```
<jsp:getProperty name="meuBean" property="nome" />
```

Poderá ser chamado também assim, como você já conhece:

```
<%= meuBean.getNome( )%>
```

Ou assim, usando EL:

```
${meuBean.nome}
```

Para ilustrar essa situação, você criará o seguinte JavaBean:

UmSimplesJavaBean.java

```
package meupacote;

public class UmSimplesJavaBean {

  private String nome;
  private String email;
```

```
  public UmSimplesJavaBean( ){
    setNome("Edson");
    setEmail("edson@integrator.com.br");
  }
  public void setNome(String nome) {
    this.nome = nome;
  }
  public String getNome( ) {
    return nome;
  }
  public void setEmail(String email) {
    this.email = email;
  }
  public String getEmail( ) {
    return email;
  }
}
```

A página a seguir consome esse JavaBean criado:

usandoJavaBeansComEL.jsp

```
<%@ page language="java"
  contentType="text/html"
  pageEncoding="ISO-8859-1"%>
<!DOCTYPE html PUBLIC "-//W3C//DTD XHTML 1.0 Transitional//EN"
"http://www.w3.org/TR/xhtml1/DTD/xhtml1-transitional.dtd">
<html xmlns="http://www.w3.org/1999/xhtml">
<head>
<title>Usando Expression Language com JavaBeans</title>
</head>
<body>
  <jsp:useBean id="spjb" class="meupacote.UmSimplesJavaBean"
scope="request">
    <jsp:setProperty name="spjb" property="*"/>
  </jsp:useBean>
```

```
  Seu nome é: <strong>${spjb.nome}❶</strong><br />
  Seu e-mail é: <strong>${spjb.email}</strong>

  <form action="${pageContext.request.requestURI}" method="post">
    Nome: <input type="text" name="nome"/><br />
    E-mail: <input type="text" name="email" /><br />
    <input type="submit" value="Enviar" />
  </form>
</body>
</html>
```

Note que a chamada aos métodos **getters❶** encontrados no JavaBean criado pode ser facilmente trazidos a sua página JSP com uma sintaxe limpa e simples.

Alternativamente você também pode acessar da seguinte forma:

```
${spjb["nome"]}
${spjb["email"]}
```

Palavras Reservadas

Como qualquer outra linguagem, a JSP EL tem muitas palavras que estão reservadas. Uma palavra reservada (também conhecida como palavra chave) é a que tem um significado especial dentro da linguagem. Isto significa que você não pode usar essa palavra reservada para representar qualquer outra coisa, como o nome de uma variável. As seguintes palavras são reservadas no JSP EL:

Tabela 16.6 – Palavras Reservadas no EL

and	eq
gt	true
instanceof	or
ne	lt
false	empty
not	if
ge	null
div	mod

Desabilitando EL

Em versões anteriores do JSP, os caracteres "${" não tem nenhum significado especial; então, é possível que você venha a ter erros caso tenha alguma página anterior à versão no qual a EL apareceu, causando assim problemas na manutenção de antigas aplicações Web em Servlet Containers modernos. Para evitar isso, o EL pode ser desabilitado:

No arquivo **web.xml** (deployment descriptor da sua aplicação), acrescente as seguintes linhas em destaque:

web.xml

```
...
  <jsp-config>
    <jsp-property-group>
      <url-pattern>*.jsp</url-pattern>
      <el-ignored>true</el-ignored>
    </jsp-property-group>
  </jsp-config>
</web-app>
```

O resultado do exemplo anterior em um browser seria como mostra a Fig. 16.2 a seguir:

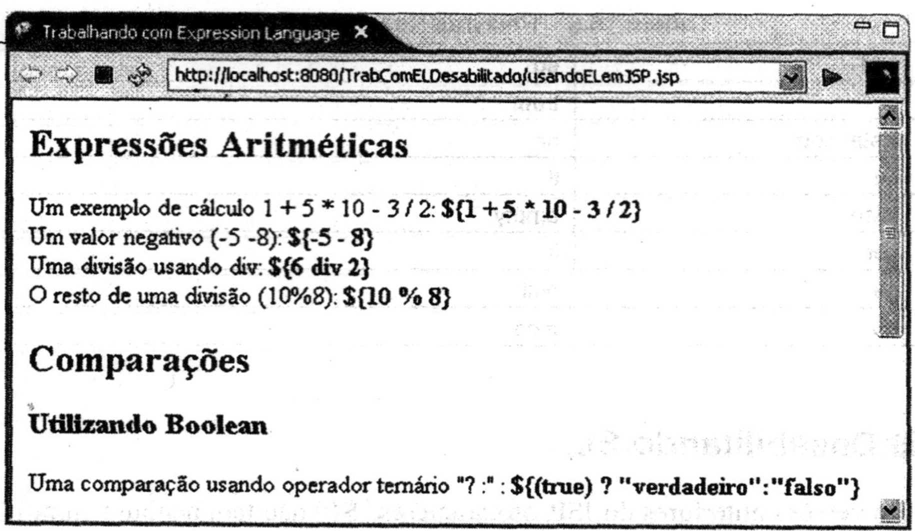

Figura 16.2 – *Demonstração da EL desabilitada.*

Você também pode desabilitar as expressões EL em uma única página dentro do deployment descriptor, alterando o trecho como é mostrado a seguir:

web.xml

```
...
  <jsp-config>
    <jsp-property-group>
      <url-pattern>apenasEssaPagina.jsp</url-pattern>
      <el-ignored>true</el-ignored>
    </jsp-property-group>
  </jsp-config>
</web-app>
```

Como você já deve ter concluído, também é possível desabilitar as expressões EL em um conjunto de páginas dentro de um mesmo contexto:

web.xml

```
...
  <jsp-config>
    <jsp-property-group>
      <url-pattern>/paginas/</url-pattern>
      <el-ignored>true</el-ignored>
    </jsp-property-group>
  </jsp-config>
</web-app>
```

Capítulo 17

JavaServer Pages Standard Tag Library

DEVIDO À COMPLICADA SINTAXE QUE OS SCRIPTLETS JSP TRAZEM, tanto no desenvolvimento de páginas web como na manutenção, novos formatos de negócios começaram a surgir, tanto para suprir essas necessidades como também para agilizar o processo de construção de web sites com a linguagem Java.

A especificação **JavaServer Pages Standard Tag Library (JSTL)** teve seu primeiro release (versão 1.0) liberado em junho de 2002 e a sua chegada foi um marco para os desenvolvedores de páginas JSP.

A especificação JSTL engloba várias ações comuns que são projetadas para controlar a maioria das tarefas mais comuns que os desenvolvedores de páginas JSP necessitam. JSTL consiste em uma coleção de bibliotecas, tendo cada uma um propósito bem definido, que permite escrever páginas JSPs sem código Java, aumentando assim a legibilidade do código e a interação entre desenvolvedores e web designers, proporcionando assim maior rapidez no desenvolvimento de um web site.

Uma página JSTL é uma página JSP contendo um conjunto de tags JSTLs. Cada tag realiza um determinado tipo de processamento, onde cada uma dessas tags faz parte de uma biblioteca JSTL. Sendo assim, uma página JSTL pode utilizar várias bibliotecas JSTLs.

Alguns dias depois que a especificação JSTL havia sido libertada, o projeto Jakarta Taglibs do grupo Apache seguiu com uma implementação de referência da especificação pronta para uso.

O primeiro release de manutenção do JSTL (JSTL 1.1) foi completado em novembro de 2003. Um segundo release de manutenção, JSTL 1.2, foi iniciado em junho de 2004.

Instalando o JavaServer Pages Standard Tag Library

Originalmente, a implementação de referência (RI – Reference Implementation) do JSTL foi fornecida pelo projeto Apache Jakarta como parte de seu projeto de Taglibs. Subseqüentemente, a Sun Microsystems incluiu o RI como parte do Java Web Services Developer Pack (JWSDP).

Dessa forma, você tem mais de uma opção para obter a implementação de referência. Se você precisar de só do JSTL, você pode baixá-lo no projeto Jakarta no endereço Web: **http://jakarta.apache.org/taglibs**. Alternativamente, você pode adquirir também o JWSDP da Sun no endereço: **http://java.sun.com/webservices/jwsdp**.

Um endereço mais direto pode ser usado em:

```
http://www.apache.org/dist/jakarta/taglibs/standard/binaries/.
```

Entre nesse último endereço e baixe os binários **.zip** ou **tar.gz**.

Após descompactar, pegue apenas dois arquivos JARs:

- **jstl.jar**
- **standard.jar**

Coloque-os dentro do diretório **lib**, em **WEB-INF** da sua aplicação Web.

JSTL no NetBeans

No seu projeto, clique com o direito do mouse sobre o item **Libraries** e selecione no menu de contexto o item **Add Library** (Figura 17.1).

Na caixa de diálogo **Add Library** selecione o item **JSTL 1.1** em **Libraries** e clique no botão **Add Library** (Figura 17.2).

Figura 17.1

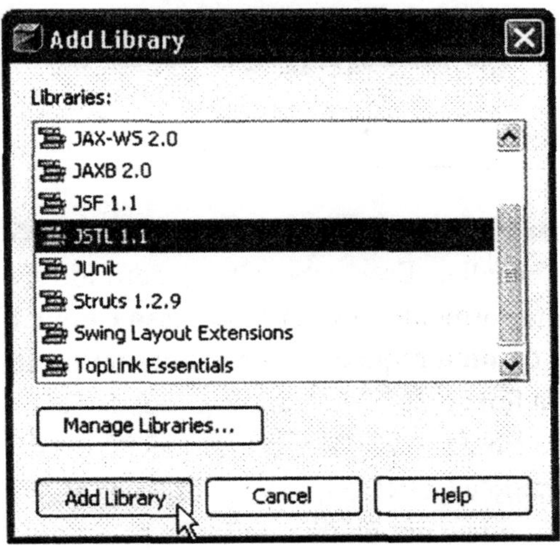

Figura 17.2

JSTL no Eclipse

Siga o mesmo procedimento do Capítulo 14.

Criando seu Primeiro Exemplo em JSTL

Depois de instalado na sua aplicação Web, você precisa aprender a utilizar essas tags.

primeiroExemploUsandoJSTL.jsp

```
<%@ page language="java"
  contentType="text/html"
  pageEncoding="ISO-8859-1"%>
 <%@ taglib uri="http://java.sun.com/jsp/jstl/core" prefix="c" %>❶
<!DOCTYPE html PUBLIC "-//W3C//DTD XHTML 1.0 Transitional//EN"
"http://www.w3.org/TR/xhtml1/DTD/xhtml1-transitional.dtd">
<html xmlns="http://www.w3.org/1999/xhtml">
<head>
<title>Meu primeiro exemplo usando JSTL</title>
</head>
<body>
<h1><c:out value="Meu primeiro exemplo usando JSTL"/></h1>❷
</body>
</html>
```

❶ Para usar o JSTL em uma página JSP, você precisa primeiro definir o cabeçalho. Esse cabeçalho é definido na diretiva **taglib** já vista anteriormente. A **URI** nesse caso é um endereço Web, e não se trata de uma requisição a ser feita no protocolo HTTP, e sim para seja feita uma busca nos arquivos JARs que se encontram no diretório **lib** da sua aplicação. No JSTL existem quatro APIs básicas, sendo a CORE a que você está usando. O prefixo usado é a letra "**c**", que é um padrão definido pela Sun.

❷ Ao ter o cabeçalho definido, a sua utilização se faz simples, uma vez que são tags. Nesse caso você usou a tag **out** para imprimir o valor "**Meu primeiro exemplo usando JSTL**". O resultado é esse texto impresso na tela do seu browser.

Entendendo o JSTL

O JSTL é uma coleção de quatro bibliotecas tags. Cada biblioteca de tags fornece ações úteis (ou tags) baseados nas seguintes áreas funcionais:

- Core
- Internacionalização (I18n) e formatação
- Acesso a banco de dados relacional (tags SQL)
- Processamento de XML (tags XML)

A Core Tag Library

Esta biblioteca contém um centro de ações de propósito geral, que fornecem soluções simples, mas efetivas, a problemas comuns que os desenvolvedores experimentaram em quase toda aplicação JSP. Tarefas simples como exibir conteúdo, condições ou iterações em cima de uma coleção de itens e etc.

Esse grupo de tags são as mais usadas freqüentemente e incluem:

- **<c:if** /> para condições
- **<c:forEach** /> e **<c:forTokens** /> para interação
- **<c:choose** />...**<c:when** />....**<c:otherwise** /> para um fluxo seletivo
- **<c:set** /> e **<c:remove** /> para trabalhar com escopo de variáveis
- **<c:out** /> para fazer a saída de valores de variáveis e expressões
- **<c:catch** /> para trabalhar com exceções Java
- **<c:url** /> para criar e trabalhar com URLs

Internacionalizando e Formatando

Como a Internet é alcançada em todos os cantos do planeta, empresas em todo o mundo passaram e se preocupar em fornecer um conteúdo internacionalizado, muitas vezes com a língua nativa e em outros idiomas. O processo de construir uma aplicação de forma se possa adaptar a vários idiomas e regiões sem qualquer esforço de desenvolvimento adicional são conhecidas com a internacionalização, ou I18n ("internationalization" é uma palavra de 20 caracteres que começa com a letra "i" e termina com "n", tendo 18 letras entre "i" e "n"). A biblioteca de Internacionalização e

Formatação fornece uma série de ações que o ajudam no uso dos três componentes chaves associados com a internacionalização: locales, resource bundles e base names.

Esse grupo de tags incluem como as mais usadas:

Para Internacionalização

- **<fmt:setBundle />**: Carrega um pacote de recurso para um escopo especifico, como as mensagens encontradas dentro de um arquivo .properties.
- **<fmt:setLocale />**: Determina o local (a língua a ser usada) na internacionalização do conteúdo.
- **<fmt:message />**: Para mostrar uma mensagem internacionalizada.

Para Formatação

- **<fmt:formatNumber />**: Para formatar um valor numérico com a específica precisão ou formato.
- **<fmt:formatDate />**: Para formatar a data e a hora em um específico formato (de acordo com a convenção internacional do local especificado)

As Tags SQL

Como não poderia deixar de ter, o JSTL contém tags para trabalhar com banco de dados de relacional podendo desde armazenar informações como também manipulá-las. Embora seja preferível usar a arquitetura Model-View-Controller (MVC) para separar a lógica de negócios do acesso a banco de dados da camada de apresentação, às vezes você pode precisar acessar um banco de dados em páginas JSP.

O JSTL provê um conjunto de ações pela biblioteca de tags SQL para facilitar a interação com um banco de dados de relacional usando comandos SQL como SELECT, INSERT, UPDATE e DELETE.

Em seu conjunto temos:

- **<sql:setDataSource />**: Essa tag cria um DataSource para a conexão com um banco de dados.
- **<sql:query />**: Executa instruções SQL do comando SELECT.
- **<sql:update />**: Executa instruções SQL como UPDATE, INSERT e DELETE.

As Tags que Processam XML

O uso de XML para representar e trocar dados está se tornando o padrão da indústria rapidamente. XML atualmente é visto com mais importância pelo desenvolvedor de páginas JSP. Era de se esperar que a biblioteca de tags JSTL fornecesse um conjunto de tags separadas para lidar com processo de XML. As ações de XML fornecidas suprem às necessidades básicas do XML e é provável que um desenvolvedor de páginas JSP necessite também de ações mais complexas para controle do XML e também para suas transformações.

A seguir você tem algumas tags do seu conjunto:

- **<x:forEach />**: Essa tag é usada para varrer coleções.
- **<x:if />** e **<x:choose />**: Essas tags é usada para fornecer operação condicional e permite escolher entre opções mutuamente exclusivas.
- **<x:out />**: Essa tag é usada para fazer a saída, similar ao scriptlet <%= %>.

Colocando na Prática

É muito comum utilizar o JSTL em conjunto com EL. Por esse motivo você fará alguns exemplos de sua utilização utilizando essa dupla.

usandoJSTLComEL.jsp

```
<%@ page language="java"
  contentType="text/html;"
  pageEncoding="ISO-8859-1"
%>
<%@taglib uri="http://java.sun.com/jsp/jstl/core" prefix="c" %>
```

```
<!DOCTYPE html PUBLIC
"-//W3C//DTD XHTML 1.0 Transitional//EN" "http://www.w3.org/TR/
xhtml1/DTD/xhtml1-transitional.dtd">
<html xmlns="http://www.w3.org/1999/xhtml">
<head>
<title>Desenvolvendo com JSTL e EL</title>
</head>
<body>
  <c:set var="email" value="edson@integrator.com.br"/>❶

  Seu e-mail é: <strong><c:out value="${email}"/></strong>❷
</body>
</html>
```

❶ Você pode usar a action **<c:set />** para declarar uma variável em uma parte da aplicação Web (page, request, session ou application), e é freqüentemente usada junto com a action <c:out />.

❷ Note que na action **<c:out />** você utiliza a EL para trazer a variável.

As Actions <c:remove />, <c:when /> e <c:if />

O exemplo a seguir demonstra mais algumas tags JSTL CORE em conjunto:

maisTagsJSTLemAcao.jsp

```
<%@ page language="java"
  contentType="text/html"
  pageEncoding="ISO-8859-1"
%>

<%@taglib uri="http://java.sun.com/jsp/jstl/core" prefix="c"%>

<!DOCTYPE html PUBLIC "-//W3C//DTD XHTML 1.0 Transitional//EN"
"http://www.w3.org/TR/xhtml1/DTD/xhtml1-transitional.dtd">
<html xmlns="http://www.w3.org/1999/xhtml">
```

```
<head>
<title>Desenvolvendo com JSTL</title>
</head>
<body>
  <c:if test="${param.nome != null}">❶
    <c:set var="nome" value="${param.nome}" />
      Seu nome é: <c:out value="${nome}" />
    <br />
  </c:if>

  <c:remove var="nome" />❷

  <c:choose>❸
    <c:when test="${nome != null}">
      A variável ${'${'}nome} contém o valor ${nome}<br />
    </c:when>
    <c:otherwise>
      A variável ${'${'}nome} foi removida
    </c:otherwise>
  </c:choose>

  <form action="${pageContext.request.requestURI}" method="post">
    Nome: <input type="text" name="nome" /><br />
    <input type="submit" value="Enviar" />
  </form>
</body>
</html>
```

❶ A tag *<c:if />* é a condição IF conhecida da programação Java. Dentro de seu corpo (o que seria o bloco da condição), você declara a criação de uma variável chamada **nome** com o valor resultante do nome transmitido pelo formulário.

❷ A tag *<c:remove />* remove a variável **nome**.

❸ A tag *<c:choose />* também faz testes de condição, onde a condição está em *<c:when />*, que no caso verifica a variável **nome** é diferente de null. Caso não seja, a tag *<c:otherwise />* entra em ação. Combinado as actions *<c:choose />*, *<c:when />* e *<c:otherwise />* você tem uma série de condições alternativas de uma maneira semelhante aos blocos *if*, *elseif* e *else* ou *switch/case* das linguagens de programação modernas.

Actions <c:forEach />, <c:forTokens />

A action <c:forEach /> provavelmente é um das ações mais úteis provido pelo JSTL que habilita seu conteúdo de corpo a ser processado várias vezes. A action <c:forEach /> repetidamente processa o conteúdo contido em seu corpo em cima de uma coleção de objetos ou de um número fixo até que as repetições sejam alcançadas.

Há duas sintaxes alternadas para a action <c:forEach />.

forEach.jsp

```
<%@ page language="java"
      contentType="text/html"
      pageEncoding="ISO-8859-1"
%>
<%@taglib uri="http://java.sun.com/jsp/jstl/core" prefix="c"%>
<!DOCTYPE html PUBLIC
"-//W3C//DTD XHTML 1.0 Transitional//EN"  "http://www.w3.org/TR/
xhtml1/DTD/xhtml1-transitional.dtd">
<html xmlns="http://www.w3.org/1999/xhtml">
<head>
<title>A tag forEach</title>
</head>
<body>
  <c:set var="str"
    value="A,B,C,D,E" />
  <strong>A variável ${'${'}str }:</strong>
  <br />
  <c:out value="${str}" />
  <br />
```

```
<strong>Usando forEach em uma coleção:</strong>
<br />
<c:forEach var="letras" items="${str}">
  <c:out value="${letras}" />
  <br />
</c:forEach>
<br />
<strong>Usando forEach de 1 até 10:</strong>
<br />
<c:forEach var="i" begin="1" end="10">
  <c:out value="${i}" />
  <br />
</c:forEach>
<br />
<strong>Usando forEach para números pares de 2 até 10:</strong>
<br />
<c:forEach var='i' begin='2' end='10' step='2'>
  <c:out value='${i}'/>
  <br />
</c:forEach>

</body>
</html>
```

Você pode usar a action <c:forEach /> de duas maneiras: para interação sobre um conjunto de valores inteiros ou para interagir em cima de um conjunto de informações contidas em uma estrutura de dados. Para realizar essas tarefas, a action <c:forEach /> oferece os seguintes atributos:

- **items**: O atributo **items** da action <c:forEach /> interage em cima de uma estrutura de dados válidos para este atributo. Este atributo não é necessário quando você interage sobre valores explicitamente inteiros.
- **var**: O nome de uma variável de escopo que referência o item atual da repetição. Se você interage sobre valores inteiros explícitos, aquela variável de escopo contém o valor inteiro atual. Caso a

interação seja sobre um conjunto de dados, o valor contido será o objeto atual daquela estrutura.

- **varStatus**: O nome de uma variável de escopo que referência um objeto que tem propriedades correspondentes ao status da repetição. Esse objeto é do tipo *javax.servlet.jsp.jstl.core.LoopTagStatus*.
- **begin**: Se estiver interagindo sobre valores inteiros, esse atributo especifica o valor inicial. Se estiver interagindo sobre um conjunto de dados, esse atributo especifica o índice do primeiro item acessado naquela estrutura. Se você especificar este atributo, seu valor deve ser maior que ou igual à zero.
- **end**: Interagindo sobre um valor inteiro, esse atributo especifica o valor final. Interagindo sobre um conjunto de dados, esse atributo especifica o índice do último item acessado naquela estrutura. Especificando esse atributo, seu valor deve ser maior que ou igual ao valor especificado para o atributo ***begin***.
- **step**: O valor que o loop deve incrementar durante todo o ciclo de uma repetição. Especificando esse atributo, seu valor deve ser maior que ou igual a ***um***.

A Action <c:forTokens />

A segunda action de interação disponibilizada pelo JSTL é <c:forTokens />, no qual interage sobre Strings separados por um determinado delimitador, quebrando-os, da mesma forma que a classe de *java.util.StringTokenizer* trabalha.

varrendoComForTokens.jsp

```
<%@ page language="java"
 contentType="text/html"
 pageEncoding="ISO-8859-1"
%>
<%@taglib uri="http://java.sun.com/jsp/jstl/core" prefix="c"%>
<!DOCTYPE html PUBLIC
"-//W3C//DTD XHTML 1.0 Transitional//EN" "http://www.w3.org/TR/
xhtml1/DTD/xhtml1-transitional.dtd">
```

```
<html xmlns="http://www.w3.org/1999/xhtml">
<head>
<title>A action forTokens</title>
</head>
<body>
<form method="post" action="${pageContext.request.requestURI}">
<table border="0">
  <tr>
    <th>Digite a sequencia de dados:</th>
  </tr>
  <tr>
    <td><input width="20" maxwidth="20"
      name="palavras" size="50" value="${param.palavras}" /></td>
  </tr>
  <tr>
    <td><input type="submit" name="enviar" value="Enviar" /></td>
  </tr>
</table>
</form>
<c:if test="${pageContext.request.method=='POST'}">
<table border="1">
<c:set var="i" value="1" />
  <c:forTokens items="${param.palavras}" var="palavra" delims=" -;,">
      <tr>
        <td><strong>Palavra <c:out value="${i}" /> </strong></td>
        <c:set var="i" value="${i+1}" />
        <td><c:out value="${palavra}" /></td>
      </tr>
  </c:forTokens>
  </table>
</c:if>
</body>
</html>
```

A action <c:forTokens /> contém os seguintes atributos:

- **items**: O string para tokenize
- **delims**: O delimitador de caracteres
- **begin**: Se especificado,-deve ter um valor maior ou igual à zero.
- **end**: Se especificado, o valor deve ser maior ou igual à ***begin***.
- **step**: Se especificado, deve ter um valor maior ou igual a um.
- **var**: O nome de uma variável de escopo que referência o item atual da repetição.
- **varStatus**: O nome da variável de escopo que representa o status da interação. Esse objeto é do tipo *javax.servlet.jsp.jstl.core.Loop TagStatus*.

O resultado desse código é mostrado na Figura 17.3 a seguir:

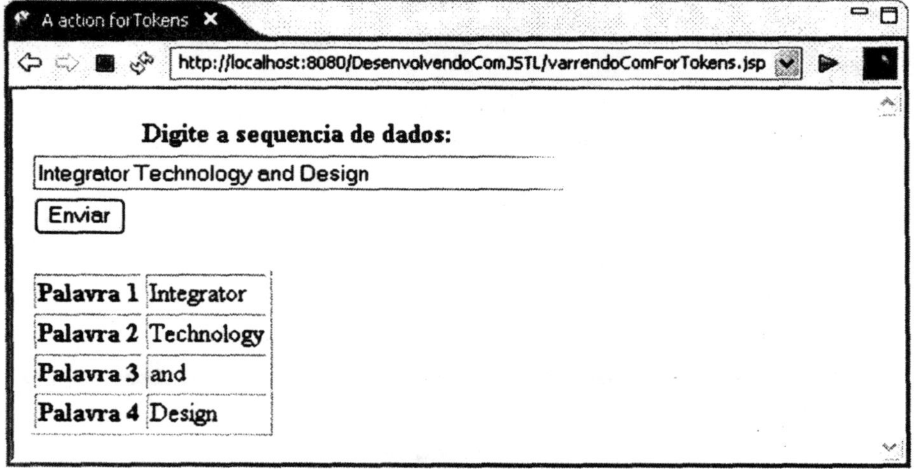

Figura 17.3

A Action de Captura de Erros

Capturar exceções é algo muito comum no desenvolvimento de aplicações Web escritas em Java. Você as captura usando o bloco **try...cath** normalmente.

No caso de usar JSTL, você coloca em prática a action <c:catch />. O exemplo a seguir demonstra a sua utilização:

capturandoExcecoes.jsp

```
<%@ page language="java"
 contentType="text/html"
 pageEncoding="ISO-8859-1"%>
<%@taglib uri="http://java.sun.com/jsp/jstl/core" prefix="c"%>
<!DOCTYPE html PUBLIC
"-//W3C//DTD XHTML 1.0 Transitional//EN" "http://www.w3.org/TR/
xhtml1/DTD/xhtml1-transitional.dtd">
<html xmlns="http://www.w3.org/1999/xhtml">
<head>
<title>Capturando Exceções em JSTL</title>
</head>
<body>
  <c:catch var="e">❶
    <jsp:include page="naoExiste.jsp" />
    <jsp:setProperty name="erro" property="sem" value="Inválido" />
  </c:catch>

  <c:if test="${e!=null}">❷
    A exceção é:<c:out value="${e}" />
  </c:if>
  <c:if test="${e==null}">
    Caso não tenha exceção
  </c:if>
</body>
</html>
```

❶ A exception é capturada pela action <c:catch /> e armazenada na variável "e".

❷ Depois essa variável é utilizada em um teste dentro da action <c:if /> e, no caso de ser diferente de null (quando ocorre uma exceção), essa exceção é impressa com a action <c:out />.

Actions Relacionadas à URL

Trabalhar com aplicações Web é utilizar a URL para transmitir informações. Evidentemente o JSTL possui características relativas à URL como importar arquivos, links, redirecionamentos e captura de informações.

A seguir você tem as actions que compõem essas características.

A Action <c:import />

Esta ação importa o conteúdo de um recurso baseado em URL e fornece um modo simples e genérico para acessar esses recursos podem ser incluídos ou podem ser processados dentro de uma página JSP.

O seu uso básico:

```
<c:import url="http://www.integrator.com.br" />
```

Copiando o conteúdo para uma variável:

```
<c:import url="http://www.integrator.com.br"  var="conteudo" />
```

A action <c:import /> aceita os seguintes atributos:

Tabela 17.1

Atributo	*Descrição*
charEncoding	Permite especificar o encoding dos caracteres (exemplo: ISO-8859-1).
context	Especifica a URL básica que será usada para solucionar uma URL relativa dada pelo atributo ***url***.
scope	Especifica o escopo para a variável pelo atributo ***var***. O padrão é page.
url	Especifica a URL que deseja importar.
var	Especifica a variável que vai receber a saída da URL.

A Action <c:url />

A action <c:url /> fornece uma forma de construir corretamente URLs formatadas. Uma situação de seu uso seria a de transmitir a sessão de um usuário via URL.

Os browsers modernos fornecem um mecanismo de sessão armazenando-os em cookies (arquivos de texto pequenos armazenados na máquina do usuário), que são mandados de volta com cada pedido que o usuário faz durante uma "sessão." Como esses browsers permitem o usuário de incapacitar o armazenamento de cookies (normalmente por razões de segurança), você precisa se assegurar de que a sessão está sendo mantida, reescrevendo a URL, passando assim esses dados pelo endereço da aplicação Web.

Um exemplo de uma URL reescrita com a sessão transmitida:

```
http://www.integrator.com.br/livros.jsp;jsessionid=33eab537dc4
```

Um exemplo de usa utilização:

```
<c:url value="http://www.integrator.com.br/livros.jsp" />
```

A Action <c:redirect />

Como o próprio nome sugere, a action <c:redirect /> envia um redirecionamento HTTP para um cliente.

Seu escopo é:

```
<c:redirect url="http://www.integrator.com.br" />
```

A Action <c:param />

A action <c:param /> leva dois atributos básicos: ***name*** e ***value***; que representam o nome do parâmetro pedinte junto ao seu valor respectivamente.

Um exemplo de sua utilização:

```
...
  <c:url value="http://www.integrator.com.br/livros.php" var="url" >
     <c:param name="isbn" value="123456" />
  </c:url>
  <br /><strong>O resultado da URL é:</strong>
  <c:out value="${url}"/>
...
```

Ou de uma outra forma, representada com o seguinte escopo:

```
<c:param name="isbn">123456</c:param>
```

Onde sua saída seria: **O resultado da URL é:** http://www.integrator.com.br/livros.php?isbn=123456

Internacionalização da Aplicação

Internacionalizar uma aplicação Web nos dias de hoje é uma situação muito comum entre os desenvolvedores. A biblioteca JSTL facilita seu desenvolvimento, disponibilizando tags especiais para essa funcionalidade.

A Action <fmt:setLocale />

Esta action pode ser usada para alterar o local do cliente especificado no processamento de uma página JSP.

Um exemplo de sua utilização:

```
<fmt:setLocale value ="en_US" scope="session" />
```

O local escolhido é armazenado em uma variável chamada javax.servlet.jsp.jstl.fmt.locale e pode ser armazenado em qualquer extensão escolhida.

O atributo **value** especifica um código de duas partes que representa o código de idioma ISO-639 e o código do país ISO-3166.

Exibindo os Textos no Idioma Definido

Com local definido, ou pela configuração do browser do cliente ou através de uso da action <fmt:setLocale />, o JSTL precisa usar os textos pré-definidos no idioma escolhido para exibir o conteúdo no browser com o idioma identificado por seu local.

Para isso, é necessário que você, como desenvolvedor, forneça uma coleção de recursos (normalmente Strings) para cada local que você pretende aderir. Para isso, você utiliza uma coleção de recursos que é conhecida como ***resource bundle*** e é implementada por padrão de uma chave=valor em um arquivo de propriedades (com a extensão .properties). Para mais informações, dê uma olhada no javadoc da classe *java.util.ResourceBundle*.

A Actions <fmt:bundle /> e <fmt:setBundle />

Para habilitar o uso de textos no idioma definido, você precisa especificar o pacote de recursos exigido que forneçam as mensagens localizadas.

Sendo assim, você usa a action <fmt:bundle /> ou <fmt:setBundle /> para especificar um recurso. Uma vez declarado, o pacote do recurso pode ser usado para fornecer os texto no idioma definido.

Embora sejam semelhantes, as actions <fmt:bundle> e <fmt:setBundle> são usadas de diferentes modos para fornecer mensagens localizadas em páginas JSP.

A action **<fmt:bundle />** é usada para declarar uma localização de contexto I18n para usar por tags dentro de seu corpo:

```
<fmt:bundle basename="Rotu
  <fmt:message key="rotulos.nome"/>
  <fmt:message key="rotulos.email"/>
</fmt:bundle>
```

O resource bundle com o nome rotulo é declarado para fornecer recursos localizados para as actions <fmt:message />.

Como a action <fmt:bundle /> é projetada para trabalhar com aninhamento da action <fmt:message /> , um atributo opcional também pode ser usado:

```
<fmt:bundle basename="Rotulos" prefix="rotulos">
  <fmt:message key="nome"/>
  <fmt:message key="email"/>
</fmt:bundle>
```

O atributo opcional prefix habilita a colocação de um prefixo pré-definido que é fundamental para qualquer action <fmt:message /> aninhada tornando seu uso mais simplificado.

A action **<fmt:setBundle />** também fornece funcionalidade semelhante à action <fmt:bundle />, mas com uma diferença sutil. Em vez de ter que aninhar qualquer action <fmt:message/> como conteúdo de corpo, a action <fmt:setBundle /> habilita um pacote de recursos a serem armazenados na variável de configuração javax.servlet.jsp.jstl.fmt.localization Context, assim qualquer action <fmt:message /> que aparecer, em qualquer parte da página JSP, pode acessar o pacote sem ter que ser declarada continuamente:

```
<fmt:setBundle basename="Rotulos" />
<fmt:message prefix="rotulos.nome" />
```

A Action <fmt:message />

Já mencionado anteriormente, a action <fmt:message /> usa um parâmetro fundamental, ***key***, para extrair a mensagem do pacote de recursos e imprimir com JspWriter. .

Outro parâmetro opcional, **var**, habilita a mensagem localizada a ser armazenada em um parâmetro em vez de ser impresso pelo JspWriter. Como com a maioria das tags JSTL, a extensão desta variável pode ser fixada usando o atributo ***scope***.

Colocando a Internacionalização em Ação

Primeiramente você irá criar dois arquivos com a extensão **.properties**. Esses arquivos deverão ficar dentro do diretório **classes**, no subdiretório **meupacote**, em **WEB-INF**.

rotulos_en_US.properties

```
titulo=Internationalization
ingles=English
```

```
portugues=Portuguese
nome=Name
email=E-mail
enviar=Send
```

O primeiro arquivo é o resource bundle (pacote de recursos) da linguagem em inglês para a página JSP.

rotulos_pt_BR.properties

```
titulo=Internacionalização
ingles=Inglês
portugues=Português
nome=Nome
email=E-mail
enviar=Enviar
```

O segundo arquivo é o resource bundle da linguagem em português do Brasil para a página JSP.

Criando um Arquivo .Properties no NetBeans

Para criar um arquivo do tipo **Properties**, direito do mouse sobre o pacote criado, na janela **Projects**, e no item **New** clique em **Properties File**, ou em **New File**, opção **Other**, selecionando **Properties Files**, na caixa **File Types**.

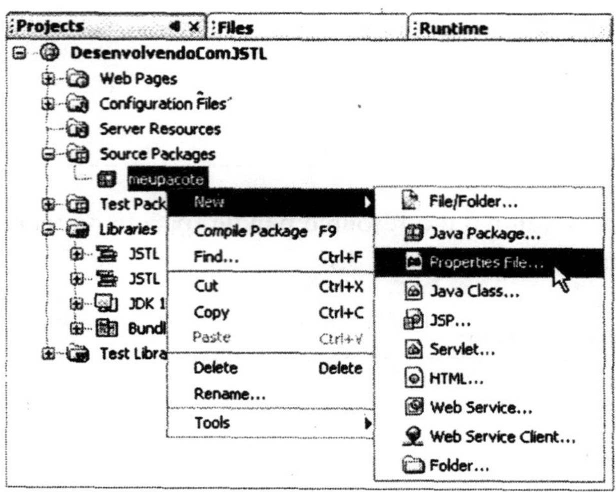

Figura 17.4

Dê o nome para o arquivo em **File Name** e confirme no botão **Finish**.

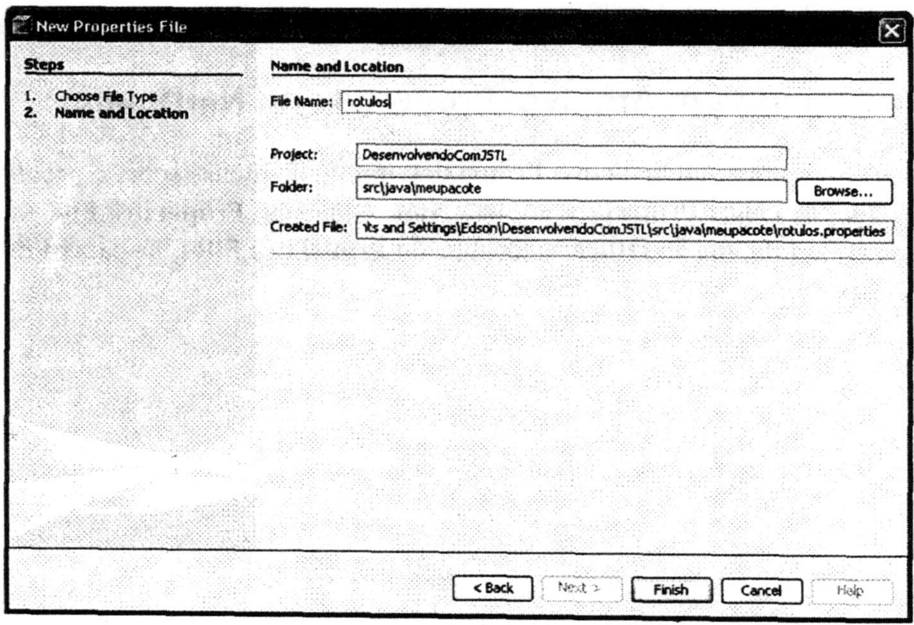

Figura 17.5

Para adicionar uma nova localidade, ou seja, o segundo arquivo, proceda da seguinte forma:

1 – Clique com o direito do mouse sobre o arquivo .properties criado.

2 – No menu de contexto selecione o item **Add Locale**.

3 – Na caixa de diálogo **New Locale** você pode selecionar a localidade diretamente em **Predefined Locales** e confirme no botão OK.

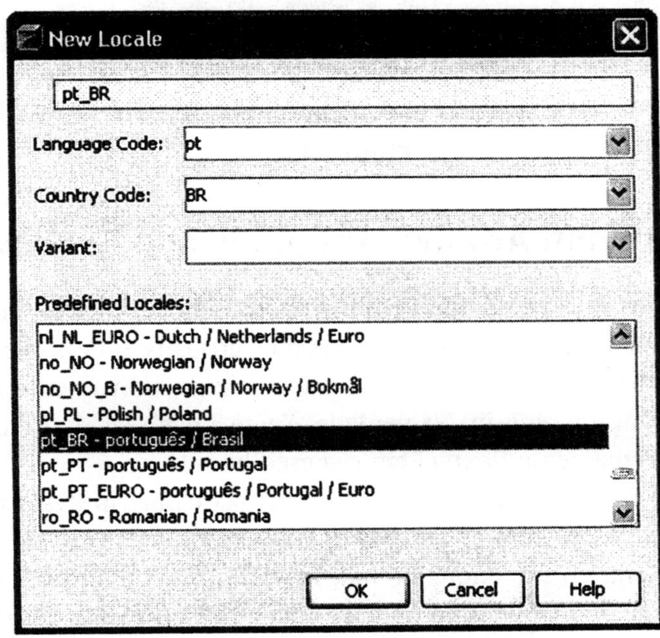

Figura 17.6

Vá ao projeto e expanda o arquivo .properties por você criado e dê um duplo clique onde está indicando **pt_BR – português (Brasil)** e altere os rótulos desse arquivo.

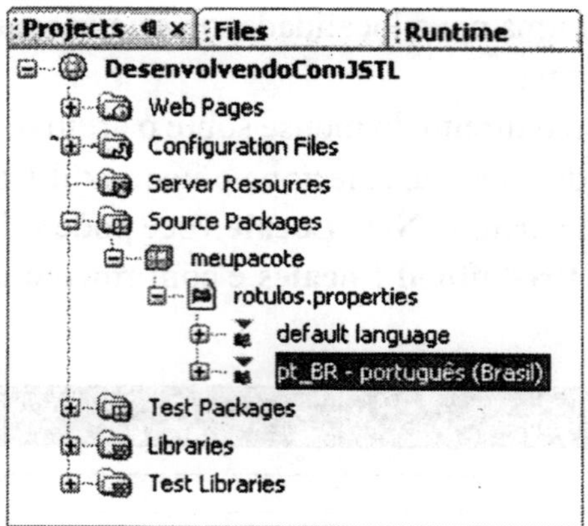

Figura 17.7

Criando um Arquivo .Properties no Eclipse

Para criar um arquivo do tipo **Properties**, no Eclipse, você terá uma tarefa um pouco maior. Isso porque, diferente do NetBeans, o Eclipse não possui um excelente editor para arquivos dessa natureza nativamente, sendo necessário pegar um plug-in. Na verdade, é essa a natureza do Eclipse, o que o torna extremamente flexível em sua escolha.

Para esse exemplo, eu vou apresentar a você o plug-in **ResourceBundle Editor**, que se encontra no site **http://www.resourcebundleeditor.com/**.

Na lateral do site clique no link **Installation** e, assim que carregar a página, clique em **Download** onde se encontra **Eclipse 3.x users**.

Você será levado ao site **sourceforge.net** do projeto, onde o plug-in que você deve baixar é o primeiro da lista. No momento em que esse livro está sendo escrito, a versão atual é 0.7.5, e o arquivo baixado foi **ResourceBundleEditor_v0.7.5.zip**.

Assim que baixar o arquivo, descompacte-o.

Se estiver com o Eclipse aberto, feche-o. Copie o diretório **plugins** existente no diretório descompactado e o cole dentro do diretório onde se encontra o Eclipse. Confirme qualquer caixa de mensagens que aparecer e não se preocupe. No Windows não haverá remoção de arquivos existentes, apenas ocorrerá um acréscimo. Já no Linux não tem essa mensagem de substituição como ocorre no Windows.

Inicie o Eclipse e vamos criar seu primeiro arquivo **.properties** através desse **plug-in**.

No menu **File** vá a **New** e selecione **Other**. Na caixa de diálogo **New** selecione o item **ResourceBundle** expandindo o diretório **ResourceBundle**. Clique no botão **Next** para prosseguir.

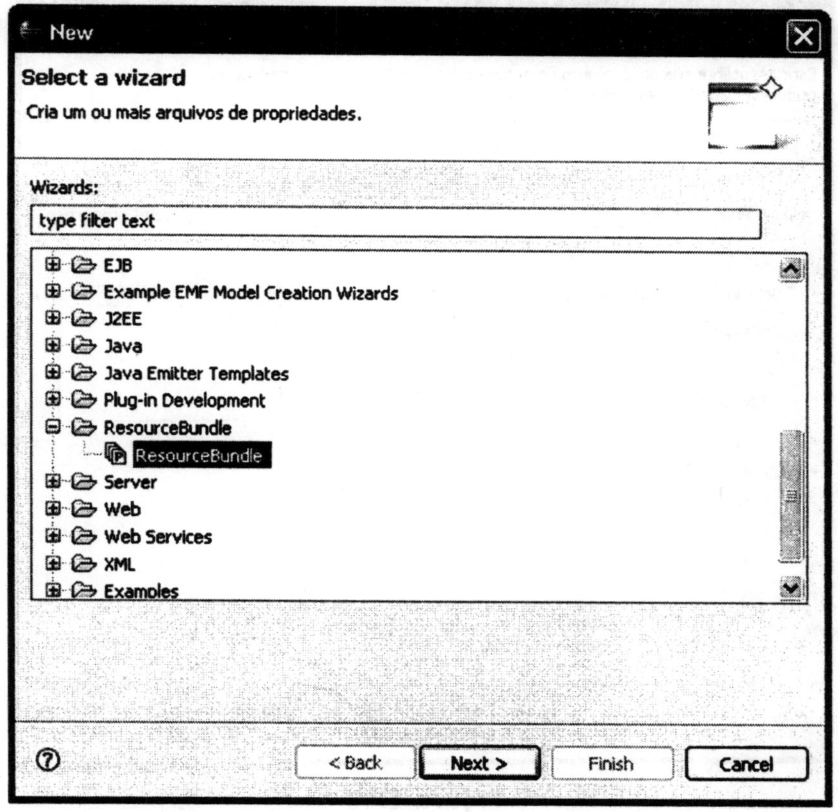

Figura 17.8

Na próxima etapa do assistente, em **Pasta** (não estranhe, está em português brasileiro mesmo) selecione o pacote por você criado clicando no botão **Procurar** e indo no seu projeto e abrindo os diretórios que compõem o desenvolvimento. Se o seu pacote se chamar **meupacote**, vá à **src\meupacote**.

Em **Nome Base** escreva o nome do seu arquivo **.properties**.

Abaixo você tem um local escrito **Selecione ou digite uma localização**. Procure o idioma que vai suportar esse primeiro arquivo e clique no botão **Finish** para confirmar o assistente.

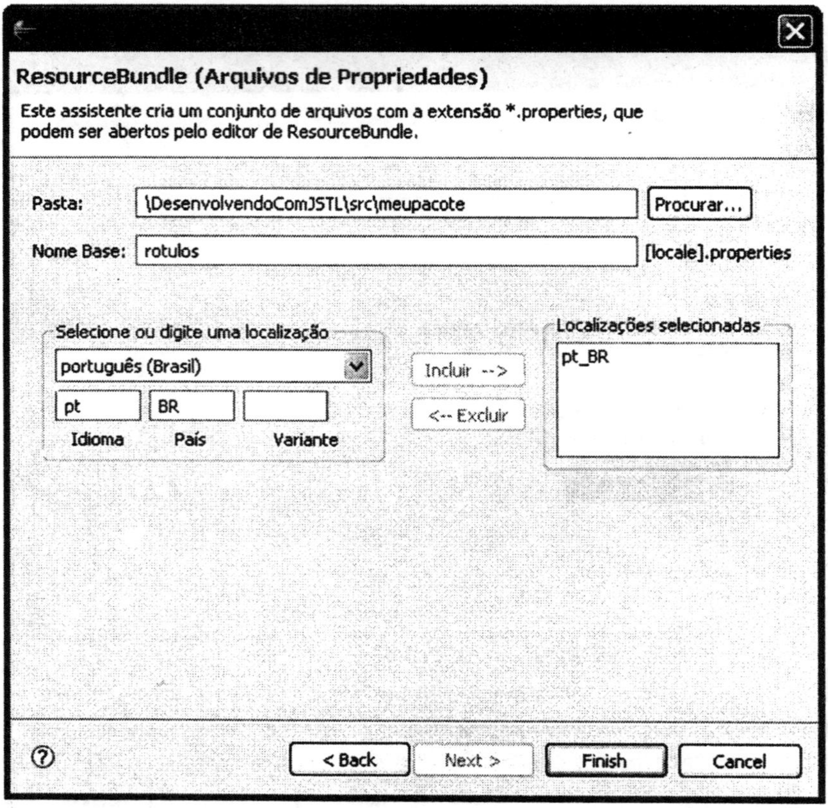

Figura 17.9

Antes de continuar qualquer outra coisa, primeiro você tem que associar a abertura do arquivo **.properties** ao plug-in instalado, pois o Eclipse sempre irá usar o padrão dele quando você quiser abrir diretamente o arquivo com um duplo clique. Para alterar, vá ao menu **Window** e clique em **Preferences**. Expanda o item **General**, depois expanda o item **Editors** e selecione **File Associations**.

Em **File types** procure por ***.properties** e na parte inferior, em **Associated editors** selecione o item **Editor de RessourceBundle**. Clique no botão **Default** encontrado na lateral direita e confirme a caixa de diálogo clicando no botão **OK**.

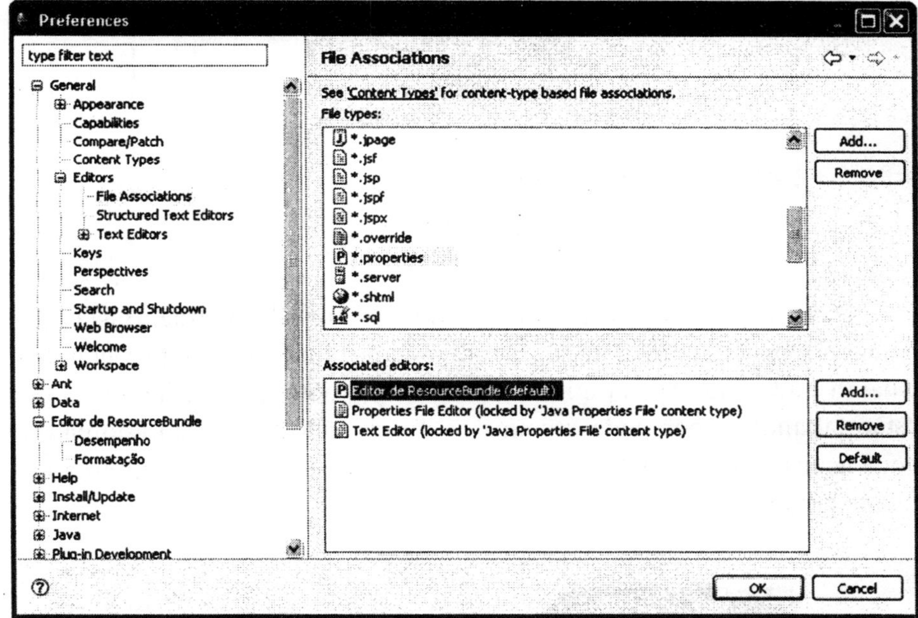

Figura 17.10

Quando você der um duplo clique no arquivo, uma janela se abrirá. O Editor **RessourceBundle** é muito simples de entender. Em **Propriedades** (olhe a aba inferior), você pode incluir as keys digitando na caixa ao lado do botão **Incluir**. Ou pode ir diretamente à aba do idioma e digitar tudo manualmente. No meu caso eu digitei tudo manualmente, para ficar mais rápido no primeiro exemplo.

Para criar o segundo arquivo .properties, vá à aba **Novo**. Selecione a localização e clique no botão **Criar**.

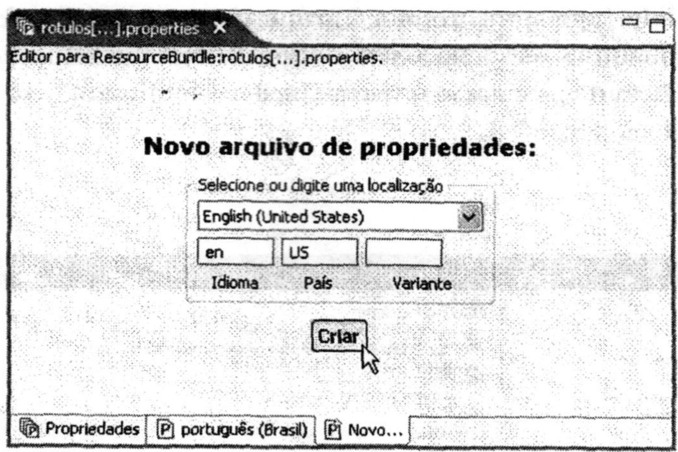

Figura 17.11

Depois de criado, na aba **Propriedades**, a tela é dividida. Basta selecionar a **key** na lateral, e digitar no idioma que ainda não foi preenchido a palavra traduzida. Após digitar todas as keys (note que ele indica as que estão faltando), você pode dar uma conferida indo na aba do idioma que você acabara de preencher. Perceba que fora colocado a key automaticamente para você.

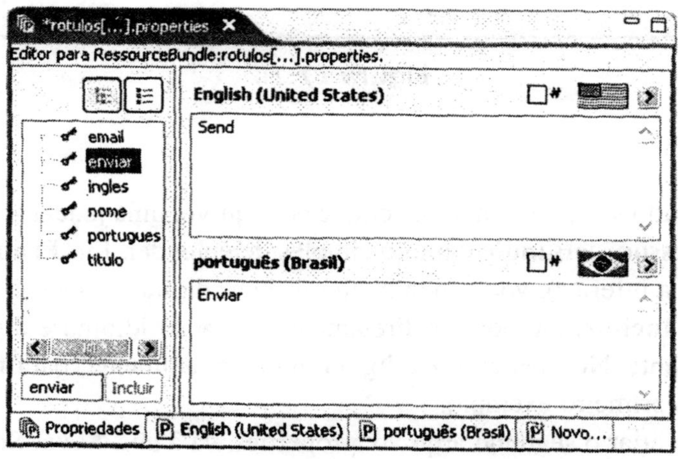

Figura 17.12

Usando os Recursos de Internacionalização em uma Página JSP

Agora que você já sabe como criar os arquivos necessários para internacionalizar sua aplicação, o JSTL irá fazer a sua parte.

internacionalizacaoComJSTL.jsp

```
<%@ page language="java"
  contentType="text/html"
  pageEncoding="ISO-8859-1"%>
<%@taglib uri="http://java.sun.com/jsp/jstl/core" prefix="c"%>

<%@taglib uri="http://java.sun.com/jsp/jstl/fmt" prefix="fmt"%>❶
<c:choose>
  <c:when test="${param.locale eq 'en_US'}">
    <fmt:setLocale value="en_US" />❷
  </c:when>
  <c:otherwise>
    <fmt:setLocale value="pt_BR" />
  </c:otherwise>
</c:choose>

<fmt:setBundle basename="meupacote.rotulos"/>❸

<?xml version="1.0" encoding="ISO-8859-1" ?>
<!DOCTYPE html PUBLIC
"-//W3C//DTD XHTML 1.0 Transitional//EN" "http://www.w3.org/TR/
xhtml1/DTD/xhtml1-transitional.dtd">
<html xmlns="http://www.w3.org/1999/xhtml">
<head>
<title><fmt:message key="titulo" /></title>❹
</head>
<body>
<a href="?locale=en_US"><fmt:message key="ingles" /></a>
<a href="?locale=pt_BR"><fmt:message key="portugues" /></a>
```

```
<br />
<form action="">
  <fmt:message key="nome" />: <input type="text" name="nome" />
  <br />
  <fmt:message key="email" />: <input type="text" name="email" /
><br />
  <input type="submit" value="<fmt:message key="enviar" />" />
</form>
</body>
</html>
```

❶ Para usar o JSTL nessa página JSP, você precisa primeiro definir os cabeçalhos que serão usado nesse caso. Esses cabeçalhos são definidos na diretiva **taglib**, como já vista anteriormente. A **URI** do primeiro cabeçalho chama as tags CORE e o segundo cabeçalho às tags de formatação e internacionalização. O prefixo usado é a letra "**fmt**", que é um padrão definido pela Sun.

❷ Através de um teste, você define a configuração da linguagem com a action <fmt:setLocale />. O atributo **value** do primeiro é **en_US** e do segundo é **pt_BR**.

❸ Com a action <fmt:setBundle /> você define no atributo **basename** o local onde se encontra o arquivo **properties**.

❹ A action <fmt:message /> é usada para chamar o texto contido no arquivo **.properties** de acordo com a linguagem usada. Isso é feito pelo atributo **key**.

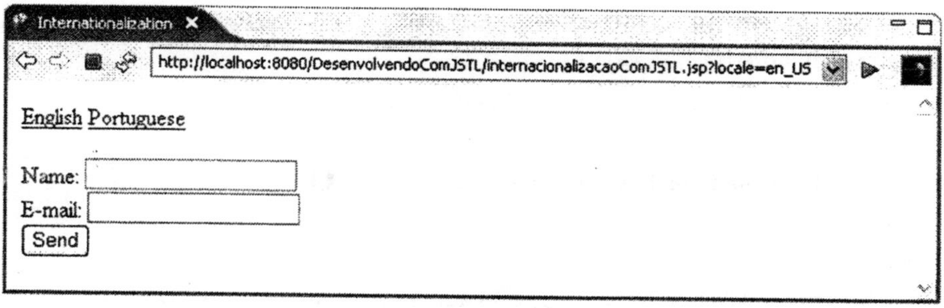

Figura 17.13

As Actions de Formatação

Além do idioma, usuários de diferentes localizações têm padrões diferentes relativos a algumas situações como:

- Datas e horas
- Formatos numéricos
- Formatos de Moedas

Felizmente, para tornar o seu trabalho mais fácil, a biblioteca de tags do JSTL fornece actions que formatam essas situações.

As Diversas Actions de Formatação

As actions **<fmt:timeZone />** e **<fmt:setTimeZone />** complementam uma a outra de uma forma similar as actions <fmt:bundle /> e <fmt:setBundle /> mostradas anteriormente. A action <fmt:timeZone /> é usada para especificar uma zona de tempo para aninhamentos que aparecem dentro de seu conteúdo de corpo, considerando que a action <fmt:setTimeZone /> seja usada para armazenar uma referência de qualquer lugar para uma zona de tempo em uma variável exportável para uso em uma página JSP.

A action **<fmt:formatDate />** fornece uma flexível formatação de zona de tempo utilizando objetos de java.util.Date de forma que a data e a hora depende do modo da zona de tempo do cliente. Em sua forma mais simples, a action <fmt:formatDate /> aplica o formato padrão da zona de tempo atual e tem a saída com JspWriter.

Com a action **<fmt:parseDate />** você tem uma funcionalidade complementar para a action <fmt:formatDate /> analisando gramaticalmente e convertendo a representação de datas e horas que foram formatadas de acordo com as configurações locais ou customizada. Esta action é particularmente útil se você precisa permitir aos usuários ao redor do mundo a entrar com informações de data e horas em seu próprio formato local e ter corretamente uma análise de acordo com o considerado correto ao servidor.

A action **<fmt:formatNumber />** também é flexível e capaz de formatar um valor numérico em um determinado local ou formatar de acordo com as configurações locais como um número, moeda corrente ou porcentagem.

O exemplo a seguir demonstra essas action com alguns atributos em ação:

diversasActionsDeFormatacao.jsp

```
<%@ page language="java"
  contentType="text/html"
  pageEncoding="ISO-8859-1"
%>
<%@taglib uri="http://java.sun.com/jsp/jstl/core" prefix="c"%>
<%@taglib uri="http://java.sun.com/jsp/jstl/fmt" prefix="fmt"%>
<!DOCTYPE html PUBLIC
"-//W3C//DTD XHTML 1.0 Transitional//EN"  "http://www.w3.org/TR/
xhtml1/DTD/xhtml1-transitional.dtd">
<html xmlns="http://www.w3.org/1999/xhtml">
<head>
<title>Formatações de data, hora, número e moeda</title>
</head>
<body>
  <h2>Padrão atual</h2>
  <jsp:useBean id="data" class="java.util.Date" />
  Data padrão : <fmt:formatDate value="${data}"/><br />
  Somente a data no formato dd/MM/yyyy :
  <fmt:formatDate value="${data}" type="DATE"
                 pattern="dd/MM/yyyy"/>
  <br />
  A hora: <fmt:formatDate value="${data}" type="TIME"
dateStyle="default"/>
  <h2>Los Angeles Time Zone</h2>
  <fmt:timeZone value="America/Los_Angeles">❶
  Default format : <fmt:formatDate value="${data}"/><br />
  Data no formato dd/MM/yyyy :
  <fmt:formatDate value="${data}" type="DATE"
                   pattern="MM-dd-yyyy"/>
  <br />
  Hora estilo SHORT:
```

```
    <fmt:formatDate value="${data}" type="TIME"
                 timeStyle="SHORT"/>
    <br />
    </fmt:timeZone>
    <hr />
    <h2>Formatação de Moeda</h2>
    <c:set var="salario" value="5000" />
    <fmt:setLocale value="en_US"/>
    <fmt:formatNumber type="CURRENCY" value="${salario}" />
    <br />
    <fmt:setLocale value="pt_BR"/>
    <fmt:formatNumber type="CURRENCY" value="${salario}" />
    <br />
    <hr />
    <h2>Formatação de Números</h2>
    <c:set var="numero" value="1000" />
    <fmt:formatNumber type="NUMBER" groupingUsed="true"
                minFractionDigits="2"  value="${numero}" />
    <hr />
    <h2>Formatação de Porcentagem</h2>
    <c:set var="porcentagem" value="0.05" />
    <fmt:formatNumber type="PERCENT" value="${porcentagem}" />

</body>
</html>
```

Embora muito simples de compreender, primeiramente você tem os **Time Zones** ❶ que definem a data correspondente ao local indicado. Evidentemente você deve saber qual time zone pretende mostrar.

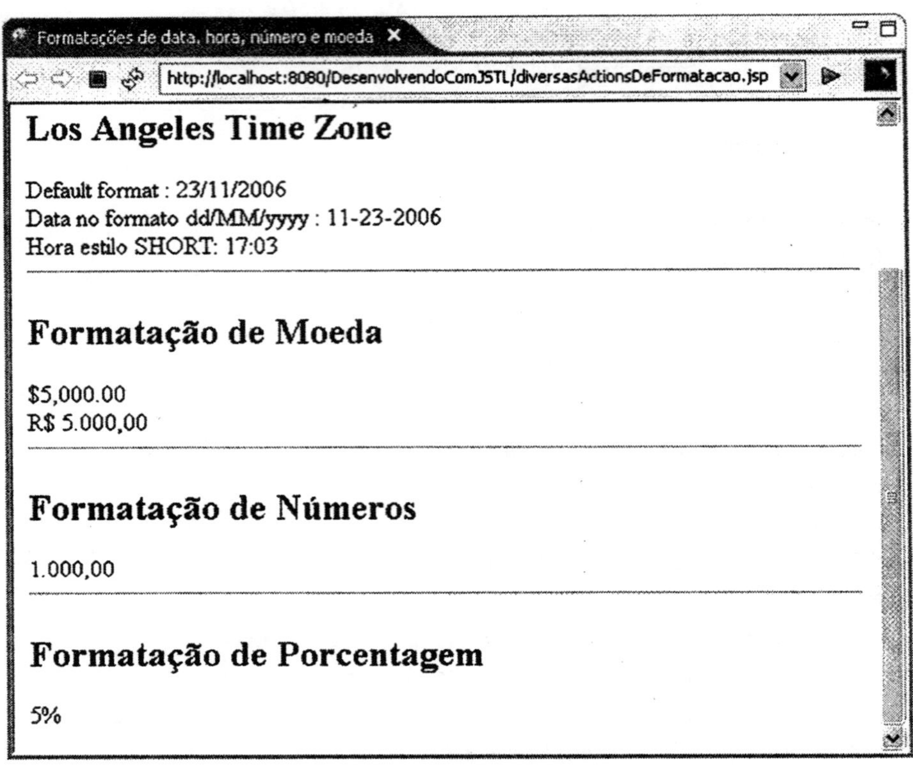

Figura 17.14

Caso você queira ver o time zone da região desejada, execute o trecho a seguir em uma página JSP com as taglibs JSTL devidamente configuradas:

```
...
<jsp:useBean id="data" class="java.util.Date" />
<table border="1">
  <c:forEach var="timezone"
    items="<%=java.util.TimeZone.getAvailableIDs( )%>">
      <tr>
        <td width="51%">
          <c:out value="${timezone}" />
        </td>
```

```
      <td width="49%">
        <fmt:timeZone value="${timezone}">
          <fmt:formatDate value="${data}" timeZone="${zn}"
          type="both" />
        </fmt:timeZone>
      </td>
    </tr>
  </c:forEach>
</table>
...
```

Esse código varrerá as Time Zones onde na primeira coluna você poderá ter o local desejado.

Tabela 17.2 – Atributos da action <fmt:formatDate />

Atributos	*Descrição*
type	Pode ser time, date ou both. Usado para imprimir somente a hora, data ou ambos.
dateStyle	Pode ser usado short, medium, long ou full (ou default). Usado para imprimir a data.
timeStyle	Pode ser short, medium, long ou full (ou default). Usado para imprimir a hora.
value	Um valor do tipo java.util.Date usado para renderizar à data e à hora.

A Biblioteca de Tags SQL

Embora seja desencorajado o uso de tags SQL da biblioteca JSTL em aplicações de páginas JSP, essa parte do capítulo existe apenas com o intuito de ensiná-lo como trabalhar com essas actions.

A Action <sql:setDataSource />

As ações fornecidas pela tag da biblioteca SQL operam em uma fonte de dados definida pela classe java.sql.DataSource. A action <sql:setDataSource

/> configura uma fonte de dados e transmite essa informação através do atributo **var**, em uma fonte de dados criada no escopo da página ou em **dataSource** para uma fonte de dados física.

A fonte de dados configurada é usada pelas actions restantes da biblioteca de SQL que podem executar as instruções SQL já conhecidas.

Você pode configurar o data source da seguinte forma:

```
<sql:setDataSource var="dataSource" driver="com.mysql.jdbc.Driver"
    url="jdbc:mysql://localhost/livraria" user="edson"
    password="integrator"/>
```

Tabela 17.3

Atributo	*Descrição*
driver	O nome da classe JDBC que será usada.
scope	A variável de escopo definida pelo atributo var. Por padrão esse atributo é *page*.
url	O URL do data source.
user	O usuário para acessar o banco de dados configurado no atributo ***url***.
password	A senha para acessar o banco de dados configurado no atributo ***url***.
var	A variável de escopo criada para acessar o data source em outras actions.

O data source também pode ser definido como:

```
<sql:setDataSource dataSource="jdbc/LivrariaDB"/>
```

Como você pode ver, é possível fornecer um caminho relativo a um recurso Java Naming and Directory Interface (JNDI) pelo atributo opcional ***dataSource***. Se você tiver um nome JNDI para o dataSource, então o atributo dataSource acessará pela página JSP a fonte de dados JNDI. Neste caso, você não precisa fornecer quaisquer um dos demais atributos, porque eles já são fornecidos como parte do recurso acessado pelo JNDI.

A Action <sql:query />

A action <sql:query /> fornece a funcionalidade de executar querys do tipo SELECT:

```
<sql:query var="livros" dataSource="${dataSource}" >
  SELECT * FROM livros
</sql:query>
```

O exemplo a seguir demonstra o uso da conexão e da execução de uma query com as tags SQL do JSTL:

usandoSQLComJSTL.jsp

```
<%@ page language="java"
  contentType="text/html"
  pageEncoding="ISO-8859-1"
%>
<%@ taglib uri="http://java.sun.com/jsp/jstl/core" prefix="c"%>

<%@ taglib uri="http://java.sun.com/jsp/jstl/sql" prefix="sql"%>❶

<!DOCTYPE html PUBLIC
"-//W3C//DTD XHTML 1.0 Transitional//EN"  "http://www.w3.org/TR/
xhtml1/DTD/xhtml1-transitional.dtd">
<html xmlns="http://www.w3.org/1999/xhtml">
<head>
<title>Usando instruções SQL com JSTL</title>
</head>
<body>
❷ <sql:setDataSource var="dataSource"
      driver="com.mysql.jdbc.Driver"
      url="jdbc:mysql://localhost/livraria"
      user="edson" password="integrator" />

<sql:query var="livros" dataSource="${dataSource}">❸
  SELECT * FROM livros
</sql:query>

<table border="1">
  <tr>
```

```
    <th>ISBN</th>
    <th>Título</th>
    <th>Atualizar</th>
    <th>Excluir</th>
  </tr>
  <c:forEach var="row" items="${livros.rows}">❹
    <tr>
      <td><c:out value="${row.isbn}" />❺</td>
      <td><c:out value="${row.titulo}" /></td>
      <td>
        <a href="fAtJSTL.jsp?isbn=<c:out value="${row.isbn}" />">
          Atualizar
        </a>
      </td>
      <td>
        <a href="excluirJSTL.jsp?isbn=<c:out value="${row.isbn}" /
>">
          Excluir
        </a>
      </td>

    </tr>
  </c:forEach>
</table>
</body>
</html>
```

❶ Os cabeçalhos são definidos na diretiva **taglib**, como já vista anteriormente. A **URI** do primeiro cabeçalho chama as tags CORE e o segundo cabeçalho são as tags de SQL. O prefixo usado é a letra "**sql**", que é um padrão definido pela Sun.

❷ O data source é definido nesse caso com a conexão feita diretamente na página. Não se esqueça de que é necessário colocar o .jar da ponte JDBC do MySQL no diretório **lib** de WEB-INF.

❸ A query é criada, nesse caso selecionando todos os registros encontrados na tabela livros.

❹ Com a action <c:forEach /> você tem uma varredura dos resultados encontrados dentro da tabela livros, resultantes da SELECT. Dentro do atributo **items** você determina a variável **livros** usando a EL e separando por um **"."** ponto seguido da palavra ***rows***.

❺ Os resultados são exibidos utilizando-se a EL contendo a variável determinada no atributo **var** existente na action <c:forEach />, separado por ponto "." e o nome da coluna a ser exibida.

A Action <sql:update />

A action <sql:update /> possibilita a manipulação de dados via SQL (SQL Data Manipulation Language) com as declarações INSERT, UPDATE e DELETE serem executados. Também é possível executar declarações SQL Data Definition Language, como uma criação de tabela ou declarações de alteração.

A sintaxe desta action é semelhante a já usada <sql:query />. Novamente, um atributo ***var*** está disponível para armazenar o resultado da action <sql:update /> embora não seja obrigatório.

O tipo do parâmetro **var** é java.lang.Integer.

As Actions <sql:param /> e <sql:dateParam />

As actions <sql:param /> e <sql:dateParam /> são usadas ambas nas actions <sql:query /> e <sql:update/>. Essas actions são aninhadas é são usadas para passar parâmetros em um string de SQL parametrizado.

A seguir você tem a sua sintaxe em conjunto com a action <sql:update />:

```
<sql:update var="r" dataSource="${dataSource}">
  DELETE FROM livros WHERE isbn = ?
  <sql:param value="${param.isbn}"/>
</sql:update>
```

Ou a sintaxe em conjunto com a action <sql:query />:

```
<sql:query var="livros" dataSource="${dataSource}">
  SELECT * FROM livros WHERE isbn  = ?
  <sql:param value="${param.isbn}"/>
</sql:query>
```

Os valores são passados pela action <sql:param /> e substituídos para cada parâmetro marcado com o caractere "?" na instrução SQL. A ordem no qual as actions <sql:param /> aparecem determina qual parâmetro será substituído.

fAtJSTL.jsp

```
<%@ page language="java"
 contentType="text/html"
 pageEncoding="ISO-8859-1"
%>

<%@ taglib uri="http://java.sun.com/jsp/jstl/core" prefix="c"%>
<%@taglib uri="http://java.sun.com/jsp/jstl/fmt" prefix="fmt"%>
<%@ taglib uri="http://java.sun.com/jsp/jstl/sql" prefix="sql"%>

<!DOCTYPE html PUBLIC
"-//W3C//DTD XHTML 1.0 Transitional//EN"  "http://www.w3.org/TR/
xhtml1/DTD/xhtml1-transitional.dtd">
<html xmlns="http://www.w3.org/1999/xhtml">
<head>
<title>Formulário de Atualização</title>
</head>
<body>

<sql:setDataSource var="dataSource"
  driver="com.mysql.jdbc.Driver"
  url="jdbc:mysql://localhost/livraria"
  user="edson" password="integrator" />

<sql:query var="livros" dataSource="${dataSource}">❶
```

```
  SELECT * FROM livros WHERE isbn=?
  <sql:param value="${param.isbn}" />
</sql:query>

<c:set var="row" value="${livros.rows[0]}" />❷

<c:set var="data" value="${row.ano_publicacao}"/>❸

<form action="atualizaJSTL.jsp" method="post">
<table>
  <tr>
    <td>ISBN:</td>
    <td>
      <input type="text" name="isbn"
      value="<c:out value="${row.isbn}" />"  readonly="readonly" />
    </td>
  </tr>
  <tr>
    <td>Título:</td>
    <td>
      <input type="text" name="titulo"
        value="<c:out value="${row.titulo}" />" />
    </td>
  </tr>
  <tr>
    <td>Edição:</td>
    <td>
      <input type="text" name="edicao"
        value="<c:out value="${row.edicao_num}" />" />
    </td>
  </tr>
  <tr>
    <td>Publicação:</td>
    <td>
  ❹  <input type="text" name="publicacao"
```

```
        value="<fmt:formatDate value="${data}" type="DATE"
        pattern="yyyy"/>" />
    </td>
  </tr>
  <tr>
    <td>Descrição:</td>
    <td>
      <textarea name="descricao" rows="5" cols="25">
        <c:out value="${row.descricao}" /></textarea>
    </td>
  </tr>
  <tr>
    <td colspan="2">
      <input type="submit" name="btAtualizar" value="Atualizar" />
    </td>
  </tr>
</table>
</form>

</body>
</html>
```

❶ Do link criado na página anterior, você transmite o código do ISBN para essa página. Esse ISBN é passado pela action <sql:param /> e substituído.

❷ Como se trata de exibir o conteúdo de apenas uma linha, não será necessário um loop. Por esse motivo uma variável chamada ***row*** foi declarada. Atente ao detalhe de exibição de apenas uma linha, usando a EL: ***${livros.rows[0]}***.

❸ O ano de publicação existente na tabela de livros será armazenado em uma variável chamada ***data***.

❹ A variável ***data*** é formatada usando a action <fmt:formatDate />.

A página a seguir utiliza a action <sql:param /> em conjunto com a action <sql:update />:

atualizaJSTL.jsp

```
<%@ page language="java"
      contentType="text/html"
     pageEncoding="ISO-8859-1"
%>
<%@ taglib uri="http://java.sun.com/jsp/jstl/core" prefix="c"%>
<%@ taglib uri="http://java.sun.com/jsp/jstl/sql" prefix="sql"%>
<!DOCTYPE html PUBLIC
"-//W3C//DTD XHTML 1.0 Transitional//EN" "http://www.w3.org/TR/
xhtml1/DTD/xhtml1-transitional.dtd">
<html xmlns="http://www.w3.org/1999/xhtml">
<head>
<title>Dados atualizados</title>
</head>
<body>
<sql:setDataSource var="dataSource"
      driver="com.mysql.jdbc.Driver"
      url="jdbc:mysql://localhost/livraria"
      user="edson" password="integrator" />

<sql:update var="resultado" dataSource="${dataSource}">❶
  UPDATE livros SET
  titulo=?, edicao_num=?,
  ano_publicacao=?, descricao=?
  WHERE isbn=?
  <sql:param value="${param.titulo}" />
  <sql:param value="${param.edicao}" />
  <sql:param value="${param.publicacao}" />
  <sql:param value="${param.descricao}" />
  <sql:param value="${param.isbn}" />
</sql:update>

<c:if test="${resultado>0}">❷

<h3>Os dados foram atualizados com sucesso!</h3>
```

```
<a href="usandoSQLComJSTL.jsp">Voltar a página principal</a>

</c:if>
</body>
</html>
```

❶ A action usada nesse exemplo é a *<sql:update />*, trabalhando com a instrução SQL UPDATE. Dessa vez, múltiplas actions *<sql:param />* são utilizadas. A ordem definida pelos caracteres "?" devem ser respeitadas na hora de colocar as actions.

❷ Caso a instrução seja bem sucedida, o valor inteiro é enviada a variável ***resultado***, informando o número de linhas retornadas. Caso o valor seja maior que zero, a mensagem de atualização é mostrada e um link para retornar a página principal.

A Action <sql:transaction />

A action <sql:transaction /> que possibilita trabalhar com um comportamento transacional na SQL.

As actions <sql:query /> ou <sql:update /> podem ser incluídas como parte de uma transação aninhadas dentro da action <sql:transaction />.

```
<sql:transaction dataSource="${dataSource}"
isolation="read_committed">
  <sql:update var="resultado">
    DELETE FROM livros WHERE isbn = ?
    <sql:param value="${param.isbn}"/>
  </sql:update>
</sql:transaction>
```

Se a action <sql:update /> for executada com sucesso, a transação terá o commit automático. Se o comando o DELETE falhar, a transação inteira é desfeita, o famoso ROLL BACK.

Note que o DataSource é declarado pela action <sql:transaction />, um detalhe muito importante. O atributo ***isolation***, que é opcional, também pode ser fornecido para dar o nível de isolamento da transação. Este atributo deve ter um dos seguintes valores:

- **read_committed**
- **read_uncommitted**
- **repeatable_read**
- **serializable**

A página a seguir termina o exemplo com a exclusão de dados usando JSTL:

excluirJSTL.jsp

```
<%@ page language="java"
  contentType="text/html"
  pageEncoding="ISO-8859-1"%>
<%@ taglib uri="http://java.sun.com/jsp/jstl/sql" prefix="sql"%>
<%@ taglib uri="http://java.sun.com/jsp/jstl/core" prefix="c"%>
<!DOCTYPE html PUBLIC
"-//W3C//DTD XHTML 1.0 Transitional//EN" "http://www.w3.org/TR/
xhtml1/DTD/xhtml1-transitional.dtd">
<html xmlns="http://www.w3.org/1999/xhtml">
<head>
<title>Excluindo com JSTL</title>
</head>
<body>
<sql:setDataSource var="dataSource"
  driver="com.mysql.jdbc.Driver"
  url="jdbc:mysql://localhost/livraria"
  user="edson" password="integrator" />

❶ <sql:transaction dataSource="${dataSource}"
              isolation="read_committed">
      <sql:update var="resultado">
         DELETE FROM livros WHERE isbn = ?
         <sql:param value="${param.isbn}"/>
      </sql:update>
    </sql:transaction>
```

```
<c:if test="${resultado>0}">
<h3>O ISBN ${param.isbn} foi excluido com sucesso!</h3>
<a href="usandoSQLComJSTL.jsp">Voltar a página principal</a>
</c:if>
</body>
</html>
```

❶ A exclusão é feita da mesma maneira que a atualização, usando a action <sql:update/>. Note a utilização da action <sql:transaction/>.

A Biblioteca de Tags XML

Nos últimos anos o XML se tornou um padrão de arquivo por representar e trocar dados entre aplicações de todos os tipos. Dados representados por XML são simples em sua estrutura e fácil de validar. Mas o fato principal de seu sucesso foi de que seus dados é fundamentado em texto, o que aumentou sua popularidade, especialmente com as tecnologias de serviços Web.

O JSTL fornece uma biblioteca que processa tags XML e é projetada para resolver muitas das tarefas comuns que ocorrem em páginas que usam dados XML.

A biblioteca que processa tags XML pode ser dividida em três actions:

- Core
- Controle de Fluxo
- Transformação

As duas primeiras áreas funcionais são bem parecida com a biblioteca de tags de Core, exceto o fato de que são projetadas para trabalhar com dados no formato XML.

A action de Transformação XML possibilita transformar os dados XML em um conteúdo visualmente melhor usando XSL Transformations (XSLT).

A biblioteca de actions XML que processam essas tags é toda baseada em torno do XPath (uma recomendação do W3C desde 1999), onde se pode especificar partes individuais de um documento XML usando uma simples expressão XPath .

-Atenção- Para usar o XPath com os exemplos desta sessão, você precisará das bibliotecas Xalan. Se você baixou o JWSDP como descrito no princípio desse capítulo, você pode encontrar as bibliotecas Xalan no diretório de **jaxp\lib\endorsed**. Outra forma de obter essas bibliotecas é pelo endereço **http://xml.apache.org/xalan-j/**. Após baixar, copie os arquivos JARs dentro do diretório **lib**, em **WEB-INF**, da sua aplicação.

A Action XML Core

Similar a action Core do JSTL, com a característica de fornecer as tags fundamentais para interagir com o conteúdo XML.

As Actions <x:parse /> e <x:out />

Como você já está bem familiarizado com o JSTL, o exemplo dado a seguir demonstrará a varredura do XML e a saída dos resultados encontrados na página JSP.

Crie um arquivo chamado **livros.xml** dentro do diretório raiz da sua aplicação. Adicione o seguinte conteúdo:

livros.xml

```
<linha1><?xml version="1.0" encoding="ISO-8859-1"?>
<livros>
  <livro>
    <isbn>85-7393-486-7</isbn>
    <titulo>Dominando Eclipse</titulo>
    <edicao>1</edicao>
    <publicacao>2006</publicacao>
    <descricao>Conheça a IDE mais usada do momento</descricao>
  </livro>
  <livro>
    <isbn>85-7393-519-7</isbn>
```

```
    <titulo>Dominando NetBeans</titulo>
    <edicao>1</edicao>
    <publicacao>2006</publicacao>
    <descricao>
      Conheça as principais características dessa IDE
    </descricao>
  </livro>
  <livro>
    <isbn>85-7393-543-X</isbn>
    <titulo>Dominando AJAX</titulo>
    <edicao>1</edicao>
    <publicacao>2006</publicacao>
    <descricao>Domine o AJAX</descricao>
  </livro>
</livros>
```

O XML não será comentado, pois é simples em sua estrutura.

A página JSP a seguir demonstra como trazer os dados encontrados no XML criado usando a biblioteca JSTL:

usandoXMLcomJSTL.jsp

```
<%@ page language="java"
  contentType="text/html"
    pageEncoding="ISO-8859-1"
%>
<%@ taglib uri="http://java.sun.com/jsp/jstl/core" prefix="c" %>
<%@ taglib uri="http://java.sun.com/jsp/jstl/xml" prefix="x" %>❶
<!DOCTYPE html PUBLIC
"-//W3C//DTD HTML 4.01 Transitional//EN" "http://www.w3.org/TR/
html4/loose.dtd">
<html>
<head>
<title>Manipulando o XML através de JSTL</title>
</head>
<body>
```

```
<c:import url="livros.xml" var="url" />❷
<x:parse xml="${url}" var="doc" scope="application" />❸
<table border="1">
<tr>
<th>ISBN</th><th>Título</th><th>Publicação</th>
</tr>
<x:forEach select="$doc/livros/livro" var="l">❹
<tr>
<td><x:out select="$l/isbn"/>❺</td>
<td><x:out select="$l/titulo"/></td>
<td><x:out select="$l/publicacao"/></td>
</tr>
</x:forEach>
</table>
</body>
</html>
```

Primeiramente nesse exemplo você tem que importar as bibliotecas que irão ser usadas, sendo que, a mais nova é a de XML ❶.

Com a action **<c:import />**❷ você importa o arquivo XML criado anteriormente. Com a action **<x:parse />**❸ você pode manipular o documento XML, onde o seu conteúdo é analizado e salvo na variável determinada em seu escopo. Nesse exemplo o escopo de armazenamento é application.

Com a action **<x:forEach />**❹, pertencente às actions de controle de fluxo XML, você varre os elementos encontrados no documento XML, existentes na variável **$doc** agora, e os envia para uma outra variável, **$l**.

A action **<x:out />**❺ é similar a sua irmã da biblioteca Core <c:out /> e tem como propósito a saída dos resultados no navegador.

A Action Controle de Fluxo XML

Agora que foi visto como analisar gramaticalmente, armazenar e recuperar os dados XML, você pode dar uma olhada nas actions de controle de fluxo XML (XML Flow Control), que condicionalmente processam código JSP baseado no resultado de uma expressão XPath e interage sobre os elementos dentro de um documento XML.

Assim como os casos anteriores, é similar a biblioteca Core.

As Actions <x:forEach /> e <x:if />

Para que não haja tantos exemplos, como já mostrado ao longo do capítulo, altere o arquivo criado como mostra o exemplo a seguir:

usandoXMLcomJSTL.jsp

```
...
<x:forEach select="$doc/livros/livro" var="l">
  <x:if select="$l/titulo='Dominando AJAX'">
    <tr>
      <td><x:out select="$l/isbn"/></td>
      <td><x:out select="$l/titulo"/></td>
      <td><x:out select="$l/publicacao"/></td>
    </tr>
  </x:if>
</x:forEach>
...
```

Como a action <x:forEach /> foi demonstrada anteriormente, apenas a action <x:if /> é uma novidade, embora nem tanto assim. Note que seu comportamento é similar ao da biblioteca Core.

As Actions <x:choose />, <x:when /> e <x:otherwise />

Também similar a biblioteca Core, substitui um conjunto de condições **if**.

usandoXMLcomJSTL.jsp

```
...
  <x:forEach select="$doc/livros/livro" var="l">
    <x:choose>
```

```
      <x:when select="$1/titulo='Dominando AJAX'">
        <c:set var="cor" value="#EEEEEE" />
      </x:when>
      <x:when select="$1/titulo='Dominando Eclipse'">
        <c:set var="cor" value="#CCCCCC" />
      </x:when>
      <x:otherwise>
        <c:set var="cor" value="#FFFFFF" />
      </x:otherwise>
    </x:choose>
    <tr bgcolor="${cor}">
      <td><x:out select="$1/isbn" /></td>
      <td><x:out select="$1/titulo" /></td>
      <td><x:out select="$1/publicacao" /></td>
    </tr>
  </x:forEach>
...
```

O resultado é como mostra a Figura 17.15 a seguir:

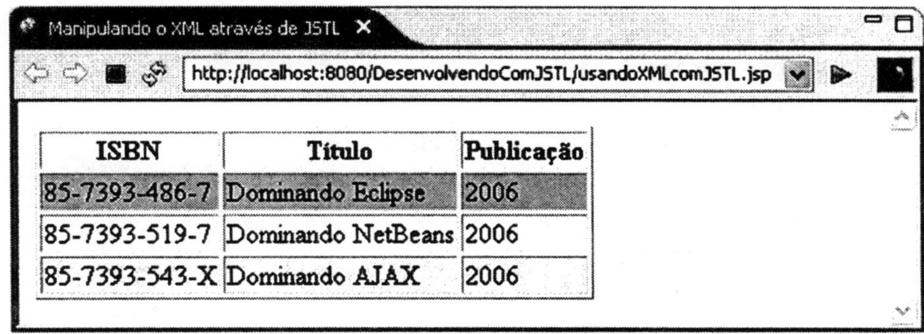

ISBN	Título	Publicação
85-7393-486-7	Dominando Eclipse	2006
85-7393-519-7	Dominando NetBeans	2006
85-7393-543-X	Dominando AJAX	2006

Figura 17.15

As Actions de Transformação XML

A situação aqui é transformar o documento XML em outro tipo de conteúdo, como HTML ou WML.

A Action <x:transform />

Como tudo em JSTL, de forma muito simples você pode aplicar uma formatação de um arquivo XSLT em seu documento XML.

Para colocar essa action em ação, primeiramente você precisará criar um documento XSLT para formatar o XML:

livros.xsl

```
<?xml version="1.0" encoding="ISO-8859-1"?>
<xsl:stylesheet version="1.0"
                    xmlns:xsl="http://www.w3.org/1999/XSL/Transform">

  <xsl:template match="/">
    <html>
      <head>
        <title>Utilizando XML com XSLT</title>
        <style>
          .alternado{background-color:#EEEEEE}
          .titulo{background-color:#CCCCCC}
        </style>
      </head>
      <body>
        <table border="1">
          <tr>
            <th colspan="4">Livros Cadastrados</th>
          </tr>
          <tr class="titulo">
            <th>ISBN</th>
            <th>Título</th>
            <th>Edição</th>
            <th>Publicação</th>
          </tr>
          <xsl:for-each select="livros/livro">
            <xsl:element name="tr">
              <xsl:if test="(position( ) mod 2 = 1)">
                <xsl:attribute name="class">
```

```
                alternado
              </xsl:attribute>
            </xsl:if>
            <td>
              <xsl:value-of select="isbn" />
            </td>
            <td>
              <xsl:value-of select="titulo" />
            </td>
            <td align="center">
              <xsl:value-of select="edicao" />
            </td>
            <td align="center">
              <xsl:value-of select="publicacao" />
            </td>
          </xsl:element>
        </xsl:for-each>
      </table>
    </body>
  </html>
 </xsl:template>
</xsl:stylesheet>
```

O arquivo **livros.xsl** é o responsável por formatar os resultados encontrados no arquivo **livros.xml**. Um elemento **<xsl:for-each />** é usado para selecionar os dados encontrados na árvore do documento XML. Note que a raiz do XML é o elemento <livros /> e cada elemento <livro /> é varrido para que você possa pegar os resultados.

O elemento **<xsl:value-of />** é usado para computar o texto gerado.

Para que a cor de cada linha fique alternada, o elemento **<xsl:element />** é usado para criar um elemento HTML, que no caso se trata da tag **<tr />**. Essa tag que será criada terá um atributo chamado **class**, que é gerado também através do elemento **<xsl:attribute />**. Esse atributo está entre o elemento **<xsl:if />** que testa um resultado, onde dependendo o valor aplica ou não a classe existente da folha de estilo.

Agora para aplicar o XSLT no documento XML, basta criar a página a seguir com a action **<x:transform />**.

usandoXSLTcomXMLeJSTL.jsp

```
<%@ taglib uri="http://java.sun.com/jsp/jstl/core" prefix="c"%>
<%@ taglib uri="http://java.sun.com/jsp/jstl/xml" prefix="x"%>
<c:import url="livros.xml" var="livros" />
<c:import url="livros.xsl" var="xslt" />
<x:transform xml="${livros}" xslt="${xslt}"/>
```

O resultado é como mostrado na imagem a seguir:

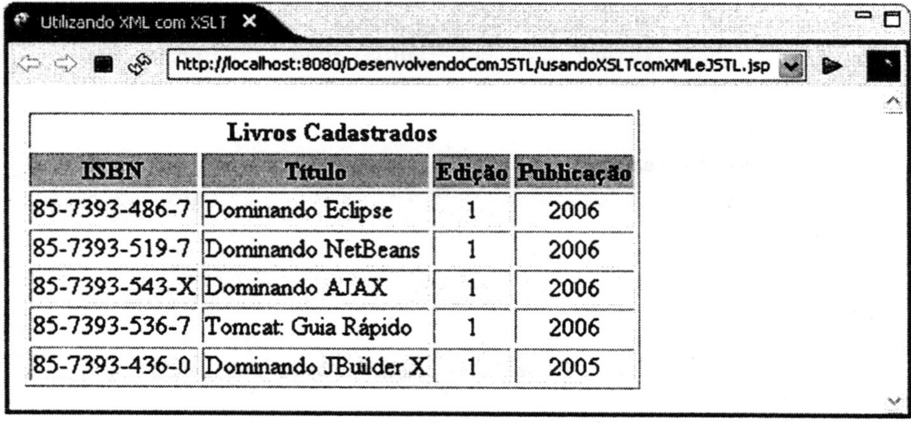

Livros Cadastrados			
ISBN	**Título**	**Edição**	**Publicação**
85-7393-486-7	Dominando Eclipse	1	2006
85-7393-519-7	Dominando NetBeans	1	2006
85-7393-543-X	Dominando AJAX	1	2006
85-7393-536-7	Tomcat: Guia Rápido	1	2006
85-7393-436-0	Dominando JBuilder X	1	2005

Figura 17.16

Capítulo 18

Entendendo Custom Tags

TAGS PERSONALIZADAS NÃO É UMA COISA MUITO INCOMUM PARA VOCÊ, uma vez que já foi apresentado a essa situação em um exemplo dado em capítulo anterior. As Custom Tags possibilitam encapsular funcionalidade reutilizáveis em páginas JSP. Uma das desvantagens principais de ambientes de scripting como JSP é o quanto se torna fácil de reunir um conjunto de repetidas ações em páginas diferentes e, muitas vezes, sem pensar em como será mantido e acrescido no futuro.

Apesar disso, você deve estar se perguntando do porque criar tags personalizadas, em meio a tantas já existentes e até mesmo diante de situações como os JavaBeans, que resolvem muitas situações. É exatamente o que você entenderá neste capítulo.

Em Qual Situação Eu Devo Usar Custom Tags?

Entre as melhores práticas que já foram estabelecidas ao redor do desenvolvimento de páginas JSP, uma das mais importantes é a de ter o mínimo de código Java, sempre que possível, embutido em uma página JSP. A experiência mostrou aos desenvolvedores três fatores chave que se beneficiam desta prática, que são:

- Reusabilidade
- Readaptabilidade
- Manutenibilidade

Esses três fatores são explicados a seguir:

Reusabilidade

Uma meta comum associada a praticamente todas as linguagens de programação, a reutilização de código o ajuda a acelerar o desenvolvimento de uma aplicação, principalmente quando se trata de uma aplicação de grande porte. Você percebeu que, ao criar páginas JSP com códigos Java embutido, como no caso de acesso a banco de dados, fora percebido que muitas das características ali existentes seriam bem mais produtivas se fossem compartilhadas, pois se tratavam do mesmo código praticamente em todas as situações, embora essas situações fossem diferentes em suas finalidades. A reutilização diminui drasticamente a manutenção, focando em uma única classe ou componente, uma vez que alterações em uma aplicação por causa de erros causados são problemáticos quando se encontram em vários níveis do programa separadamente.
O modo que JSP lhe permite reutilizar código é através de custom tags e bibliotecas de tags.

Readaptabilidade

Custom Tags melhoram a readaptabilidade encapsulando código Java fora da página. Como você pode ter notado, não é tão difícil escrever Scriptlets em páginas JSP no desenvolvimento, o mais duro é ler a página. Encapsulando o código Java em uma tag customizada remove esse problema da página, fazendo uma limpeza, deixando os textos mais curtos e mais legíveis. Escolhendo nomes apropriados para sua tag customizada também pode fazer uma página mais fácil para designers de página lerem e entenderem.

Manutenibilidade

Um importante conceito em manutenibilidade é remover as duplicações de seus códigos, concentrando em um único local uma mesma situação requerida por diversas partes de sua aplicação. Se você tiver 10 cópias do mesmo método espalhadas ao longo de uma aplicação Java, você tem 10 lugares diferentes para fazer correções quando um erro é encontrado. Porém, se você extrair esse método e nele tiver 100 chamadas que seja, para aquele método, o erro é fixado em só um lugar. Isso é um conceito importantíssimo, principalmente se você tiver a intenção de ser um grande desenvolvedor, que faz parte de uma equipe que trabalha com grandes projetos.

Se você puder encapsular alguma parte da funcionalidade em uma tag customizada, mudanças ou problemas são direcionadas aquela tag customizada, e então todas as partes da sua aplicação que necessitar chamar essa tag adquire suas funcionalidades e problemas são resolvidos alterando-se somente o código da tag e não as partes que a chamam.

Há vários sinais que ajudam identificam se um sistema será fácil ou difícil para se manter. Usando tags customizadas já é um desses sinais para uma aplicação JSP, uma indicação que será fácil de se manter.

Custom Tags e Biblioteca de Tags, Qual a Diferença?

Uma biblioteca de tags simplesmente é uma coleção de uma ou mais tags customizadas ou personalizadas. Uma biblioteca de tags pode ser usada novamente em uma única página, em várias páginas em uma aplicação, ou por várias páginas em aplicações diferentes. Por exemplo, a biblioteca de tags JSTL Core contém todas as tags que ajudam você a resolver os problemas comuns encontrados na construção de páginas JSP, como interagir com coleções ou simplesmente adicionar lógica condicional a página. Veja que são várias tags que se encontram em uma mesma biblioteca.

Construindo uma Biblioteca de Tags Clássicas

Você viu no Capítulo 9 uma introdução de como se criar tags personalizadas usando Java. A idéia nesse capítulo não é abordar totalmente o assunto, uma vez que isso por si só daria um livro inteiro. Aqui sua missão será compreender melhor como tudo funciona e as possibilidades do que pode ser feito a partir daí.

Criando a Classe InputTag

A classe **InputTag** terá o desenvolvimento de uma tag genérica, que poderá ser usada em todas as tags tipo **<input type />**, encontrado em formulários feitos em HTML.

InputTag.java

```
package meupacote;

import java.io.IOException;
import javax.servlet.jsp.JspWriter;
import javax.servlet.jsp.tagext.TagSupport;

public class InputTag extends TagSupport {

    private String type = null; ❶
    private String name = null;
    private String id = null;
    private String value = null;
    private String size = null;
    private String maxLength = null;

    public String getType( ) {
        return type;
    }

    public void setType(String type) {
        this.type = type;
    }

    public String getMaxLength( ) {
        return maxLength;
    }

    public void setMaxLength(String maxLength) {
```

```
        this.maxLength = maxLength;
    }

    public String getSize( ) {
        return size;
    }

    public void setSize(String size) {
        this.size = size;
    }

    public String getId( ) {
        return id;
    }

    public void setId(String id) {
        this.id = id;
    }

    public String getName( ) {
        return name;
    }

    public void setName(String name) {
        this.name = name;
    }

    public String getValue( ) {
        return value;
    }

    public void setValue(String value) {
        this.value = value;
    }
```

```
public int doStartTag( ) throws javax.servlet.jsp.JspException {❷
     return SKIP_BODY;
 }

public int doEndTag( )  throws javax.servlet.jsp.JspException {❸

try{
  JspWriter out = pageContext.getOut( );

        out.print("<input");
        out.print(" type=\"" + getType( ) + "\"");
        out.print(" name=\"" + getName( ) + "\"");

        if(getValue( ) != null)
  out.print(" value=\"" + getValue( ) + "\"");

        if (getId( ) != null)
  out.print(" id= \"" + getId( ) + "\"");

        if (getSize( ) != null)
  out.print(" size= \"" + getSize( ) + "\"");

        if (getMaxLength( ) != null)
  out.print(" maxlength= \"" + getMaxLength( ) + "\"");


        out.print(" />");

      } catch (IOException ioe) {
          System.out.println("Erro:"
                  + ioe.getMessage( ));
      }

      this.release ( );
      return EVAL_PAGE;
 }
```

```
    public void release( ) {❶
        super.release( );
        type = null;
        name = null;
        id = null;
        value = null;
        size = null;
        maxLength = null;
    }

}
```

A tag **<input />** dos formulários HTML contém alguns atributos, que foram criados aqui, na sua tag personalizada ❶. Esses atributos, aqui, na classe **InputTag** são privados e serão acessíveis pelos métodos gets e sets públicos da classe.

Os métodos com inicio **get** em seus nomes serão os que retornarão os valores enviados, como descreve o conceito JavaBeans. Os métodos com início **set**, contém também uma entrada de parâmetro. Para melhor ilustrar, veja a seguir o detalhe:

Uma tag **<input type="text" />** precisaria dos métodos, na sua **tag personalizada**, para ser configurado como tal: **setType(String type)** e **getType( )**. O primeiro método público, **setType(String type)** tem essa nomenclatura por se referir ao atributo **type**, e que por sua vez recebe um parâmetro, que será os **types** existentes na tag HTML (**text, submit, reset, checkbox, radio**). O método **getType( )** não pega valores, apenas retorna o valor encontrado.

O método **doStartTag( )**❷, como já foi dito no Capítulo 9, é chamado em runtime pelo JSP para avisar ao processador de tags que deve fazer seu trabalho. Nesse exemplo, não fora utilizado para processar a tag, pois a tag não contém um início em si. O retorno da constante **SKIP_BODY** indica que a tag não tem um corpo.

O uso do método **doEndTag( )**❸, assim como **doStartTag( )**, é um dos métodos de uma tag no qual realiza uma lógica única. Assim como ocorre no método **doStartTag( )**, seu nome indica quando ela será chamada; nesse caso, quando o final de uma tag for alcançada. Para tags sem corpo (<t:inputTag type="text" />), isso significa que ela é chamada quando a barra ("/") for alcançada. Nesse caso, você cria todo o escopo da tag de formulário HTML <input /> nesse método. Para tags com corpo, esse método é chamado quando a tag de fechamento é encontrada (</t:fim_tag>). Isso é comum em algumas tags HTML, como por exemplo a tag <form> que tem como fechamento </form>.

Ao chamar **doEndTag( )**, o runtime do JSP é notificado de que a tag está processada e que está pronto para continuar o processamento do restante da página. No entanto, pode ser que nesse ponto a tag prefira que a página termine, ao invés de continuar a execução. Isso acontece em uma tag cujo trabalho seria de redirecionar o usuário para uma outra página ou outro URL e sendo assim, a página não deve continuar com sua execução, quando completa. Se esse for o caso, você deve retornar a constante **SKIP_PAGE**. Mas no exemplo dado, você pode implementar diversas tags em um formulário usando essa tag personalizada, portanto nesse caso, você deseja que a execução continue em andamento, retornando **EVAL_PAGE**.

O método **release( )**❹ permite que seu processador de tags faça a limpeza na vida de uma tag. Note que é chamado esse método em **doEndTag( )** e que nele, você atribui valores nulos aos atributos existentes. Isso é necessário, para que o último atributo não fique na memória quando você chamar outro.

O Papel do TLD

O TLD serve para dois propósitos:

1. Ele contém informações necessárias para auxiliar as ferramentas de autoria JSP, que por sua vez, analisam, utilizam e exibem estas informações .
2. Ele contém todos os dados sintáticos necessários pelo mecanismo de runtime durante a tradução pelo JSP. Para que você entenda como esse mecanismo usa isso, na hora da execução, o runtime traduz o arquivo JSP em um Servlet (isso você já sabe), primeiro carregando o TLD para cada uma das bibliotecas de tags associadas com a página. Em seguida, analisa e preenche algumas clas-

ses auxiliares com as informações contidas dentro do arquivo e, finalmente, quando o runtime encontra uma tag personalizada no JSP, ele consulta os dados armazenados nessas classes auxiliares, validando a sintaxe da tag e criando stubs Java para as tags.

Como você pode ver, criar o arquivo TLD é de suma importância e fica evidente que sem esse descritor, sua página JSP jamais conseguirá trabalhar com a tag personalizada.

TrabComTaglib.tld

```
<?xml version="1.0" encoding="ISO-8859-1"?>
<taglib xmlns="http://java.sun.com/xml/ns/javaee"
       xmlns:xsi="http://www.w3.org/2001/XMLSchema-instance"
xsi:schemaLocation="http://java.sun.com/xml/ns/javaee/web-
jsptaglibrary_2_1.xsd"
       version="2.1">
   <description>
     Tag library
   </description>
   <jsp-version>2.1</jsp-version>
   <tlib-version>1.0</tlib-version>
   <shortname></shortname>
   <uri>inputTags</uri>❶

  <tag>
     <name>inputTag</name>❷
     <tagclass>meupacote.InputTag</tagclass>❸

     <bodycontent>empty</bodycontent>❹

     <attribute>
       <name>type</name>
       <required>true</required>
     </attribute>
     <attribute>
```

```
      <name>name</name>
      <required>true</required>
    </attribute>
    <attribute>
      <name>value</name>
      <required>false</required>
    </attribute>
    <attribute>
      <name>size</name>
      <required>false</required>
    </attribute>
     <attribute>
      <name>id</name>
      <required>false</required>
    </attribute>
    <attribute>
      <name>maxLength</name>
      <required>false</required>
    </attribute>

  </tag>
</taglib>
```

Embora algumas coisas já tenham sido ditas, no Capítulo 9, não custa novamente reforçar. O elemento **<uri />** ❶ é o mapeamento necessário para ter acessibilidade na chamada da **taglib** pela sua página JSP.

O elemento **<name />❷**, não menos importante, tem o nome da tag personalizada que você criou. O elemento **<tagclass />❸** é a indicação de onde se encontra a classe da biblioteca de tags.

Usando o elemento **<bodycontent />❹**, você diz ao runtime JSP que a sua tag personalizada não contém um corpo.

Um novo item visto agora se trata dos elementos que compõem a sua tag personalizada, o elemento **<attribute />**, uma vez que você deve definir aqui o nome do atributo e quais serão considerados obrigatórios. Observando sua classe, a tag que você está criando tem os atributos **type** e **name** como obrigatórios, elemento **<required />** (recendo sempre **true** se for obrigatório ou do contrário, **false**), e os demais opcionais. Digo isso porque existem nos demais uma condição **if** definindo se o retorno do valor dado ao atributo é diferente de **null**. Caso seja diferente de **null**, a sua classe de retorna o trecho da tag que não é obrigatório, como por exemplo **value**. O atributo **value** não é obrigatório porque caixa de entrada de texto em HTML não precisam na maioria dos casos de um valor pré-definido. Já o **type** e o **name** são essenciais, uma vez onde você precisa dizer ao browser que receberá o HTML compilado pela página JSP e o tipo de tag no qual está querendo que ele exiba, assim como seu nome, póssibilitando assim fazer com que essa página tenha um formulário útil até mesmo no envio dos dados por esses campos criados.

Referenciando uma Biblioteca de Tags em uma Página JSP

Você já sabe que uma página JSP deve permitir que o runtime saiba que biblioteca de tags ele estará usando. Mas você será detalhado de como isso é feito.

Os arquivos JSP usam uma diretiva, já comentada em capítulo anterior, chamada de **<@ taglib />** para indicar que biblioteca de tags eles pretendem usar. A sintaxe para reforçar a memória é:

```
<%@ taglib uri="referencia da uri única  da biblioteca "
      prefix="prefixo_personalizado" %>
```

A diretiva **taglib** serve aos seguintes objetivos:

1. Declarar que o arquivo JSP usa uma biblioteca de tags especificada;
2. Identificar o TLD para que essa biblioteca de tags, referenciando um URI único (o uri pode apontar para o TLD diretamente ou para uma seção da biblioteca de tags em **web.xml** – como no exemplo do capítulo anterior a esse – que a referencia);
3. Designar um **prefixo** para todas as tags que farão parte da biblioteca. Isso fornece um espaço identificador para suas tags. Mas não se preocupe se você tiver na sua biblioteca o mesmo nome de uma tag que existe em uma outra biblioteca.

Chamando a Tag Personalizada na Página JSP

A página JSP a seguir é simples, como a maioria dos exemplos dados neste livro. Isso facilita o entendimento do assunto, por mais complexo que ele o seja.

index.jsp

```
<%@ page language="java" contentType="text/html"
    pageEncoding="ISO-8859-1"%>
<%@ taglib uri="/WEB-INF/tld/TrabComTaglib.tld "
prefix="t" %>❶
<!DOCTYPE html PUBLIC
"-//W3C//DTD XHTML 1.0 Transitional//EN" "http://www.w3.org/TR/
xhtml1/DTD/xhtml1-transitional.dtd">
<html xmlns="http://www.w3.org/1999/xhtml">
<head>
<title>Trabalhando com Taglibs</title>
</head>
<body>
  <form action="index.jsp" method="post" >
    Usuário: <t:inputTag name="usuario" type="text" />❷<br />
    Senha: <t:inputTag name="senha" type="password" /><br />
    <t:inputTag name="btEnviar" type="submit" value="Enviar" />

  </form>
</body>
</html>
```

❶ Note a chamada da **taglib** onde a **uri**, que novamente venho a afirmar, deve ser única. O prefixo é dado por você, e embora existam certos prefixos que são reservados, uma letra qualquer o ajuda a escolher o melhor prefixo, no caso foi escolhido "**t**" de **TAG**.

❷ Depois de chamada a sua biblioteca de tag, a sua utilização se faz de maneira bem simples. Você começa com o prefixo, seguido de dois pontos e o nome da tag que irá empregar, no caso **inputTag**. Os atributos dados como obrigatórios são **name** e **type**. A última tag criada, o botão de enviar, você adicionou um atributo a mais, chamado **value**, que no caso não é obrigatório.

O resultado desse trabalho você pode ver na imagem a seguir:

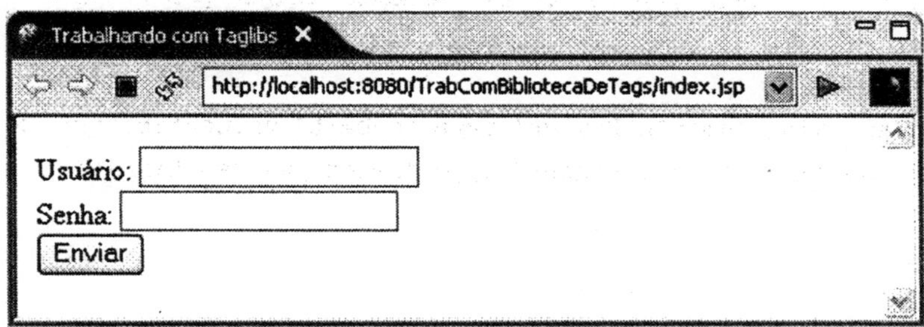

Figura 18.1

Com uma pequena modificação no seu código, na página JSP, você consegue outros elementos mais, veja:

index.jsp

```
<%@ page language="java" contentType="text/html"
    pageEncoding="ISO-8859-1"%>
<%@ taglib uri="/WEB-INF/tld/TrabComTaglib.tld" prefix="t" %>
<!DOCTYPE html PUBLIC
"-//W3C//DTD XHTML 1.0 Transitional//EN" "http://www.w3.org/TR/
xhtml1/DTD/xhtml1-transitional.dtd">
<html xmlns="http://www.w3.org/1999/xhtml">
<head>
<title>Trabalhando com Taglibs</title>
</head>
<body>
  <form action="index.jsp" method="post" >
    Nome: <t:inputTag name="nome" type="text" size="25" /><br />
    e-mail: <t:inputTag name="email" type="text" size="25" /><br />
    sexo: <t:inputTag name="sexo" type="radio" value="m"/>Masculino
```

```
    <t:inputTag name="sexo" type="radio" value="f"/>Feminino
    <br />
    Tipo de músicas:<br />
    <t:inputTag name="pop" type="checkbox" value="pop"/>POP <br />
    <t:inputTag name="rock" type="checkbox" value="pop"/>Rock <br />
    <t:inputTag name="dance" type="checkbox" value="pop"/>Dance <br />
    <br />

    <t:inputTag name="btEnviar" type="submit" value="Enviar" />
    <t:inputTag name="btLimpar" type="reset" value="Limpar" />
  </form>
</body>
</html>
```

Criando Algo mais Dinâmico

Está bem, você achou interessante trabalhar com tags personalizadas mas gostaria de fazer algo mais dinâmico, como um loop que se repetisse de acordo com um certo número de vezes passadas. Tudo bem, vamos fazer algo desse tipo.

Primeiramente você irá criar uma nova tag, essa tag irá criar um loop, como o while:

LoopTag.java

```
package meupacote;

import javax.servlet.jsp.*;
import javax.servlet.jsp.tagext.*;
import java.io.*;

public class LoopTag extends BodyTagSupport {❶
private int contar;

 public void setContar(String cont) {❷
```

```
  try {
   contar = Integer.parseInt(cont);
  } catch(NumberFormatException nfe) {
   contar = 1;
  }
 }
public int doAfterBody( ) {❸
  if (contar-- >= 1) {
   BodyContent bodyC = getBodyContent( );❹
   try {
    JspWriter out = bodyC.getEnclosingWriter( );❺
    out.println(bodyC.getString( ));❻

    bodyC.clearBody( );❼

   } catch(IOException ioe) {
    System.out.println("Erro: " + ioe.getMessage( ));
   }
   return(EVAL_BODY_AGAIN);
  } else {
   return(SKIP_BODY);
  }
 }
}
```

Para trabalhar com uma tag de repetição, como a feita, você precisa primeiro saber de qual classe herdar certas funcionalidades. A tag feita é uma simples interação com condição de repetições, onde o usuário pode colocar em seu corpo o objeto HTML ou um outro que deseja repetir e dizer quantas vezes deseja repetir.

❶ As tags que processam o corpo contendo múltiplos pontos devem começar estendendo **BodyTagSupport.**

❷ O método público **setContar(String cont)** determinará a quantidade de vezes que sua tag irá iterar na página JSP. Você dirá a tag para repetir **cinco** vezes e assim ela o fará.

❸ O método **doAfterBody( )** controla a iteração com seus códigos de retorno, onde, para continuar a iteração, esse método retorna um valor de **IterationTag.EVAL_BODY_AGAIN**. Para interromper a iteração, o método **doAfterBody( )** retorna um valor **BodyTag.SKIP_BODY**. Esse método também é onde você reexporta o valor iterado (valor atual da propriedade no qual você está iterando) e escreve o resultado da iteração atual na resposta.

❹ O método **getBodyContent( )** recupera o corpo da tag processada através de seu objeto **BodyContent**, desde que o processador de tags estenda **BodyTagSupport**.

❺ O método **getEnclosingWriter( )**, no objeto **BodyContent**, retorna um ***JspWriter*** que é usado por para escrever de volta para o usuário. Repare que isso é diferente do método **pagContext.getOut( )** que já fora usado anteriormente em uma tag mais simples.

❻ Chamar o método **getString( )**, no objeto **BodyContent**, faz com que um tag retorne Strings contendo o corpo processado da tag. Essas Strings são impressas ao usuário chamando o método **println( )** do objeto **JspWriter**.

❼ O conteúdo do objeto **BodyContent** pode ser limpo chamando o método **clearBody( )**.

Criando o Descritor da sua Tag Personalizada

Para que essa tag possa ser utilizada, você irá criar o descritor a seguir:

LoopTag.tld

```
<?xml version="1.0" encoding="ISO-8859-1"?>
<taglib xmlns="http://java.sun.com/xml/ns/javaee"
   xmlns:xsi="http://www.w3.org/2001/XMLSchema-instance"
xsi:schemaLocation="http://java.sun.com/xml/ns/javaee/web-
jsptaglibrary_2_1.xsd"
version="2.1">
<description>
  Tag library
</description>
```

```
<jsp-version>2.1</jsp-version>
<tlib-version>1.0</tlib-version>
    <shortname></shortname>
    <uri>LoopTag</uri>
 <tag>
    <name>loop</name>
    <tagclass>meupacote.LoopTag</tagclass>
    <bodycontent>JSP</bodycontent>❶

    <attribute>
      <name>contar</name>
      <required>true</required>
      <rtexprvalue>true</rtexprvalue>❷
    </attribute>
  </tag>

</taglib>
```

❶ O elemento **<bodycontent />** especifica como a tag usa seu corpo. O ambiente JSP usará esse valor para entender como a tag quer que o runtime do JSP trate seu corpo. Os valores que um elemento **<bodycontent />** pode ter são:

- **empty** – denota que a tag deve ter um corpo vazio;
- **JSP** – denota que um corpo inclui conteúdo JSP;
- **tagdependent** – denota que o corpo inclui conteúdo que a tag deve interpretar.

Se esse elemento não estiver, o valor padrão assumido é **JSP**, o que demonstra claramente que ele não é obrigatório.

O elemento **<attribute />** se difere dos demais por dizer o nome de uma atributo **<name />** e se o atributo pode ou não ser obrigatório em seu uso, e isso você já viu, na utilização do elemento **<required />**. Mas um novo elemento surge nesse cenário, o chamado **<rtexprvalue />❷**, que especifica se o atributo pode aceitar valores extraídos de uma expressão em tempo de execução. Esse atributo pode aceitar valores **true**, **false**, **yes** ou **no**. Se não estiver disponível, o padrão é **false**.

Utilizando sua Tag LoopTag

Depois de configurada a sua nova tag de iteração, falta somente você criar um documento e acrescentá-la para ver seu comportamento.

```
<%@ page language="java" contentType="text/html"
   pageEncoding="ISO-8859-1"%>
<%@ taglib uri="/WEB-INF/tld/LoopTag.tld" prefix="t" %>
<!DOCTYPE html PUBLIC
"-//W3C//DTD XHTML 1.0 Transitional//EN" "http://www.w3.org/TR/
xhtml1/DTD/xhtml1-transitional.dtd">
<html xmlns="http://www.w3.org/1999/xhtml">
<head>
<title>Trabalhando com Taglibs</title>
</head>
<body>
<t:loop contar="5">❶
<h3>Repetindo cinco vezes</h3>
</t:loop>
</body>
</html>
```

❶ A sua utilização é uma das coisas mais simples de entender, uma vez que você teve toda uma explicação ao longo do desenvolvimento de como essa tag trabalharia. Ao chamar sua tag personalizada, no parâmetro **contar** você determina a quantidade de vezes que deseja repassar o loop.

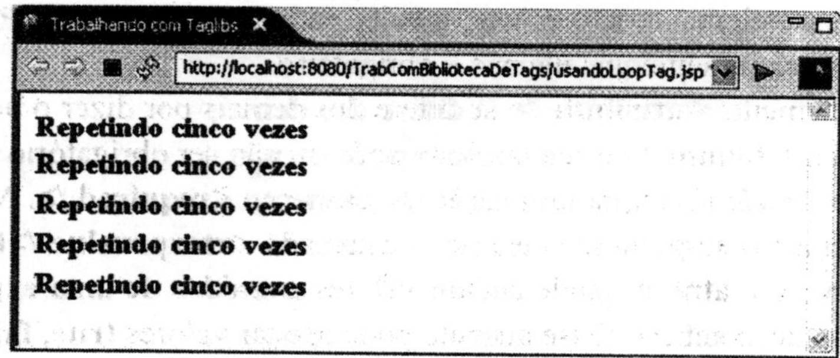

Figura 18.2

Criando Tags Condicionais

Dessa vez você criará tags condicionais como **IF/THEN/ELSE**. Essas tags trabalham verificando se o valor condicional retorna **true** ou **false**. Embora existam mais entre essas condicionais, será abordado apenas o básico.

A Tag IF

A tag a seguir desenvolvida será o IF, como conhecemos nas linguagens de programação. Essa tag envolverá as demais, onde terá um corpo que representa o IF em si e não sua condição ou impressão do resultado obtido da condição feita.

IfTag.java

```
package meupacote;

import javax.servlet.jsp.tagext.*;

public class IfTag extends TagSupport {
 private boolean condicao;
 private boolean temCondicao = false;

 public void setCondicao(boolean condicao) {
  this.condicao = condicao;
  temCondicao = true;
 }

 public boolean getCondicao( ) {
  return(condicao);
 }

 public void setTemCondicao(boolean flag) {
  this.temCondicao = flag;
 }
```

```
public boolean temCondicao( ) {
 return(temCondicao);
}

public int doStartTag( ) {
 return(EVAL_BODY_INCLUDE);
}
}
```

A classe **IfTag** não tem segredo. Apenas recebe um valor de condição e retorna esse valor, informando também através do método **temCondicao( )** se existe ou não uma condição.

A Tag de Condição do IF

Como uma tag condicional é muito complexa, você terá que criar também uma classe que verifique a condição.

IfCondTag.java

```
package meupacote;

import javax.servlet.jsp.*;
import javax.servlet.jsp.tagext.*;

public class IfCondTag extends BodyTagSupport {
 public int doStartTag( ) throws JspTagException {
  IfTag ifTag =
   (IfTag)findAncestorWithClass(this, IfTag.class);❶
  if (ifTag == null) {
   throw new JspTagException("não contém uma condição em if");
  }
  return(EVAL_BODY_AGAIN);
 }

 public int doAfterBody( ) {
```

```
    IfTag ifTag =
          (IfTag)findAncestorWithClass(this, IfTag.class);
      String bodyString = getBodyContent( ).getString( );
    if (bodyString.trim( ).equals("true")) {
       ifTag.setCondicao(true);
    } else {
     ifTag.setCondicao(false);
    }
    return(SKIP_BODY);
  }
}
```

❶ Quando certa tag está contida no corpo de uma outra tag, a tag que contem a outra é o **pai** da tag contida (como no exemplo o IfTag). O processo de atravessar uma classe específica já é implementado por **findAncestorWithClass( )** na classe **TagSupport**. Esse método recebe dois parâmetros; onde um referencia a tag a partir do qual deve ser iniciada a busca (em muitos casos é **this**) e o outro parâmetro é uma classe representando o processamento de tags que estamos procurando. Para que você entenda bem, a classe **IfTag** contém a capacidade de capturar uma condição e de retornar essa condição, assim como saber se há ou não uma condição. Se IfTag for um valor **null**, uma exceção é disparada. Caso não seja, o método **doAfterBody( )** assume o trabalho e verifica se existem um conteúdo condicional **true**, como string. Se for, envia o valor booleano **true** para o método encontrado dentro da classe **IfTag** chamado de **setCondicao(boolean b)**. Do contrário retorna o valor booleano **false** para o mesmo método da classe **IfTag**.

O Resultado Após a Condição

A tag criada agora, também dependente de IfTag, será o resultado a ser exibido ao usuário caso a condição seja **true**.

IfThenTag.java

```
package meupacote;

import javax.servlet.jsp.*;
import javax.servlet.jsp.tagext.*;
import java.io.*;

public class IfThenTag extends BodyTagSupport {

 public int doStartTag( ) throws JspTagException {
  IfTag ifTag =
   (IfTag) findAncestorWithClass(this, IfTag.class);❶

  if (ifTag == null) {
   throw new JspTagException("não contém uma condição em if");
  } else if (!ifTag.temCondicao( )) {
   throw new JspTagException("a condição deve vir antes dessa tag");
  }
  return(EVAL_BODY_AGAIN);
 }

 public int doAfterBody( ) {
  IfTag ifTag =
    (IfTag) findAncestorWithClass(this, IfTag.class);
  if (ifTag.getCondicao( )) {
   try {
    BodyContent body = getBodyContent( );❷
    JspWriter out = body.getEnclosingWriter( );
    out.print(body.getString());
   } catch(IOException ioe) {
    System.out.println("Erro: " + ioe.getMessage( ));
   }
  }
  return(SKIP_BODY);
 }
}
```

❶ Novamente **findAncestorWithClass( )** é chamado para que seja acessível a classe **IfTag.**

❷ O método **getBodyContent( )** recupera o corpo da tag processada através de seu objeto **BodyContent**, desde que o processador de tags estenda **BodyTagSupport**, como ocorreu no exemplo criado para fazer uma repetição de valores. O método **getEnclosingWriter( )**, no objeto **BodyContent**, retorna um ***JspWriter*** que é usado por para escrever de volta para o usuário. O método **getString( )**, no objeto **BodyContent**, faz com que um tag retorne Strings contendo o corpo processado da tag. Essas Strings são impressas ao usuário chamando o método **print( )** do objeto **JspWriter**.

O Caso Else

Bom, você já deve ter percebido que construir tags personalizadas mais complexas é uma tarefa mais complicada e que merece uma série de situações que devem ser analisadas. Uma delas é que, caso a condição do IF não seja satisfatória, você deve apresentar uma outra resposta ao usuário, e que bem me lembro, isso é feito pelo ELSE.

IfElseTag.java

```
package meupacote;

import javax.servlet.jsp.*;
import javax.servlet.jsp.tagext.*;
import java.io.*;

public class IfElseTag extends BodyTagSupport {
 public int doStartTag( ) throws JspTagException {
  IfTag ifTag =
   (IfTag)findAncestorWithClass(this, IfTag.class);
  if (ifTag == null) {
   throw new JspTagException("não contém uma condição em if");
  } else if (!ifTag.temCondicao()) {
```

```
      throw new JspTagException("a condição deve vir antes dessa tag");
    }
    return(EVAL_BODY_AGAIN);
  }

  public int doAfterBody( ) {
    IfTag ifTag =
      (IfTag)findAncestorWithClass(this, IfTag.class);
    if (!ifTag.getCondicao( )) {
      try {
        BodyContent body = getBodyContent( );
        JspWriter out = body.getEnclosingWriter( );
        out.print(body.getString( ));
      } catch(IOException ioe) {
        System.out.println("Erro: " + ioe.getMessage( ));
      }
    }
    return(SKIP_BODY);
  }
}
```

Muito similar à classe **IfThenTag**, só que a condição nesse caso, em **IfElseTag**, não deve ser satisfatória. Se essa for à situação, o resultado dessa tag é impresso.

Criando o TLD

Novamente você irá criar um arquivo com a extensão **tld** e adicionará o conteúdo mostrado a seguir:

TagsCondicionais.tld

```
<?xml version="1.0" encoding="ISO-8859-1"?>
<taglib xmlns="http://java.sun.com/xml/ns/javaee"
xmlns:xsi="http://www.w3.org/2001/XMLSchema-instance"
xsi:schemaLocation="http://java.sun.com/xml/ns/javaee/web-
```

```
jsptaglibrary_2_1.xsd"
version="2.1">
<description>
Tag library
</description>
<jsp-version>2.1</jsp-version>
<tlib-version>1.0</tlib-version>
    <shortname></shortname>
    <uri>TagsCondicionais</uri>
  <tag>
    <name>if</name>
    <tagclass>meupacote.IfTag</tagclass>
    <bodycontent>JSP</bodycontent>
  </tag>
  <tag>
    <name>condicao</name>
    <tagclass>meupacote.IfCondTag</tagclass>
    <bodycontent>JSP</bodycontent>
  </tag>
  <tag>
    <name>then</name>
    <tagclass>meupacote.IfThenTag</tagclass>
  <bodycontent>JSP</bodycontent>
  </tag>
  <tag>
    <name>else</name>
    <tagclass>meupacote.IfElseTag</tagclass>
    <bodycontent>JSP</bodycontent>
  </tag>
</taglib>
```

Como Utilizar as Tags If/Then/Else

Crie uma nova página JSP e adicione o código mostrado a seguir:

usandoIfThenElse.jsp

```
<%@ page language="java"
        contentType="text/html"
      pageEncoding="ISO-8859-1"
%>
<%@ taglib uri="/WEB-INF/tld/TagsCondicionais.tld" prefix="cond" %>
<!DOCTYPE html PUBLIC
"-//W3C//DTD XHTML 1.0 Transitional//EN" "http://www.w3.org/TR/
xhtml1/DTD/xhtml1-transitional.dtd">
<html xmlns="http://www.w3.org/1999/xhtml">
<head>
  <title>Trabalhando com Taglibs</title>
</head>
<body>
  <cond:if>
    <cond:condicao>false</cond:condicao>
    <cond:then>O resultado é verdadeiro</cond:then>
    <cond:else>O resultado é falso</cond:else>
  </cond:if>
</body>
</html>
```

A utilização das tags é bem simples, pois você adiciona a tag **if** e em seguida adiciona a tag **condicao**, para que seja possível passar o valor booleano. O valor **false**, no exemplo, faz com que a tag **else** (o que seria o bloco **else** em questão) trabalhasse.

Conhecendo SimpleTags

Construir biblioteca de tags customizadas com SimpleTags é muito similar ao desenvolvido com as tags "clássicas". Você tem que criar o comportamento da tag, referenciar a classe em um descritor de tags (Tag Library Descriptor ou TLD) e incluir o TLD em sua página JSP.

Mas a diferença entre desenvolver uma tag simples e uma tag clássica se encontra no processo existente em um manipulador de tags baseado em Java.

Classes SimpleTag usa menos métodos, interfaces diferentes com conteúdo de corpo, e tem diferentes objetos implícitos avaliados. Esta seção cobre os princípios existentes por trás de SimpleTags e como elas reduzem a dificuldade de construir bibliotecas de tags.

Um Simples Exemplo

O exemplo a seguir mostrará um exemplo simples da utilização com **SimpleTags**:

UtilizandoSimpleTags.java

```
package meupacote;

import java.io.*;
import javax.servlet.jsp.*;
import javax.servlet.jsp.tagext.*;

public class UtilizandoSimpleTags extends SimpleTagSupport {❶
  public void doTag( ) throws JspException, IOException❷
    {
      getJspContext( ).getOut( ).write(❸
          "Utilizando SimpleTags!"
      );
    }
}
```

A primeira coisa que você tem que fazer para criar **SimpleTags** é estender sua classe a **SimpleTagSupport** ❶. Não há nenhuma preocupação com SKIP_BODY, EVAL_BODY, EVAL_PAGE ou quaisquer outros valores de retorno associado com tags clássicas. Ao invés disso, há um método **doTag( )**❷, que encapsula a funcionalidade do que a tag irá executar. A saída gerada pela tag é feita através do objeto **JspContext**❸. O método **getOut( )** no objeto **JspContext** retorna uma referência para a instância **JspWriter** no qual é usado para renderizar a página JSP.

O Arquivo TLD

Para utilizar essa tag simples, basta criar o arquivo TLD como ocorre nas tags clássicas, sendo assim, crie o arquivo a seguir:

UtilSimpleTags.tld

```
<?xml version="1.0" encoding="ISO-8859-1"?>
<taglib xmlns="http://java.sun.com/xml/ns/javaee"
  xmlns:xsi="http://www.w3.org/2001/XMLSchema-instance"
  xsi:schemaLocation="http://java.sun.com/xml/ns/javaee/web-
jsptaglibrary_2_1.xsd"
  version="2.1">
  <description>Utilizando SimpleTag</description>
  <jsp-version>2.1</jsp-version>
  <tlib-version>1.0</tlib-version>
  <shortname></shortname>
  <uri>UtilTagSimples</uri>
  <tag>
    <name>frase</name>
    <tag-class>meupacote.UtilizandoSimpleTags</tag-class>
    <body-content>empty</body-content>
  </tag>
</taglib>
```

Como a configuração é a mesma das tags simples, não haverá comentários sobre a mesma.

Utilizando a Tag Simples

Agora que está configurado, é simples utilizar:

utilizandoSimpleTags.jsp

```
<%@ page language="java"
       contentType="text/html"
     pageEncoding="ISO-8859-1"
```

```
%>
<%@ taglib uri="/WEB-INF/tld/UtilSimpleTags.tld" prefix="ust" %>
<!DOCTYPE html PUBLIC
"-//W3C//DTD XHTML 1.0 Transitional//EN" "http://www.w3.org/TR/
xhtml1/DTD/xhtml1-transitional.dtd">
<html xmlns="http://www.w3.org/1999/xhtml">
<head>
  <title>Trabalhando com SimpleTags</title>
</head>
<body>
<ust:frase/>
</body>
</html>
```

Também pela simplicidade e repetição da situação, não haverá explicação.

Um Tag Simples mais Dinâmica

A idéia aqui é mostrar o quanto mais simples ficou em relação ao desenvolvimento de tags clássicas na construção de uma tag que captura um valor e o imprime:

SimpleTagDinamica.java

```
package meupacote;

import java.io.*;
import javax.servlet.jsp.*;
import javax.servlet.jsp.tagext.*;

public class SimpleTagDinamica extends SimpleTagSupport {
  String nome = "";
    public void setNome(String nome)
    {
```

```
      this.nome = nome;
    }

    public void doTag( ) throws JspException, IOException
    {
      getJspContext( ).getOut( ).write(nome);
    }
}
```

Essa tag tem um método simples chamado **setNome(String nome)** que recebe uma String como valor e depois é impresso na tela.

O arquivo **TLD** a seguir configura essa tag:

SimpleTagDinamica.tld

```
<?xml version="1.0" encoding="ISO-8859-1"?>
<taglib xmlns="http://java.sun.com/xml/ns/javaee"
  xmlns:xsi="http://www.w3.org/2001/XMLSchema-instance"
  xsi:schemaLocation="http://java.sun.com/xml/ns/javaee/web-
jsptaglibrary_2_1.xsd"
  version="2.1">
  <description>Utilizando SimpleTag Dinamica</description>
  <jsp-version>2.1</jsp-version>
  <tlib-version>1.0</tlib-version>
  <shortname></shortname>
  <uri>www.integrator.com.br/simpletags/dinamica</uri>❶
  <tag>
    <name>nome</name>
    <tag-class>meupacote.SimpleTagDinamica</tag-class>
    <body-content>empty</body-content>
    <attribute>
      <name>nome</name>
      <required>true</required>
      <rtexprvalue>true</rtexprvalue>
    </attribute>
  </tag>
</taglib>
```

Observe a configuração do elemento **<uri />**❶, que contem um endereço web.

simpleTagDinamica.jsp

```
<%@ page language="java"
  contentType="text/html"
    pageEncoding="ISO-8859-1"
%>
<%@ taglib
        uri="www.integrator.com.br/simpletags/dinamica"
        prefix="s"
%>
<!DOCTYPE html PUBLIC
"-//W3C//DTD HTML 4.01 Transitional//EN" "http://www.w3.org/TR/
html4/loose.dtd">
<html>
<head>
<title>SimpleTag Dinâmica</title>
</head>
<body>
  <s:nome nome="${param['nome']}"/>
    <form action="">
      Nome: <input type="text" name="nome" />
      <input type="submit" value="Enviar">
    </form>
</body>
</html>
```

Com o atributo **uri** da diretiva **taglib** você chama o URI configurado no arquivo TLD. O restante é similar ao já desenvolvido até o momento.

Criando e Utilizando Tag Files

Você sabe, por experiência nesse capítulo, que criar tags em JSP não é simples se o desenvolvedor estiver usando o que chamamos de tags clássicas.

Mas na verdade, a partir da versão 2.0 das especificações JSP, o desenvolvimento de tags personalizadas se tornou bem mais simples. O que você será apresentado aqui é como criar tags simples.

O seu primeiro exemplo será similar ao mostrado no Capítulo 9. Similar apenas no texto que será impresso na tela, é claro.

O primeiro passo é criar um diretório chamado **tags** dentro de **WEB-INF**. Nesse diretório, você criará um arquivo com a extensão **.tag** que conterá o conteúdo mostrado a seguir:

frase.tag

```
%@tag body-content="empty"%
Desenvolvendo com taglib
```

Depois de criar esse simples conteúdo, agora você irá criar uma página JSP que chamará essa tag. Isso mesmo, você não está vendo "coisas", isso é uma tag.

utilizandoTaglib.jsp

```
<%@ page language="java"
  contentType="text/html"
    pageEncoding="ISO-8859-1"
 %>
 <%@ taglib tagdir="/WEB-INF/tags" prefix="jsps" %>❶
<!DOCTYPE html PUBLIC
"-//W3C//DTD HTML 4.01 Transitional//EN" "http://www.w3.org/TR/
html4/loose.dtd">
<html>
<head>
<title>Trabalhando com Custom Tags</title>
</head>
<body>
<h3><jsps:frase /></h3>❷
</body>
</html>
```

Antes de mais nada, quero que perceba a diferença do já visto em capítulo anterior. Quando você chamar o diretiva **taglib**, ao em vez de utilizar o atributo **uri**, você utilizou simplesmente o atributo **tagdir** ❶, apontando assim para o diretório onde contém a sua tag customizada. O atributo **prefix** continua existindo. Para utilizar o conteúdo existente nessa tag personalizada, o mesmo procedimento feito em caso anterior foi mantido aqui, basta chamar o prefixo seguindo de dois-pontos e o nome dado a **tag customizada** quando salvo, ou seja, o nome do arquivo sem a extensão **.tag**.

A pergunta que com certeza você deve estar se fazendo é: eu posso criar tags avançadas com isso? A resposta é: SIM. Vejamos exemplos mais complexos a seguir.

CRIANDO UM INPUTTAG

Você irá criar tags do tipo input e com a tag <label /> em conjunto. Para isso crie o arquivo mostrado a seguir.

inputag.tag

```
<%@tag pageEncoding="ISO-8859-1" body-content="empty"%>
<%@attribute name="rotulo" required="true" %>
<%@attribute name="nome" required="true" %>
<%@attribute name="tipo" required="true" %>

<label for="${nome}">${rotulo}</label>
<input type="${tipo}" name="${nome}" id="${nome}" />
```

Como você vai passar atributos, a diretiva **attribute** é usada. O atributo **name** determina o nome dos atributos da sua tag. Se você quiser que seja obrigatório o seu uso, basta adicionar o atributo **required** com o valor **true**.

UTILIZANDO A TAG INPUTAG

Para usar, basta adicionar na sua página como mostrado a seguir:

utilizandoTagFiles.jsp

```
<%@ page language="java"
  contentType="text/html"
    pageEncoding="ISO-8859-1"
 %>
 <%@ taglib tagdir="/WEB-INF/tags" prefix="t" %>
<!DOCTYPE html PUBLIC
"-//W3C//DTD HTML 4.01 Transitional//EN" "http://www.w3.org/TR/
html4/loose.dtd">
<html>
<head>
<title>Trabalhando com Custom Tags</title>
</head>
<body>
<form>
<t:inputag nome="nome" rotulo="Nome:" tipo="text" />
<br />
<t:inputag nome="senha" rotulo="Senha:" tipo="password" />
</form>
</body>
</html>
```

Pela simplicidade de seu desenvolvimento, não há necessidade de explicação.

Criando uma Tag Files Mais Dinâmica

É evidente que somente as tags geradas não são o suficiente para lhe garantir mil e uma possibilidades. O que na verdade você deve estar se perguntando é: como eu crio situações dinâmicas com condições e loops?

A resposta é: utilizando JSTL. Isso mesmo, você pode utilizar uma terceira biblioteca para adicionar novas funcionalidades a sua e torna-la mais dinâmica. Veja um caso:

tagdinamica.tag

```
<%@tag pageEncoding="ISO-8859-1" body-content="empty"%>
<%@ taglib uri="http://java.sun.com/jsp/jstl/core" prefix="c" %>
<%@attribute name="opcoes" required="true" %>
<%@attribute name="delimitadores" required="true" %>
<%@attribute name="nome" required="true" %>
<%@attribute name="tamanho" %>
<%@attribute name="multiplo" %>
<c:if test="${tamanho != null}">
<c:set var="size" value="size='${tamanho}'" />
</c:if>
<c:if test="${multiplo == true}">
<c:set var="multiple" value="multiple='multiple'" />
</c:if>
<select name="${nome}" ${size} ${multiple}>
<c:forTokens items="${opcoes}" var="item"
delims="${delimitadores}">
  <option value="${item}">${item}</option>
</c:forTokens>
</select>
```

O interessante dessa tag está na utilização do JSTL, da biblioteca Core. Perceba que existem diversos atributos requeridos e dois que não são. Esses dois atributos não obrigatórios são a situação do qual, com valor surge uma situação. Por essa razão a action <c:if /> foi usada. Caso exista um ou os dois atributos não obrigatórios, cada um com uma situação, portanto uma condição, uma variável é criada. Caso não seja criada a variável o valor resultante é vazio.

Como a tag é a <select /> do HTML, essa tag contém também opções. As opções são criadas pela tag <option /> do HTML. Para gerar todas as tags <option /> do exemplo, um loop é feito com a action do JSTL chamada <c:forTokens />, no qual interage sobre Strings separados por um determinado delimitador, quebrando-os. A idéia é passar os valores pelo atributo **opcoes** da tag que você está criando e os separar por um delimitador, também configurável, através do atributo **delimitadores**.

Colocando em Ação a Tag

Para você visualizar a tag criada em ação, crie a página JSP a seguir:

tagFilesDinamica.jsp

```
<%@ page language="java"
  contentType="text/html"
    pageEncoding="ISO-8859-1"
 %>
 <%@ taglib tagdir="/WEB-INF/tags" prefix="t" %>
<!DOCTYPE html PUBLIC
"-//W3C//DTD HTML 4.01 Transitional//EN" "http://www.w3.org/TR/
html4/loose.dtd">
<html>
<head>
<title>Trabalhando com Custom Tags</title>
</head>
<body>
<form>
<t:tagdinamica nome="estados"
    opcoes="SP, RJ, MG, PR, RS"
    delimitadores=" ,"
    tamanho="3"
    multiplo="true" />
</form>
</body>
</html>
```

Note os atributos da tag. Com o atributo **opcoes** foram passados as opções que a tag <select /> terá, separados por espaço e vírgula. Portanto no atributo **delimitadores** os valores são um espaço e uma vírgula.

Empacotando e Distribuindo suas Tags

Evidentemente, após a criação de suas tags personalizadas, você vai querer empacotá-las e distribuí-las livremente. Mas como fazer?

Empacotar tags significa colocar as classes de implementação junto com o descritor de biblioteca em um arquivo **.jar** seguindo uma convenção que ainda lhe instrui a:

- Colocar seus arquivos de classes de tag dentro do arquivo .jar enquanto mantém sua estrutura de pacote.
- Colocar seu TLD no arquivo **.jar** em um diretório chamado **META-INF** .

Configurando

Para ilustrar, nada melhor que usar o que você já fez e empacotar tudo. Para empacotar as tags, façamos a seguinte estrutura do arquivo .jar, como mostra a Figura a seguir:

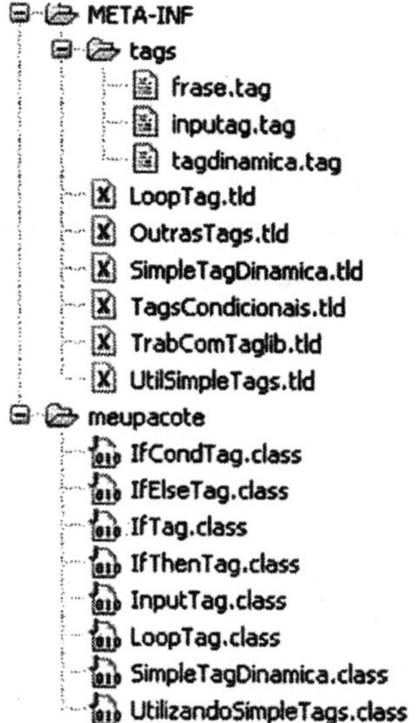

Figura 18.3

Um diretório **META-INF** será criado. Ao lado desse diretório um outro chamado **meupacote** com todas as classes criadas. O diretório **META-INF** conterá todos os arquivos com extensão **.tld** criados. Dentro de cada **TLD** terá um URI diferente, de preferência. Por exemplo, o TLD **LoopTag.tld** terá o seguinte elemento <uri />:

```
<uri>http://www.integrator.com.br/loop</uri>
```

Faça os demais como desejar.

A URI é um identificador único para a biblioteca de tags - e não precisa representar um recurso válido da Internet.

Para a utilização das Tag Files, primeiro você deverá criar um diretório **tags** dentro de **META-INF** e lá colocar todos os arquivos de extensão **.tag**.

Depois precisará configurar as tags em um arquivo .tld dentro do diretório **META-INF**:

OutrasTags.tld

```
<?xml version="1.0" encoding="ISO-8859-1"?>
<taglib xmlns="http://java.sun.com/xml/ns/javaee"
      xmlns:xsi="http://www.w3.org/2001/XMLSchema-instance"
xsi:schemaLocation="http://java.sun.com/xml/ns/javaee/web-
jsptaglibrary_2_1.xsd"
      version="2.1">
<description>
Tag library
</description>
<jsp-version>2.1</jsp-version>
<tlib-version>1.0</tlib-version>
    <shortname></shortname>
    <uri>http://www.integrator.com.br/outras</uri>

<tag-file>
<name>fase</name>
<path>/META-INF/tags/frase.tag</path>
</tag-file>

<tag-file>
<name>inputag</name>
```

```
<path>/META-INF/tags/inputag.tag</path>
</tag-file>

<tag-file>
<name>tagdinamica</name>
<path>/META-INF/tags/tagdinamica.tag</path>
</tag-file>
</taglib>
```

Nesse arquivo TLD você fez uso de um elemento chamado **<tag-file />**, um sub-elemento de <taglib/>, que contém os elementos **<name />** como sendo o nome da tag e o elemento **<path />**, contendo o caminho da tag.

Uma obrigação encontrada em versões anteriores das especificações atuais do JSP é que o arquivo TLD deveria se chamar **taglib.tld**. Este requerimento está ultrapassado. O fato é que, atualmente, você pode ter mais de um arquivo TLD em um diretório META-INF para distribuir mais de uma biblioteca de tags em um mesmo arquivo JAR.

Empacotando

Para empacotar, não é necessário prática, nem tão pouco habilidade, tudo que é necessário é ter essa estrutura como mostrado na imagem anterior e ir ao terminal, ou prompt de comando, e fazer o comando a seguir:

```
jar cfv tagscustomizadas.jar *
```

Veja a Figura 18.4 do prompt de como será na sua tela:

```
Prompt de comando
C:\Documents and Settings\Edson\meuprimeiroworkspace\tagslibs>jar cfv tagscustom
izadas.jar *
added manifest
ignoring entry META-INF/
adding: META-INF/LoopTag.tld(in = 709) (out= 370)(deflated 47%)
adding: META-INF/OutrasTags.tld(in = 734) (out= 340)(deflated 53%)
adding: META-INF/SimpleTagDinamica.tld(in = 714) (out= 369)(deflated 48%)
adding: META-INF/tags/(in = 0) (out= 0)(stored 0%)
adding: META-INF/tags/frase.tag(in = 55) (out= 56)(deflated -1%)
adding: META-INF/tags/inputag.tag(in = 289) (out= 165)(deflated 42%)
adding: META-INF/tags/tagdinamica.tag(in = 707) (out= 331)(deflated 53%)
adding: META-INF/TagsCondicionais.tld(in = 920) (out= 363)(deflated 60%)
adding: META-INF/TrabComTaglib.tld(in = 1244) (out= 412)(deflated 66%)
adding: META-INF/UtilSimpleTags.tld(in = 587) (out= 321)(deflated 45%)
adding: meupacote/(in = 0) (out= 0)(stored 0%)
adding: meupacote/IfCondTag.class(in = 1195) (out= 683)(deflated 42%)
adding: meupacote/IfElseTag.class(in = 1732) (out= 942)(deflated 45%)
adding: meupacote/IfTag.class(in = 782) (out= 418)(deflated 46%)
adding: meupacote/IfThenTag.class(in = 1732) (out= 943)(deflated 45%)
adding: meupacote/InputTag.class(in = 2952) (out= 1294)(deflated 56%)
adding: meupacote/LoopTag.class(in = 1548) (out= 837)(deflated 45%)
adding: meupacote/SimpleTagDinamica.class(in = 865) (out= 476)(deflated 44%)
adding: meupacote/UtilizandoSimpleTags.class(in = 756) (out= 423)(deflated 44%)

C:\Documents and Settings\Edson\meuprimeiroworkspace\tagslibs>
```

Figura 18.4

Um arquivo chamado de **tagscustomizadas.jar** é criado no diretório onde você se encontra no prompt ou terminal.

A Sun Microsystems criou um pacote de arquivos que os compacta em um só arquivo, com extensão ***.jar***.

JAR é a sigla para Java ARchive e é um formato compactado, baseado no mesmo formato de compactação de arquivos ZIP, para distribuir aplicações, ou bibliotecas, através de um só arquivo.

Em um arquivo JAR podem-se incluir quaisquer tipos de arquivos como: classes, imagens, configurações, entre outros.

O formato foi criado na versão 1.1 do JDK e muito aperfeiçoado na 1.2 sinalizando sua aceitação. Hoje em dia é essencialmente usado. A própria API do Java é distribuída em arquivos JAR.

A especificação do formato JAR define como obrigatório apenas à existência do arquivo de **manifesto** em um diretório chamado **META-INF**.

Usando sua Biblioteca de Tags

Depois de empacotá-las, você pode utilizar em um projeto. Para fazer isso, adicione o arquivo criado, **tagscustomizadas.jar** no diretório **lib** em **WEB-INF**.

Em uma página JSP, basta depois adicionar a diretiva **taglib**, por exemplo:

```
<%@ taglib uri="http://www.integrator.com.br/loop" prefix="t" %>
```

Prefixos Reservados

Ao longo do desenvolvimento de suas tags personalizadas, você precisou chamá-las para a sua página JSP sempre usando a diretiva **taglib** e nomeando nesse caso sempre um prefixo, no atributo **prefix**. O que ainda não havia sido dito é que existem prefixos que são reservados e sua utilização não é recomendada. A seguir você tem os nomes já reservados e que portando, devem ser evitados:

- jsp
- jspx
- java
- javax
- servlet
- sun
- sunw

O JavaBeans e as Tags Personalizadas

Agora que já entende como funciona os JavaBeans e as tags personalizadas, você precisa saber quando usar tags personalizadas e quando usar JavaBeans para empacotar alguma funcionalidade reutilizável. Afinal de contas, JavaBeans são componentes reutilizáveis e a especificação JSP prevê um mecanismo embutido para integrar e utilizar as características dos JavaBeans. Embora possam ser usadas ambas as tecnologias para alcançar à mesma meta de encapsular e abstrair dados para uma página JSP, há diferenças significantes entre os dois.

JavaBeans são bons objetos de propósito geral que podem encapsular muito bem uma situação simples de uso global.

Você continuará usando JavaBeans em exemplos porque fazem grandes objetos de negócio. Porém, as tags personalizadas são tecnologias Web específicas. Essa tags personalizadas são usadas principalmente para elementos de geração de apresentação, e como tal eles encapsulam principalmente comportamento. Além disso, custom tags estão atentas ao ambiente no qual estão rodando. Por exemplo, você pode criar tags personalizadas que têm acesso para os mesmos objetos implícitos disponíveis nas páginas JSP em desenvolvimento: pageContext, request, response, session e por ai vai. Porém, JavaBeans são componentes nos quais implicam em reutilizar qualquer ambiente Java; conseqüentemente, eles não sabem sobre tais particulares da JSP. Dessa forma, tags personalizadas são uma escolha muito melhor por encapsular funcionalidades reutilizáveis no qual será usada pela página JSP. Lembre-se das seguintes regras antes de sair desenvolvendo um ou outro:

- Use JavaBeans por representar e armazenar informação e estado. Um exemplo é a construção de JavaBeans para representar os objetos de negócios de sua aplicação.
- Use custom tags para representar e implementar ações que ocorrem nesse JavaBeans, como uma lógica relacionada à apresentação dessas informações.

Capítulo 19

Envio de E-mail

ENVIAR E-MAILS É UM FATOR COMUM NO DIA-A-DIA DE UM SITE. Principalmente se esse site for dinâmico. Existem diversas razões para que seu site envie e-mails; pode ser por formulários de contato, aviso de cadastro, alerta de um sistema administrativo e etc.

Evidentemente aprender a enviar e-mails é essencial para a construção de aplicações. Este capítulo o introduzirá no desenvolvimento de aplicações que enviam e-mail utilizando Java.

Preparando o Ambiente

Para enviar e-mails, você precisará de um servidor SMTP. Nesse caso existem duas opções: ou você tem um ambiente servidor para testar ou cria um ambiente servidor de envio de e-mails em sua própria máquina. Como esse livro tem o intuito de ensinar iniciantes, você será apresentado então à instalação de um servidor de envio de e-mails gratuito.

O ambiente escolhido é o Java Apache Mail Enterprise Server, ou JAMES. O Apache James Mail Server é um servidor SMTP, POP3 e NNTP completamente escrito em Java. Em cima dessa possibilidade, você tem um ambiente totalmente portável.

Para fazer download do Apache James Mail Server, você deve ir ao endereço **http://james.apache.org/download.cgi** e baixar de um de seus mirrors. A versão atual enquanto esse livro é escrito é 2.3.0.

As opções para baixá-lo são variadas, e você seleciona a versão binária (Binary) com a compactação utilizada em seu sistema operacional. Por isso, se você estiver utilizando o Windows, baixe a versão **.zip**, que no caso seria **james-2.3.0.zip**. No Linux seria **james-2.3.0.tar.gz**.

Apache James 2.3.0 is the best available version

This release has many enhancements and bug fixes over the previous release. See the Change Log for a detailed list of changes. Some of the earlier defects could turn a James mail server into an Open Relay. All users of James are urged to upgrade to James v2.3.0 as soon as possible.

- Binary (Unix TAR): james-2.3.0.tar.gz [PGP]
- Binary (ZIP Format): james-2.3.0.zip [PGP]
- Source (Unix TAR): james-2.3.0-src.tar.gz [PGP]
- Source (ZIP Format): james-2.3.0-src.zip [PGP]
- Source with Avalon Phoenix binaries (Unix TAR): james-with-phoenix-2.3.0-src.tar.gz [PGP]
- Source with Avalon Phoenix binaries (ZIP Format): james-with-phoenix-2.3.0-src.zip [PGP]
- Other Binaries

Figura 19.1

Depois de baixado descompacte-o em um local de sua escolha.

A primeira coisa que você deverá fazer é iniciar o servidor. Para fazê-lo, vá ao local de sua instalação e execute o arquivo **run.bat** se for Windows ou **run.sh** se for Linux.

Para ficar mais claro a situação, vou colocar uma situação. Digamos que eu esteja usando o Windows e descompactei o arquivo em **C:\james-2.3.0**.

Para rodar o arquivo **run.bat**, vou usar o prompt de comando.

```
CD\james-2.3.0\bin
```

Ao entrar no local indicado, digite run, como mostrado a seguir:

```
C:\james-2.3.0\bin>run
```

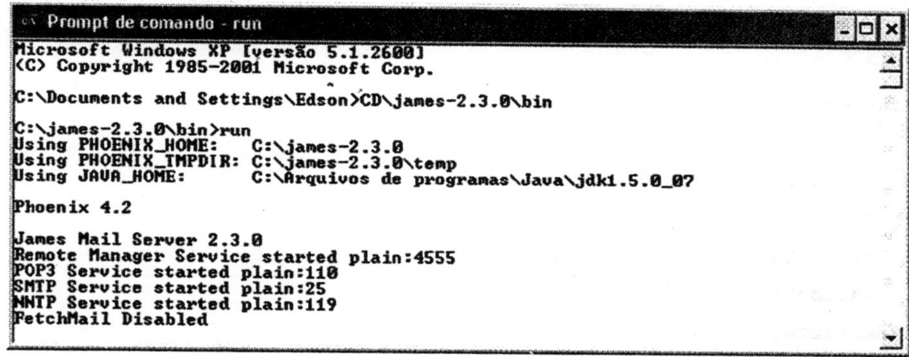

Figura 19.2

Ao iniciar o James Mail Server, você terá dentro do diretório **apps**, em sua estrutura, um diretório chamado **james**.

Seguindo o mesmo exemplo dado, você precisará configurar um arquivo chamado **config.xml** no diretório apps/james/SAR-INF. Portanto no Windows temos:

```
C:\james-2.3.0\apps\james\SAR-INF\config.xml
```

Por padrão, o login e a senha encontrados no arquivo **config.xml** é **root** para usuário e **root** para senha. Portanto para mudar isso procure o trecho mostrado a seguir:

```
<administrator_accounts>
   <account login="root" password="integrator"/>
<administrator_accounts>
```

Para setar o e-mail para um serviço particular, você deve mudar a linha:

```
<servernames autodetect="true" autodetectIP="true">
   <servername>localhost</servername>
   <servername>integrator.com.br</servername>
</servernames>
```

Para configurar o IP ou DNS server altere em:

```
<dnsserver>
   <servers>
      <server>192.168.1.200</server>
   </servers>
   <autodiscover>false</autodiscover>
   <authoritative>false</authoritative>
</dnsserver>
```

Para acessar remotamente ou até mesmo localmente a ferramenta administrativa, digite:

```
telnet  127.0.0.1  4555
```

Onde você verá:

```
JAMES Remote Administration Tool 2.3.0
Please enter your login and password
Login id:
root
Password:
integrator
```

Ao entrar você verá:

```
Welcome root. HELP for a list of commands
```

Onde o comando help lista os comandos disponíveis.

Se chamar a ajuda, você terá os comandos, onde os principais são:

Tabela 19.1

Comando	*Descrição*
help	Mostra a ajuda.
listusers	Mostra contas existentes.
countusers	Mostra o total de contas existentes.
adduser [usuário] [senha]	Adiciona um novo usuário
verify [usuário]	Verifica se um usuário existente.
deluser [usuário]	Deleta um usuário existente.
shutdown	Mata a corrente JVM (conveniente quando James roda em daemon).
quit	Fecha a conexão.

Para adicionar usuários aos mailboxes, execute o comando:

```
adduser edson integrator
```

Para fechar a conexão com o telnet, execute o comando:

```
quit
```

Configurando para Envio de E-mail

Depois de preparado o ambiente, você vai precisar de duas bibliotecas para envio de e-mail:

1. Baixe o JavaMail no endereço **http://java.sun.com/products/javamail/index.html**. Sua versão está em 1.4 no momento em que o livro é escrito e acima de tudo, open source.

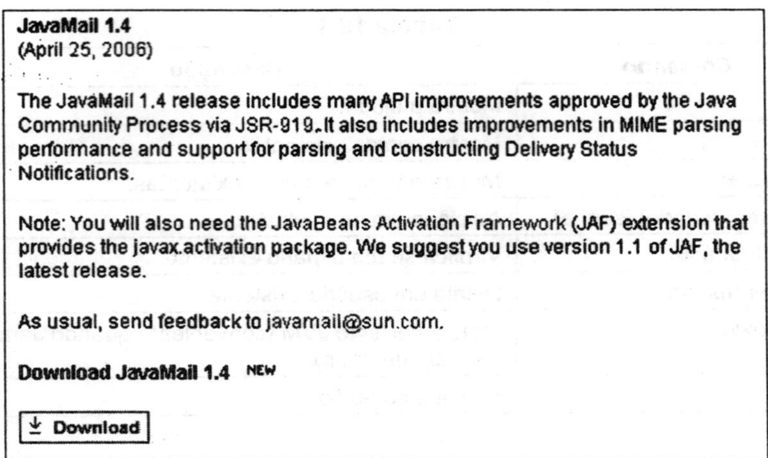

Figura 19.3

2. Pegue o arquivo **mail.jar** e coloque no diretório **lib** em **WEB-INF**.
3. Baixe um arquivo chamado JavaBeans Activation Framework, que se encontra no momento em que o livro é escrito na versão 1.1.

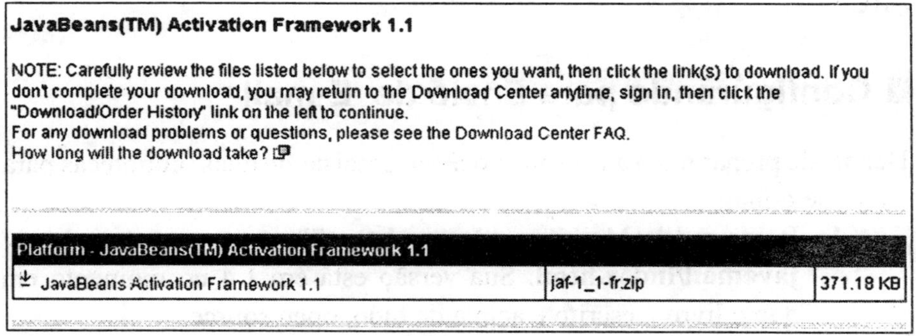

Figura 19.4

4. Descompacte e pegue o arquivo **activation.jar** e coloque no diretório **lib** em **WEB-INF** junto ao arquivo **mail.jar**.

A API JavaMail é muito completa e complexa, tendo diversas utilidades, além de somente enviar e-mail. Mas como o foco desse capítulo é somente enviar e-mail, nós não nos atearemos a outras situações.

Para esse primeiro exemplo, você deverá ter feito ou ter um usuário para autenticar na sua conta de e-mail. Se não tiver, siga os passos dados anteriormente.

enviandoEmail.jsp

```
<%@ page language="java" contentType="text/htm"
   pageEncoding="ISO-8859-1"
   import="java.util.*, javax.mail.*, javax.mail.internet.*,
   meupacote.Autenticar"
   %>
<!DOCTYPE html PUBLIC
"-//W3C//DTD XHTML 1.0 Transitional//EN" "http://www.w3.org/TR/
xhtml1/DTD/xhtml1-transitional.dtd">
<html xmlns="http://www.w3.org/1999/xhtml">
<head>
<title>Enviando meu primeiro E-mail</title>
</head>
<body>
<%
 Properties props = new Properties( );❶
 props.put("mail.smtp.host", "localhost");❷
 props.put("mail.smtp.auth","true");❸


 Session s = Session.getDefaultInstance(props,
   new Autenticar("edson@integratorjava.com.br","integrator")❹
 );


 MimeMessage message = new MimeMessage(s); ❺

 InternetAddress from =
      new InternetAddress("edson@integrator.com.br");
 message.setFrom(from);❻
 InternetAddress to = new InternetAddress("edson@teste.com");
 message.addRecipient(Message.RecipientType.TO, to); ❼
```

```
    message.setSubject("Teste usando JavaMail."); ❽
    message.setText("Seja bem vindo JavaMail!"); ❾

    Transport.send(message);❿
%>
<h2>E-mail enviado com sucesso!</h2>
</body>
</html>
```

É através da classe **javax.mail.Session** que você obtém os objetos responsáveis pelo envio e leitura de e-mails. Mas, para obter um objeto Session, você precisa passar informações do servidor de e-mails. Para fazer isso você utiliza um objeto chamado **java.util.Properties**❶.

A configuração da classe **Properties** é feita através de propriedades pré-estabelecidas pela API, como o nome do servidor SMTP❷ e se o servidor exige autenticação❸. O exemplo foi feito com um servidor exigindo autenticação, o que é muito comum em muitos servidores espalhados na Internet.

Para criar a sessão, o objeto **Session** é chamado logo a seguir, criando uma instância utilizando o método **getDefaultInstance( )** ❹. Como fora indicado que o servidor exige autenticação, o método **getDefaultInstance( )** exige que no segundo parâmetro seja passado um objeto que implementa a interface **Authenticator**. Um objeto da classe **Authenticator** obtém os dados para autenticação do usuário, retornando um objeto **PasswordAuthentication**. Nesse caso uma classe chamada **Autenticar(String s, String s)** será utilizada passando o usuário e a senha necessários para ser autenticado no servidor SMTP. Essa classe será criada mais a seguir.

A sessão terá uma mensagem com **MimeMessage(Session s)** ❺, que pode enviar mensagens para um ou mais destinatários. Cada destinatário pode ter um nome e e-mail, feito através do objeto **InternetAddress(String s)**.

Através do método **setFrom( )**❻, de MimeMessage, você define quem está enviando a mensagem. Com o método **addRecipient( )**❼, de MimeMessage, você define os tipos de destinatários que serão representados por atributos da inner class **RecipientType**, da classe **Message**. Você pode configurar com **CC** (Carbon Copy – Cópia Carbono), **BCC** (Blind Carbon Copy – conhecido como cópia carbono oculta) e **TO** (destinatário principal, o utilizado nesse exemplo):

```
Message.RecipientType.TO
```

Para criar o assunto da mensagem, o método **setSubject(String s)** ❽, de MimeMessage, é usada. O conteúdo da mensagem, ou sejam, o corpo da mensagem é criado pelo método **setText(String s)** ❾.

Para transportar a mensagem, a classe abstrata **javax.mail.Transport** é chamada, no qual contém o método **send(MimeMessage m)**❿ para enviar a mensagem.

Para enviar a mensagem, a classe de autenticação deverá ser feita. Crie o arquivo **Autenticar.java**, no pacote **meupacote**, a seguir:

Autenticar.java

```
package meupacote;

import javax.mail.*;

public class Autenticar extends Authenticator {

  private String usuario;
  private String senha;

  public Autenticar( ){}

  public Autenticar(String usuario, String senha){
    this.usuario = usuario;
    this.senha = senha;
  }


    public PasswordAuthentication getPasswordAuthentication( ) {
      return new PasswordAuthentication(usuario, senha); ❶
    }
}
```

A classe **Autenticar** estende **javax.mail.Authenticator** que sabe como obter os dados para autenticação do usuário. Para que isso seja obtido com sucesso, o objeto **PasswordAuthentication(String user, String pass)**❶ deverá ser retornado.

Atenção Não se esqueça de que você deve testar esses exemplos utilizando a Internet conectada para que o e-mail chegue a seu destinatário.

Enviando E-mail sem Autenticação

O envio de e-mail sem autenticação é mais simples. A opção **mail.smtp.auth** não existirá e no segundo parâmetro do método **getInstance( )** basta adicionar o valor **null**.

```
props.put("mail.smtp.host", "localhost");
session = Session.getInstance(props, null);
```

Enviando um E-mail Através de um Bean

Para ilustrar o envio de e-mail, você criará um JavaBean. Esse JavaBean também enviará um e-mail em formato HTML.

EmailBean.java

```
package meupacote;

import java.util.Date;
import java.util.Properties;

import javax.mail.Message;
import javax.mail.MessagingException;
import javax.mail.Session;
import javax.mail.Transport;
import javax.mail.internet.InternetAddress;
import javax.mail.internet.MimeMessage;
public class EmailBean {
```

```
private String to = null;
private String from = null;
private String subject = null;
private String message = null;
public static Properties props = null;
public static Session session = null;

static{

  props = System.getProperties( );
  props.put("mail.smtp.host", "localhost");
  props.put("mail.smtp.auth","true");
  session = Session.getInstance(props,
       new Autenticar("edson@integratorjava.com.br","integrator")
    );
}

public void setTo(String to) {
  this.to = to;
}

public void setFrom(String from) {
  this.from = from;
}

public void setSubject(String subject) {
  this.subject = subject;
}

public void setMessage(String message) {
  this.message = message;
}

public void sendMail( ) throws Exception {

  if(!this.verificarCampos( ))
    throw new Exception("Não foi enviado o e-mail.");
```

```
    try {
      MimeMessage message = new MimeMessage(session);
      message.setRecipient(Message.RecipientType.TO,
          new InternetAddress(this.to));
      message.setFrom(new InternetAddress(this.from));
      message.setSubject(this.subject);

      message.setSentDate(new Date( )); ❶
      message.setContent(this.message, "text/html");❷
      Transport.send(message);

    } catch (MessagingException e) {
      throw new Exception(e.getMessage( ));
    }
    catch(Exception e){
      e.printStackTrace( );
    }
  }

  private boolean verificarCampos( ) {
    if((this.to == null) || (this.from == null) ||
        (this.subject == null) || (this.message == null))
      return false;

    if((this.to.indexOf("@") == -1) ||
        (this.to.indexOf(".") == -1))
      return false;

    if((this.from.indexOf("@") == -1) ||
        (this.from.indexOf(".") == -1))
      return false;

    return true;
  }
}
```

O JavaBean criado é de simples entendimento. Uma novidade desse Bean está no método **setSentDate( )** ❶ que transmite a data para o cabeçalho da mensagem. Caso você não transmita, alguns e-mails podem acusar uma data totalmente arbitrária a enviada.

A outra diferença encontrada nesse exemplo está no conteúdo da mensagem, definido pelo método **setContent( )** ❷, no qual você define o MimeType **"text/html"**.

Utilizando o EmailBean

O Bean criado pode ser utilizado em uma página JSP contendo um formulário:

enviandoEmailcomEmailBean.jsp

```
<%@ page language="java"
  contentType="text/html"
    pageEncoding="ISO-8859-1"
%>
<!DOCTYPE html PUBLIC
"-//W3C//DTD XHTML 1.0 Transitional//EN" "http://www.w3.org/TR/
xhtml1/DTD/xhtml1-transitional.dtd">
<html xmlns="http://www.w3.org/1999/xhtml">
<head>
<title>Digite seu e-mail</title>
</head>
<body>
<jsp:useBean id="email"  class="meupacote.EmailBean" />
<jsp:setProperty name="email" property="*"/>
<%
if(request.getParameter("submit")!=null)
  email.sendMail( );
%>
<form action="sendMail4.jsp" method="post">
<table border="0">
<tr>
<td>De: </td>
```

```
<td><input type="text" name="from" /></td>
</tr>
<tr>
<td>Para:</td>
<td> <input type="text" name="to" /></td>
</tr>
<tr>
<td>Assunto: </td>
<td><input type="text" name="subject" /></td>
</tr>
<tr>
<td>Mensagem:</td>
<td><textarea rows="5" cols="25" name="message"></textarea></td>
</tr>
<tr>
<td colspan="2">
<input type="submit" name="submit" value="Enviar" />
</td>
</tr>
</table>
</form>
</body>
</html>
```

Seria interessante você fazer com que o método sendMail ( ) retorne um valor booleano caso tenha sucesso. Isso daria a você a possibilidade de dar condições de avisar o usuário de que o e-mail foi enviado com sucesso.

Se quiser enviar diretamente o e-mail, basta seguir o exemplo a seguir:

enviandoEmailViaJavaBean.jsp

```
<%@ page language="java"
        contentType="text/html"
      pageEncoding="ISO-8859-1"
%>
<!DOCTYPE html PUBLIC
"-//W3C//DTD XHTML 1.0 Transitional//EN" "http://www.w3.org/TR/
```

```
xhtml1/DTD/xhtml1-transitional.dtd">
<html xmlns="http://www.w3.org/1999/xhtml">
<head>
<title>Enviando um e-mail por JavaBean</title>
</head>
<body>
<jsp:useBean id="email" class="meupacote.EmailBean" />
<jsp:setProperty name="email" property="from"
                 value="edson@integrator.com.br"/>
<jsp:setProperty name="email" property="to"
                 value="edson@teste.com"/>
<jsp:setProperty name="email" property="subject"
                 value="Testando o EmailBean"/>
<jsp:setProperty name="email" property="message"
              value="<strong>Estou testando JavaMail</strong>"/>
<% email.sendMail( ); %>
</body>
</html>
```

Enviando E-mail com Conteúdo Anexo

Mais um grande problema na construção de sistemas coorporativos: o envio de e-mails com conteúdo anexo. Muitos desenvolvedores iniciantes se deparam nessa questão, alguns apontam para um link externo ou enviam o conteúdo anexo.

Enviar um e-mail com conteúdo anexo não é complicado, apenas exige um pouco mais de conhecimento da API. O que você vai fazer agora é um pequeno exemplo de como enviar esse tipo de mensagem.

mensagemComAnexo.jsp

```
<%@ page language="java" contentType="text/htm"
    pageEncoding="ISO-8859-1"
    import="java.util.*, javax.mail.*, javax.mail.internet.*,
    meupacote.Autenticar, javax.activation.*" ❶
    %>
```

```
<!DOCTYPE html PUBLIC
"-//W3C//DTD XHTML 1.0 Transitional//EN" "http://www.w3.org/TR/
xhtml1/DTD/xhtml1-transitional.dtd">
<html xmlns="http://www.w3.org/1999/xhtml">
<head>
<title>Enviando meu primeiro E-mail</title>
</head>
<body>
<%

  Properties props = new Properties( );
  props.put("mail.smtp.host", "localhost");
  props.put("mail.smtp.auth","true");

  Session s = Session.getDefaultInstance(props,
      new Autenticar("edson@integrator.com.br","integrator")
  );

  MimeMessage message = new MimeMessage(s);

  InternetAddress from = new
InternetAddress("edson@integrator.com.br");
  message.setFrom(from);
  InternetAddress to = new InternetAddress("edson@teste.com");
  message.addRecipient(Message.RecipientType.TO, to);

  message.setSubject("Teste usando JavaMail.");
  message.setSentDate(new Date( ));

  // cria a Multipart
  Multipart mp = new MimeMultipart( ); ❷

  // adiciona o conteúdo
  MimeBodyPart conteudo= new MimeBodyPart( ); ❸
  conteudo.setContent("E-mail com conteúdo anexo", "text/html");
```

```
mp.addBodyPart(conteudo); ❹

 // anexa o arquivo na mensagem
 MimeBodyPart anexo= new MimeBodyPart( ); ❺
 FileDataSource fds =
     new FileDataSource("C:/temp/logotipo.jpg");❻
 anexo.setDataHandler(new DataHandler(fds)); ❼
 anexo.setFileName(fds.getName( )); ❽
 mp.addBodyPart(anexo); ❾

 // adiciona a Multipart na mensagem
 message.setContent(mp); ❿

 Transport.send(message);
%>
<h1>A mensagem foi enviada com sucesso</h1>
</body>
</html>
```

Para transportar o e-mail com um corpo de mensagem junto a um arquivo anexo, primeiro você precisará importar a biblioteca: **javax.activation.*** ❶.

O e-mail possui mais de uma parte, o que no caso exigirá o uso da classe **MimeMultipart( )** ❷. O primeiro conteúdo, um texto, será colocado em uma instância da classe **MimeBodyPart( )** ❸. Através do método **setContent( )** você determina o conteúdo de texto e o MimeType. Para adicionar esse conteúdo a instância MimeMultipart( ), você utiliza o método **addBodyPart( )** ❹.

A segunda parte do e-mail será o envio de um arquivo, aqui representado por uma imagem. Novamente uma instância é criada ao objeto **MimeBodyPart( )** ❺ indicando a segunda parte do e-mail. Nesse caso o envio de um arquivo será feito. Para anexar um arquivo você precisa criar um **FileDataSource**❻ a partir do cominho físico completo do arquivo que você deseja anexar para o envio.

Assim que determinado o arquivo, o método **setDataHandler( )**❼ do objeto MimeBodyPart é chamado para pegar um novo objeto **DataHandler** (**new DataHandler( )**) que obtém como parâmetro a instância do **FileDataSource**, contendo o arquivo anexado.

Para indicar ao objeto MimeBodyPart o nome do arquivo, o método **setFileName( )** ❽ é chamado e como parâmetro recebe o nome do arquivo vindo do método **getName( )** da instância de FileDataSource.

A imagem finalmente é anexada à instância de MimeMultipart( ) através do método **addBodyPart( )** ❾.

Finalmente o conteúdo é adicionado à mensagem, através do método **setContent( )**❿ que recebe como parâmetro a instância de MimeMultipart( ).

A Biblioteca Commons Email

Pertencente ao projeto Jakarta Apache, a API Commons Email foi desenvolvida como uma camada abstraída da API JavaMail, simplificando seu uso no desenvolvimento de envio de e-mails.

Para baixar essa biblioteca, entre no link **http://jakarta.apache.org/site/downloads/downloads_commons-email.cgi** e baixe o arquivo binário (Binary) do projeto.

No site, existe a possibilidade de baixar em formato .zip ou .tar.gz, no qual você deve utilizar o que melhor lhe convier, onde, só para lembrar, o formato .zip é o mais usado em ambientes Windows e .tar.gz (conhecido como tarball) é o mais usado no ambiente Linux.

Ao baixar, descompacte o arquivo **commons-email-1.0.zip** ou **commons-email-1.0.tar.gz** e pegue o arquivo **commons-email-1.0.jar** e coloque no diretório **lib** da sua aplicação em WEB-INF.

Atenção Além dessa biblioteca, é claro que você deverá adicionar as tradicionais da API JavaMail.

Para enviar um e-mail utilizando essa biblioteca, crie a página JSP a seguir:

```
<%@ page language="java"
  contentType="text/html"
   pageEncoding="ISO-8859-1"
   import="org.apache.commons.mail.SimpleEmail"❶
   %>
<!DOCTYPE html PUBLIC
"-//W3C//DTD HTML 4.01 Transitional//EN" "http://www.w3.org/TR/html4/
loose.dtd">
<html>
<head>
<title>Enviando e-mail com Common Email</title>
</head>
<body>
<%
SimpleEmail email = new SimpleEmail( ); ❷

email.setHostName("localhost"); ❸

email.addTo("edson@integrator.com.br", "Edson"); ❹

email.setFrom("edson@integrator.com.br", "Edson"); ❺

email.setSubject("Mensagem de Teste"); ❻

email.setMsg("Teste de Email utilizando commons email"); ❼

email.send( ); ❽
%>
<h2>Enviando e-mail com Common Email</h2>
</body>
</html>
```

A primeira coisa que você tem que fazer é importar a biblioteca **org.apache.commons.mail.SimpleEmail❶**.

A segunda coisa que você deve fazer é chamar a classe **SimpleEmail( )** ❷. Esta classe é usada para enviar e-mails simples. A configuração para o envio do e-mail utilizando essa biblioteca começa com o método **setHostName( )** ❸ que recebe o nome do host SMTP que será utilizado para enviar a mensagem.

Quem vai receber o e-mail deve ser configurado utilizando o método **addTo( )** ❹. O remetente é configurado com o método **setFrom( )** ❺ e o assunto é o método **setSubject( )** ❻. O conteúdo da mensagem de e-mail é adicionado utilizando o método **setMsg( )** ❼.

Como você pode observar, realmente é bem mais simples utilizar essa biblioteca do que diretamente a API JavaMail.

E-mail com Anexo Utilizando a Biblioteca Commons Email

Enviar um e-mail em anexo com a biblioteca Commons Email é algo muito simples também, assim como o visto anteriormente.

emailComAnexoEmCommonsEmail.jsp

```
<%@ page language="java"
        contentType="text/html"
        pageEncoding="ISO-8859-1"
        import="org.apache.commons.mail.*"%> ❶
<!DOCTYPE html PUBLIC
"-//W3C//DTD HTML 4.01 Transitional//EN" "http://www.w3.org/TR/
html4/loose.dtd">
<html>
<head>
<title>Enviando e-mail com Common Email e Anexo</title>
</head>
<body>
<%
  EmailAttachment attachment = new EmailAttachment( ); ❷

  attachment.setPath("C:/temp/logotipo.jpg"); ❸
```

```
    attachment.setDisposition(EmailAttachment.ATTACHMENT); ❹

    attachment.setDescription("Logotipo da empresa Integrator");❺

    attachment.setName("Integrator");❻

    MultiPartEmail email = new MultiPartEmail( ); ❼

    email.setHostName("localhost");

    email.addTo("edson@integrator.com.br", "Edson Gonçalves");

    email.setFrom("edson@integrator.com.br", "Edson");

    email.setSubject("Mensagem de Teste");

    email.setMsg("Teste de Email utilizando commons email");

    email.attach(attachment); ❽

    email.send( );
%>
<h2>Enviando e-mail com Common Email e Anexo</h2>

</body>
</html>
```

Apenas para lembrá-lo, a importação da biblioteca **org.apache.commons.mail.*** ❶ é necessária para a utilização nesse exemplo.

Para colocar um arquivo em anexo, primeiro você deve chamar a classe **EmailAttachment( )** ❷, que é usada para se criar os anexos do e-mail.

Com o método **setPath( )** ❸, de EmailAttachment, você determina o caminho físico para o arquivo que será anexado.

Com o método **setDisposition( )** ❹ você informa a disposição do arquivo, passando para ele uma constante String que no caso define como parte de um anexo.

O método **setDescription( )** ❺ define uma descrição para o arquivo anexo e o método **setName( )** ❻ um nome para o arquivo anexo.

A classe **MultiPartEmail( )** ❼ é usada emitir mensagens multipart. Isto permite uma mensagem de texto com anexos.

E por último, você adiciona o anexo a mensagem com o método **attach( )** ❽ antes de enviar.

Enviando E-mail em Formato HTML Usando Commons Email

Para o envio de e-mail no formato HTML você deve usar a classe HtmlEmail. O funcionamento dessa classe é parecida com a da classe MultiPartEmail. Porém, essa classe possui um método adicional que configura o MimeType da mensagem para text/html. Além disso, essa classe permite a você adicionar o conteúdo da mensagem como somente texto (texto puro), nos casos onde não são suportados e-mails em formato HTML.

envEmailCommonEmail.jsp

```
<l<%@ page language="java"
        contentType="text/html"
        pageEncoding="ISO-8859-1"
        import="org.apache.commons.mail.*,
        java.net.URL"
%>
<!DOCTYPE html PUBLIC
"-//W3C//DTD HTML 4.01 Transitional//EN" "http://www.w3.org/TR/
html4/loose.dtd">
<html>
<head>
<title>Enviando e-mail com Common Email e Anexo</title>
</head>
<body>
<%
  HtmlEmail email = new HtmlEmail( ); ❶
```

```
    email.setHostName("localhost");

    email.addTo("edson@integrator.com.br ", "Edson Gonçalves");

    email.setFrom("edson@integrator.com.br", "Edson");

    email.setSubject("Mensagem de Teste");

    URL url =
      new URL("http://www.apache.org/images/asf_logo_wide.gif");❷

    String cid = email.embed(url, "Logo do Projeto Apache");❸

    email.setHtmlMsg("Logo do Apache - <img src=\"cid:"+
                    cid+"\" />");❹

    email.setTextMsg("Mensagem caso não suporte HTML");❺

    email.send( );
%>
<h2>Enviando e-mail com Common Email e HTML</h2>

</body>
</html>
```

Como já fora explicado no início desse exemplo, a classe **HtmlEmail( )** envia e-mails no formato HTML, segundo a biblioteca Commons Email.

Através da classe **java.net.URL❷** você pode adicionar uma imagem remotamente. Essa imagem remota precisa ser utilizada dentro do e-mail que será enviado, então entra em ação o método **embed( )❸**, que retorna uma String. Essa String é um identificador aleatório gerado que deve ser usado para referenciar a imagem em uma tag <img />❹.

O método **setTextMsg( )** ❺ envia uma mensagem em texto simples (Plain Text), caso o e-mail não suporte o formato HTML.

Enviando E-mail com Autenticação

Diferente dos exemplos dados na API JavaMail, aqui os exemplos foram mostrados sem autenticação. Mas se o seu caso for de ter autenticação, então basta utilizar o método **setAuthenticator( )**.

Para isso, basta adicionar a classe **Autenticar** criada para os exemplos com a API JavaMail e adicionar a linha em destaque a seguir em seus exemplos:

```
...
  HtmlEmail email = new HtmlEmail( );

  email.setHostName("localhost");

  email.setAuthenticator(
      new Autenticar("edson@integrator.com.br","integrator"));
...
```

Capítulo 20

Model-View-Controller e Data Access Object

ESTE CAPÍTULO O INTRODUZIRÁ EM DOIS DOS MUITOS CONCEITOS ARQUITETÔNICOS importantes do desenvolvimento de aplicações Web escritas em Java, que o ajudarão na construção dessas aplicações que têm como base exibir uma interface a um usuário de um sistema, possibilitando-o manipular seus dados. A primeira arquitetura é chamada de Model-View-Controller, ou mais conhecida pela sigla MVC. A estrutura do MVC, um paradigma do desenvolvimento, oferece benefícios significantes para aplicações Web, e estando familiarizado com isso, você aumentará sua compreensão de uma gama de conceitos, alguns dos quais usam ou emprestam de MVC.

O outro conceito é o padrão Data Access Object, conhecido também pela sigla DAO. Os modernos sistemas que acessam dados utilizam esse padrão de desenvolvimento como base para a manipulação com o banco de dados.

Existem muitos outros conceitos englobando o desenvolvimento de aplicações escritas em Java, no qual você pode se aprofundar através das boas práticas de desenvolvimento, conhecidas como Design Patterns, que vai muito além do proposto por este livro.

O que é MVC?

MVC é um conceito (paradigma) de desenvolvimento e design que tenta separar uma aplicação em três partes distintas. Uma parte, a Model, está relacionada ao trabalho atual que a aplicação administra, outra parte, a View, está relacionada a exibir os dados ou informações dessa uma aplicação e a terceira parte, Controller, em coordenar os dois anteriores exibindo a interface correta ou executando algum trabalho que a aplicação precisa completar.

A arquitetura MVC foi desenvolvida para ser usada no projeto de interface visual em Smalltalk.

Estas partes são respectivamente:

- **Model**: O Model (Modelo) é o objeto que representa os dados do programa. Maneja esses dados e controlam todas suas transformações. Esse modelo não tem conhecimento específico dos controladores (controller) e das apresentações (views), nem sequer contém referência a eles. Portanto, o Model são as classes que trabalham no armazenamento e busca de dados. Por exemplo, um cliente pode ser modelado em uma aplicação, e pode haver vários modos de criar novos clientes ou mudar informações de um relativo cliente.
- **View**: A View (Apresentação) é o que maneja a apresentação visual dos dados representados pelo Model. Em resumo, é a responsável por apresentar os dados resultantes do Model ao usuário. Por exemplo, uma Apresentação poderá ser um local administrativo onde os administradores se logam em uma aplicação. Cada administrador poderá visualizar uma parte do sistema que outro não vê.
- **Controller**: O Controller (Controlador) é o objeto que responde as ordens executadas pelo usuário, atuando sobre os dados apresentados pelo modelo, decidindo como o Modelo devera ser alterado ou devera ser revisto e qual Apresentação devera ser exibida. Por exemplo, o Controlador recebe um pedido para exibir uma lista de clientes interagindo com o Modelo e entregando uma Apresentação onde esta lista poderá ser exibida.

Como você pode ver, o modelo MVC é uma forma de desenvolvimento que ajuda na manutenção do sistema, um padrão muito aceito no desenvolvimento de aplicações Java, principalmente no de aplicações escritas para a Web.

A separação lógica da aplicação nestas partes assegura que a camada Modelo não sabe nada praticamente do que é exibido; restringido por representar as partes de componentes do problema que é resolvido pela aplicação. Igualmente, a camada de Apresentação só está relacionada a exibir os dados e não com implementar lógica de negócios que é controlada pela camada Modelo. O Controlador, como um gerenciador de tráfego, dirige as apresentações a serem exibidas e com as devidas mudanças de dados e recuperações vindas da camada Modelo.

As Aplicações Web

É muito comum vermos ainda nos dias de hoje o desenvolvimento de aplicações Web construídas com código HTML e código servidor em uma mesma página, criando uma embaraçosa confusão. É exatamente isso que aconteceu nos exemplos de JDBC e JSTL, códigos de SQL, juntas a códigos de programação, e saídas de resultados ao usuário, tudo em um só local.

Esse tipo de desenvolvimento é conhecido como embutir a lógica de negócios ao resultado final. Essa prática é condenada pelos desenvolvedores atuais, principalmente os de aplicações escritas em JSP. Graças a essa condenação, o paradigma do modelo MVC foi incorporado no desenvolvimento, criando assim dois modelos para desenvolvimento de aplicações escritas em Java: Model 1 (Modelo 1) e Model 2 (Modelo 2), baseados no paradigma MVC.

O Model 1

A primeira arquitetura, conhecida como Model 1, é muito comum no desenvolvimento de aplicações Web, chamada de page-centric. Esta arquitetura fornece o modo mais fácil de reunir uma aplicação Web. Envolve simplesmente a construção de uma aplicação como um conjunto de páginas JSP.

A sucessão de eventos explicada neste exemplo é simples, uma vez que você já fez o desenvolvimento de uma aplicação Web (mesmo sem um padrão):

1. O usuário pede uma página de Web—por exemplo, a página principal, index.jsp.
2. O container Servlet executa a lógica contida na página index.jsp como também inclui páginas para que se possa apontar. Esta execução pode incluir a recuperação de dados de um banco de dados ou outras funções que satisfaçam à lógica de negócios. Os JavaBeans fornecem as representações de dados dentro da página JSP.
3. Unido junto à lógica de negócios da página, serão confeccionadas e apresentados o HTML ao usuário.
4. Como resultado do processo, é construído o HTML final e exibido ao usuário.

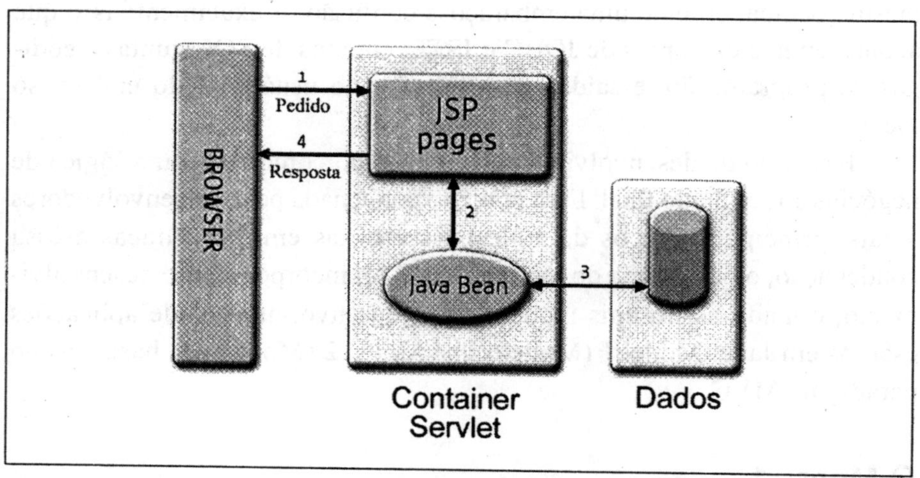

Figura 20.1 – *Arquitetura Model 1.*

Para exemplificar sua aplicação, tome o exemplo a seguir, que cria um "suposto" carrinho de compras dos livros selecionados:

A página de `produtos.jsp`**:**

```
<%@ page language="java"
      contentType="text/html"
```

```
        pageEncoding="ISO-8859-1"
        session="true"
%>

<!DOCTYPE html PUBLIC
"-//W3C//DTD XHTML 1.0 Transitional//EN" "http://www.w3.org/TR/
xhtml1/DTD/xhtml1-transitional.dtd">
<html xmlns="http://www.w3.org/1999/xhtml">
<head>
<title>Selecione o livro</title>
</head>
<body>
  <a href="comprar.jsp?livro=Dominando+AJAX&cmd=add">
    Dominando AJAX
  </a>
  <br />
  <a href="comprar.jsp?livro=Dominando+Eclipse&cmd=add">
    Dominando Eclipse
  </a>
  <br />
  <a href="comprar.jsp?livro=Dominando+NetBeans&cmd=add">
    Dominando NetBeans
</a>
</body>
</html>
```

A página comprar.jsp:

```
<%@ page language="java"
  contentType="text/html"
  pageEncoding="ISO-8859-1"
%>
<!DOCTYPE html PUBLIC
"-//W3C//DTD XHTML 1.0 Transitional//EN" "http://www.w3.org/TR/
xhtml1/DTD/xhtml1-transitional.dtd">
```

```
<html xmlns="http://www.w3.org/1999/xhtml">
<head>
<title>Livros Comprados</title>
</head>
<body>
<jsp:useBean id="carrinho" scope="session"
  class="meupacote.CarrinhoDeCompras" />
<jsp:setProperty name="carrinho" property="*" />
<%
  String[] livro = request.getParameterValues("livro");
  if (livro != null) {
    carrinho.process(livro);
  }
  String[] prods = carrinho.getProds( );
  if (prods.length > 0) {
%>
<table border="1">
  <tr>
    <th colspan="2">Carrinho de Compras</th>
  </tr>
  <%
  for (int i = 0; i < prods.length; i++) {
  %>
  <tr>
    <td><%=prods[i]%></td>
    <td><a href="?livro=<%=prods[i]%>&cmd=r">Excluir</a></td>
  </tr>
  <%
  }
  %>
  <tr>
    <td colspan="2"><a href="utilizandoCarrinho.jsp">Comprar mais</a>
    </td>
  </tr>
```

```
</table>
<%
  } else {
    out.println("<h2>Você não tem produtos no seu carrinho</h2>"
        + "<a href=\"utilizandoCarrinho.jsp\">Comprar mais</a>");
  }
%>
</body>
</html>
```

O JavaBean CarrinhoDeCompras.java**:**

```
package meupacote;

import java.util.Vector;

public class CarrinhoDeCompras {
  Vector<String> v;
  String cmd=null;
  public CarrinhoDeCompras( ){
    v = new Vector<String>( );
  }
  private void add(String[] objs){
    for(int i=0;i<objs.length;i++){
      v.addElement(objs[i]);
    }
  }
  private void remove(String[] objs){
    for(int i=0;i<objs.length;i++){
      v.removeElement(objs[i]);
    }
  }

  public void setCmd(String s){
    cmd=s;
```

```
    }
    public String[] getProds( ){
      String[] s =new String[v.size( )];
      v.copyInto(s);
      return s;
    }
    public void process(String[] prods){
      if(prods!=null && cmd!=null){
        if(cmd.equals("add")){
          add(prods);
        }
        else{
          remove(prods);
        }
        reset( );
      }
    }
    private void reset( ){
      cmd = null;
    }

}
```

As explicações foram omitidas de seu funcionamento, pois o mesmo serve apenas para demonstrar sua utilização no Model 1. Evidentemente não se trata de um carrinho de compras do mundo real, o que o tornaria bem mais complexo. Trata-se apenas de um exemplo somente.

O Model 2

O Model 1 é indicada para uma aplicação pequena, que contém um limitado número de usuários e contém pouca lógica de negócios, principalmente por ser simples e efetiva. Porém, em uma aplicação mais complexa, onde a lógica de negócios não só é mais detalhada, mas a lógica de exibição necessária também é significantemente grande, uma arquitetura de desenvolvimento baseada no Modelo 1 fará com que seja um tanto bagunçado o montante de códigos desenvolvidos. Você já percebeu, em exemplos contidos nesse livro, que quando você coloca a lógica de negócios em um modelo simples de desenvolvimento, uma repetição de código acaba ocorrendo (isso é muito comum no desenvolvimento de outras linguagens de programação Web cujos conceitos de desenvolvimento não estão fortemente agregados). Isso impossibilita uma rápida manutenção e evidentemente, em um crescimento da aplicação, não haverá uma possível extensão. E isso porque não estamos contando com o fator de testes.

Desafiado por estas desvantagens óbvias, os desenvolvedores identificaram uma arquitetura mais sofisticada que usa Servlets e páginas JSP. Esta arquitetura fora batizada de Model 2 (Modelo 2), que está baseada em uma adaptação da arquitetura MVC. Nessa implementação, um Servlet é usado como um *Controlador*, recebendo pedidos do usuário, enquanto efetuando mudanças no *Modelo*, e fornecendo a *Apresentação* ao usuário.

As apresentações ainda implementadas nesta arquitetura usam páginas JSP, mas a lógica que elas contêm é só a de exibir a interface ao usuário. A camada de Modelo foi encapsulada em objetos Java.

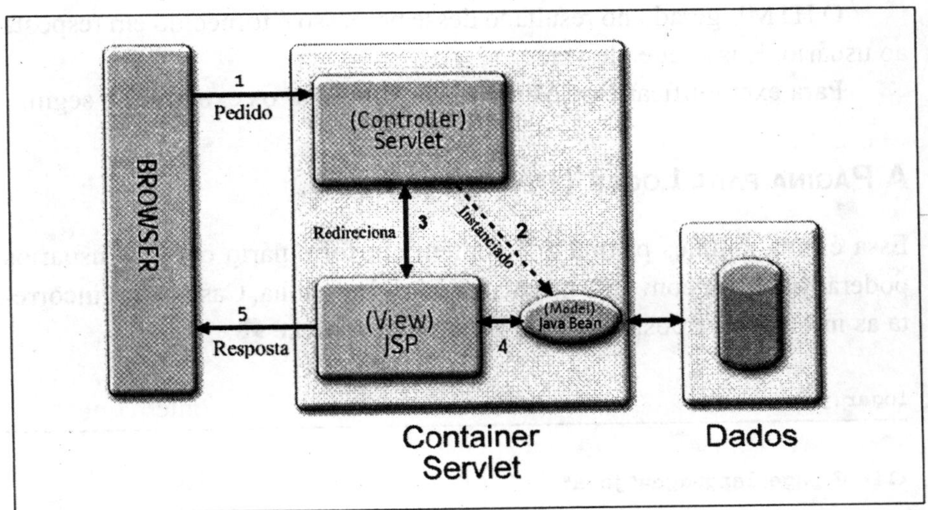

Figura 20.2 – *Arquitetura Model 2.*

A seguir você tem uma explicação do que acontece nesse modelo de desenvolvimento:

1. O usuário pede para o URL de um Servlet. No pedido há uma indicação do trabalho a ser executado. Por exemplo, no URL você pode ter algo como: /Livraria?action=mostrarLivros, onde **action** representa o trabalho que a camada Controlador deve empreender.
2. A camada Controlador recebe o pedido e determina o trabalho baseando-se no pedido. Essa camada executa chamadas a camada Modelo que empreende a lógica de negócios exigida.
3. A camada Modelo é instruída a fornecer uma lista de objetos de Livros pelo Controlador. Esse, nesse caso, pode acessar algum tipo de camada de persistência, como um banco de dados.
4. Para a camada Controlador é proporcionada a lista de objetos de Livros para exibir na camada de Apresentação. A camada Controlador também determina a apresentação apropriada para fornecer ao usuário. Usando o despachante de pedido, o Servlet pode fornecer a lista de objetos de Livros à camada de Apresentação selecionada (página JSP mais indicada).
5. A camada de Apresentação tem uma referência agora aos dados fornecidos e faz a exibição da lista conforme sua lógica definida.

O HTML gerado no resultado desse processo é fornecido em resposta ao usuário. É isso que ele verá.

Para exemplificar esse **Modelo**, você irá criar os exemplos a seguir:

A Página para Logar (view inicial)

Essa é uma simples página que contém um formulário onde os usuários poderão se entrar com informações de usuário e senha. Caso esteja incorreta as informações postadas, uma mensagem aparece ❶:

logar.jsp

```
<li<%@ page language="java"
       contentType="text/html"
       pageEncoding="ISO-8859-1"%>
```

```
<!DOCTYPE html PUBLIC
"-//W3C//DTD XHTML 1.0 Transitional//EN" "http://www.w3.org/TR/
xhtml1/DTD/xhtml1-transitional.dtd">
<html xmlns="http://www.w3.org/1999/xhtml">
<head>
<title>Logar no Sistema</title>
</head>
<body>
<form action="Logar" method="post">
        Usuário:<input type="text" name="usuario" /><br />
        Senha: <input type="password" name="senha" /><br />
        <input type="submit" name="btLogar" value="Logar" />
</form>
<%
        String msg = (String) request.getAttribute("msg");❶

        if (msg != null)
                out.println(msg); //exibe a mensagem caso exista
%>
</body>
</html>
```

O Model Usuario.java

O Model Usuario.java é um JavaBean que apenas fornece a possibilidade de se capturar os dados do usuário (login e senha) e se logar na aplicação. Como você não está trabalhando com banco de dados, esse JavaBean auto-executa.

Usuario.java

```
package meupacote;

public class Usuario {
  private String usuario=null;
```

```
  private String senha=null;
  public void setUsuario(String usuario) {
    this.usuario = usuario;
  }
  public String getUsuario( ) {
    return usuario;
  }
  public void setSenha(String senha) {
    this.senha = senha;
  }
  public String getSenha( ) {
    return senha;
  }
  public boolean verificaUsuario( ){
    if(this.usuario != null && this.senha != null){
      if(this.usuario.equals("edson") && this.senha.equals("123"))
        return true;
    }
    return false;
  }
}
```

O Controller Servlet Logar

O Servlet criado a seguir demonstra a parte Controladora, que tem o objetivo de determinar qual será a Apresentação que irá ser mostrada ao usuário que está logando.

Logar.java

```
package meupacote;

import java.io.IOException;
import javax.servlet.ServletException;
import javax.servlet.http.HttpServletRequest;
import javax.servlet.http.HttpServletResponse;
```

```
import javax.servlet.http.HttpSession;
import javax.servlet.RequestDispatcher;

public class Logar extends javax.servlet.http.HttpServlet {

  protected void doGet(HttpServletRequest request,
               HttpServletResponse response)
  throws ServletException, IOException
  {

    response.setHeader("Cache-Control", "no-cache, must-revalidate");
    response.setHeader("Pragma", "no-cache");
    response.setHeader("Expires", "Fri, 25 Dec 1980 00:00:00 GMT");

    String usuario = request.getParameter("usuario");
    String senha = request.getParameter("senha");
    RequestDispatcher rd = null;

    Usuario user = new Usuario( ); ❶
    user.setUsuario(usuario);
    user.setSenha(senha);

    if(user.verificaUsuario( )){

      HttpSession sessao = request.getSession( );
      sessao.setAttribute("USER", usuario);
      rd = request.getRequestDispatcher("/logado.jsp"); ❷
      rd.forward(request, response);
    }
    else{
      request.setAttribute("msg", "Usuário ou Senha inválidos"); ❸
      rd = request.getRequestDispatcher("/logar.jsp");
      rd.forward(request, response);
    }
  }
```

```
    protected void doPost(HttpServletRequest request,
                HttpServletResponse response)
  throws ServletException, IOException
  {
    doGet(request, response);
  }

}
```

Como esse Servlet faz o controle da aplicação, a explicação em si será feita nele.

❶ O Servlet verifica através da chamada ao JavaBean ***Usuario( )*** enviando o usuário e a senha digitados no formulário se eles são válidos. O método **verificaUsuario( )** que se encontra dentro do JavaBean retorna um valor booleano, como você mesmo pode comprovar no arquivo **Usuario.java**.

❷ O usuário sendo validado, é aberta uma sessão e registrado **USER**. O método **getRequestDispatcher(String path)** recebe como parâmetro o nome da página que será visualizada. O método **forward(request req, response res)** se responsabiliza por redirecionar para o local desejado.

❸ Em caso contrário, haverá o registro de uma mensagem, através do atributo **msg** que fornecerá informações ao usuário que está tentando logar na aplicação. Novamente há um redirecionamento de recursos, mas nesse caso, para a página que contém o formulário para logar, uma vez que não obteve sucesso em sua entrada.

A VIEW LOGADO.JSP

Essa View demonstra o que é exibido caso o usuário faça a entrada de dados com sucesso, recuperando a sessão criada no Servlet ❶:

logado.jsp

```
<%@ page language="java"
      contentType="text/html"
```

```
        pageEncoding="ISO-8859-1"
        session="true"
%>
<!DOCTYPE html PUBLIC
"-//W3C//DTD XHTML 1.0 Transitional//EN"  "http://www.w3.org/TR/
xhtml1/DTD/xhtml1-transitional.dtd">
<html xmlns="http://www.w3.org/1999/xhtml">
<head>
<title>Usuário autenticado</title>
</head>
<body>
  Seja bem vindo <%= session.getAttribute("USER") %>❶
</body>
</html>
```

É importante lembrar que executar esses desenvolvimentos sem um Framework é altamente desaconselhável. Um Framework reúne em si as melhores práticas de desenvolvimento, mas a escolha deve ser criteriosa, caso não seja recomendado por grandes empresas como a própria Sun Microsystems.

O Padrão DAO (Data Access Object)

Quando você desenvolveu aplicações usando JDBC, deve ter percebido que colocar as instruções SQL em meio os scriptlets somados ao HTML era uma situação confusa e desordeira.

Embora aquele método funcione, não é o melhor meio de se desenvolver aplicações JSP. Pensando nessas situações, os desenvolvedores passaram a adotar padrões de desenvolvimento também para o acesso ao banco de dados. O padrão DAO (Data Access Object) é o padrão mais utilizado para acesso a dados contidos em um banco de dados.

Sempre que você precisa acessar um banco de dados que está mantendo seu modelo de objetos, é melhor empregar o padrão DAO. O Padrão DAO fornece uma interface independente, no qual você pode usar para persistir objetos de dados. A idéia é colocar todas as funcionalidades encontradas no desenvolvimento de acesso e trabalho com dados em um só local, tornando simples sua manutenção.

Tipicamente um DAO inclui métodos para inserir, selecionar, atualizar e excluir objetos de um banco de dados. Dependendo de como você implementa o padrão DAO, você poderá ter um DAO para cada classe de objetos em sua aplicação ou poderá ter um único DAO que é responsável por todos os seus objetos.

No exemplo dado a seguir, você deverá ter a seguinte disposição das classes:

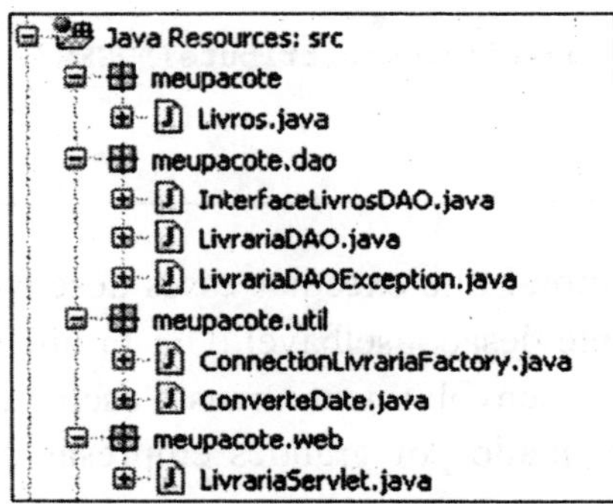

Figura 20.3

A Fábrica de Conexão

Para entrar nesse padrão, você primeiramente irá construir a classe de conexão, mostrada a seguir, que ficará dentro do pacote **meupacote.util**:

ConnectionLivrariaFactory.java

```
package meupacote.util;


import java.sql.Connection;
import java.sql.DriverManager;
import java.sql.ResultSet;
import java.sql.Statement;
import meupacote.dao.LivrariaDAOException;
```

```
public class ConnectionLivrariaFactory {

  public static Connection getConnection( ) throws
LivrariaDAOException {
    try {
      Class.forName("com.mysql.jdbc.Driver");
      return DriverManager.getConnection(
        "jdbc:mysql://localhost/livraria", "edson", "integrator");❶
    } catch (Exception e) {
      throw new LivrariaDAOException(e.getMessage( ));
    }
  }

  public static void closeConnection(Connection conn,?❷
 Statement stmt, ResultSet rs) throws LivrariaDAOException {
    close(conn, stmt, rs);
  }

  public static void closeConnection(Connection conn, Statement stmt)
      throws LivrariaDAOException {
    close(conn, stmt, null);
  }

  public static void closeConnection(Connection conn)
      throws LivrariaDAOException {
    close(conn, null, null);
  }

❸ private static void close(Connection conn,
              Statement stmt, ResultSet rs)
      throws LivrariaDAOException {
    try {
      if (rs != null) rs.close( );
      if (stmt != null)stmt.close( );
      if (conn != null)conn.close( );
    } catch (Exception e) {
```

```
        throw new LivrariaDAOException(e.getMessage( ));
      }
    }
}
```

Essa classe bem simples cria apenas uma conexão e retorna o resultado ❶ para quem a chamar.

Uma exceção será lançada toda vez que houver um erro. A classe **LivrariaDAOException** será sua classe de exceções.

Métodos chamados de **closeConnection( )** ❷ são criados para fechar a conexão, o ResultSet ou o Statement. Isso ocorre com a chamada do método privado **close( )** ❸.

Convertendo o Ano do MySQL

Em exemplos anteriores, você viu que o ano no MySQL é representado por dois ou quatro dígitos, o que na prática, usando a ponte JDBC você não o tem devidamente representado em seus aplicativos Java.

Para resolver esse problema, essa aplicação desenvolvida terá que ter uma classe utilitária que converterá na representação correta o ano no MySQL, com quatro dígitos, de acordo com o proposto pela tabela **livros**:

ConverteDate.java

```
package meupacote.util;

import java.text.*;
import java.util.Date;

public class ConverteDate {
  public static String formatarData(String data) throws Exception {❶
    if (data == null || data.equals(""))
      return null;
    String dataF = null;
         try {
```

```
            DateFormat df = new SimpleDateFormat("yyyy");
            Date date = (java.util.Date)df.parse(data);
            dataF = df.format(date);
        } catch (ParseException pe) {
            throw pe;
        }
        return dataF;
  }

  public static java.sql.Date formatarData(Date data) throws
Exception {
    if (data == null)
      return null;

          java.sql.Date date = null;
       date = new java.sql.Date( data.getTime( ) );

          return date;
  }
  public static Date strToDate(String data) throws Exception {
    if (data == null)
      return null;

    Date dataF = null;
        try {
              DateFormat dateFormat =
              new SimpleDateFormat("MM/dd/yyyy");
              long timestamp = dateFormat.parse(data).getTime( );
              dataF = new Date(timestamp);
        } catch (ParseException pe) {
            throw pe;
        }
        return dataF;
  }
}
```

Essa classe tem uma funcionalidade simples, usando a classe SimpleDateFormat(String s) como já visto em exemplos anteriores. No caso, o método **formatarData(String data)**❶ tem basicamente o papel de receber a data tipada em **String**, trazida pela ponte JDBC no formato YYYY-MM-dd e a converter para o formato YYYY do MySQL. Fica evidente que isso só será possível porque o campo do tipo YEAR, do MySQL, será representado em seu sistema, pelo Bean, usando o tipo String e não Date.

Personalizando as Exceções

Haverá alguns casos, como o da fábrica de conexões, que você poderá lançar uma exceção caso haja um erro. Para isso, uma classe será feita, estendendo ***java.lang.*****Exception**:

LivrariaDAOException.java

```
package meupacote.dao;

public class LivrariaDAOException extends Exception  {

    public LivrariaDAOException( ) {
    }

    public LivrariaDAOException(String arg) {
        super(arg);
    }

    public LivrariaDAOException(Throwable arg) {
        super(arg);
    }

    public LivrariaDAOException(String arg, Throwable arg1) {
        super(arg, arg1);
    }
}
```

Perceba que você poderá tanto transmitir um texto para exceção, uma exceção ou os dois ao mesmo tempo usando essa classe.

A classe **LivrariaDAOException** se encontra dentro do pacote **meupacote.dao**.

O Bean Livros

Mas para se comunicar com o usuário e esse ao banco de dados, você precisará criar uma camada. O JavaBean a seguir será o usado para enviar e retornar os dados.

Livros.java

```
package meupacote;

public class Livros implements java.io.Serializable{
  private String isbn;
  private String titulo;
  private int edicao;
  private String publicacao;
  private String descricao;

  public Livros( ) {}

  public Livros(String isbn, String titulo, int edicao,
    String publicacao, String descricao)
  {
    this.isbn=isbn;
    this.titulo=titulo;
    this.edicao=edicao;
    this.publicacao=publicacao;
    this.descricao=descricao;
  }

  public void setIsbn(String isbn) {
    this.isbn = isbn;
  }
```

```
public String getIsbn( ) {
  return isbn;
}

public void setTitulo(String titulo) {
  this.titulo = titulo;
}

public String getTitulo( ) {
  return titulo;
}

public void setEdicao(int edicao) {
  this.edicao = edicao;
}

public int getEdicao( ) {
  return edicao;
}

public void setPublicacao(String publicacao) {
  this.publicacao = publicacao;
}

public String getPublicacao( ) {
  return publicacao;
}

public void setDescricao(String descricao) {
  this.descricao = descricao;
}

public String getDescricao( ) {
  return descricao;
}

}
```

Um JavaBean simples, seguindo o padrão dos demais com ***getters*** e ***setters***. Note que nesse JavaBean o pacote é **meupacote** apenas.

Como Criar um Construtor pelo Eclipse

No Eclipse você tem uma ferramenta muito boa, que o ajuda a criar um construtor com todos os atributos.

No menu **Source** clique no item **Generate Constructor using Fields**. Na caixa de diálogo **Generate Constructor using Fields** você terá todos os atributos da classe selecionados. Em **Insert point**, o padrão é **Cursor position**. Se você tem a preferência de onde vai ficar o seu método, selecione ali a posição. Caso seja onde o cursor está, apenas certifique-se de que o seu cursor não está dentro de um método, para que o código não seja gerado com erro.

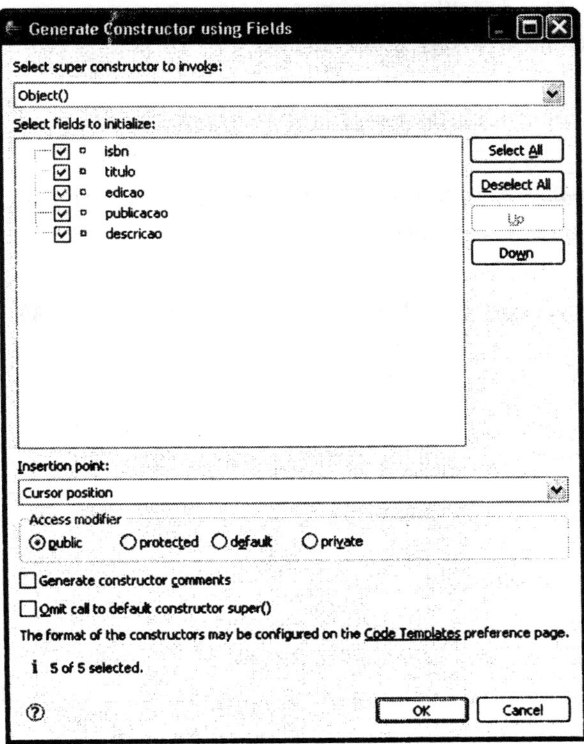

Figura 20.4

Manipulando a Tabela Livros

Agora, o problema é criar os métodos necessários para encapsular as cláusulas SQL, isolando assim em um ponto, gerando uma camada.

O DAO com os métodos necessários para a comunicação com o banco de dados:

LivrariaDAO.java

```
package meupacote.dao;

import java.sql.Connection;
import java.sql.PreparedStatement;
import java.sql.ResultSet;
import java.sql.SQLException;
import java.util.ArrayList;
import meupacote.Livros;
import java.util.List;
import meupacote.util.ConnectionLivrariaFactory;

public class LivrariaDAO implements InterfaceLivrosDAO {
  private Connection conn;

  public LivrariaDAO( ) throws LivrariaDAOException{❶
        try
        {
  this.conn = ConnectionLivrariaFactory.getConnection( );



        }
        catch( Exception e )
        {
            throw new LivrariaDAOException( "Erro: " +
                                        ":\n" + e.getMessage( ) );
        }
  }
```

```
public void salvar(Livros livro)  throws LivrariaDAOException{❷
  PreparedStatement ps = null;
  Connection conn = null;
  if (livro == null)
    throw new
      LivrariaDAOException("O valor passado não pode ser nulo");

  try {
    String SQL = "INSERT INTO livros (isbn, titulo, edicao_num, "+
        "ano_publicacao, descricao) " +
        "values (?, ?, ?, ?, ?)";
    conn = this.conn;
    ps = conn.prepareStatement(SQL);
    ps.setString(1, livro.getIsbn( ));
    ps.setString(2, livro.getTitulo( ));
    ps.setInt(3, livro.getEdicao( ));
    ps.setString(4, livro.getPublicacao( ));
    ps.setString(5, livro.getDescricao( ));
    ps.executeUpdate( );

  } catch (SQLException sqle) {
    throw new
      LivrariaDAOException("Erro ao inserir dados "+ sqle);
  } finally {
    ConnectionLivrariaFactory.closeConnection(conn, ps);

  }
}

public void excluir(Livros livro) throws LivrariaDAOException {❸
  PreparedStatement ps = null;
  Connection conn = null;

  if (livro == null)
    throw new
      LivrariaDAOException("O valor passado não pode ser nulo");
  try {
```

```
      conn = this.conn;
      ps = conn.prepareStatement("delete from livros where isbn=?");
      ps.setString(1, livro.getIsbn( ));
      ps.executeUpdate( );


    } catch (SQLException sqle) {
      throw new
        LivrariaDAOException("Erro ao excluir dados:" + sqle);

    } finally {
      ConnectionLivrariaFactory.closeConnection(conn, ps);
    }

  }

  public void atualizar(Livros livro)  throws LivrariaDAOException❹
  {
    PreparedStatement ps = null;
    Connection conn = null;

    if (livro == null)
      throw new
        LivrariaDAOException("O valor passado não pode ser nulo");

    try {
      String SQL = "UPDATE livros SET titulo=?, " +
          " edicao_num=?, " +
          "ano_publicacao=?, descricao=? " +
          "where isbn=?";
      conn = this.conn;
      ps = conn.prepareStatement(SQL);
      ps.setString(1, livro.getTitulo( ));
      ps.setInt(2, livro.getEdicao( ));
      ps.setString(3, livro.getPublicacao( ));
```

```
    ps.setString(4, livro.getDescricao( ));
    ps.setString(5, livro.getIsbn( ));
    ps.executeUpdate( );

  } catch (SQLException sqle) {
    throw new
      LivrariaDAOException("Erro ao atualizar dados: "+ sqle);
  } finally {
    ConnectionLivrariaFactory.closeConnection(conn, ps);

  }
}

  public List todosLivros( )  throws LivrariaDAOException{❺
   PreparedStatement ps = null;
   Connection conn = null;
   ResultSet rs = null;

  try {
    conn = this.conn;
    ps = conn.prepareStatement("select * from livros");
    rs = ps.executeQuery( );
      List<Livros> list = new ArrayList<Livros>( );
        while( rs.next( ) )
        {
          String isbn = rs.getString( 1 );
          String titulo = rs.getString( 2 );
          int edicao = rs.getInt( 3 );
          String publicacao = rs.getString( 4 );
          String descricao = rs.getString( 5 );

          list.add( new Livros(isbn, titulo, edicao,
         publicacao,descricao ) );

        }
        return list;
```

```
    } catch (SQLException sqle) {
      throw new  LivrariaDAOException(sqle);
    } finally {
      ConnectionLivrariaFactory.closeConnection(conn, ps, rs);
    }
  }

  public Livros procurarLivro(String isbn)❻
    throws  LivrariaDAOException
  {
     PreparedStatement ps = null;
     Connection conn = null;
     ResultSet rs = null;

    try {
      conn = this.conn;
      ps = conn.prepareStatement("select * from livros where
isbn=?");
      ps.setString(1, isbn);
      rs = ps.executeQuery( );
            if( !rs.next( ) )
            {
                throw new
             LivrariaDAOException( "Não foi encontrado nenhum" +
             " registro com o ISBN: " + isbn );
            }

            String titulo = rs.getString( 2 );
            int edicao = rs.getInt( 3 );
            String publicacao = rs.getString( 4 );
            String descricao = rs.getString( 5 );

            return new Livros(isbn, titulo, edicao,
           publicacao,descricao ) ;
```

```
        } catch (SQLException sqle) {
          throw new  LivrariaDAOException(sqle);
        } finally {
            ConnectionLivrariaFactory.closeConnection(conn, ps, rs);

        }
    }

}
```

Como você pode perceber, o desenvolvimento do DAO é simplesmente isolar todas as formas de acessar os dados em uma classe, concentrando assim a facilidade de manutenção.

Os métodos criados aqui são:

❶ O construtor que inicia a conexão com o banco de dados;
❷ A inserção de dados passados pelo JavaBean **Livros**;
❸ A exclusão de dados passados pelo ISBN determinado;
❹ A atualização de dados passados pelo JavaBean **Livros**;
❺ O método que retorna todos os dados encontrados na tabela Livros, retornando um **List**;
❻ O método que retorna os dados de um **Livro** apenas, utilizando-se do Bean criado.

A Interface

Para finalizar, é uma boa prática de programação criar uma interface dos métodos desenvolvidos na classe **LivrariaDAO**. A seguir a listagem mostra a interface na integra:

InterfaceLivrosDAO.java

```
package meupacote.dao;
import java.util.List;
import meupacote.Livros;

public interface InterfaceLivrosDAO {
```

```
    void atualizar(Livros livro) throws LivrariaDAOException;

    void excluir(Livros livro) throws LivrariaDAOException;

    void salvar(Livros livro) throws LivrariaDAOException;

    List todosLivros( ) throws LivrariaDAOException;

    Livros procurarLivro(String isbn) throws  LivrariaDAOException;

}
```

Utilizando o DAO

Para começar a utilização desse padrão, o DAO, você irá criar um sistema simples, com a possibilidade de SELECIONAR, INSERIR, ATUALIZAR e EXCLUIR dados da tabela livros.

Primeiro você vai criar um Servlet que acessará o DAO, seguindo o desenvolvimento de acordo com o Model 2:

LivrariaServlet.java

```
<linhapackage meupacote.web;

import java.io.IOException;
import java.util.List;
import javax.servlet.RequestDispatcher;
import javax.servlet.ServletException;
import javax.servlet.http.HttpServletRequest;
import javax.servlet.http.HttpServletResponse;
import javax.servlet.http.HttpSession;
import meupacote.Livros;
import meupacote.dao.*;
```

```
public class LivrariaServlet extends javax.servlet.http.HttpServlet
{

  protected void service(HttpServletRequest request,
    HttpServletResponse response)
  throws ServletException, IOException
  {
    String cmd = request.getParameter( "cmd" );❶

    if(cmd==null)
      cmd = "principal";❷

    InterfaceLivrosDAO dao;
    Livros livro = new Livros( );
    if(cmd!=null || !cmd.equalsIgnoreCase("principal")){❸

      livro.setIsbn(request.getParameter("isbn"));
      livro.setTitulo(request.getParameter("titulo"));
      String edicao = request.getParameter("edicao");
      if(edicao==null)
        edicao="1";
      livro.setEdicao(Integer.parseInt(edicao));
      livro.setPublicacao(request.getParameter("publicacao"));
      livro.setDescricao(request.getParameter("descricao"));

    }

          try
          {

    dao = new LivrariaDAO( );
    RequestDispatcher rd = null;
    if(cmd.equalsIgnoreCase("listar")){

                List livrosList = dao.todosLivros( );❹
```

```
            request.setAttribute( "livrosList", livrosList );❺
            rd = request.getRequestDispatcher( "/
mostrarLivrosCads.jsp" );

    }
    else if( cmd.equalsIgnoreCase( "addliv" ) ){

            dao.salvar( livro );❻
            rd = request.getRequestDispatcher(
"LivrariaServlet?cmd=listar" );

    }
        else if( cmd.equalsIgnoreCase( "exc" ) ){

            dao.excluir( livro );❼
            rd = request.getRequestDispatcher(
"LivrariaServlet?cmd=listar" );

        }
        else if( cmd.equalsIgnoreCase( "atu" ) ){

                livro = dao.procurarLivro(livro.getIsbn( ));❽
                HttpSession session=request.getSession(true);
                session.setAttribute( "livro",livro );
                rd = request.getRequestDispatcher( "/
formAtuLivro.jsp" );

    }
            else if( cmd.equalsIgnoreCase( "atualizar" ) ){

            dao.atualizar( livro );❾
            rd = request.getRequestDispatcher(
"LivrariaServlet?cmd=listar" );

    }
```

```
else if( cmd.equalsIgnoreCase( "principal" ) ){

  rd = request.getRequestDispatcher( "/index.jsp" );

}
                  rd.forward( request, response );⑩
        }
        catch( Exception e )
        {
            e.printStackTrace( );
            throw new ServletException( e );
        }

  }

}
```

Primeiramente esse Servlet tem que captar o comando (representado pelos caracteres **cmd**) para que seja decidida qual ação tomar de acordo com a chamada ❶.

Caso o valor seja nulo, o comando é alterado para uma String chamada **principal**❷.

A interface do DAO criada é chamada, assim como o Bean **Livros**, no trecho a seguir:

```
InterfaceLivrosDAO dao;
Livros livro = new Livros( );
```

Fazendo isso, você pode utilizar o DAO para executar a ação desejada, assim como utilizar o Bean para modificar alguma informação existente no banco de dados ou transmitir alguma informação passada pelos formulários que você ainda irá criar. De qualquer forma, os dados passados deverão ser recuperados. Isso é feito usando o já conhecido **request.getParameter(String s)**.

Na condição de não ser nulo o comando e ser diferente de **principal❸**, os **setters** são chamados do Bean **Livros** e atribuídos a eles valores transmitidos, seja via formulário ou não.

Dentro de um bloco **try/catch**, o **dao** é instanciado a classe **LivrariaDAO( )**, tornando-o pronto para uso de seus métodos.

```
    try
     {
  dao = new LivrariaDAO( );
...
```

O comando inicial do pelo Servlet é o **listar**. Caso você transmita a variável **cmd** com o valor **listar**, você dispara o bloco **if** existente em **try/catch**, chamando o método **todosLivros( )❹**, responsável por retornar um **List** contendo todos os dados existentes na tabela **livros**.

Esse List é armazenado em um atributo requerido, e não uma session, no qual se chamará **livrosList❺**.

Como já visto no exemplo dado em Model 2, anteriormente nesse capítulo, cada vez que um comando é executado com sucesso, uma página é redirecionada. No primeiro caso a página **mostrarLivrosCadas.jsp** é chamada pelo Servlet para exibir os dados pedidos.

O segundo comando listado é o de adicionar dados. Nesse caso, os dados serão transmitidos para serem inseridos no banco de dados. Os **setters** criados anteriormente serão os responsáveis por capturar os dados vindos do formulário. Ao transmitir o formulário, esse, além de chamar o Servlet, deverá enviar a query string **cmd=addliv**.

Ao ser verificado que é para adicionar os dados, o Servlet chamará o método **salvar(Livros livro)❻**, que transmitirá os dados enviados por esse formulário. Mais uma vez, após a chamada desse método, uma página é redirecionada para mostrar os resultados dados pela inserção:

```
request.getRequestDispatcher( "LivrariaServlet?cmd=listar" );
```

O terceiro comando listado no Servlet é o de **excluir**. Caso o Servlet receba a query string **cmd=exc**, o método **excluir(Livros livro)❼** é chamado para eliminar uma linha no banco de dados. Nesse caso, o ISBN do livro, tido como chave primária, é enviado para a chamada da exclusão.

O quarto comando listado no Servlet é o utilizado para atualização de dados. Nessa ação, primeiramente, o que você, através dos exemplos anteriores bem já sabe, terá que trazer os dados para um formulário, preenchendo-o e então depois, enviá-los para atualização.

A situação ocorre da seguinte maneira:

Você enviará a query string **cmd=atu**, que retornará uma session chamada **livro**, contendo os dados do livro transmitido pelo método **procurarLivro(String isbn)❽**. A página **formAtuLivro.jsp** recuperará essa session e preencherá o formulário.

O formulário de atualização enviará a query string **cmd=atualizar**, transmitindo todos os dados do formulário e chamando o método **atualizar(Livros livro)❾**.

Em todo caso, caso não haja o envio de uma query string, a página **index.jsp** é chamada.

O método **forward**(HttpServletRequest **request,** HttpServletResponse **response)❿** é utilizado para redirecionar a página sempre que solicitada.

As Views

As páginas de resposta ao usuário é o controle que esse tem sobre a aplicação desenvolvida. As páginas a seguir farão à manipulação dos dados existentes na tabela **livros** utilizando a lógica exercida pelo Servlet criado.

Mostrando os Livros Cadastrados

Para trazer os livros cadastrados, você criará a página a seguir:

mostrarLivrosCads.jsp

```
<%@ page language="java" contentType="text/html"
    pageEncoding="ISO-8859-1"
    import="java.util.*, meupacote.Livros,
meupacote.util.ConverteData"
    %>
```

```
<!DOCTYPE html PUBLIC
"-//W3C//DTD XHTML 1.0 Transitional//EN" "http://www.w3.org/TR/
xhtml1/DTD/xhtml1-transitional.dtd">
<html xmlns="http://www.w3.org/1999/xhtml">
<head>
<title>Trabalhando com DAO e Model 2</title>
</head>
<body>
<table border="1" cellpadding="2" cellspacing="0">
<tr>
   <th>ISBN - Atualizar</th>
   <th>Título</th>
   <th>Publicado em</th>
   <th>Excluir Livro</th>
</tr>
<%
List livrosList = ( List )request.getAttribute( "livrosList" );❶

for( Iterator i=livrosList.iterator( ); i.hasNext( ); )
{
  Livros l = ( Livros )i.next( );❷

%>
 <tr>
     <td>
      <a href="LivrariaServlet?cmd=atu&isbn=<%=l.getIsbn( )%>">❸
          <%=l.getIsbn( )%>❹
      </a>
   </td>
     <td><%=l.getTitulo( )%></td>
     <td>
       <%= ConverteDate.formatarData(l.getPublicacao( ))%>❺
   </td>
     <td>
       <a href="LivrariaServlet?cmd=exc&isbn=<%=l.getIsbn( )%>">❻
```

```
        Excluir
      </a>
    </td>
</tr>
<%
}// end for
%>
</table>
<br />
<a href="formInserindoDados.html">Adicionar um novo livro</a>
<br />
<a href="index.jsp">Página Principal</a>
</body>
</html>
```

Essa página listará o resultado vindo do atributo **livrosList❶**, quebrando-os pelo loop **for** e os distribuindo ao JavaBean Livros❷, imprimindo pelos métodos **getters**?existentes nesse Bean.

A primeira coluna terá a exibição do ISBN, contendo um link ao Servlet com a query string: **cmd=atu&isbn=NÚMERO DO ISBN❸**. Clicando nesse link, você submete ao Servlet o ISBN do livro que deseja atualizar, junto ao comando **atu**, que representa a chamada do formulário de atualização.

A impressão do ISBN, assim como os demais campos, são feitos pelos métodos **getters**, já dito anteriormente, como **getIsbn( )❹**.

Na impressão do campo publicação, você terá que converter a data, para que ela seja exibida no seu formato correto, ou seja, somente caracteres de ano (YYYY). Isso é feito pelo método **formatarData(String d)❺** já explicado na criação da classe **ConverteDate( )**.

Para excluir um livro, o Servlet novamente deve ser chamado, enviando dois comandos: **exc** e o **ISBN** do livro que deseja remover do banco de dados. Para executar essa ação, a query string **cmd=exc&isbn=ISBN do LIVRO❻** é transmitida para o Servlet para que esse execute o determinado.

Atenção Um detalhe importante é que, antes de rodar essa aplicação, você deve ter o driver do MySQL no diretório **lib**. Lembre-se de que, sem isso, o banco de dados não será acessível, gerando um erro.

O arquivo **web.xml** deverá ser algo como:

web.xml

```
<?xml version="1.0" encoding="UTF-8"?>
<web-app version="2.4" xmlns="http://java.sun.com/xml/ns/j2ee"
xmlns:xsi="http://www.w3.org/2001/XMLSchema-instance"
xsi:schemaLocation="http://java.sun.com/xml/ns/j2ee http://
java.sun.com/xml/ns/j2ee/web-app_2_4.xsd">
  <display-name>
    MeuPrimeiroDao
   </display-name>
  <servlet>
    <display-name>LivrariaServlet</display-name>
    <servlet-name>LivrariaServlet</servlet-name>
    <servlet-class>meupacote.web.LivrariaServlet</servlet-class>
  </servlet>
  <servlet-mapping>
    <servlet-name>LivrariaServlet</servlet-name>
    <url-pattern>/LivrariaServlet</url-pattern>
  </servlet-mapping>
    <session-config>
        <session-timeout>
            30
        </session-timeout>
    </session-config>
    <welcome-file-list>
      <welcome-file>
            index.jsp
        </welcome-file>
    </welcome-file-list>
</web-app>
```

Para trazer os livros cadastrados, simplesmente digite no seu navegador:

http://localhost:8080/TrabComDAO/LivrariaServlet?cmd=listar

Trabalhando com DAO e Model 2

http://localhost:8080/TrabComDAO/LivrariaServlet?cmd=listar

ISBN - Atualizar	Título	Publicado em	Excluir Livro
85-7393-486-7	Dominando Eclipse	2007	Excluir
85-7393-494-8	OpenOffice.org 2.0 Writer	2006	Excluir
85-7393-495-6	OpenOffice.org 2.0 Base	2006	Excluir
85-7393-519-7	Dominando NetBeans	2006	Excluir
85-7393-536-7	Tomcat - Guia Rapido do Administrador	2006	Excluir
85-7393-543-X	Dominando AJAX	2006	Excluir

Adicionar um novo livro
Página Principal

Figura 20.5

Cadastrar Novos Livros

Aproveitando o DAO, você vai criar um formulário que irá cadastrar os dados do novo livro que deseja armazenar:

formInserindoDados.html

```
<!DOCTYPE html PUBLIC "-//W3C//DTD XHTML 1.0 Transitional//EN"
"http://www.w3.org/TR/xhtml1/DTD/xhtml1-transitional.dtd">
<html xmlns="http://www.w3.org/1999/xhtml">
<head>
<title>Trabalhando com DAO e Model 2</title>
```

```
</head>
<body>
<form action="LivrariaServlet?cmd=addliv" method="post">❶
<table>
  <tr>
    <td>ISBN:</td><td><input type="text" name="isbn" /></td>
  </tr>
  <tr>
    <td>Título:</td><td><input type="text" name="titulo" /></td>
  </tr>
  <tr>
    <td>Edição:</td><td><input type="text" name="edicao" /></td>
  </tr>
  <tr>
    <td>Publicação:</td><td><input type="text" name="publicacao" /
></td>
  </tr>
  <tr>
    <td>Descrição:</td>
    <td><textarea name="descricao" rows="5" cols="25"></textarea></
td>
  </tr>
  <tr>
    <td colspan="2">
      <input type="submit" name="btCadastrar" value="Enviar" />
    </td>
  </tr>
</table>
</form>
</body>
</html>
```

Note no detalhe do atributo **action** da tag **<form />**❶ que o mesmo Servlet será chamado, mas que dessa vez com um parâmetro. Isso está sendo feito para que você não tenha que criar um Servlet novo a cada ação executada pelo usuário.

Atualizando Livros

Na listagem para mostrar todos os livros cadastrados, o ISBN tem um link que possibilita atualizar as informações da sua aplicação. Claro que, como você bem já sabe, antes precisa de um formulário preenchido com os dados anteriores. O formulário a seguir demonstra exatamente isso:

formAtuLivro.jsp

```
<%@ page language="java" contentType="text/html"
    pageEncoding="ISO-8859-1"
    import="meupacote.util.ConverteDate"
    %>
<!DOCTYPE html PUBLIC
"-//W3C//DTD XHTML 1.0 Transitional//EN" "http://www.w3.org/TR/
xhtml1/DTD/xhtml1-transitional.dtd">
<html xmlns="http://www.w3.org/1999/xhtml">
<head>
<title>Trabalhando com DAO e Model 2</title>
</head>
<body>
❶  <jsp:useBean id="livro" scope="session"
                class="meupacote.Livros" />
    <%
        String publicacao = livro.getPublicacao( );❷
    %>
<form action="LivrariaServlet?cmd=atualizar" method="post">❸
<table>
  <tr>
    <td>ISBN:</td>
    <td>
        <input type="text" name="isbn"
             value="${livro.isbn}" readonly="readonly" />
```

```
        </td>
      </tr>
      <tr>
        <td>Título:</td>
        <td>
          <input type="text" name="titulo" value="${livro.titulo}" />
        </td>
      </tr>
      <tr>
        <td>Edição:</td>
        <td>
          <input type="text" name="edicao" value="${livro.edicao}" />
        </td>
      </tr>
      <tr>
        <td>Publicação:</td>
        <td>
          <input type="text" name="publicacao"
                value="<%=ConverteDate.formatarData(publicacao)%>" />
        </td>
      </tr>
      <tr>
        <td>Descrição:</td>
        <td>
        <textarea name="descricao" rows="5" cols="25">
            ${livro.descricao}
        </textarea>
        </td>
      </tr>
      <tr>
        <td colspan="2">
          <input type="submit" name="btAtualizar" value="Atualizar" />
        </td>
      </tr>
    </table>
```

```
</form>
</body>
</html>
```

Olhando atentamente a página que mostra todos os livros cadastrados, quando um clique é dado no link para chamar o formulário de atualização, o ISBN e o comando cmd=atu são enviados em uma única query string, possibilitando assim fazer com que o Servlet processe os resultados exatos do determinado livro e os coloque em uma variável de sessão, além de redirecionar para o formulário exibido. Esse formulário por sua vez, captura essas informações e as distribui pelo atributo value de cada campo. Para que essa página pegue os valores resultantes na session armazenada pelo Servlet, basta chamar <jsp:useBean /> ❶ para trazer os dados encontrados no Bean Livros em um escopo de sessão. Como o ano da publicação precisa ser tratado, ele é separado nesse ponto❷.

Com a query string **cmd=atualizar❸** você diz ao Servlet que deseja atualizar os dados que estão indo desse formulário. De resto, o Servlet se encarrega de chamar o método da classe DAO e atualizar os dados enviados.

Percebendo as Mudanças

Embora você possa achar muito mais trabalhoso fazer um sistema dessa maneira, é com certeza muito mais organizado e simples de ser aplicado depois. Perceba o quanto mais simples se tornou o desenvolvimento. Com o aperfeiçoamento pessoal em lógica, o código pode se tornar menor, e com certeza muito mais lógico se adotado um bom padrão de desenvolvimento.

Capítulo 21

JavaServer Faces

JavaServer Faces é uma tecnologia do mundo de Java EE e é desenhado para simplificar o desenvolvimento de aplicações Web.

JSF torna fácil o desenvolvimento através de componentes de interface de usuário (GUI) e conecta esses componentes a objetos de negócios. Também automatiza o processo de uso de JavaBeans e navegação de páginas.

Configurando um Projeto JavaServer Faces

Para trabalhar com o JavaServer Faces, primeiramente será preciso configurar os arquivos e a estrutura necessária.

Como você está acompanhando esse livro, o container Servlet usado é o Tomcat 5.5, portanto faça download no endereço **http://java.sun.com/j2ee/javaserverfaces/download.html**. Como você irá trabalhar com JavaServer Faces voltado para um container compatível com a tecnologia J2EE 1.4, você deverá baixar a versão JSF 1.1, a utilizada nesse livro.

Ao baixar o arquivo, simplesmente desempacote em um diretório de sua escolha.

Há dois modos de você tornar o JSF e as bibliotecas de JSTL disponível para sua aplicação Web rodando no Tomcat. Ambos necessitam por oito arquivos do tipo JAR que estão localizados no diretório **lib** de cada distribuição descompactada, em um local que pode ser acessado pelo servidor ou pela aplicação Web:

Quatro JARs Commons:

1. commons-beanutils.jar
2. commons-collections.jar
3. commons-digester.jar
4. commons-logging.jar,

Dois JARs JSF:

1. jsf-api.jar
2. jsf-impl.jar

Dois JARs JSTL:

1. jstl.jar
2. standard.jar

Não precisa dizer que torná-los disponíveis em sua aplicação é simples, bastando apenas colocar esses arquivos listados e colocá-los dentro do diretório **lib**, encontrado em WEB-INF de sua aplicação Web.

Alternativamente, se você tiver mais de uma aplicação construída com JSF, você pode pôr os arquivos JARs em um local comum a essas aplicações. Para o Tomcat, o local é **$CATALINA_HOME/common/lib** (onde $CATALINA_HOME é o local onde você tem instalado o seu tomcat). Se os arquivos JARs ficarem situados no diretório common do Tomcat, todas as aplicações Web correntes no servidor de aplicação tem acesso a esses arquivos.

Preste atenção em reiniciar o Tomcat caso você coloque os arquivos JARs no diretório common, pois ele só os reconhecerá após essa execução.

Trabalhando com JavaServer Faces no NetBeans

Para criar o JavaServer Faces no NetBeans 5.5, basta iniciar a criação de um projeto. Selecione em **Categories** o item **Web** e em **Projects** selecione **Web Application**.

Na segunda etapa você colocará o nome do projeto e, clicando no botão **Next**, na terceira etapa, marque a opção **JavaServer Faces** em **Select the frameworks you want to use in your web application**.

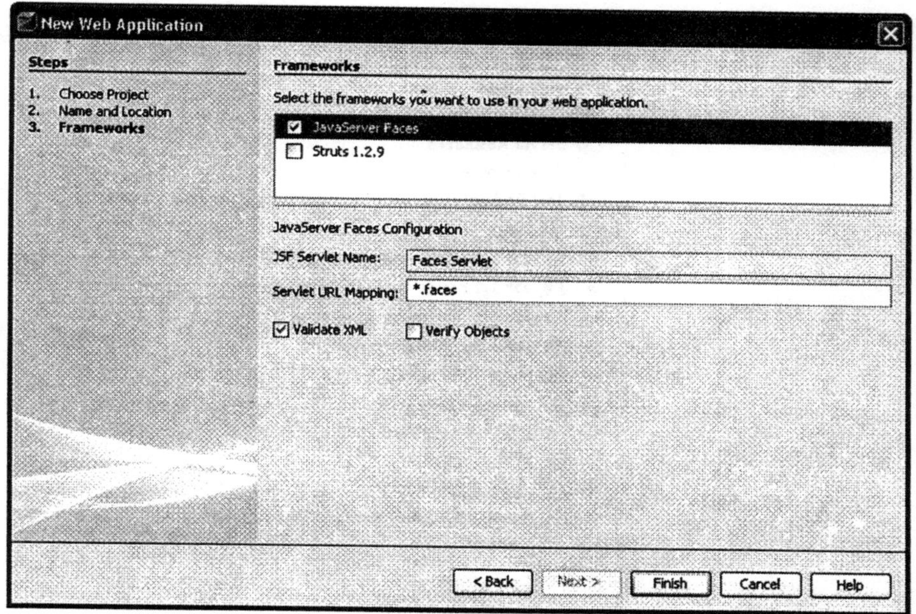

Figura 21.1

Em **Servlet URL Mapping** você tem por padrão a configuração / faces/*, indicando que o acesso as aplicações escritas em JSF serão antecipadas da palavra faces/, por exemplo:

```
http://localhost:8080/MeuProjetoJSF/faces/pagina.jsp.
```

No exemplo da imagem foi mudado para ***.faces**, ou seja, no acesso a suas aplicações escritas em JavaServer Faces, a extensão **.faces** teria que ser escrito, por exemplo:

```
http://localhost:8080/MeuProjetoJSF/pagina.faces
```

Ao terminar a configuração, basta clicar no botão **Finish**. O NetBeans cria uma página JSP normal e uma outra, contendo um conteúdo pequeno de JavaServer Faces, chamado de **welcomeJSF.jsp**.

Expandindo a opção **Libraries** você verá que o NetBeans colocou todas as bibliotecas necessárias para o desenvolvimento de JSF.

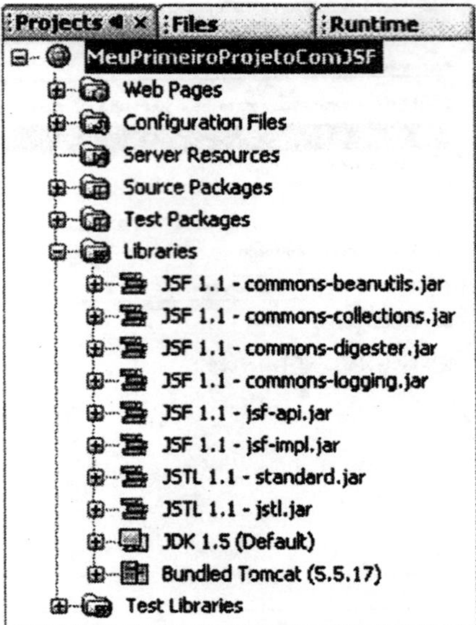

Figura 21.2

Desenvolvendo com JavaServer Faces no Eclipse

Desenvolver JavaServer Faces no Eclipse exige alguns passos a mais que no NetBeans. A primeira coisa que você deverá fazer é baixar o **JavaServer Faces Tools**.

Entre no endereço http://**www.eclipse.org/webtools/main.html**. Para baixá-lo, clique no link **Download Now**:

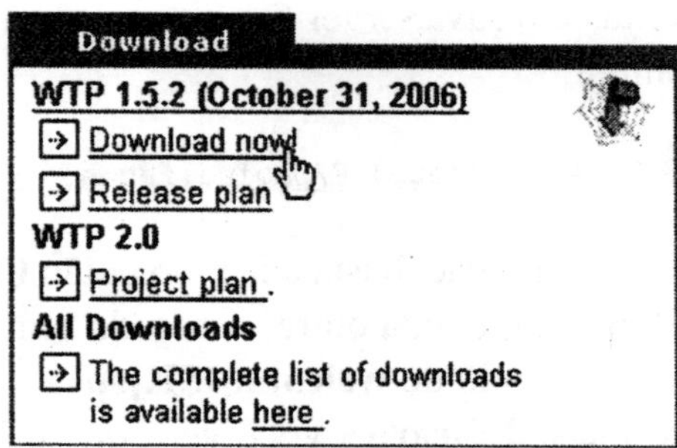

Figura 21.3

Na página de downloads, desça a rolagem até a seção **JavaServer Faces (JSF)**. Clique no primeiro link e faça download.

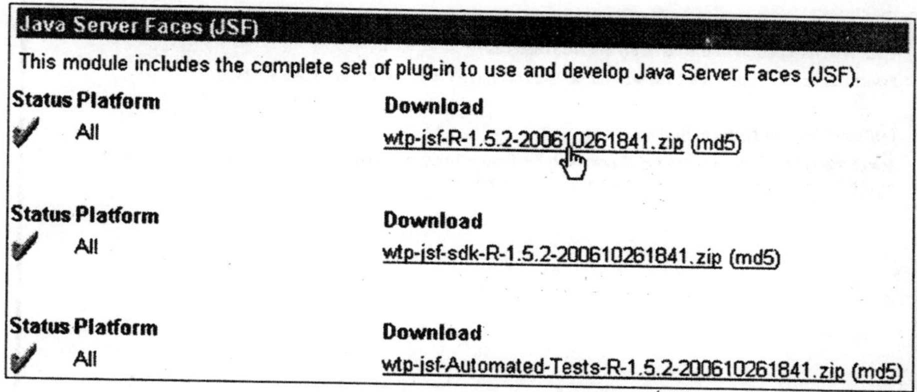

Figura 21.4

Ao baixar o arquivo, descompacte-o. No seu Eclipse, vá ao menu **Help** e clique em **Find and Install**.

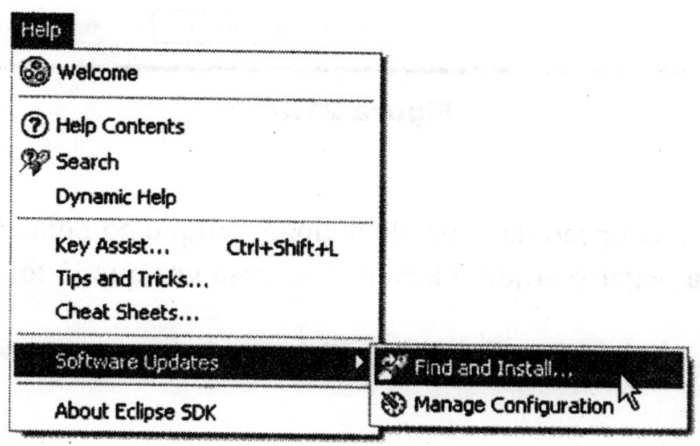

Figura 21.5

Na caixa de diálogo **Install/Update** selecione a opção **Search for new features to install** e clique no botão **Next**.

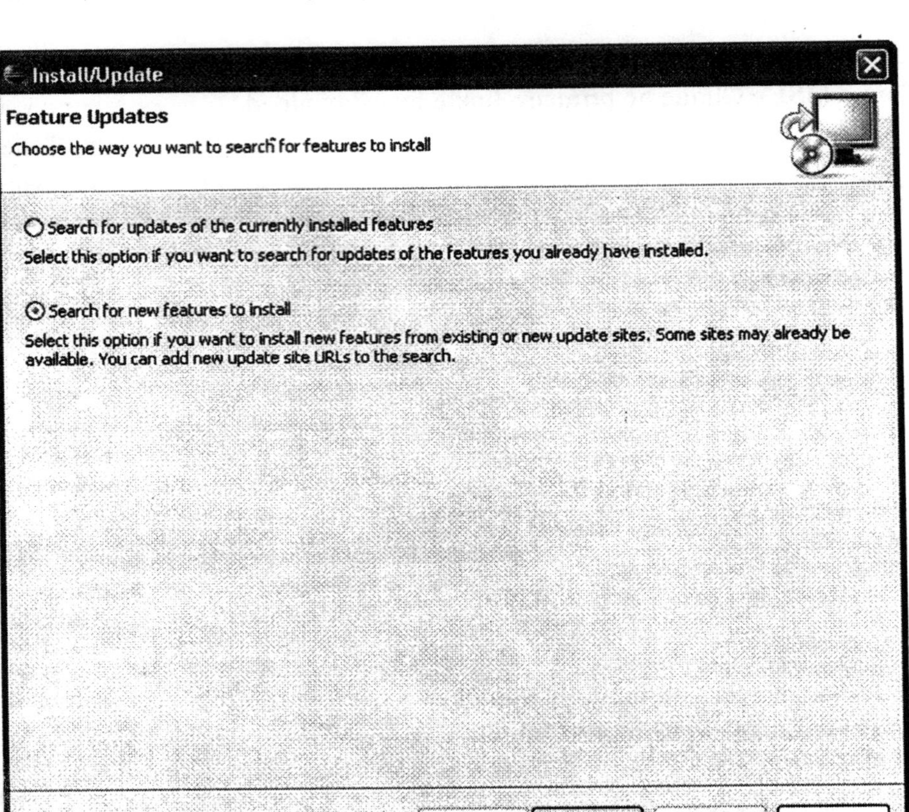

Figura 21.6

Na segunda opção da caixa de diálogo, clique no botão **New Local Site**. Você irá pegar o arquivo localmente, uma vez que já foi baixado da Internet.

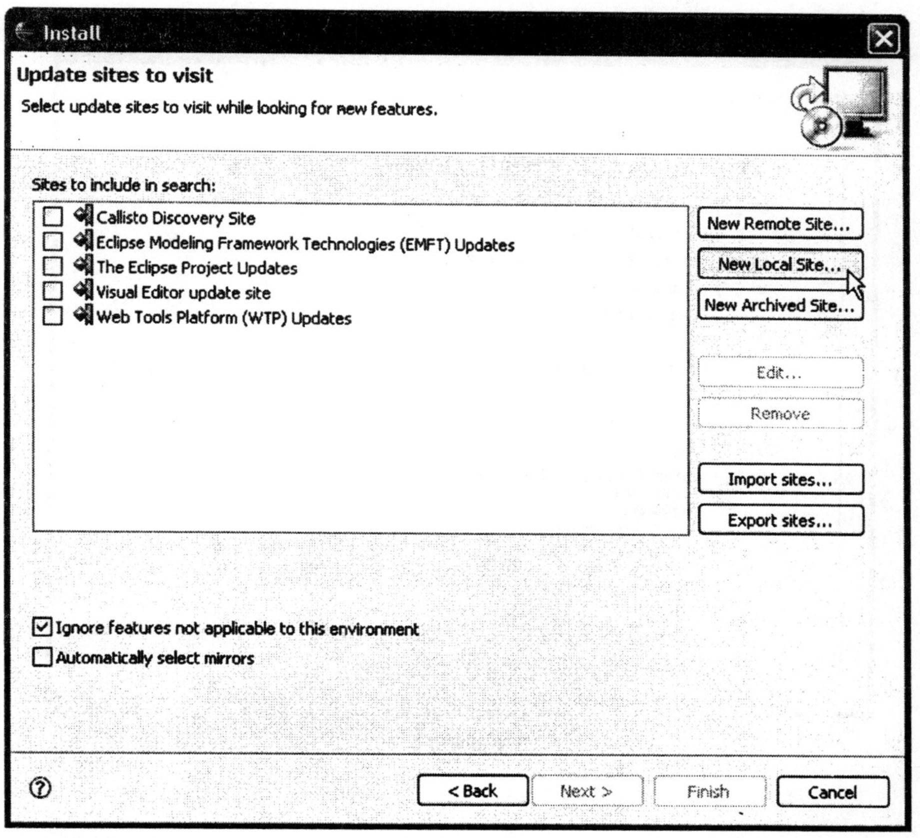

Figura 21.7

Selecione o diretório onde você descompactou o arquivo. Veja a imagem a seguir:

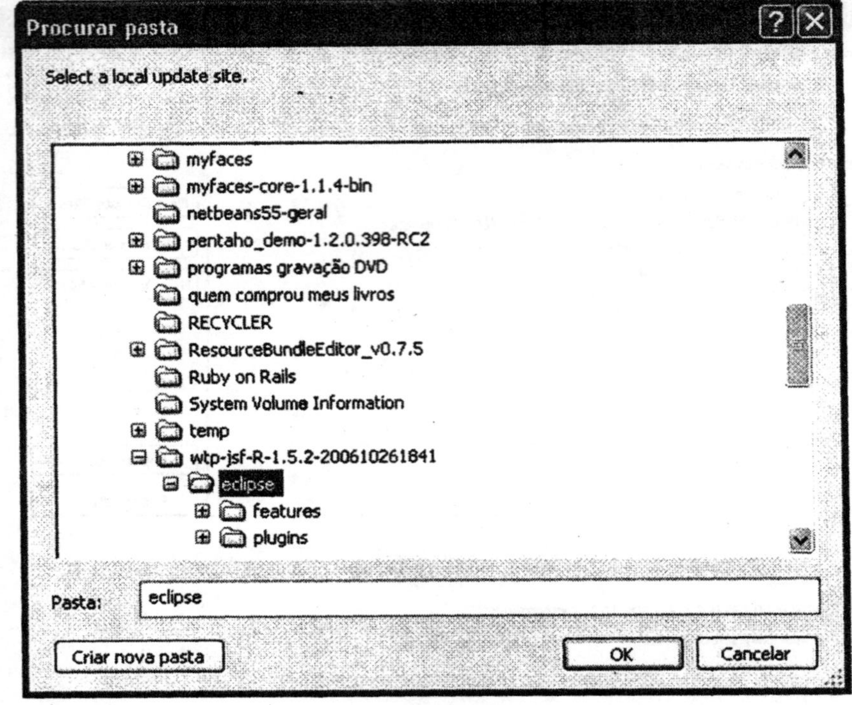

Figura 21.8

Assim que surgir a caixa de diálogo **Edit Local Site**, confirme no botão **OK**.

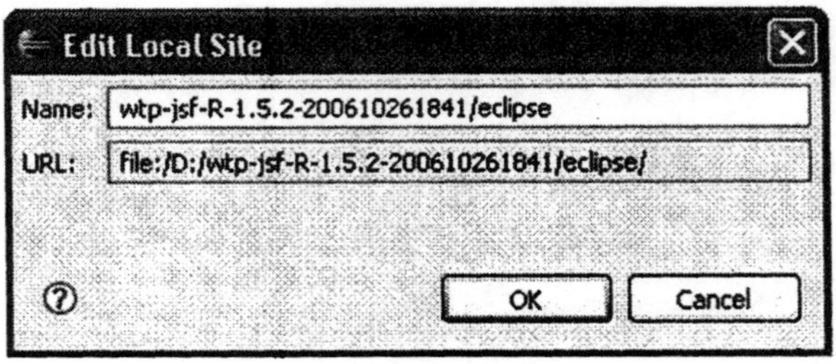

Figura 21.9

Um novo item aparecerá selecionado na caixa de diálogo **Install**. Clique no botão **Finish** para concluir essa caixa de diálogo.

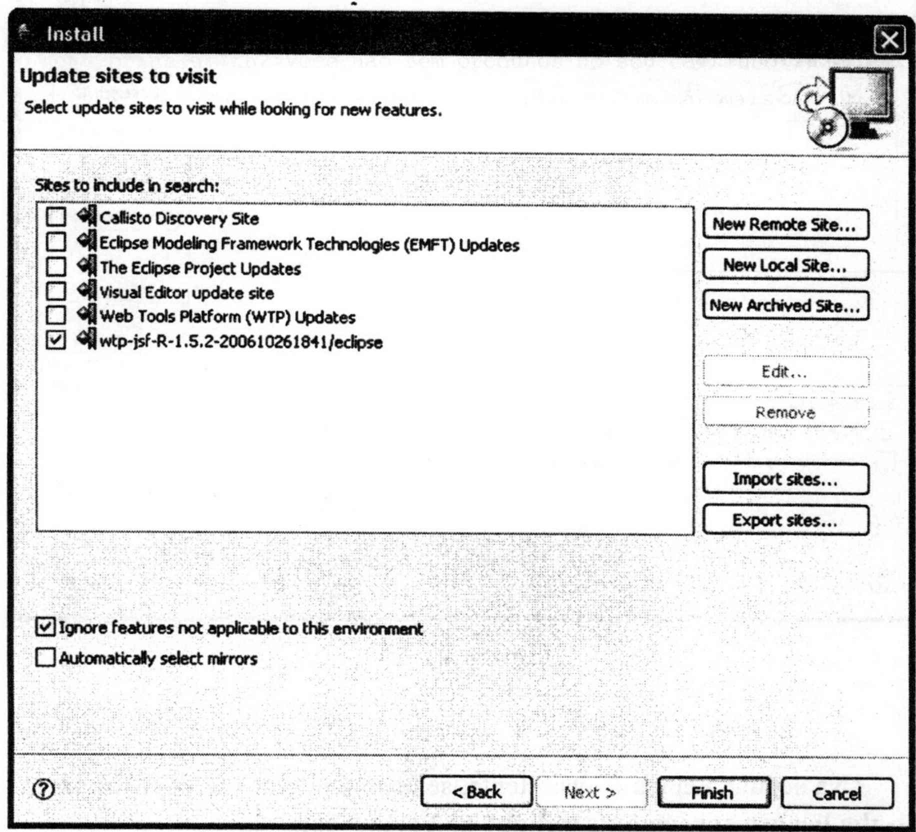

Figura 21.10

A caixa de diálogo **Updates** aparecerá. Selecione o item que vai instalar em **Select the features to install**. Clique no botão **Next** para prosseguir.

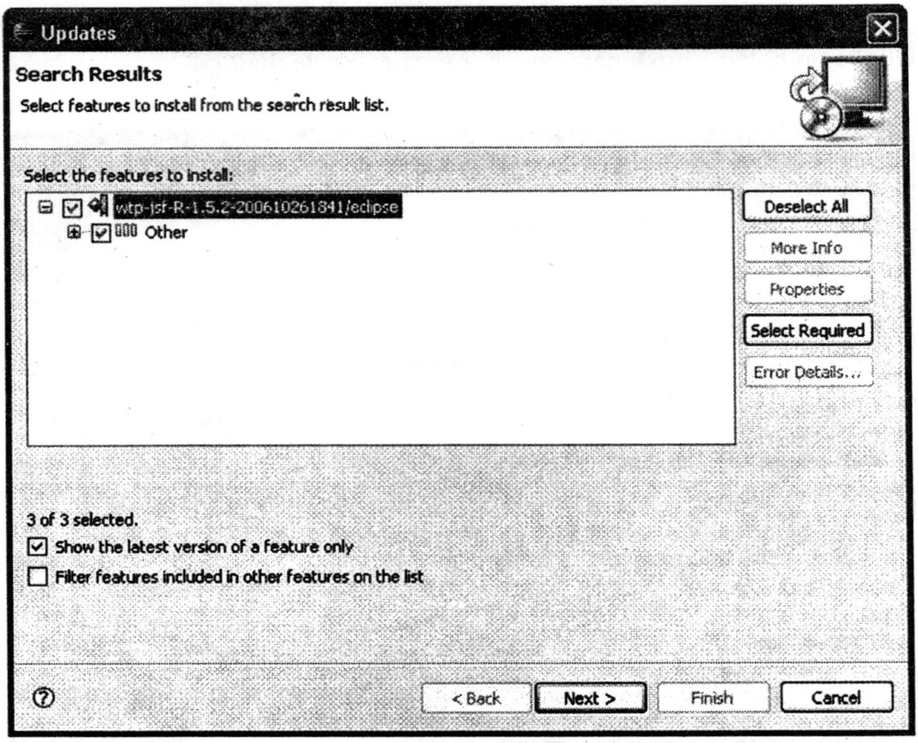

Figura 21.11

Na segunda etapa do assistente, selecione o item **I accept the terms in the license agreements** e clique no botão **Next**.

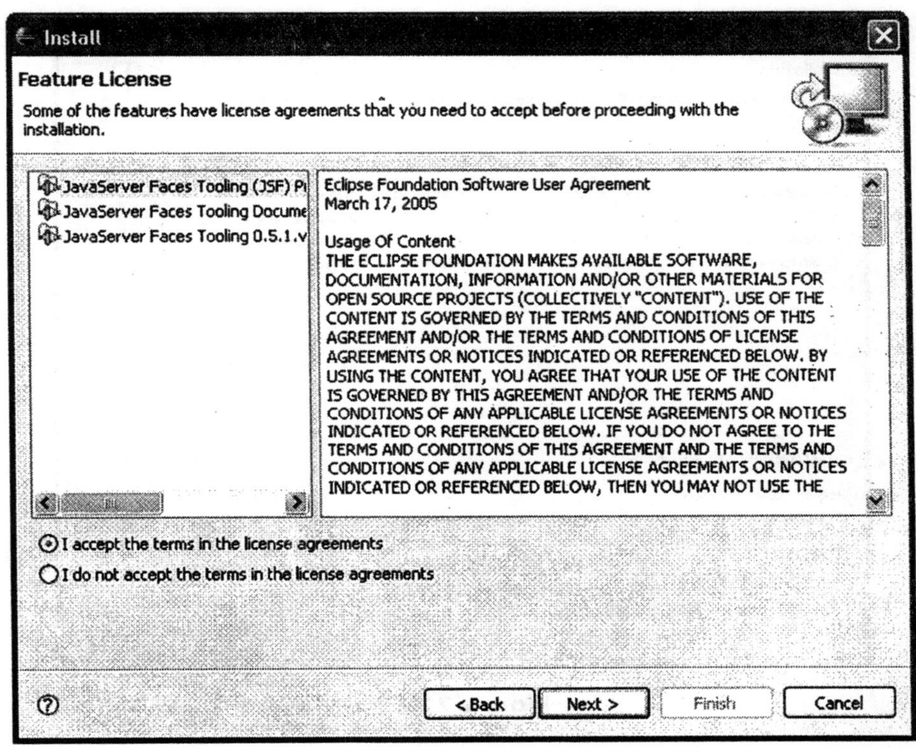

Figura 21.12

Na próxima etapa você confirma a instalação e clica no botão **Finish** para instalar.

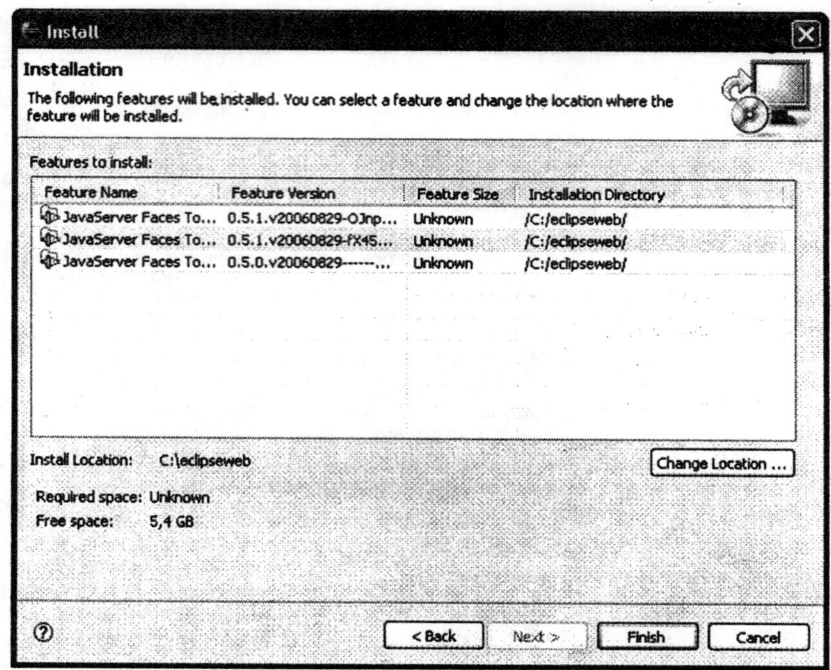

Figura 21.13

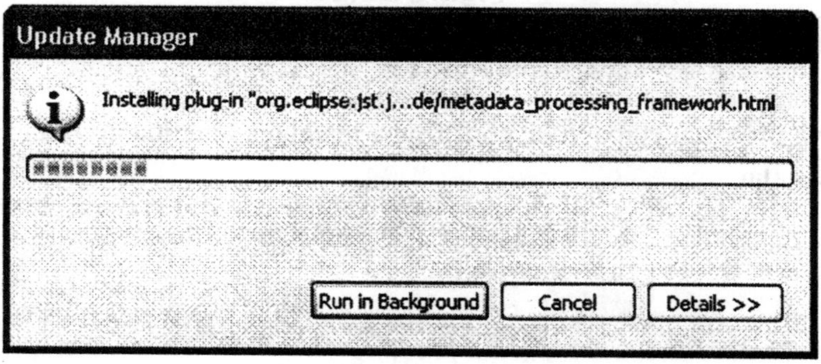

Update Manager

Installing plug-in "org.eclipse.jst.j...de/metadata_processing_framework.html

Run in Background | Cancel | Details >>

Figura 21.14

Após terminar a instalação, uma caixa de diálogo surgirá, pedindo para que seja reiniciado o Eclipse. Confirme no botão **Yes**. Assim que o Eclipse for reiniciado, você poderá trabalhar com o JavaServer Faces Tools.

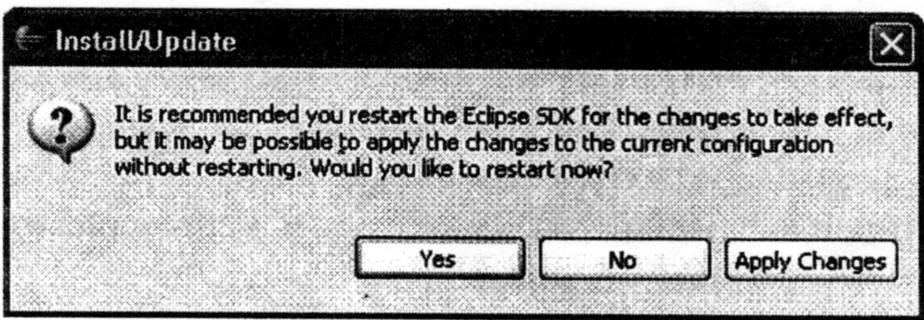

Figura 21.15

Seria muito feliz em dizer que é apenas isso, mas existem mais alguns passos. Vá ao menu **Window** e clique em **Preferences**. Na caixa de diálogo **Preferences**, expanda o item **Web and XML** e selecione o item **JSF Libraries**. Clique no botão **New**.

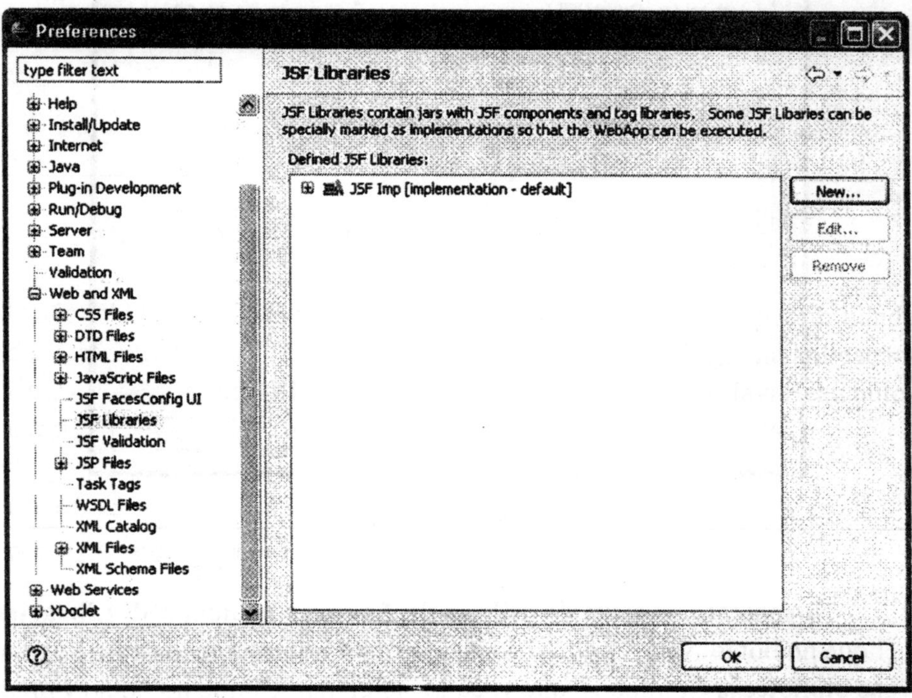

Figura 21.16

A caixa de diálogo **Create JSF Implementation Library** irá surgir. Digite o nome que deseja em **Library Name**, selecione a versão suportada em **Version Supported** e clique no botão **Add** para adicionar as bibliotecas pertencentes ao JavaServer Faces. Nesse caso, adicione apenas os arquivos **jsf-api.jar** e **jsf-impl.jar**. Marque a opção **Is JSF Implementation**. Clique no botão **Finish** para completar.

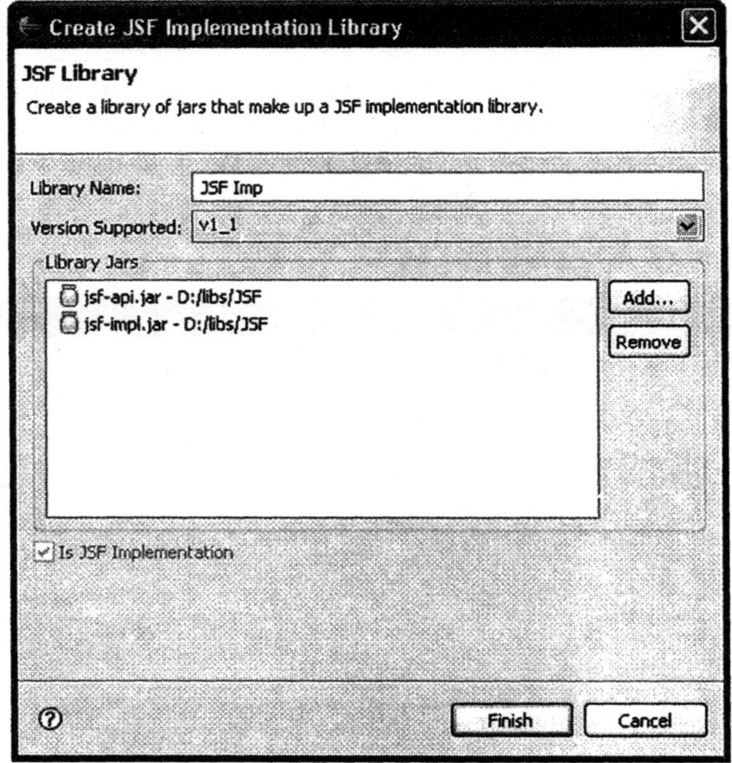

Figura 21.17

Novamente na caixa de diálogo **Preferences** no item **JSF Libraries** clique no botão **New**. Digite o nome para a biblioteca, que no caso se trata das bibliotecas Commons, que você irá adicionar. Clique no botão **Finish** para concluir.

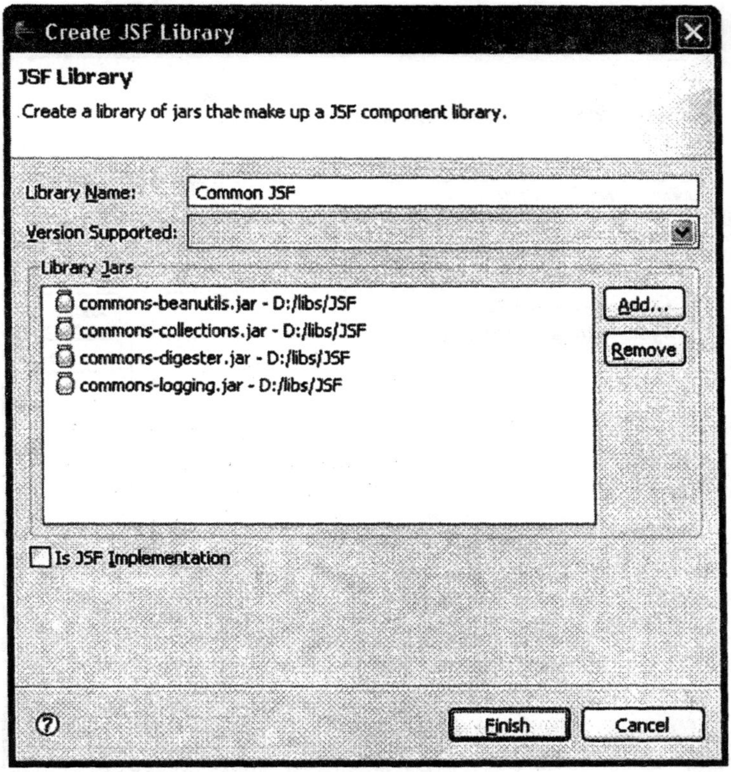

Figura 21.18

Mais uma vez clique no botão **New**. Na caixa de diálogo **Create JSF Library** digite o nome das bibliotecas que irá adicionar, que no caso agora será o JSTL. Clique no botão **New** e adicione as duas bibliotecas **JSTL**.

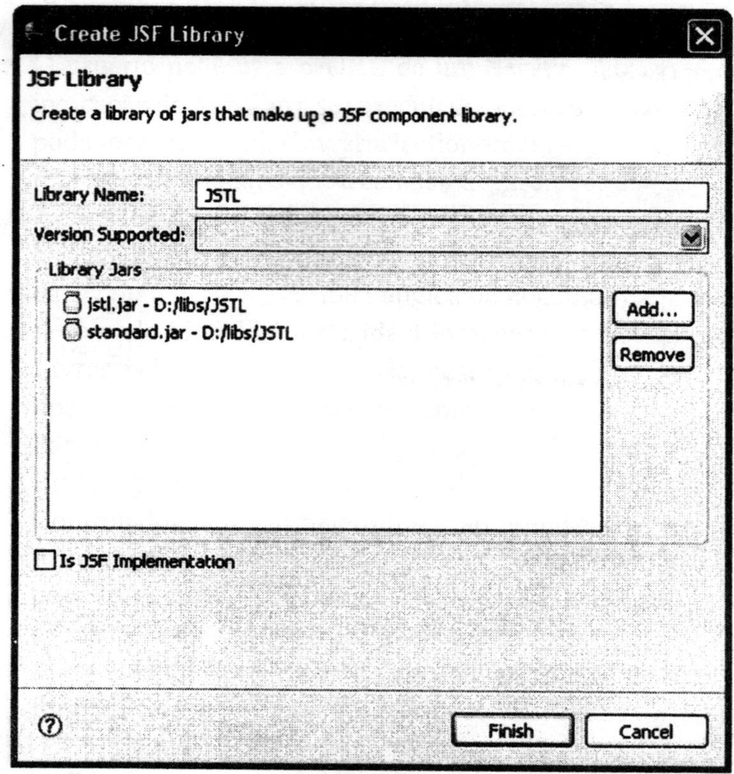

Figura 21.19

Por fim você terá uma tela similar à mostrada na imagem a seguir, em **Preferences**. Confirme a caixa de diálogo clicando no botão **OK**.

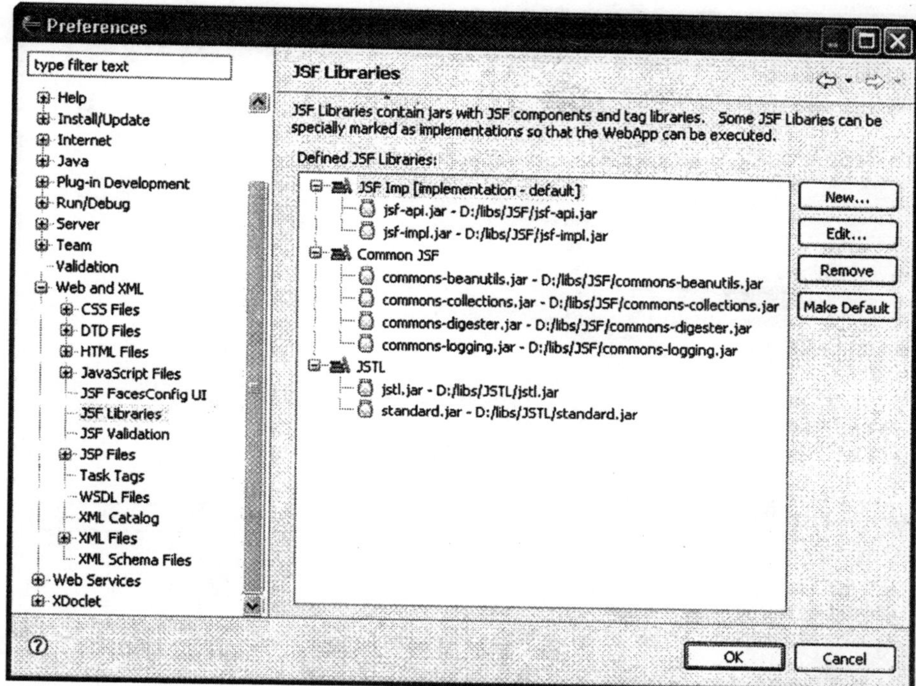

Figura 21.20

Inicie a criação de um novo projeto Web, em **Dynamic Web Project**.

Na segunda etapa do assistente, marque a opção **JavaServer Faces**. Clique no botão **Next** e depois em **Next** novamente.

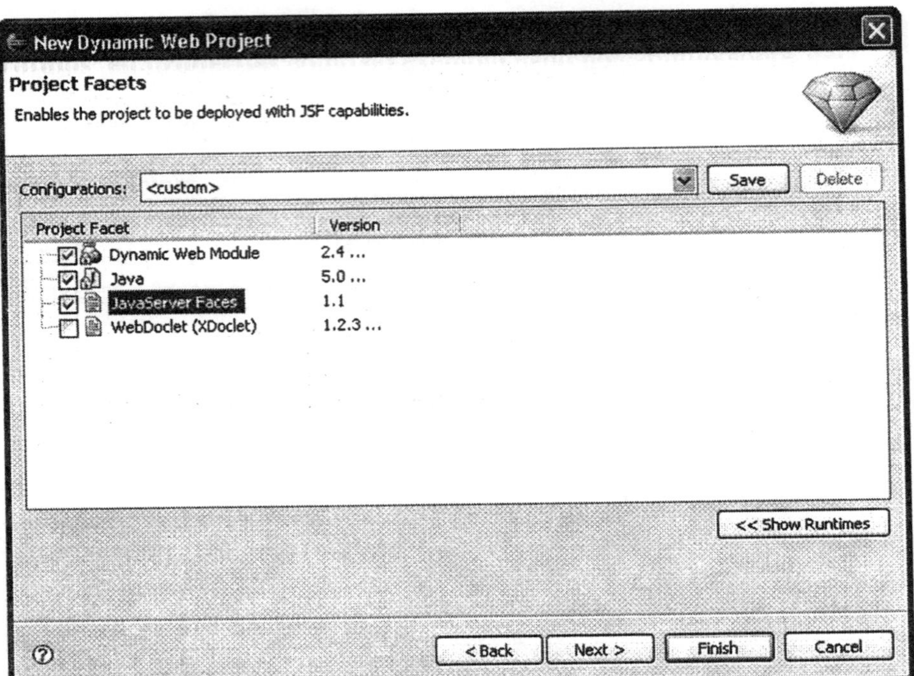

Figura 21.21

A nova etapa que aparece antes da instalação de JavaServer Faces Tools não existia. Agora você precisa configurar os arquivos para funcionar o JavaServer Faces. Note que é diferente do NetBeans que já vem com tudo instalado e configurado. Porém isso demonstra flexibilidade, onde você pode utilizar o JavaServer Faces padrão da Sun ou de terceiros.

Na última etapa tudo o que você tem que fazer é adicionar as bibliotecas **Commons** e **JSTL**. Na opção **URL Mapping Patterns** você já tem a opção ***.faces**. Caso queira fazer como no NetBeans, o botão **Add** abre uma pequena caixa de entrada, chamada de **Specify URL Pattern**, onde você pode introduzir o novo formato. Clique no botão **Finish** para terminar o assistente de criação de um novo projeto.

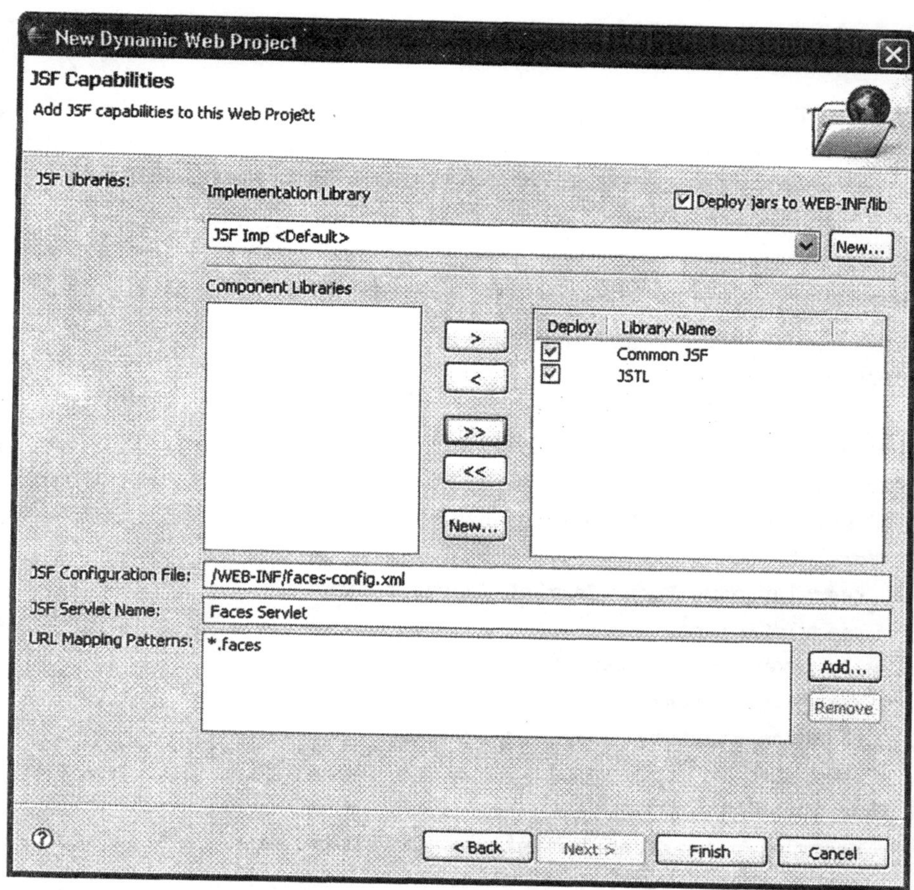

Figura 21.22

Criando um Exemplo Simples para Começar

Assim que configurado, você apenas precisa criar um exemplo para começar a entender como funciona o JavaServer Faces.

O JavaServer Faces que você irá criar é um campo de envio de nome. É bem simples e enviará apenas o nome que você digitar. Caso você digite com um valor não alfabético, ele retornará um erro.

Caso retorne o erro, além de manter preenchido o campo onde você digita o nome, também mostrará uma mensagem, avisando do erro.

No Diretório WEB-INF

No diretório WEB-INF, você deverá colocar os JARs indicados anteriormente. Além do arquivo **web.xml** (deployment descriptor) padrão, você irá acrescentar um outro arquivo, chamado de **faces-config.xml**.

Inicialmente apenas o arquivo **web.xml** será alterado:

web.xml

```
<?xml version="1.0" encoding="UTF-8"?>
<!DOCTYPE web-app PUBLIC
"-//Sun Microsystems, Inc.//DTD Web Application 2.3//EN" "http://
java.sun.com/dtd/web-app_2_3.dtd">
<web-app id="WebApp_ID">
  <display-name>DesJSF</display-name>
  <servlet>
    <servlet-name>Faces Servlet</servlet-name>
    <servlet-class>
       javax.faces.webapp.FacesServlet
    </servlet-class>
    <load-on-startup>1</load-on-startup>
  </servlet>
  <servlet-mapping>
    <servlet-name>Faces Servlet</servlet-name>
    <url-pattern>*.faces</url-pattern>
  </servlet-mapping>
  <welcome-file-list>
    <welcome-file>index.jsp</welcome-file>
  </welcome-file-list>
</web-app>
```

O elemento *<servlet-class />* declara **javax.faces.webapp.FacesServlet** fazendo com que seja carregado inicialmente. O Servlet é mapeado no contexto pelo elemento *<url-pattern />* para que qualquer aplicação tenha uma extensão **.faces**. Mais adiante você conhecerá o arquivo **face-config.xml**, responsável pela configuração da sua aplicação Web escrita em JavaServer Faces.

Se você está criando esses exemplos usando a IDE NetBeans ou o Eclipse, esse arquivo já estará alterado.

O JAVABEAN

O JavaBean mostrado a seguir será o responsável pela comunicação entre a página inicial, que você digitará o seu nome em um formulário, e a página que resultará na mensagem de boas vindas, caso seja enviada a página inicial com sucesso.

MeuBean.java

```
package meupacote;

import javax.faces.application.FacesMessage;
import javax.faces.context.FacesContext;

public class MeuBean {
  private String nome = null;

  public void setNome(String nome) {
    this.nome = nome;
  }

  public String getNome( ) {
    return nome;
  }
public String acao( ) {❶
    boolean sucesso = true;
    FacesContext context =
        FacesContext.getCurrentInstance( );❷
    if (nome != null) {
      for (int i = 0; i < nome.length( ); i++) {
        char c = nome.charAt(i);
        if (!Character.isLetter(c) &&
```

```
            !Character.isSpaceChar(c))
        {
          String msg=
            "Digite somente caracteres alfabéticos.";
          FacesMessage message =
               new FacesMessage(msg);❸
          context.addMessage("formulario", message);
          sucesso = false;
          break;
        }
      }
    } else {
      sucesso = false;
    }
    return (sucesso ? "sucesso" : "falha");
  }

}
```

Esse Bean, comum como outros já vistos, tem um método especial chamado de **acao( )**❶, que tem duas responsabilidades:

Inicialmente ele verificará se o nome transmitido não é um caractere literal – através do método **isLetter( )** – e se não é um espaço – através do método **isSpaceChar( )**.

Com a instância de **FacesContext**❷ você obtém todas as informações de estado por requisição usadas para o processamento de um pedido JSF. O método **getCorrentInstance( )** obtém a instância atual da classe FacesContext.

Para adicionar uma mensagem, a classe **FacesMessage**❸ representa uma única validação ou mensagem que é tipicamente associada com um componente particular na view.

Para adicionar a mensagem, o método **addMessage( )**, da instância **FacesContext**, é chamado. A mensagem anexada está associada ao componente UI, se o componente não for nulo.

Em outras palavras, caso o valor digitado não seja transmitido corretamente, uma mensagem é retornada. Note o **return** no final do método, onde uma String é transmitida em caso de **sucesso** ou em caso de **falha**. Essa String é o objeto de navegação do exemplo. Essa navegação é feita pelo arquivo **faces-config.xml**.

faces-config.xml

```
<?xml version="1.0" encoding="UTF-8"?>
<!DOCTYPE faces-config PUBLIC
"-//Sun Microsystems, Inc.//DTD JavaServer Faces Config 1.1//EN"
 "http://java.sun.com/dtd/web-facesconfig_1_1.dtd">

<faces-config>
  <managed-bean>
    <managed-bean-name>
       MeuBean
    </managed-bean-name>
    <managed-bean-class>
       meupacote.MeuBean
    </managed-bean-class>
    <managed-bean-scope>
       session
    </managed-bean-scope>
  </managed-bean>

  <navigation-rule>
    <from-view-id>/trabComJSF.jsp</from-view-id>

    <navigation-case>
      <from-outcome>sucesso</from-outcome>
      <to-view-id>/boasVindas.jsp</to-view-id>
    </navigation-case>

    <navigation-case>
      <from-outcome>falha</from-outcome>
```

```
      <to-view-id>/trabComJSF.jsp</to-view-id>
    </navigation-case>
  </navigation-rule>

</faces-config>
```

O arquivo **faces-config.xml** é bem simples de compreender. Primeiramente você tem um elemento, chamado de **<managed-bean />**, que você configura o nome do JavaBean, a classe desse Bean e o escopo (no caso **session**).

No elemento **<navigation-rule />**, você tem um elemento chamado de **<from-view-id/>**, que determina a página vista inicialmente na sua aplicação.

O elemento **<navigation-case />** determina qual a página deverá ser exibida. Caso receba uma mensagem, seja de sucesso ou de falha, o elemento **<from-outcome />** é acionado, verificando-se a palavra existente entre esse elemento. A página que será exibida é determinada através do elemento **<to-view-id />**.

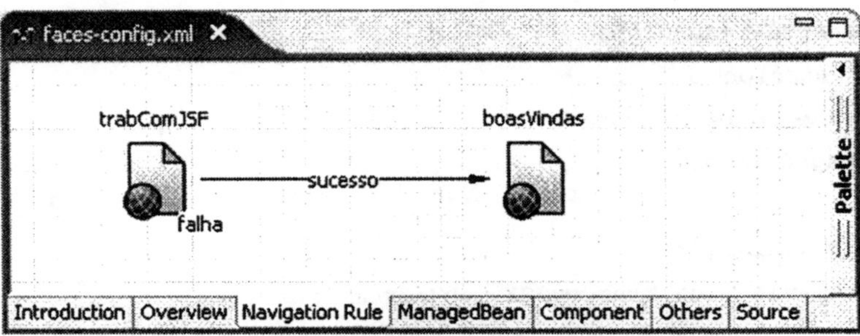

Figura 21.23 – *Representação do arquivo faces-config.xml pelo Eclipse.*

O Formulário que Enviará o Nome

Para que essas regras funcionem, primeiro você tem que criar a página que submeterá os dados digitados e exibirá a mensagem de erro:

trabComJSF.jsp

```
<%@ page language="java"
      contentType="text/html"
      pageEncoding="ISO-8859-1"
%>
<%@ taglib uri="http://java.sun.com/jsf/html"
              prefix="h"%>
<%@ taglib uri="http://java.sun.com/jsf/core"
              prefix="f"%>

<!DOCTYPE html PUBLIC
"-//W3C//DTD XHTML 1.0 Transitional//EN" "http://www.w3.org/TR/
xhtml1/DTD/xhtml1-transitional.dtd">
<html xmlns="http://www.w3.org/1999/xhtml">
<head>
<meta http-equiv="Content-Type" content="text/html; charset=ISO-
8859-1" />
<title>Meu Primeiro JSF</title>
</head>
<body>
  <f:view>
    <h:form id="formulario">❶
     Digite seu nome:
     <h:inputText id="nome"
            value="#{MeuBean.nome}"
            required="true" />❷

     <h:commandButton
            action="#{MeuBean.acao}"
            value="Enviar"
            id="submit" />❸

     <br />

     <h:messages />❹
```

```
    </h:form>
  </f:view>
</body>
</html>
```

Assim como ocorre com outras bibliotecas de tags, o JavaServer Faces é configurado através da diretiva **taglib**, onde existem as bibliotecas que manipulam o HTML e a Core.

Para usar as tags personalizadas que representam componentes JavaServer Faces, você precisa das duas diretivas **taglib** mostradas a seguir, geralmente posicionadas no topo de cada página JSP, como de costume no uso dessa diretiva.

```
<%@ taglib uri="http://java.sun.com/jsf/html"
                    prefix="h"%>

<%@ taglib uri="http://java.sun.com/jsf/core"
                    prefix="f"%>
```

Todas as tags personalizadas, que representam os componentes JSF, devem estar incluídas nas tags **<f:view />** da biblioteca **Core**.

Dentre as tags JSF adicionadas na página, a tag **<h:form />❶**, representa um componente UIForm e cria um formulário para envio de dados pelo JSF. Note o atributo **id** com o valor **formulario**, que é usado no método **acao( )** do JavaBean criado anteriormente para determinar o local onde será exibida a mensagem de erro, se houver.

A tag **<h:inputText />❷**, representando um componente UIInput que aceita valores de entrada, é a responsável pela geração da caixa de texto que receberá o nome a ser digitado. O atributo **id**, com o valor **nome**, determina o nome desse componente que, na renderização, se torna o nome da caixa de texto. No atributo **value** você tem o EL referente ao Bean criado, dando assim a você o retorno garantido do valor digitado em caso de erro, ou melhor, o valor enviado é retornado a caixa de texto preenchendo o atributo **value** do HTML gerado. O atributo **required**,com o valor booleano **true**, você diz ao container que esse campo é obrigatório em seu preenchimento.

Com a tag **<h:commandButton />**❸, representando o componente UICommand, você cria o botão de envio, determinando sua execução no atributo **action**, que por sua vez chama o método **acao( )** existente no JavaBean **MeuBean**. Com isso, a página direciona seus dados conforme trabalho do método. O atributo **id** determina o tipo de botão que você está criando e o atributo **value** o rótulo para o botão (como ocorre no HTML como você já conhece).

Por fim você tem a tag **<h:messages />**❹ que resulta em mensagem trazidas pela API do JSF ou pela JavaBean configurado.

A Página que Resulta no Sucesso do Envio

A página a seguir é mostra o nome que você enviou e que somente é exibida se for bem sucedido o envio:

boasVindas.jsp

```
<%@ page language="java"
  contentType="text/html"
  pageEncoding="ISO-8859-1"%>
<%@ taglib uri="http://java.sun.com/jsf/html" prefix="h"%>
<%@ taglib uri="http://java.sun.com/jsf/core" prefix="f"%>

<!DOCTYPE html PUBLIC
"-//W3C//DTD XHTML 1.0 Transitional//EN" "http://www.w3.org/TR/
xhtml1/DTD/xhtml1-transitional.dtd">
<html xmlns="http://www.w3.org/1999/xhtml">
<head>
<title>Trabalhando com JSF</title>
</head>
<body>
  <f:view>
    Olá <h:outputText value="#{MeuBean.nome}"/><br />
  </f:view>
</body>
</html>
```

A saída do nome, como resultado positivo, vindo do Bean, é feito pela tag **<h:outputText />**.

Figura 21.24 – *Um erro sendo gerado no envio do nome.*

Conhecendo Melhor o JavaServer Faces

Agora que você já fez sua primeira aplicação em JSF, é mais fácil de entender os serviços que o framework JSF oferece ao desenvolvedor. Como você pôde ver, o framework JSF é responsável por interagir com o usuário (cliente), e fornece ferramentas para criar uma apresentação visual, a aplicação lógica e a lógica de negócios de uma aplicação Web. Porém, o escopo de JSF é restringido à camada de apresentação. A persistência de banco de dados e outras conexões de back-end estão fora do escopo de JSF.

Para melhor compreensão, a seguir você tem um resumo de como funciona as páginas JavaServer Faces:

A Arquitetura Model-View-Controller

JSF conecta a apresentação e ao modelo. Como você viu, um componente de apresentação pode ser unido a uma propriedade Bean de um objeto modelo:

```
<h:outputText value="#{MeuBean.nome}"/>
```

Além disso, JSF opera como o controlador (controller) que reage ao usuário processando a ação e os eventos de alteração de valores, enquanto dirige o código para atualizar o modelo ou a apresentação. Por exemplo, você invocou o método **acao( )** para conferir se um usuário havia digitado apenas caracteres alfabéticos e fez isso usando:

```
<h:commandButton
      action="#{MeuBean.acao}"
      value="Enviar"
      id="submit" />
```

Quando o botão é clicado e o formulário é enviado (submetido) ao servidor, a implementação JSF invoca o método para checar o bean do usuário. Aquele método pode entrar em ação arbitrária para atualizar o modelo e devolver para a navegação o ID da próxima página a ser exibida.

Conversão de Dados

Usuários entram com os dados em um formulário Web como texto. Os objetos de negócios querem dados como números, datas ou outros tipos de dados. JavaServer Faces pode personalizar a regra de conversão.

Validação e Manipulação de Erros

JSF faz isto com regras de validação para campos como "este campo é obrigatório". Claro que, quando os usuários entrarem com dados inválidos, você precisa exibir mensagens de erros mais apropriadas. Como já fora feito anteriormente no exemplo dado.

```
String msg = "Digite somente caracteres alfabéticos.";
FacesMessage message =
          new FacesMessage(msg);
  context.addMessage("formulario", message);
```

Internacionalização

JSF fornece suporte a internacionalização como codificações de caractere e a seleção de pacotes de recursos.

Componentes Customizados

O desenvolvedor de componentes pode criar componentes sofisticados que são chamados pelos designers simplesmente arrastando para suas páginas.

Além disso, por padrão, JSF produz HTML em sua saída, mas é extensível o suficiente para produzir outros tipos de saídas. Com todas essas situações, é de se entender porque esse framework vem sendo apontado como o melhor do mercado em matéria de desenvolvimento GUI para Web em aplicações escritas em Java.

As Tags Padrões de JavaServer Faces

Desenvolver em JavaServer Faces, como você já pode perceber, requer conhecimento em suas tags, o que determina sua utilização. A seguir você terá um resumo dessas tags.

JSF Tags HTML

A biblioteca de tags HTML contém elementos de ação que representam componentes de JSF associados com renderers que trabalham como os elementos HTML. A maioria das ações nesta biblioteca representa um componente HTML padrão que fornece uma interface com método assessor para a combinação das propriedades do tipo de componente genérico e os atributos suportados pelo renderer associado.

Essas tags podem ser chamadas através da diretiva **taglib** existente em uma página JSP:

```
<%@ taglib uri="http://java.sun.com/jsf/html" prefix="h"%>
```

Como você pode notar, a biblioteca HTML do JSF é chamada pela **URI**:

```
http://java.sun.com/jsf/html
```

E que contém o prefixo padrão **h**.

A tabela a seguir demonstra as tags HTML de JSF:

Tabela 21.1 – Tags HTML do JSF

Tag	*Descrição*
Form	Um formulário HTML
inputText	Um caixa de texto de entrada: <input type="text" />
inputTextarea	Uma caixa de texto de múltiplas linhas: <textarea />
inputSecret	Uma caixa de texto de senha: <input type="password" />
inputHidden	Campo oculto: <input type="hidden" />
outputLabel	Rótulo de um determinado campo: <label />
outputLink	Âncora HTML: <a />
outputText	A saída de texto em uma única linha
outputFormat	Como outputText, mas com formatos
commandButton	Botão (submit, reset, or pushbutton): <input type="submit" />
commandLink	Link com ação como um pushbutton
message	Mostra a mensagem para um componente
messages	Mostra todas as mensagens
graphicImage	Mostra uma imagem: <img />
selectOneListbox	Caixa de listagem
selectOneMenu	Menu de seleção
selectOneRadio	Botão de rádio
selectBooleanCheckbox	Checkbox
selectManyCheckbox	Multiplos checkboxes
selectManyListbox	Multi-seleção da caixa de listagem
selectManyMenu	Multi-seleção de menu
panelGrid	Tabela HTML: <table />
panelGroup	Dois ou mais componentes que são dispostos como um
dataTable	Tabela preenchida com informações vindas de uma persistência de dados
column	Coluna em um dataTable

Atributos Suportados Pertencentes ao HTML

As tags HTML JSF suportam a maioria dos atributos que a especificação do HTML 4.01.

Tabela 21.2 – Atributos Suportados mas Pertencentes Também ao HTML

Nome do atributo	***Tipo no Java***	***Descrição***
accept	String	Uma lista separada por vírgula de content types que diz ao servidor como processar corretamente o controle do formulário.
acceptcharset	String	Corresponde ao atributo HTML accept-charse. Um espaço e /ou uma lista separado por vírgulas de caracteres aceitos pelo servidor no processamento do formulário.
alt	String	Texto alternativo mostrado pelo browser quando não é possível mostrar o elemento.
border	String	O número em pixels do quadro ao redor da tabela.
cellpadding	String	A quantidade de espaço entre o limite da célula e o conteúdo seu conteúdo, em pixels ou em porcentagem.
cellspacing	String	A quantidade de espaço entre as células, em pixels ou em porcentagem.
charset	String	O encode de caracteres.
coords	String	Uma lista de valores separados por vírgula indicando a posição do elemento na tela.
dir	String	A direção do texto: ltr (left-to-right) ou rtl (right-to-left).
disabled	boolean	Se true, o elemento é desabilitado.
enctype	String	O content type usado para o formulário no envio de dados POST.
frame	String	Pode ser um: void, above, below, hsides, lhs, rhs, vsides, box, ou border. Especifica os lados visíveis de um quadro.
hreflang	String	Usado somente com o atributo href. Especifica a linguagem do recurso referido.
lang	String	A linguagem base.
longdesc	String	A descrição de uma imagem.
onblur	String	Evento executado ao perder o foco do elemento no lado cliente que.
onchange	String	Evento executado no elemento quando há uma alteração no lado cliente. Somente válidos para <input/>, <select/> e <textarea/>.
onclick	String	Evento executado quando o elemento (objeto HTML) é clicado no lado cliente.
ondblclick	String	Evento executado quando o elemento recebe um duplo-clique no lado cliente.
onfocus	String	Evento executado quando o elemento ganha o foco. Válido para <a/>, <area/>, <label/>, <input/>, <select/>, <textarea/>e <button/>.
onkeydown	String	Evento executado quando o elemento detém o foco e uma tecla é pressionada e mantida; no lado cliente.
onkeypress	String	Similar ao onkeydown, com a diferença que é apenas pressionada.

Tabela 21.2 – Atributos Suportados mas Pertencentes Também ao HTML *(continuação)*

Nome do atributo	***Tipo no Java***	***Descrição***
onkeyup	String	Evento executado quando o elemento detém o foco e uma tecla foi pressionada e é solta no lado cliente.
onmousedown	String	Evento executado quando o elemento é clicado e se mantém pressionado no lado cliente.
onmousemove	String	Evento executado quando um arraste é feito pelo mouse sobre o elemento no lado cliente.
onmouseout	String	Evento executado quando o ponteiro do mouse sai do elemento no lado cliente.
onmouseover	String	Evento executado quando o ponteiro do mouse está sobre o elemento no lado cliente.
onmouseup	String	Evento executado quando o mouse foi pressionado e é solto no lado cliente
onreset	String	Evento somente válido para formulários no lado cliente. Executa reiniciando seus valores padrão.
onselect	String	Evento executado quando há uma seleção no lado cliente. Para campos <input /> e <textarea />.
onsubmit	String	Evento no lado cliente executado quando o formulário é submetido.
readonly	boolean	Se true, o elemento contém um conteúdo somente para leitura.
rel	String	Uma lista espaços separada de tipos de links, descrevendo a relação do documento atual e do documento referenciado.
rev	String	Uma lista de espaços separados por tipos de links, descrevendo o link reverso para o documento referido.
rules	String	Pode ser: none, groups, rows, cols ou all. Especifica a regra de visibilidade entre células em uma tabela.
shape	String	Pode ser: default, rect, circle ou poly. Especifica a forma de uma região.
size	String	A largura de um campo input em números de caracteres visíveis ou número visível de opções em uma lista de seleção.
style	String	Folhas de Estilo (CSS) explícito.
styleClass	String	Um ou mais nomes de classes de folhas de estilo separadas por espaço. No HTML o atributo para isso é class, mas que infelizmente não pode ser usado por uma tag personalizada (customizada) do JSP (palavra reservada). O atributo class, no HTML, é utilizado para chamar um estilo.
summary	String	Um resumo do propósito de uma tabela.
tabindex	String	A posição do elemento ordenando em tabulação, um número entre 0 e 32767.
target	String	O nome do quadro que devera exibir a resposta resultante do pedido disparado pelo elemento.
title	String	Usado como tool-tip (dica de tela) do elemento.
type	String	Quando usado com um elemento <a />, uma sugestão sobre o content type do recurso referenciado.
width	String	A largura de uma tabela, em pixels ou em porcentagem sobre o espaço avaliado na página em questão.

JSF Tags Core

A biblioteca de tags Core contém elementos de ação que representam objetos de JSF que são independentes da linguagem de marcação da página, como conversores e validadores. Essas tags podem ser chamadas através da diretiva **taglib** existente em uma página JSP:

```
<%@ taglib uri="http://java.sun.com/jsf/core" prefix="f"%>
```

Como você pode notar, a biblioteca HTML do JSF é chamada pela **URI**:

`http://java.sun.com/jsf/core`

E que contém o prefixo padrão **f** (não é a letra **c** para não ter problemas com o padrão JSTL).

A tabela a seguir demonstra as tags HTML de JSF:

Tabela 21.3 – JSF Tags Core

Tag	***Descrição***
view	Cria uma view de nível superior
subview	Cria uma subview de uma view
facet	Adiciona um facet para um componente
attribute	Adiciona um atributo (key/value) para um componente
param	Adiciona um parâmetro para um componente
actionListener	Adiciona uma ação ouvinte para um componente
valueChangeListener	Adiciona um ouvinte para verificar mudanças nas propriedades de um componente
converter	Acrescenta um conversor arbitrário a um componente
convertDateTime	Adiciona um conversor para data e hora em um componente
convertNumber	Adiciona um conversor numérico para um componente
validator	Adiciona um validador para um componente
validateDoubleRange	Valida um intervalo double para o valor de um componente
validateLength	Valida a largura de um componente
validateLongRange	Valida um intervalo long para o valor de um componente
loadBundle	Carrega um pacote de recursos, armazena propriedades como um Map
selectitems	Especifica itens para uma seleção ou seleciona muitos componentes
selectitem	Especifica um item para uma seleção ou seleciona muitos componentes
verbatim	Adiciona markup para uma página JSF

Ciclo de Vida do JSF

Todos os pedidos devem ser controlados pelo FacesServlet. O FacesServlet é a parte de Controller do padrão MVC. Controla roteando o tráfico e administrando o ciclo de vida dos beans e componentes de interface do usuário (UI).

Os componentes UI são organizados em uma estrutura de árvore. O componente raiz é o UIViewRoot e são representados no JSP usando a tag <f:view />, como visto anteriormente. Cada componente pode ser associado com os métodos e atributos de um bean. Cada componente também pode ser associado com uma função de validação ou classe.

Resumindo, um ciclo de vida do JSF é composto várias fases. Numa requisição podemos passar por todas essas fases ou por nenhuma, dependendo do tipo de pedido, de erros que ocorrem durante as validações, conversões e do tipo de resposta.

Uma requisição e uma resposta são consideradas faces request/response se contiverem tags JSF, assim como as que não as contém são chamadas de non-faces request/response. Uma non-faces request pode vir de um clique em um link, por exemplo.

Como já dito, toda requisição é recebida pelo FacesServlet e prossegue a passagem pelas fases até uma resposta ser retornada ao cliente.

O FacesServlet recupera uma instância de FacesContext do FacesContextFactory, fornecendo uma implementação de LifeCycle. O processamento do ciclo de vida é então delegado a interface LifeCycle, a partir da chamada ao método execute. A implementação de LifeCycle inicia as fases do ciclo de vida. Se existir algum validador associado a algum campo do formulário este é inicializado nessa primeira fase. A árvore é armazenada pelo contexto e será utilizada nas fases seguintes. Também o estado do formulário é salvo automaticamente.

Internacionalizando uma Aplicação JSF

Para trabalhar com a internacionalização utilizando JavaServer Faces, você irá fazer um exemplo similar ao visto em JSTL.

Para isso, crie os arquivos **rotulos_pt.properties** e **rotulos_en.properties** como no exemplo dado no capítulo sobre JSTL.

Depois, crie o JavaBean a seguir, dentro do pacote **meupacote**:

SessaoBean.java

```
package meupacote;

import java.util.Locale;

import javax.faces.component.UIViewRoot;
import javax.faces.context.FacesContext;
import javax.faces.event.ActionEvent;

public class SessaoBean {
   private String locale;

   public String getLocale( ) {
    return locale;
   }

   public void setLocale(String locale) {
    this.locale = locale;
   }

   public void setLanguage(ActionEvent event){
     String localeId = event.getComponent( ).getId( );

     FacesContext context =
           FacesContext.getCurrentInstance( );
     UIViewRoot viewRoot = context.getViewRoot( );
     viewRoot.setLocale(new Locale(localeId));
     locale = localeId;
   }

}
```

O método **setLanguage( )** criado nesse JavaBean obtém um parâmetro através da classe de **javax.faces.event.ActionEvent**. Um **ActionEvent** representa a ativação de um componente de interface do usuário (como um UICommand).

Esse método se trata de um **evento de ação**, onde eventos são utilizados para executar um pré-processamento na própria página e não fazem parte do controle de navegação. Portanto eventos de ação são diferentes de "ações" executadas por botões em links, onde ações controlam a execução de uma página.

Através do método **getCurrentInstance( )**, de javax.faces.context. FacesContext, você obtém a instância corrente de FacesContext. **FacesContext** contém todas as informações de estado por pedido relacionado ao processo de um único pedido JavaServer Faces e a retribuição da resposta correspondente. Isso é passado para, e potencialmente modificado por cada fase do processo de pedido do **lifecycle**.

O método **getViewRoot( )**, retorna a raiz do componente no qual é associado com este pedido. A instância da classe abstrata javax.faces.component.UIViewRoot captura a informação e através do método **setLocale( )** no qual você define uma nova localização para a internacionalização da sua aplicação.

Para isso, o método **setLanguage( )** criado receberá pelo evento o valor contido no atributo **id** do componente que o chamará. Esse atributo ID será recebido pelo método getComponent.**getId( )** e atribuído a variável String **localeId**.

Por fim você tem a atribuição de **locale** com o valor existente em **localeId**. Com isso, você mantém a existência da seleção em toda a aplicação na chamada ao método **getLocale( )**.

Para configurar esse Bean, altere o arquivo **faces-config.xml** como mostrado a seguir:

faces-config.xml

```
<?xml version="1.0" encoding="UTF-8"?>
<!DOCTYPE faces-config PUBLIC
    "-//Sun Microsystems, Inc.//DTD JavaServer Faces Config 1.1//EN"
    "http://java.sun.com/dtd/web-facesconfig_1_1.dtd">
```

```
<faces-config>
<application>
    <message-bundle>meupacote.rotulos</message-bundle>
      <locale-config>
         <default-locale>en</default-locale>
         <supported-locale>pt</supported-locale>
      </locale-config>
  </application>

 <managed-bean>
     <managed-bean-name>
        MeuBean
     </managed-bean-name>
     <managed-bean-class>
        meupacote.MeuBean
     </managed-bean-class>
     <managed-bean-scope>
        session
     </managed-bean-scope>
   </managed-bean>

 <managed-bean>
   <managed-bean-name>
     Sessao
   </managed-bean-name>
   <managed-bean-class>
      meupacote.SessaoBean
   </managed-bean-class>
  <managed-bean-scope>
     session
   </managed-bean-scope>
  </managed-bean>

  </faces-config>
```

O arquivo **faces-config.xml** agora recebe um novo elemento, chamado de **<application/>**, que contém a configuração do arquivo **.properties** para internacionalização. Issô é feito através do elemento **<message-bundle />**. O elemento **<locale-config/>** define os locales disponíveis na internacionalização da sua aplicação. O elemento **<default-locale/>** configura o locale padrão da sua aplicação e o elemento **<suported-locale/>** os locales suportados por sua aplicação. Esse segundo elemento pode se repetir diversas vezes, quantas forem necessárias para o suporte de todas as línguas que seu sistema atuar. Caso a língua não seja suportada por seu sistema, pela sua aplicação, o locale configurado no elemento **<default-locale/>** entra em ação.

Mais abaixo no arquivo **faces-config.xml** você tem a configuração do Bean criado para alterar o locale da sua aplicação.

O arquivo a seguir demonstra a utilização da internacionalização em ação com JavaServer Faces:

internacionalizandoComJSF.jsp

```
<html>
<%@ taglib uri="http://java.sun.com/jsf/html" prefix="h"%>
<%@ taglib uri="http://java.sun.com/jsf/core" prefix="f"%>

<f:view locale="#{Sessao.locale}">❶
  <f:loadBundle basename="meupacote.rotulos"
                var="msgs" />❷
  <head>
    <title>
      <h:outputText value="#{msgs.titulo}" />
    </title>
  </head>
  <body>
  <h:form>
    <h:commandLink id="en" action="null"
           actionListener="#{Sessao.setLanguage}"
              value="#{msgs.ingles}" />❸
    |
    <h:commandLink id="pt" action="null"
```

```
        actionListener="#{Sessao.setLanguage}"
            value="#{msgs.portugues}" />
    <br />

    <h:outputText value="#{msgs.nome}" />
    <h:inputText value="#{MeuBean.nome}" />
    <br />
    <h:outputText value="#{msgs.email}" />
    <h:inputText value="#{MeuBean.email}" />
    <br />
    <h:commandButton value="#{msgs.enviar}" />

  </h:form>
  </body>

</f:view>

</html>
```

Através do método **getLocale( )❶** existente no Bean **SessaoBean** você pode capturar o locale atual da sua aplicação. Note que isso é feito na tag <f:view/>.

Com a tag **<f:loadBundle/>❷** você define o arquivo properties existente na sua aplicação, bem como a variável que armazenará o acesso as keys e respectivamente os valores do arquivo. Com isso, para pegar o título da aplicação, basta chamar a tag **<h:outputText/>** e no atributo value utilizar o **EL** #{variável.key}, que no caso será #**{msgs.titulo}**.

Dois links serão criados, afinal é similar ao exemplo dado com JSTL, portanto a tag **<h:commandLink/>❸** é chamada, onde o atributo **id** deve conter a informação necessária para ser passada ao evento existente no atributo **actionListener**, que chama o método **setLanguage( )** do Bean SessaoBean. O primeiro atributo **id**, da tag **<h:commandLink/>**, tem o valor **en**, o que significa que transmitirá o locale **English** e o segundo link tem o atributo id com o valor **pt**, transmitindo o locale **Portuguese**. Como já foi dito anteriormente, esses links chamam um método que se trata de um **evento de ação**, ActionEvent, onde eventos são utilizados para executar um pré-processamento na própria página e não fazem parte do controle de navegação. Por isso o atributo **action** recebe um valor **null**.

Como resultado você tem uma página similar a construída no exemplo de internacionalização com JSTL:

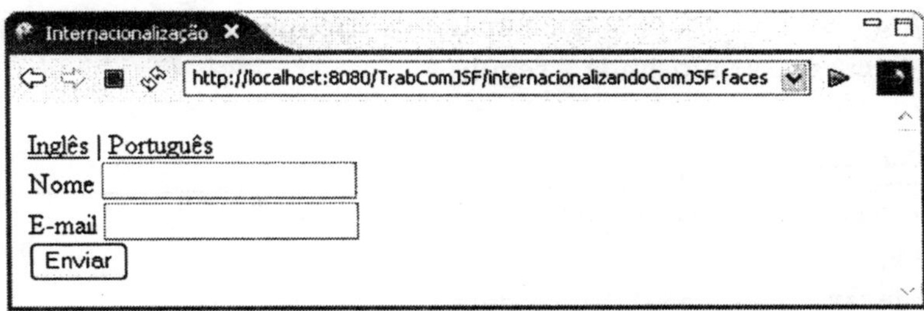

Figura 21.25

Banco de Dados e JSF

A idéia nesse exemplo é demonstrar as principais características encontradas em uma página JavaServer Faces acessando um banco de dados. Para esse exemplo você contará com o acesso ao banco de dados MySQL, executando o famoso CRUD (Create, Read, Update and Delete).

Além disso, o código de acesso ao banco de dados não será necessário refazer, uma vez que ele será o DAO criado no Capítulo 20 deste livro. Portanto, se você está criando um projeto novo no Eclipse ou no NetBeans, copie os pacotes e classes referentes ao DAO desenvolvido anteriormente.

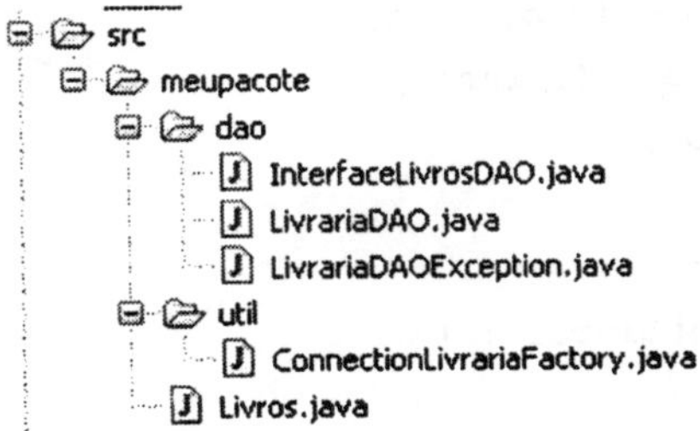

Figura 21.26

O Bean de Comunicação com as Páginas JSF

Para se comunicar com as páginas JavaServer Faces que você vai construir, um novo Bean será desenvolvido, com o intuito de não alterar o que já existe.

Para isso crie um pacote chamado de **meupacote.controller**. Nesse pacote crie a classe mostrada a seguir:

LivrosController.java

```
package meupacote.controller;

import javax.faces.model.DataModel;
import javax.faces.model.ListDataModel;

import meupacote.Livros;

import meupacote.dao.InterfaceLivrosDAO;
import meupacote.dao.LivrariaDAO;
import meupacote.dao.LivrariaDAOException;


public class LivrosController {

    private Livros livro;❶

    private DataModel model;

    public String novoLivro( ) {❷
        this.livro= new Livros( );
        return "novo";
    }

    public Livros getLivro( ) {
        return livro;
    }
```

```
public void setLivro(Livros livro) {
    this.livro = livro;
}

❸public DataModel getTodos( )
    throws LivrariaDAOException
{
    InterfaceLivrosDAO idao = new LivrariaDAO( );
    model =
     new ListDataModel(idao.todosLivros( ));❹
    return model;

}
public Livros getLivroFromEditOrDelete( ) {❺
        Livros livro =
         (Livros) model.getRowData( );❻
        return livro;
}
public String editar( ){❼
    Livros livro = getLivroFromEditOrDelete( );
    setLivro(livro);
    return "editar";
}

❽ public String update( )
    throws LivrariaDAOException
  {
    InterfaceLivrosDAO idao = new LivrariaDAO( );
    idao.atualizar(livro);
    return "sucesso_atu";
}
❾ public String excluir( )
    throws LivrariaDAOException
  {
    InterfaceLivrosDAO idao = new LivrariaDAO( );
Livros livro = getLivroFromEditOrDelete( );
```

```
        idao.excluir(livro);
    return "sucesso_exc";

    }

❿ public String create( )
        throws LivrariaDAOException
    {
        InterfaceLivrosDAO idao = new LivrariaDAO( );
        idao.salvar(livro);
      return "sucesso_ins";
  }
}
```

A classe **LivrosController** terá acesso ao JavaBean **Livros❶**, onde toda a manipulação dos campos existentes no JavaServer Faces será em torno desse Bean.

Vários métodos são criados nessa classe. Esses métodos acessam os métodos existentes na classe DAO desenvolvida anteriormente.

O método **novoLivro( )❷** chama o Bean Livros para limpar todos os dados existentes nesse bean, em caso de uma atualização de dados, por exemplo. O retorno desse método é uma String chamada **novo**. Essa String será utilizada pelo arquivo **faces-config.xml** para chamar o formulário de cadastro.

Com o método **getTodos( )❸**, você acessa todos os livros cadastrados no banco de dados. Esse método acessa o método **todosLivros( )** existentes na classe DAO e armazena essas informações dentro de um DataModel, através da classe **ListDataModel( )❹**. O retorno desse **DataModel** tem o propósito de criar uma tabela de dados no JSF. Esse DataTable terá dois links: um para atualizar e outro para excluir. Essas informações trafegarão por entre o DataModel, ou seja, o DataTable irá transmitir qual a linha está sendo colocada para edição ou exclusão.

O método **getLivroFromEditOrDelete( )❺** retorna os dados encontrados no DataModel, através do método **getRowData( )❻**, em forma do Bean Livros (por isso a coerção).

Através do retorno dado pelo método **getLivroFromEditOrDelete( )**, o método **editar()**❼ pode chamar o formulário de edição de livros, feito em JSF, preenchendo-o totalmente para uma atualização. A atualização é feita depois chamando o método **update( )**❽, que trás os dados do formulário de atualização e chama o método **atualizar( )** criado na classe DAO. O método **excluir( )**, como o método **editar( )**, utiliza o retorno dado pelo método **getLivroFromEditOrDelete( )** para saber exatamente qual linha deve ser excluída do banco de dados. O método **excluir( )**❾ chama o método de mesmo nome na classe DAO.

Por último, o método **create( )**❿ é usado para criar um novo registro no banco de dados. Esse método chama o método **salvar( )** da classe DAO, enviando os dados preenchidos no formulário de cadastro JSF.

Você pôde notar que os métodos **novoLivro( )**, **editar( )**, **create( )**, **update( )** e **excluir()** tem como retorno uma String. Essa String determina o rumo dado pelo navegador através do arquivo **faces-config.xml**.

O Problema do Ano MySQL

Quando você construiu o exemplo do Capítulo 20, um problema visto naquela situação, e em outras também, estava no ano exibido pelo MySQL. Você já sabe que o ano é representado por quatro ou dois dígitos no banco de dados MySQL, sendo que no JDBC, o ano é representado como YYYY-MM-dd. Para que esse problema seja contornado com o JavaServer Faces, você está usando à mesma tática do exemplo anterior, ou seja, traz e envia os dados como uma String. O problema acontece quando você vai exibir, onde um ano armazenado como 2007, ficará 2007-01-01. Para que isso não aconteça, uma nova classe deverá ser criada, como a **ConverteDate** feita no Capítulo 20, mas com as características necessárias para funcionar no JavaServer Faces.

No pacote **meupacote.util** crie a classe mostrada a seguir:

ConverteAnoMySQL.java

```
package meupacote.util;

import java.text.DateFormat;
import java.text.ParseException;
```

```
import java.text.SimpleDateFormat;
import java.util.Date;
import javax.faces.component.UIComponent;
import javax.faces.context.FacesContext;
import javax.faces.convert.Converter;
import javax.faces.convert.ConverterException;

public class ConverteAnoMySQL
  implements Converter
{


    public Object getAsObject(FacesContext context,
      UIComponent component, String value)
    throws ConverterException{
        String formatado=null;
        if(value==null)
            return null;
        Date date = null;
         try {
             DateFormat df =
             new SimpleDateFormat("yyyy");
             date = (Date) df.parse (value);
             formatado = df.format(date);
         } catch (ParseException pe) {
             throw new
ConverterException("Data no formato inválido");
         }

    return formatado;

    }

    public String getAsString(FacesContext context,
      UIComponent component, Object value)
```

```
    throws ConverterException{

    DateFormat df =
            new SimpleDateFormat("yyyy");

        Date date = null;
        try {

            date = (Date) df.parse((String) value);

        } catch (ParseException ex) {
            ex.printStackTrace( );
        }

    String formatado = df.format(date);
    return formatado;

    }
}
```

A classe **ConverteAnoMySQL** é um conversor. Embora o JavaServer Faces forneça uma gama de conversores, nem sempre seus conversores se encaixam no problema que você tem.

A classe criada é um conversor personalizado. Se você precisa de uma conversão de tipo de dados especial para o seu aplicativo, tal como datas no formato ano apenas (YYYY), você pode escrever um conversor personalizado. Entenda que não estou dizendo que não exista um conversor de data que represente esse formato. O problema no entanto nem é representar, mas em armazenar. No envio dos dados, o ano precisa estar em formato YYYY. Não só como representação, mas como também um padrão para o armazenamento. Existem outras formas de se obter esse formato, mas um conversor será um excelente exercício para que você aprenda a personalizar um formato quando esse não existir.

Para escrever um conversor, você precisa criar uma classe que implemente a interface **javax.faces.convert.Converter** e depois registrar o conversor no arquivo de configuração do aplicativo (faces-config.xml).

A interface **Converter** tem dois métodos que serão chamados pela implementação JSF: **getAsObject( )** e **getAsString( )**.

O método **getAsObject** converte dados de um visualizador apresentativo para um visualizador modelar. Sua definição é:

```
public Object getAsObject(FacesContext context,
                UIComponent component,
                    String value)
```

O **UIComponent** passado para esse método representa o componente que emprega o conversor e a String **value** é o valor local do componente.

O método **getAsString( )** também converte dados do visualizador modelar para o visualizador de apresentação.

```
public String getAsString(FacesContext context,
                    UIComponent component,
                        Object value)
```

O **UIComponente** transmitido para esse método representa o componente que usa esse conversor. O **Object** é o objeto que precisa ser convertido.

O conversor desse exemplo pega o ano em formato texto e o converte em uma data, aplicando o formato YYYY através da classe SimpleDateFormat( ). O resultado depois é reescrito em String para que o objeto o utilize em seu formato padrão.

Configurando a Navegação

O arquivo **faces-config.xml** será alterado para que você possa utilizar as páginas JSF com a navegação necessária da aplicação, bem como registrar o Bean que as páginas irão trabalhar junto ao conversor criado.

faces-config.xml

```
<?xml version="1.0" encoding="UTF-8"?>

<!DOCTYPE faces-config PUBLIC
    "-//Sun Microsystems, Inc.//DTD JavaServer Faces Config 1.1//
EN"
    "http://java.sun.com/dtd/web-facesconfig_1_1.dtd">

<faces-config>

<!-- Conversor ConverteAnoMySQL -->
  <converter>
    <converter-id>converteAnoMySQL</converter-id>
    <converter-class>
      meupacote.util.ConverteAnoMySQL
    </converter-class>
  </converter>

<!-- O Bean LivrosController -->
  <managed-bean>
    <managed-bean-name>livrosView</managed-bean-name>
    <managed-bean-class>
        meupacote.controller.LivrosController
    </managed-bean-class>
    <managed-bean-scope>session</managed-bean-scope>
  </managed-bean>

<!-- navegacao das paginas -->

<!-- Edicao dos livros atraves da
              pagina mostrarLivos.jsp -->
  <navigation-rule>
    <display-name>mostrarLivros</display-name>
    <from-view-id>/mostrarLivros.jsp</from-view-id>
    <navigation-case>
```

```
      <from-outcome>editar</from-outcome>
      <to-view-id>/atuLivro.jsp</to-view-id>
    </navigation-case>
  </navigation-rule>

<!-- Cadastro de um novo livro -->
  <navigation-rule>
    <display-name>formLivros</display-name>
    <from-view-id>/formLivros.jsp</from-view-id>
    <navigation-case>
      <from-outcome>sucesso_ins</from-outcome>
      <to-view-id>/mostrarLivros.jsp</to-view-id>
    </navigation-case>
  </navigation-rule>

<!-- Chamada ao formulario de cadastro de livros -->
  <navigation-rule>
    <display-name>menu</display-name>
    <from-view-id>/menu.jsp</from-view-id>
    <navigation-case>
      <from-outcome>novo</from-outcome>
      <to-view-id>/formLivros.jsp</to-view-id>
    </navigation-case>
  </navigation-rule>

<!-- Sucesso da atualizacao do livro -->
  <navigation-rule>
    <display-name>atualizarLivros</display-name>
    <from-view-id>/atuLivro.jsp</from-view-id>
    <navigation-case>
      <from-outcome>sucesso_atu</from-outcome>
      <to-view-id>/mostrarLivros.jsp</to-view-id>
    </navigation-case>
  </navigation-rule>
```

```
<!-- Sucesso da exclusao do livro -->
  <navigation-rule>
    <display-name>mostrarLivros</display-name>
    <from-view-id>/mostrarLivros.jsp</from-view-id>
    <navigation-case>
      <from-outcome>sucesso_exc</from-outcome>
      <to-view-id>/mostrarLivros.jsp</to-view-id>
    </navigation-case>
  </navigation-rule>

<!-- Mostrando todos os livros -->
  <navigation-rule>
    <navigation-case>
      <from-outcome>mostrar</from-outcome>
      <to-view-id>/mostrarLivros.jsp</to-view-id>
    </navigation-case>
  </navigation-rule>

<!-- Adicionando um novo livro pela
             pagina mostrarLivos.jsp -->
    <navigation-rule>
    <display-name>mostrarLivros</display-name>
    <from-view-id>/mostrarLivros.jsp</from-view-id>
    <navigation-case>
      <from-outcome>novo</from-outcome>
      <to-view-id>/formLivros.jsp</to-view-id>
    </navigation-case>
  </navigation-rule>
</faces-config>
```

O conversor criado é registrado no arquivo **faces-config.xml** através do elemento **<converter/>**. No sub-elemento **<converter-id/>** o nome do conversor é registrado e em **<converter-class/>** você coloca o caminho para a classe conversora. Os demais itens se referem à navegação e registro do Bean, o que não contém nenhuma novidade do já mostrado em exemplo anterior.

As Páginas JSF

As páginas JSF serão as responsáveis por executar o famoso CRUD da sua aplicação.

O Arquivo Inicial da Aplicação

A página **index.jsp** apenas contém um link que aponta para o menu.faces. Tecnicamente a extensão **.faces** aparecerá apenas quando você der um clique nesse link.

index.jsp

```
<%@ page language="java" contentType="text/html"
    pageEncoding="ISO-8859-1"
    %>
<html>
    <head>
        <title>JavaServer Faces e DAO</title>
    </head>
    <body>
    <h1>JavaServer Faces e DAO</h1>

     <a href="menu.faces">Mostrar Livros ou Inserir</a>

    </body>
</html>
```

O Menu da Aplicação

O menu é uma página simples contendo dois links: um para mostrar todos os cadastros de livros existentes e outro para adicionar um novo registro.

menu.jsp

```
<%@ page language="java" contentType="text/html"
   pageEncoding="ISO-8859-1"
%>
<%@taglib uri="http://java.sun.com/jsf/core" prefix="f" %>
<%@taglib uri="http://java.sun.com/jsf/html" prefix="h" %>

<!DOCTYPE HTML PUBLIC
"-//W3C//DTD HTML 4.01 Transitional//EN"
"http://www.w3.org/TR/html4/loose.dtd">
<html>
   <head>
      <title> JavaServer Faces e DAO </title>
   </head>
   <body>

   <h1>JSP Page</h1>

   <f:view>
      <h:form>
         <h:commandLink action="#{livrosView.novoLivro}"
          value="Cadastro de Livros"/>
       <br />
         <h:commandLink action="mostrar"
          value="Mostrar Livros Cadastrados"/>
      </h:form>
   </f:view>

   </body>
</html>
```

O cadastro de um novo livro exige a chamada do método **novoLivro( )** existente na classe **LivrosController**.

Exibindo todos os Livros Cadastrados

A página que exibe todos os livros cadastrados nada mais é do que um DataGrid. O que tem nessa tabela de dados são dois links, dentro da tabela, aonde um irá levá-lo ao formulário para atualização e o outro para a exclusão de dados.

mostrarLivros.jsp

```
<%@ page language="java" contentType="text/html"
    pageEncoding="ISO-8859-1"
%>
<%@taglib uri="http://java.sun.com/jsf/core" prefix="f" %>
<%@taglib uri="http://java.sun.com/jsf/html" prefix="h" %>

<!DOCTYPE HTML PUBLIC
"-//W3C//DTD HTML 4.01 Transitional//EN"
"http://www.w3.org/TR/html4/loose.dtd">

<html>
    <head>
        <title>Mostrar Livros</title>
    </head>
    <body>
      <f:view>
            <h:messages />
            <h:form>
                <h:dataTable value='#{livrosView.todos}'
              var='item' border="1"
              cellpadding="2" cellspacing="0">
                    <f:facet name="header">
             <h:outputText value="Mostrar Livros"/>
             </f:facet>
                    <h:column>
                        <f:facet name="header">
                            <h:outputText value="ISBN"/>
                        </f:facet>
```

```
                    <h:commandLink
            action="#{livrosView.editar}"
            value="#{item.isbn}"/>
                </h:column>
                <h:column>
                    <f:facet name="header">
                        <h:outputText value="Título"/>
                    </f:facet>
                    <h:outputText value="#{item.titulo}"/>
                </h:column>
                <h:column>
                    <f:facet name="header">
                        <h:outputText value="Publicado em"/>
                    </f:facet>
                    <h:outputText
            value="#{item.publicacao}"
            converter="converteAnoMySQL" />
                </h:column>

                <h:column>
                    <f:facet name="header">
                        <h:outputText value="Excluir Livro"/>
                    </f:facet>
                    <h:commandLink
            action="#{livrosView.excluir}"
            value="Excluir"/>
                </h:column>
            </h:dataTable>
            <h:commandLink
            action="#{livrosView.novoLivro}"
            value="Cadastrar novo livro"/>
        </h:form>
    </f:view>
  </body>
</html>
```

Só para lembrar, o datagrid aqui desenvolvido com a tag JSF **<h:dataTable/>** recebe todos os dados existentes na tabela livros do banco de dados através dô método **getTodos( )**, da classe LivrosController, no atributo **value**. Com a tag **<h:commandLink/>** você pode chamar os métodos **editar( )** ou **excluir( )**. O conversor desenvolvido é chamado por seu nome registrado no elemento **<converter-id/>**, existente no arquivo **faces-config.xml**, através do atributo **converter** na tag **<h:outputText/>**.

Um último link criado pela tag <h:commandLink/> está fora do dataTable e chama o método **novoLivro( )** para criar um novo cadastro de livro.

O resultado desse **dataTable** é mostrado na imagem a seguir:

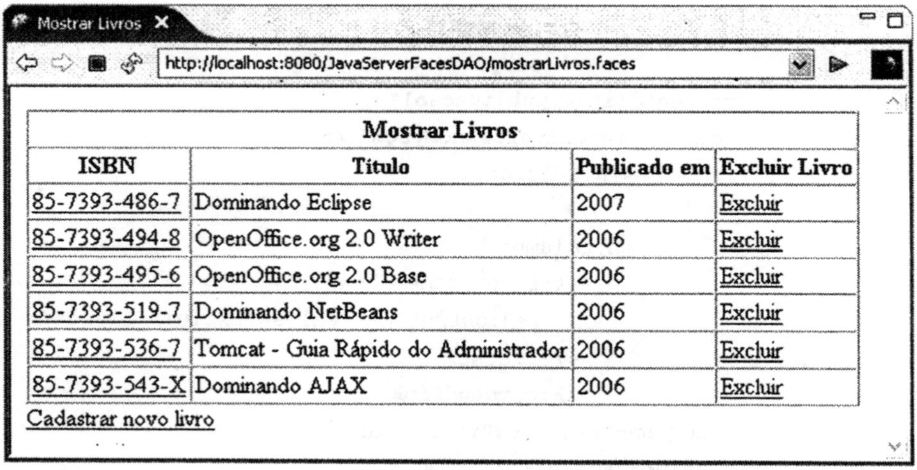

Mostrar Livros

http://localhost:8080/JavaServerFacesDAO/mostrarLivros.faces

Mostrar Livros			
ISBN	**Título**	**Publicado em**	**Excluir Livro**
85-7393-486-7	Dominando Eclipse	2007	Excluir
85-7393-494-8	OpenOffice.org 2.0 Writer	2006	Excluir
85-7393-495-6	OpenOffice.org 2.0 Base	2006	Excluir
85-7393-519-7	Dominando NetBeans	2006	Excluir
85-7393-536-7	Tomcat - Guia Rápido do Administrador	2006	Excluir
85-7393-543-X	Dominando AJAX	2006	Excluir

Cadastrar novo livro

Figura 21.27

Cadastrando um Novo Livro

Para cadastrar um novo livro você tem que chamar o método **novoLivro( )** existente na classe LivrosController. Esse método chama o Bean **Livros** e depois envia uma string de valor **novo** para o JSF. O arquivo **faces-conf.xml** recebe essa String e direciona ao arquivo **formLivros.jsp**. Veja o trecho do arquivo de configuração de JavaServer Faces:

faces-config.xml

```
...
   <navigation-case>
     <from-outcome>novo</from-outcome>
     <to-view-id>/formLivros.jsp</to-view-id>
   </navigation-case>
...
```

O arquivo a seguir cria o formulário responsável por cadastrar novos livros:

formLivros.jsp

```
<%@ page language="java" contentType="text/html"
   pageEncoding="ISO-8859-1"
%>
<%@ taglib uri="http://java.sun.com/jsf/html" prefix="h"%>
<%@ taglib uri="http://java.sun.com/jsf/core" prefix="f"%>

<!DOCTYPE HTML PUBLIC
"-//W3C//DTD HTML 4.01 Transitional//EN"
"http://www.w3.org/TR/html4/loose.dtd">
<html>
    <head>
        <title>Cadastro de Livros</title>
    </head>
    <body>
<f:view>
  <h:form id="cadastro">
    <h:panelGrid columns="2">
      <f:facet name="header">
        <h:outputText value="Cadastro de Livros"/>
      </f:facet>
      <h:outputText value="ISBN:" />
      <h:inputText size="15" id="isbn"
            value="#{livrosView.livro.isbn}" />
```

```
      <h:outputText value="Título:" />
      <h:inputText size="30" id="titulo"
             value="#{livrosView.livro.titulo}" />

      <h:outputText value="Edição:" />
      <h:inputText size="10" id="edicao"
             value="#{livrosView.livro.edicao}" />

      <h:outputText value="Publicação:" />
      <h:inputText size="10" id="publicacao"
             value="#{livrosView.livro.publicacao}" />

      <h:outputText value="Descrição:" />
      <h:inputTextarea cols="20" id="descricao" rows="5"
             value="#{livrosView.livro.descricao}" />

    </h:panelGrid>

      <h:commandButton value="Cadastrar"
              action="#{livrosView.create}" />
    <h:commandButton value="Limpar" type="reset" />
    <h:commandButton value="Cancelar" action="mostrar" />

  </h:form>

</f:view>

</body>
</html>
```

Todos os campos do formulário, menos a descrição, são feitos com a tag **<h:inputText/>**. O atributo **value** de cada campo tem como valor o seu correspondente no Bean **Livros**. Essa é a razão da classe **LivrosController** conter uma chamada ao JavaBean **Livros**:

```
private Livros livro;
```

E conter os métodos assessores, getter e setter do Bean:

```
public Livros getLivro( ) ...
public void setLivro(Livros livro) ...
```

Para uma área de texto, representado pela tag HTML <textarea/>, você utiliza em JSF a tag **<h:inputTextarea/>**. Nesse caso os atributos **rows** e **cols** também existem.

A tag **<h:commandButton/>** representa os botões padrão HTML. No caso, o botão aqui tem a mesma característica que a tag <h:commandLink/>. Você coloca no atributo **action** a chamada ao método que acionará o comando dado. Observe atentamente a tag <h:commandButton /> adicionada para reiniciar o formulário. Em vez de um atributo **action** existe um atributo **type**. O botão adicionado para cancelar o envio, no atributo **action** contém apenas a String **mostrar**. Se você se lembrar no arquivo **faces-config.xml**, a string mostrar chama o arquivo **mostrarLivros.jsp**:

faces-config.xml

```
...
 <navigation-rule>
   <navigation-case>
     <from-outcome>mostrar</from-outcome>
     <to-view-id>/mostrarLivros.jsp</to-view-id>
   </navigation-case>
 </navigation-rule>
...
```

O formulário quando apresentado, sem valores preenchidos é como mostra a Figura 21.28 a seguir:

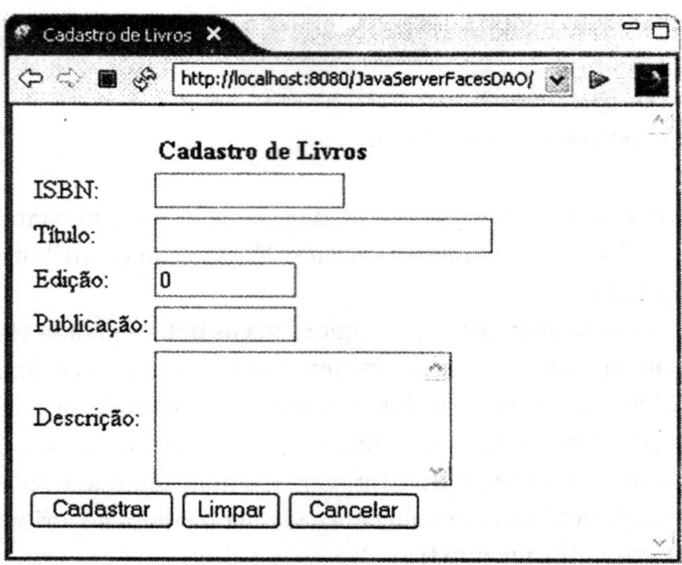

Figura 21.28

Atualizando um Livro Cadastrado

Na página onde contém todos os livros cadastrados possui o código do ISBN como um link. Esse link, gerado pela tag JSF **<h:commandLink/>** contém a chamada ao método **editar( )** da classe **LivrosController**. Esse método, na sua classe de origem, chama um outro método chamado de **getLivroFromEditOrDelete( )**, responsável pela captura da linha em questão no DataModel. Essa linha é pega pelo método **getRowData( )**, já dito anteriormente.

Assim que pego a linha em questão, escolhida na hora do clique sobre o link, o método **editar( )** se responsabiliza de preencher o JavaBean **Livros** com o valores captados e envia a String **editar** para que a navegação entre as páginas ocorram.

No arquivo **faces-config.xml** você tem a chamada do arquivo **atuLivro.jsp**, conforme o trecho mostrado a seguir:

faces-config.xml

```
...
   <navigation-case>
     <from-outcome>editar</from-outcome>
     <to-view-id>/atuLivro.jsp</to-view-id>
   </navigation-case>
...
```

A página **atuLivro.jsp** nada mais é do que uma página idêntica à página criada para cadastrar os livros. Inclusive poderia e até de certa forma ser a mesma. Evidentemente você teria que programar os textos que seriam exibidos no caso de ser uma página para cadastro ou para atualização.

O código listado a seguir mostra a página em questão:

atuLivro.jsp

```
<%@ page language="java" contentType="text/html"
    pageEncoding="ISO-8859-1"
%>
<%@ taglib uri="http://java.sun.com/jsf/html" prefix="h"%>
<%@ taglib uri="http://java.sun.com/jsf/core" prefix="f"%>

<!DOCTYPE HTML PUBLIC
"-//W3C//DTD HTML 4.01 Transitional//EN"
"http://www.w3.org/TR/html4/loose.dtd">

<html>
    <head>
        <title>Atualizar Livros</title>
    </head>
    <body>
<f:view>
  <h:form id="cadastro">
    <h:panelGrid columns="2">
      <f:facet name="header">
```

```
            <h:outputText value="Atualizar Livros"/>
          </f:facet>
          <h:outputText value="ISBN:" />
          <h:inputText size="15" id="isbn"
                value="#{livrosView.livro.isbn}"
                readonly="true" />

          <h:outputText value="Título:" />
          <h:inputText size="30" id="titulo"
                value="#{livrosView.livro.titulo}" />

          <h:outputText value="Edição:" />
          <h:inputText size="10" id="edicao"
                value="#{livrosView.livro.edicao}" />

          <h:outputText value="Publicação:" />
            <h:inputText size="10" id="publicacao"
                value="#{livrosView.livro.publicacao}"
                converter="converteAnoMySQL" />

          <h:outputText value="Descrição:" />
          <h:inputTextarea cols="20" id="descricao" rows="5"
                value="#{livrosView.livro.descricao}" />

        </h:panelGrid>

          <h:commandButton value="Atualizar"
                action="#{livrosView.update}" />
        <h:commandButton value="Redefinir" type="reset" />
        <h:commandButton value="Cancelar" action="mostrar" />

      </h:form>
    </f:view>

    </body>
    </html>
```

Similar à página de cadastro de livros, essa página contém pequenas diferenças. A primeira é o ISBN. O campo que representa o ISBN deve ser somente leitura, afinal, você tem uma chave primária cadastrada que não será alterada. Por isso a tag JSF **<h:inputText/>** tem o atributo **readonly** com a valor **true**.

No campo JSF que representa a publicação, você se lembra que existe o problema do ano sendo exibido com apenas quatro caracteres. Nesse caso, o atributo **converter** é chamado novamente para que o ano seja exibido corretamente.

Por fim, o botão que enviará o formulário para atualização chamará o método **update( )** da classe **LivrosController**. Esse método retorna uma String para que a navegação do seu aplicativo ocorra assim que atualizado os dados.

Excluindo um Livro

Para excluir um livro, você tem apenas um link existente no arquivo **mostrarLivros.jsp**. Ao clicar no link, gerado pela tag <h:commandLink/>, o atributo **action** chama o método **excluir( )** da classe **LivrosController**. O método **excluir( )**, assim como ocorria com o método **editar( )**, chama o método **getLivroFromEditOrDelete( )**, que retorna a linha pelo método **getRowData( )**.

Assim que a linha é retornada, o método **excluir( )** existente na classe DAO é chamado e a exclusão da linha no banco de dados é efetuado. Assim que excluído, uma String é retornada, para que a navegação ocorra.

Tornando um Campo Obrigatório no Preenchimento

Uma das situações muito comuns no desenvolvimento é tornar um campo obrigatório no preenchimento.

Para fazer isso, você precisa apenas adicionar o atributo **required** com o valor **true** para que o mesmo passe a ser obrigatório em seu preenchimento.

Para que uma mensagem apareça, e isso você já pôde presenciar no primeiro exemplo deste capítulo, basta adicionar a tag <h:messages/>. Agora se você quiser uma mensagem por campo, pode adicionar a tag <h:message/>. A diferença é que um tem o intuito de mostrar mensagens globais e o outro, uma mensagem por campo. Isso ocorre porque a segunda tag JSF tem um atributo chamado **for**, onde o valor atribuído a esse atributo deve ser o nome indicado pelo atributo **id** da tag <h:inputText/>.

Veja a seguir a página **formLivros.jsp** modificada com a adição da tag JSF <h:message/>:

formLivros.jsp

```
<%@ page language="java" contentType="text/html"
   pageEncoding="ISO-8859-1"
%>
<%@ taglib uri="http://java.sun.com/jsf/html" prefix="h"%>
<%@ taglib uri="http://java.sun.com/jsf/core" prefix="f"%>

<!DOCTYPE HTML PUBLIC
"-//W3C//DTD HTML 4.01 Transitional//EN"
"http://www.w3.org/TR/html4/loose.dtd">

<html>
    <head>
        <title>Cadastro de Livros</title>
    </head>
    <body>
<f:view>
  <h:form id="cadastro">
    <h:panelGrid columns="3">
      <f:facet name="header">
        <h:outputText value="Cadastro de Livros"/>
      </f:facet>
      <h:outputText value="ISBN:" />
      <h:inputText size="15"
            id="isbn"
            value="#{livrosView.livro.isbn}"
            required="true"
      />
```

```
  <h:message for="isbn"/>

 <h:outputText value="Título:" />
 <h:inputText
      size="30"
      id="titulo"
      value="#{livrosView.livro.titulo}"
      required="true"
  />
 <h:message for="titulo"/>

 <h:outputText value="Edição:" />
 <h:inputText size="10"
      id="edicao"
      value="#{livrosView.livro.edicao}"
 />
 <h:message for="edicao"/>

 <h:outputText value="Publicação:" />
 <h:inputText size="10"
      id="publicacao"
      value="#{livrosView.livro.publicacao}"
  />
 <h:message for="publicacao"/>

 <h:outputText value="Descrição:" />
 <h:inputTextarea cols="20"
      id="descricao" rows="5"
      value="#{livrosView.livro.descricao}"
 />
 <h:message for="descricao"/>
</h:panelGrid>

 <h:commandButton value="Cadastrar"
    action="#{livrosView.create}"
 />
```

```
      <h:commandButton value="Limpar" type="reset" />

    </h:form>

  </f:view>

      </body>
  </html>
```

Perceba pelos destaques que dois dos campos existentes passaram a ser obrigatórios e em todos existe a tag **<h:message/>** com o atributo **for** apontando para cada um dos **id**'s existentes nos campos representados pela tag JSF <h:inputText/> e um da tag <h:inputTextarea/>.

Ao utilizar essa tática, o JavaServer Faces automaticamente atribui uma mensagem de erro quando o campo tem o atributo **required** com o valor **true**.

O resultado de um envio mal sucedido é como mostrado na Figura 21.29 a seguir:

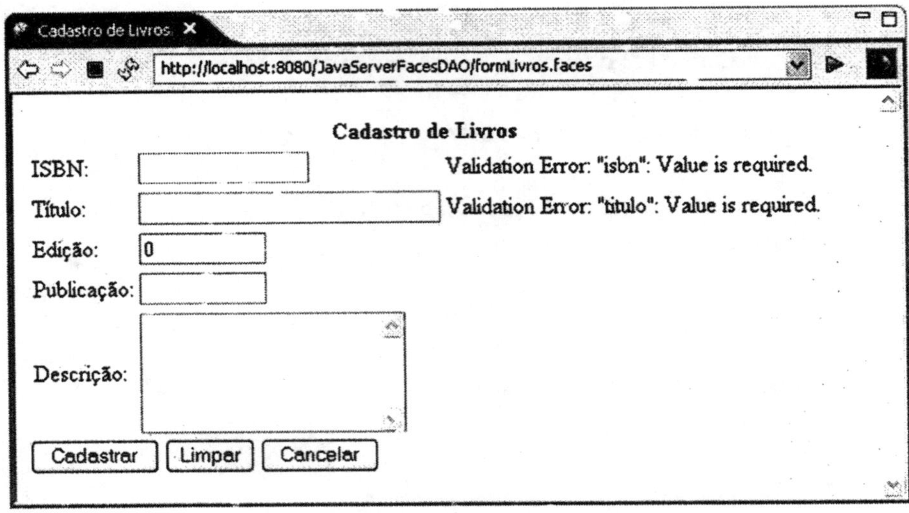

Figura 21.29

Observe que as mensagens estão em inglês. Mas e se você quiser personalizar isso, como fazer?

Personalizando Mensagens Padrão do JavaServer Faces

Para personalizar uma ou mais mensagens padrão do JavaServer Faces, você precisará fazer uma pequena modificação em uma biblioteca que está sendo utilizada por sua aplicação.

Essa biblioteca se chama **jsf-imp.jar** e se você ta lembrado, essa biblioteca, junto a outras fora adicionado no diretório **lib** da sua aplicação. Dentro desse arquivo JAR, existe um pacote chamado **javax.faces**. Dentro desse pacote existem as mensagens configuradas para as aplicações JSF em arquivos **.properties**.

Se você descompactar essa biblioteca, verá diversos arquivos **Messages.properties**. O padrão do JSF é não ter um em nosso idioma. Além do mais, podem existir mensagens no qual você não se agrada. Por esses e outros motivos que não vem ao caso, você vai aprender a modificar essas mensagens.

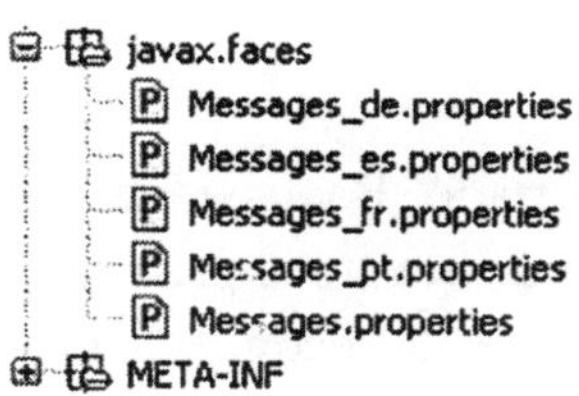

Figura 21.30

A primeira coisa a fazer é descompactar o arquivo **jsf-imp.jar**. Você pode utilizar um descompactador qualquer, uma vez que a extensão JAR nada mais é do que uma compactação ZIP. Ao descompactá-lo, vá ao local já indicado, em **javax/faces** e crie um arquivo **Messages_pt.properties**, copiando o arquivo padrão existente, o **Messages.properties**. Se preferir alterar diretamente o arquivo padrão, fique a vontade para fazê-lo.

Existem muitas mensagens a serem traduzidas, mas para ilustrar apenas o problema desse capítulo, você irá modificar o seguinte trecho do arquivo:

```
# ===========================================================================
# Component Errors
# ===========================================================================

javax.faces.component.UIInput.CONVERSION={0}Erro de conversão.
javax.faces.component.UIInput.REQUIRED=Erro de Validação\: esse campo é requerido.
javax.faces.component.UISelectOne.INVALID=Erro\: {0}esse valor não é válido
javax.faces.component.UISelectMany.INVALID=Erro\: {0}esse valor não é válido
```

Figura 21.31 – *Alteração do arquivo* ***Messages_pt.properties.***

Após a alteração, é hora de recompactar novamente, criando a biblioteca. Se você estiver dentro do diretório onde se encontram os arquivos, por exemplo, eu descompactei em um diretório chamado **jsf-impl-descompact**.

Dentro desse diretório eu tenho os diretórios **com**, **javax** e **META-INF**. Dentro desse diretório, no terminal do Linux ou no prompt de comando do Windows, eu executo o comando:

```
jar cf jsf-imp.jar *
```

Um arquivo JAR é criado. Basta substituir o existente e testar a sua aplicação. Não se esqueça de que você precisa dar um **reload** da aplicação no Tomcat Manager, para que ele reconheça. Caso esteja testando e compilando no NetBeans, substitua a biblioteca. Caso seja no Eclipse, substitua após fechá-lo e abra-o novamente.

O resultado da tradução é o mostrado na Figura 21.32 a seguir:

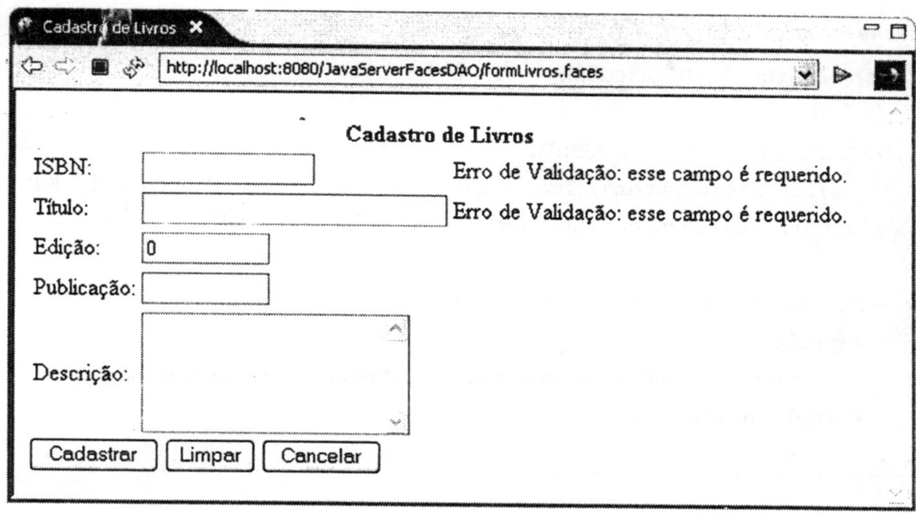

Figura 21.32

Como Alterar as Mensagens sem a Necessidade de Recompilar

Você deve estar se perguntando: mas preciso desempacotar e reempacotar, não existe um jeito mais fácil?

A resposta é: Claro que sim.

Essa situação foi mostrada para que você nunca mais precise se incomodar com a tradução da sua aplicação. Mas existem casos em que você não tem acesso a biblioteca, apenas cria as aplicações JSF e o servidor disponibiliza tudo. O que fazer nesse caso?

A resposta é fazer os passos de forma similar ao mostrado, mas com uma diferença. Ao traduzir as mensagens existentes no arquivo **Messages.properties**, adicione em sua aplicação, em um pacote.

Por exemplo, no pacote **meupacote.util**, eu adicionei o arquivo **Messages_pt.properties**.

No arquivo **faces-config.xml** eu adiciono o caminho para esse arquivo, apontando assim as traduções que existem nas minhas mensagens personalizadas.

faces-config.xml

```
<?xml version="1.0" encoding="UTF-8"?>

<!DOCTYPE faces-config PUBLIC
    "-//Sun Microsystems, Inc.//DTD JavaServer Faces Config 1.1//EN"
    "http://java.sun.com/dtd/web-facesconfig_1_1.dtd">

<!- Alterando as mensagens padrao do JSF ->
    <application>
        <message-bundle>meupacote.util.Messages</message-bundle>
    </application>
...
```

Com o elemento **<application/>**, no arquivo **faces-config.xml**, você controla todas as mensagens padrão existentes em uma aplicação JSF. Dentro do sub-elemento **<message-bundle/>** você coloca o pacote e o nome do arquivo de extensão **.properties** para que o compilador JSP reconheça as mensagens traduzidas. Não se esqueça de reiniciar a sua aplicação no Tomcat para que as alterações sofram efeito.

O resultado é o mesmo mostrado anteriormente, mas dessa vez sem a substituição do arquivo **jsf-imp.jar**.

Validando a Entrada de Valores

No campo ISBN, você tem que avisar o usuário que o valor inserido deve ter treze caracteres, isso no mínimo e no máximo. Para fazer isso, você adiciona a tag JSF **<f:validateLength/>❶**. Essa tag contém dois atributos:

- **minimum** – você diz qual é o número mínimo de caracteres que devem ser digitados no campo.
- **maximum** – você define qual é o número máximo de caracteres que devem ser digitados no campo.

Para adicionar esse validador, basta fazer como mostra o trecho do arquivo **formLivros.jsp** a seguir:

formLivros.jsp

```
...
<h:inputText size="15"
           id="isbn"
           value="#{livrosView.livro.isbn}"
           required="true">

<f:validateLength minimum="13" maximum="13"/>❶
</h:inputText>
...
```

Com a adição da tag **<f:validateLength/>**❶ se o usuário digitar menos que treze caracteres ou mais que treze caracteres, uma mensagem de erro aparecerá.

VALIDANDO O ISBN

O campo de entrada do ISBN (**International Standard Book Number**) contém muito mais do que apenas uma quantidade de caracteres válidos. Você pode querer adicionar o formato correto. Para isso você precisará criar um validador personalizado.

Para criar sua validação, crie uma classe dentro do pacote **meupacote.util**.

A classe a seguir demonstra como implementar a classe **Validator** de JSF e criar seu próprio padrão de validação.

ValidaISBN.java

```
package meupacote.util;

import java.util.regex.Matcher;
import java.util.regex.Pattern;

import javax.faces.application.FacesMessage;
import javax.faces.component.UIComponent;
```

```
import javax.faces.context.FacesContext;
import javax.faces.validator.Validator;
import javax.faces.validator.ValidatorException;

public class ValidaISBN implements Validator{❶

  public void validate(FacesContext context,
      UIComponent componente, Object objeto)
  throws ValidatorException
{
     String isbnDigitado = (String)objeto;❷

     Pattern p =
       Pattern.compile("\\d{1,2}-\\d{3,5}-\\d{3,4}-[0-9xX]{1}");❸

      Matcher m = p.matcher(isbnDigitado);❹

      boolean matchFound = m.matches( );❺

      if (!matchFound) {❻
            FacesMessage message = new FacesMessage( );

            message.setDetail("ISBN inválido.");
            message.setSummary("ISBN inválido.");

            message.setSeverity(FacesMessage.SEVERITY_ERROR);
            throw new ValidatorException(message);
      }
  }

}
```

O pacote **javax.faces.validator** contém a interface **Validator** que você implementa para escrever um validador personalizado❶. Esse pacote contém várias classes de validadores padrão.

Como você implementa a interface javax.faces.validator.Validator, o método **validate( )** é obrigatório em seu desenvolvimento. Implementando o método **validate( )** você consegue pegar o valor do objeto e verificar o que foi digitado.

O objeto sofre uma coerção de tipo para String❷, podendo assim ser verificado pelo pacote **java.util.regex**.

As expressões regulares são muito utilizadas para localização de informações dentro de textos e para validação de dados textuais que devem seguir formatos específicos, como no caso o ISBN.

Na API do Java SE, você tem o pacote **java.util.regex** que contém duas classes principais voltadas ao trabalho com expressões regulares. Essas classes são **Pattern** que representa uma expressão regular compilada e **Matcher** que é capaz de verificar se a String passada está de acordo com a expressão regular em um objeto **Pattern**.

Nesse caso, o método **compile( )**❸, da classe Pattern, é chamado para que seja criada a expressão que verificará os dígitos do campo ISBN.

Para que você entenda o que está acontecendo, os símbolos das expressões regulares serão mostrados a seguir:

- **\d** – um digito de 0 a 9 [0-9]
- **{n}** – o digito aparecerá **n** vezes. No caso uma expressão como \\d{2}, indica que você terá que ter dois dígitos de zero a nove.
- **[a-zA-Z]** – qualquer letra de **a** até **z**, tanto maiúsculas como minúsculas
- **[a-z]** – qualquer letra de **a** até **z** somente minúsculas
- **[A-E]** – qualquer letra de **a** até **e** somente maiúsculas
- **?** – o símbolo "?" aparece zero ou uma vez
- – o símbolo "*" aparece zero ou mais vezes
- **+** – o símbolo "+" aparece uma ou mais vezes
- **{n,m}** – o símbolo antes do {n,m} aparece no mínimo **n** vezes e não mais que **m** vezes
- **-|\s** – ou símbolo "-" ou o "espaço" poderá aparecer

Então, através dessa explicação, você pode entender que o padrão definido na expressão é o valor aceitável. Para isso, um ISBN poderá ser escrito nos formatos: **99-9999-999-X**, **99-999-9999-9**, **9-99999-999-9** ou **99-9999-999-9**. O "**X**" no final pode ser maiúsculo ou minúsculo.

Com o método **matcher( )❹** você fica sabendo se o valor digitado é válido. Caso não seja, a classe **Matcher**, através do método **matches( )❺** retorna um valor booleano **false**.

Esse valor booleano é verificado pelo bloco de **if❻**, onde não existindo um valor **true** uma mensagem é disparada para a página JSF, avisando o usuário do ocorrido.

Configurando o Validador

Depois de criado, esse validador deve ser configurado no arquivo **faces-config.xml** antes de ser usado na sua página JSF.

O trecho a seguir mostra a configuração como deve ser feita:

faces-config.xml

```
<?xml version="1.0" encoding="UTF-8"?>

<!DOCTYPE faces-config PUBLIC
    "-//Sun Microsystems, Inc.//DTD JavaServer Faces Config 1.1//
EN"
    "http://java.sun.com/dtd/web-facesconfig_1_1.dtd">

<faces-config>
<!-- Alterando as mensagens padrao do JSF -->
    <application>
        <message-bundle>meupacote.util.Messages</message-bundle>
    </application>
<!-- Conversor ConverteAnoMySQL -->
  <converter>
    <converter-id>converteAnoMySQL</converter-id>
    <converter-class>
      meupacote.util.ConverteAnoMySQL
    </converter-class>
  </converter>
<!-- Validador de ISBN -->
    <validator>
```

```
        <validator-id>validaISBN</validator-id>
        <validator-class>meupacote.util.ValidaISBN</validator-class>
    </validator>
...
```

O elemento **<validator/>** configura seu validador, onde dentro desse elemento se encontra dois sub-elementos:

- **<validator-id/>** – no qual você atribui o nome do seu validador;
- **<validator-class/>** – onde a classe validadora é configurada.

Aplicando o Validador

Feita a configuração, basta aplicar a sua página JSF. O trecho a seguir demonstra como utilizar o validador personalizado:

formLivros.jsp

```
...
      <h:outputText value="ISBN:" />
      <h:inputText size="15"
            id="isbn"
            value="#{livrosView.livro.isbn}"
            required="true"
             >
      <f:validator validatorId="validaISBN" />
      <f:validateLength minimum="13" maximum="13"/>
      </h:inputText>
...
```

Com a tag JSF **<f:validator/>** você configura o validador, chamando-o pela ID configurada no arquivo **faces-config.xml**, utilizando o atributo **validatorId**.

Validando pelo Bean

Uma forma muito simples de fazer a validação do campo ISBN é através de um JavaBean. Nesse caso, você irá adicionar o método a seguir na classe **LivrosController**.

LivrosController.java

```
...
   public void validaISBN(FacesContext context,
          UIComponent componente,
          Object objeto)
   throws ValidatorException
   {
     String isbnDigitado = (String)objeto;

      Pattern p =
       Pattern.compile("\\d{1,2}-\\d{3,5}-\\d{3,4}-[0-9xX]{1}");

      Matcher m = p.matcher(isbnDigitado);

      boolean matchFound = m.matches( );

      if (!matchFound) {

   ((UIInput)componente).setValid(false);

         FacesMessage message =
      new FacesMessage("ISBN inválido.");

         context.addMessage(
      componente.
      getClientId(context), message);
      }
  }
...
```

Nesse caso, muito similar ao mostrado no exemplo da criação da classe de validação, você vê a diferença na utilização de um método, onde a mensagem é transmitida por **FacesMessage**. Como já foi visto no primeiro exemplo da utilização de JSF a personalização de uma mensagem, essa explicação não será necessária nesse caso.

Para adicionar a sua página JSF, basta colocar o atributo **validator** na tag **<h:inputText/>**.

formLivros.jsp

```
...
<h:inputText size="15"
           id="isbn"
           value="#{livrosView.livro.isbn}"
           required="true"
           validator="#{livrosView.validaISBN}">
  <f:validateLength minimum="13" maximum="13"/>
</h:inputText>
...
```

Dando um Estilo a sua Tabela

Um efeito muito utilizado em desenvolvimento de aplicações, no que se refere à Web, é o chamado efeito "zebra" na sua tabela de dados.

Como existem muitos dados resultantes em uma tabela de dados comum, o desenvolvedor coloca o efeito de cores alternadas para cada linha. Isso facilita a sua leitura.

Para fazer isso em uma página JavaServer Faces é bem mais simples do que você possa imaginar. Primeiramente um estilo deve ser criado. Esse estilo deve conter classes para as linhas alternadas, no qual chamaremos de **linha_a** e **linha_b**. Você também pode definir um estilo para o cabeçalho da tabela e para a tabela toda. Seguindo essas orientações, a página **mostrarLivros.jsp** será modificada.

Entre as tags HTML <head/> coloque a tag **<style/>** e adicione o conteúdo como mostrado a seguir:

mostrarLivros.jsp

```
...
    <style>

     .tabela {
       border: solid 1px #000;
    }

    .cabecalho {
       text-align: center;
       color: #FFF;
       background: #999;
    }

    .linha_a {
      background: #FFF;
    }

    .linha_b {
       background: #CCC;
    }

    </style>
...
```

Para quem não tem familiaridade com design Web, folhas de estilo em cascada (CSS), são utilizadas para formatações segundo o padrão regido pelo orgão W3C. Esse órgão determina as padronizações encontradas no desenvolvimento de uma página Web, onde hoje juntando essa e outras tecnologias temos o que chamamos de WEB 2.0.

Cada estilo criado é chamado, nesse caso, de **classe**. Uma **classe**, em CSS, é caracterizada pelo seu início com o **"."** ponto, seguido do nome. No bloco, o conteúdo que se encontra por entre as chaves, você tem os estilos propriamente ditos. Existem diversos estilos, e cada um faz uma mudança nas características de uma página HTML, criando assim beleza e padronização por entre as demais páginas existentes no site.

Para aplicar na sua tag JSF <h:dataTable/>, basta utilizar os atributos listados a seguir:

styleClass – O estilo da tabela;

headerClass – O estilo do cabeçalho da tabela;

rowClasses – Os estilos para as linhas;

columnClasses – Os estilos para as colunas.

A seguir você tem a aplicação desses atributos configurados na tag <h:dataTable/> do arquivo **mostrarLivros.jsp**.

mostrarLivros.jsp

```
. .
    <h:dataTable value='#{livrosView.todos}' var='item' border="1"
      cellpadding="2" cellspacing="0"
         styleClass="tabela"
      headerClass="cabecalho"
      rowClasses="linha_a, linha_b"
      >
...
```

Sua aplicabilidade é simples. Perceba que no atributo **rowClasses**, as classes CSSs são listas com separações por vírgula.

O resultado é mostrado na Figura 21.33 a seguir:

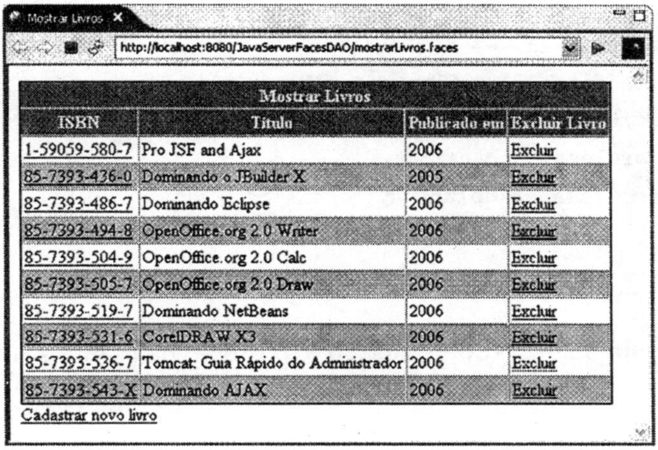

Mostrar Livros

http://localhost:8080/JavaServerFacesDAO/mostrarLivros.faces

Mostrar Livros			
ISBN	Título	Publicado em	Excluir Livro
1-59059-580-7	Pro JSF and Ajax	2006	Excluir
85-7393-436-0	Dominando o JBuilder X	2005	Excluir
85-7393-486-7	Dominando Eclipse	2006	Excluir
85-7393-494-8	OpenOffice.org 2.0 Writer	2006	Excluir
85-7393-504-9	OpenOffice.org 2.0 Calc	2006	Excluir
85-7393-505-7	OpenOffice.org 2.0 Draw	2006	Excluir
85-7393-519-7	Dominando NetBeans	2006	Excluir
85-7393-531-6	CorelDRAW X3	2006	Excluir
85-7393-536-7	Tomcat: Guia Rápido do Administrador	2006	Excluir
85-7393-543-X	Dominando AJAX	2006	Excluir

Cadastrar novo livro

Figura 21.33

Caso o efeito surtido ainda não seja de todo satisfatório, você ainda pode acrescentar estilos para as colunas. Veja um exemplo:

mostrarLivros.jsp

```
...
<style>
...
    .coluna_a {
      background: #CCC;
    }

    .coluna_b {
       background: #FFF;
    }

</style>
```

Na tag <h:dataTable/> do arquivo **mostrarLivros.jsp** você acrescenta o atributo **columnClasses**:

mostrarLivros.jsp

```
...
    <h:dataTable value='#{livrosView.todos}' var='item' border="1"
      cellpadding="2" cellspacing="0"
         styleClass="tabela"
      headerClass="cabecalho"
      columnClasses="coluna_a, coluna_b"
      >
...
```

O resultado dessa configuração é mostrado na Figura 21.34 a seguir:

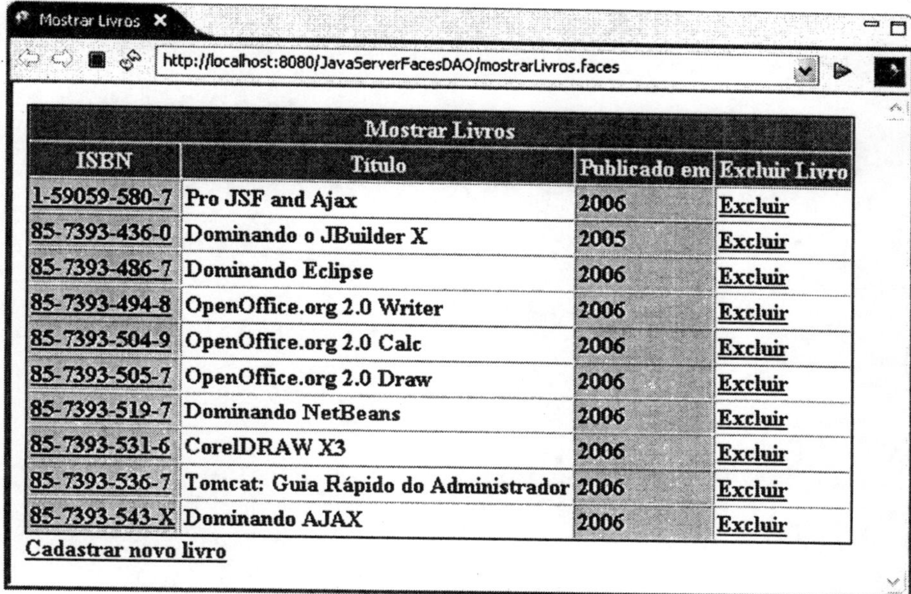

Mostrar Livros			
ISBN	Título	Publicado em	Excluir Livro
1-59059-580-7	Pro JSF and Ajax	2006	Excluir
85-7393-436-0	Dominando o JBuilder X	2005	Excluir
85-7393-486-7	Dominando Eclipse	2006	Excluir
85-7393-494-8	OpenOffice.org 2.0 Writer	2006	Excluir
85-7393-504-9	OpenOffice.org 2.0 Calc	2006	Excluir
85-7393-505-7	OpenOffice.org 2.0 Draw	2006	Excluir
85-7393-519-7	Dominando NetBeans	2006	Excluir
85-7393-531-6	CorelDRAW X3	2006	Excluir
85-7393-536-7	Tomcat: Guia Rápido do Administrador	2006	Excluir
85-7393-543-X	Dominando AJAX	2006	Excluir

Cadastrar novo livro

Figura 21.34

Capítulo 22

JavaServer Faces e Hibernate

JavaServer Faces com certeza é uma das melhores tecnologias visuais para construção de páginas Web através de componentes.

Mas somente a construção de páginas em JSF não demonstra todo o poder que o Java se apresenta em várias aplicações, principalmente nos aplicativos Web.

Uma bela e favorável situação que se encontra ao usar Java está também em não trabalhar diretamente o banco de dados, como foi feito em casos anteriores e, se possível, facilitar o uso de acesso ao banco de dados, tornando mais simples as classes DAOs desenvolvidas.

Pensando nessas situações, desenvolvedores ao redor do mundo construíram ferramentas de mapeamento com acesso ao banco de dados. Isso fora necessário principalmente devido ao paradigma que se encontrava no desenvolvimento de aplicativos orientados a objetos. Enquanto de um lado você tem informações armazenadas tabularmente, de outro você tende a apresentá-los em formato de objetos. É exatamente isso o que ocorre com o uso do padrão DAO. Você pega as informações advindas do banco de dados, as repassa para um Bean e vice-versa.

Dentre os mapeadores de banco de dados existentes no mercado, um se destaca pela popularidade. Seu nome é **Hibernate**.

Por anos a persistência de dados foi um tópico problemático por entre os desenvolvedores Java. O debate era extenso, mas muitos se envolviam em situações como a de automatizar funções existentes no sistema armazenando-as no banco de dados e que, com mudanças no sistema, a troca de um banco de dados causava transtornos tremendos. A palavra portabilidade era algo fora de alcance, principalmente porque um banco de dados em muitos casos tem um dialeto próprio. Esse problema é ainda muito debatido, mas o intenção de ORMs como o Hibernate é tentar fechar esse buraco existente na construção de aplicações que exijam portabilidade total.

Esse Capítulo o introduzirá na utilização do Hibernate com o desenvolvimento de JavaServer Faces.

O Hibernate

Hibernate é um projeto audacioso que procura ter uma completa solução para o problema de gerenciamento de dados persistentes em Java. O Hibernate é um framework que se relaciona com o banco de dados, onde esse relacionamento é conhecido como mapeamento objeto/relacional para Java, deixando o desenvolvedor livre para se concentrar em problemas da lógica do negócio. Sua simplicidade em configuração, dá ao desenvolvedor algumas regras para que sejam seguidas como padrões de desenvolvimento ao escrever sua lógica de negócios e suas classes persistentes. De resto, o Hibernate se integra suavemente ao seu sistema se comunicando com o banco de dados como se fosse diretamente feito por sua aplicação. Uma mudança de banco de dados, nesse caso, não se torna traumática, alterando apenas um ou outro detalhe nas configurações do Hibernate.

Antes de Começar

Antes de iniciar essa empreitada, você irá reutilizar alguns arquivos já feitos do exemplo do Capítulo 21. A seguir você tem a lista dos arquivos que serão reutilizados e os novos que ainda vão ser criados por você:

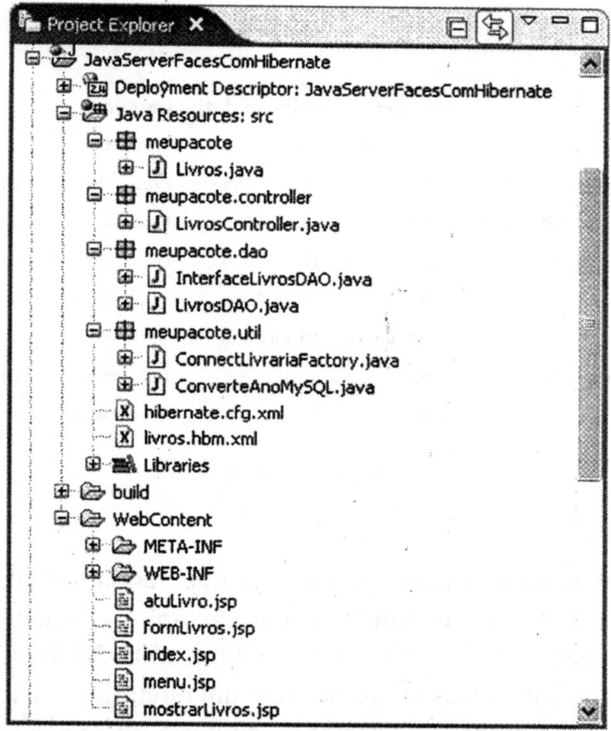

Figura 22.1

Colocando o Hibernate para Trabalhar

Há muito a se falar sobre o Hibernate, mas infelizmente o foco desse capítulo está no desenvolvimento de JavaServer Faces com a um ORM. Por isso, você vai começar pela instalação e configuração do Hibernate.

Para baixar o Hibernate, entre no endereço **http://www.hibernate.org/6.html**, e selecione o primeiro link existente em **Binary Releases,** o package **Hibernate Core**, que no momento em que esse livro é escrito, está na **versão 3.2.1**.

Binary Releases

Package	Version	Release date	Category	
Hibernate Core	3.2.1 GA	16.11.2006	Production	*Download*
Hibernate Annotations	3.2.0 GA	16.10.2006	Production	*Download*
Hibernate EntityManager	3.2.0 GA	16.10.2006	Production	*Download*
Hibernate Tools	3.2 beta 8	12.10.2006	Development	*Download*
NHibernate	1.0.3	03.11.2006	Production	*Download*
	1.2.0 beta 2	10.11.2006	Testing	*Download*
NHibernate Extensions	1.0.3	03.11.2006	Production	*Download*
JBoss Seam	1.0.1	18.06.2006	Production	*Download*

Figura 22.2

Baixe o arquivo com a compactação que deseja trabalhar. Se o seu sistema operacional for o Windows, por exemplo, selecione **hibernate-3.2.1.ga.zip**, caso seja o Linux, selecione **hibernate-3.2.1.ga.tar.gz**.

Depois de baixar, descompacte-o em um diretório. Pegue os arquivos listados a seguir e coloque-os dentro do diretório **lib** da sua aplicação:

1. antlr-2.7.6.jar
2. asm.jar
3. asm-attrs.jars
4. c3p0-0.9.0.jar
5. cglib-2.1.3.jar
6. commons-collections-2.1.1.jar
7. commons-logging-1.0.4.jar
8. dom4j-1.6.1.jar
9. hibernate3.jar
10. jta.jar

Atenção Não se esqueça de utilizar os métodos já vistos anteriormente para trabalhar com essas bibliotecas em sua aplicação, tanto com a IDE NetBeans como com a IDE Eclipse.

Mapeando a sua Tabela

Antes de utilizar o Hibernate, você tem que fazer um arquivo que irá **mapear** as tabelas que deseja trabalhar. Como o exemplo é simples, apenas uma tabela será mapeada aqui.

Para um banco de dados, cada linha de uma tabela contém um nome. Na maior parte das tabelas, sempre há um campo especial, no qual se usa uma chave, conhecida como chave primária.

Essa coluna com uma chave primária, a ID da nossa tabela, é visto de uma forma diferente no modelo orientado a objetos, onde essa identidade não é encontrada dessa forma. Em Java, você define a identidade dos objetos utilizando um método como equals(Object object), da maneira que lhe convém. A implementação padrão desse método define a identidade através da posição de memória ocupada pelo objeto.

Como o banco de dados não entende essas informações orientadas a objetos, a solução é adicionar aos objetos um identificador não natural, como os que os encontrados em banco de dados. Dessa forma, o banco de dados e o Hibernate serão capazes de diferenciar os objetos e montar os seus relacionamentos.

Como você já tem um Bean Livros criado, a coisa a fazer é o arquivo que irá mapeá-lo. Crie o arquivo listado a seguir, colocando-o no diretório **classes** da sua aplicação. Não se esqueça que no NetBeans você irá definir esse arquivo dentro de **Source Packages**, fora de qualquer pacote existente e no Eclipse dentro de **src**, como já visto na primeira imagem mostrada deste capítulo.

livros.hbm.xml

```
<?xml version="1.0" encoding="UTF-8"?>
<!DOCTYPE hibernate-mapping PUBLIC
"-//Hibernate/Hibernate Mapping DTD 3.0//EN"
"http://hibernate.sourceforge.net/hibernate-mapping-3.0.dtd">
<hibernate-mapping>
  <class name="meupacote.Livros" table="livros">

    <!-- Identificador (PK) da classe Livros -->
```

```
    <id name="isbn" column="isbn" type="string">
         <generator class="assigned"/>
      </id>

    <!- Propriedades da classe Livros ->
    <property name="titulo" type="string" />
    <property name="edicao"
         column="edicao_num" type="integer" />
    <property name="publicacao"
         column="ano_publicacao" type="string" />
    <property name="descricao" type="string" />

  </class>
</hibernate-mapping>
```

Embora não seja obrigatório, a criação do arquivo que irá mapear a sua tabela deve ter como boa prática a extensão **.hbm.xml**.

Todos os arquivos XML que mapeiam as classes para as tabelas de banco de dados no Hibernate possuem a estrutura básica mostrada nesse exemplo. O arquivo XML começa normalmente com as definições da DTD (Definição do Tipo do Documento) e da tag raiz, o **<hibernate-mapping>**.

Observando o arquivo criado, não é difícil entender como ele funciona. Assim que você abre o elemento raiz **<hibernate-mapping/>**, um subelemento **<class/>** é criado com os atributos **name**, onde você configura o local em que se encontra o seu Bean, e **table**, onde é configurado o nome da tabela existente no banco de dados.

O elemento que irá identificar o campo com a chave primária na sua tabela é o **<id/>**, que contém os atributos:

- **name** – indica o nome da coluna representado na classe.
- **column** – o nome da coluna no banco de dados.
- **type** – o tipo de dados usado.

Em meio a esse elemento, o <id/>, você tem um elemento chamado **<generator/>**. Este elemento guarda a informação de como o campo com a chave primária no banco de dados é gerado. Existem diversas classes de geradores, que são definidas no atributo **class** desse elemento. Caso o seu campo ID seja auto-incrementado, por exemplo, você poderia indicar nesse elemento, através do atributo class, o valor **increment**, que incrementa um ao valor da chave semprê que há a inserção de um novo objeto no banco.

As propriedades são indicadas logo a seguir, através do elemento **<property/>**. Esse elemento contém os mesmos atributos mostrados no elemento ID.

Configurando o Hibernate

Para a configuração do Hibernate, existem três formas:

1. Instanciar um objeto de configuração, através de org.hibernate.cfg.Configuration, e inserir suas propriedades de forma programática;
2. Criar um arquivo de configurações com a extensão **.properties** e indicar os arquivos de mapeamento programaticamente;
3. Ou criar um arquivo XML, chamado de **hibernate.cfg.xml**, com as propriedades de inicialização e os caminhos dos arquivos de mapeamento das tabelas.

No caso desse livro, a terceira opção foi escolhida por ser simples e seguir o mesmo padrão da configuração anterior, no mapeamento da tabela.

hibernate.cfg.xml

```
<?xml version="1.0" encoding="utf-8"?>
<!DOCTYPE hibernate-configuration PUBLIC
"-//Hibernate/Hibernate Configuration DTD 3.0//EN" "http://
hibernate.sourceforge.net/hibernate-configuration-3.0.dtd">

<hibernate-configuration>
  <session-factory>
    <!--Configuracao do driver do banco de dados-->
    <property name="hibernate.connection.driver_class">
         org.gjt.mm.mysql.Driver
    </property>
  <!--A URL de conexao ao banco de dados-->
    <property name="hibernate.connection.url">
```

```
        jdbc:mysql://localhost/livraria
    </property>
  <!--Nome do usuario-->
    <property name="hibernate.connection.username">
      edson
    </property>
  <!--A senha de acesso ao banco de dados-->
    <property name="hibernate.connection.password">
      integrator
    </property>
  <!--O dialeto usado pelo Hibernate para conversar com o banco-->
    <property name="hibernate.dialect">
      org.hibernate.dialect.MySQLDialect
    </property>
  <!--O arquivo que mapeia a tabela e o Bean Livros-->
    <mapping resource="livros.hbm.xml"/>

  </session-factory>
</hibernate-configuration>
```

Esse arquivo XML também é de simples entendimento. Primeiro você inicia como a configuração do mapeamento da tabela, mostrado anteriormente, com as definições da DTD. Depois inicia a configuração do arquivo com o elemento raiz **<hibernate-configuration/>**. Dentro do elemento **<session-factory/>** é que se inicia o trabalho para se conectar ao banco de dados.

As configurações aqui estão divididas em elementos **<property/>**, onde a cada um contém um atributo chamado **name**, indicando o que ele faz. A seguir você tem cada valor do atributo **name** listado por ordem de aparição na configuração do Hibernate:

- **hibernate.connection.driver_class**: nome da classe do driver JDBC do banco de dados que está sendo utilizado. No caso a configuração está utilizando o driver do MySQL.
- **hibernate.connection.url**: a URL de conexão específica do banco de dados que está sendo utilizado. No caso é o banco de dados **livraria**, o utilizado por todo o livro.

- **hibernate.connection.username**: o nome de usuário com o qual o Hibernate deve se conectar ao banco de dados. No caso, pela configuração é **edson**.
- **hibernate.connection.password**: a senha do usuário com o qual o Hibernate deve se conectar ao banco de dados. No caso, a senha configurada é **integrator**.
- **hibernate.dialect**: o dialeto no qual o Hibernate deverá utilizar para se comunicar com o banco de dados. É uma implementação do dialeto SQL específico do banco de dados a ser utilizado, onde há uma identificação para as particularidades do banco de dados em questão. Note que no caso foi utilizado o dialeto para o MySQL. Cada banco de dados tem um dialeto próprio para usar no Hibernate.

Além do mais, nem todos os bancos de dados são suportados pelo Hibernate, embora os mais populares sejam. A seguir você tem uma listagem dos dialetos possíveis de serem usados, caso você esteja fazendo os exemplos deste livro com outro banco de dados:

DB2 – org.hibernate.dialect.DB2Dialect
HypersonicSQL – org.hibernate.dialect.HSQLDialect
Informix – org.hibernate.dialect.InformixDialect
Ingres – org.hibernate.dialect.IngresDialect
Interbase – org.hibernate.dialect.InterbaseDialect
Pointbase – org.hibernate.dialect.PointbaseDialect
PostgreSQL – org.hibernate.dialect.PostgreSQLDialect
Mckoi SQL – org.hibernate.dialect.MckoiDialect
Microsoft SQL Server – org.hibernate.dialect.SQLServerDialect
MySQL – org.hibernate.dialect.MySQLDialect
Oracle (any version) – org.hibernate.dialect.OracleDialect
Oracle 9 – org.hibernate.dialect.Oracle9Dialect
Progress – org.hibernate.dialect.ProgressDialect
FrontBase – org.hibernate.dialect.FrontbaseDialect
SAP DB – org.hibernate.dialect.SAPDBDialect
Sybase – org.hibernate.dialect.SybaseDialect
Sybase Anywhere – org.hibernate.dialect.SybaseAnywhereDialect

Além dos elementos mostrados, existe também o elemento **<mapping/>**, no qual através do atributo **resource** você configura o arquivo no qual está mapeado a tabela no qual será utilizada. Se houverem várias tabelas, vários elementos <mapping/> serão configurados nesse arquivo.

Conectando-se ao Hibernate

Para trabalhar com o Hibernate, uma classe será criada, com o mesmo nome dado no exemplo existente no uso do DAO. Mas apenas o nome será igual.

ConnectLivrariaFactory.java

```
package meupacote.util;

import org.hibernate.Session;
import org.hibernate.SessionFactory;
import org.hibernate.cfg.Configuration;


public class ConnectLivrariaFactory {

  private static final SessionFactory sessionFactory;
  private static final ThreadLocal<Session> threadLocal =
      new ThreadLocal<Session>( );

  static{
    try{
      sessionFactory = new Configuration( )
             .configure("hibernate.cfg.xml")
             .buildSessionFactory( );

    } catch(Throwable t){
      throw new ExceptionInInitializerError(t);

    }
  }
```

```
public static Session getInstance( ){
    Session session = (Session) threadLocal.get( );
    session = sessionFactory.openSession( );
    threadLocal.set(session);
    return session;
  }

}
```

A primeira coisa que essa classe faz é iniciar uma SessionFactory, como estática. O objeto **SessionFactory** armazena os mapeamentos e configurações do Hibernate. Dentro do bloco estático, a SessionFactory é utilizada para a chamada da configuração do Hibernate, através da classe **Configuration( )**. Com essa classe, o método **configure( )** é utilizado, recebendo como parâmetro o arquivo XML da configuração do Hibernate. Além disso, o método **buildSessionFactory( )** é chamado também para retornar um objeto **SessionFactory**, no qual será identificada uma "fábrica" capaz de obter e retornar objetos do tipo **Session**. Um objeto **Session** pode ser considerado como uma sessão de comunicação com o banco de dados através de uma conexão JDBC.

Esse retorno será feito pelo método **getInstance( )**. Observe que foi utilizado um inicializador estático para as configurações, onde cada sessão é associada a um objeto **threadLocal**. Esse objeto permite que cada sessão abra um processo concorrente, onde existe uma ID para cada sessão aberta.

Para seguir o padrão DAO criado anteriormente, no Capítulo 20 e 21, uma classe chamada **LivrosDAO** é criada no pacote **meupacote.dao**.

A seguir a listagem mostra essa classe na integra:

LivrosDAO.java

```
package meupacote.dao;

import java.util.List;

import meupacote.Livros;
import meupacote.util.ConnectLivrariaFactory;
```

```
import org.hibernate.HibernateException;
import org.hibernate.Session;
import org.hibernate.Transaction;

public class LivrosDAO implements InterfaceLivrosDAO {
  private Session session;

  public void salvar(Livros livro) {❶

    session = ConnectLivrariaFactory.getInstance( );
    Transaction tx = null;

    try {
      tx = session.beginTransaction( );
      session.save(livro);
      tx.commit( );
    } catch (HibernateException e) {
      e.printStackTrace( );
                          tx.rollback( );
    } finally {
      session.close( );
    }
  }

  public void excluir(Livros livro) {❷

    session = ConnectLivrariaFactory.getInstance( );
    Transaction tx = null;

    try {
      tx = session.beginTransaction( );
      session.delete(livro);
      tx.commit( );
    } catch (HibernateException e) {
      e.printStackTrace( );
```

```
                    tx.rollback( );
        } finally {
          session.close( );
        }
      }

      public void atualizar(Livros livro) {❸

        session = ConnectLivrariaFactory.getInstance( );
        Transaction tx = null;

        try {
          tx = session.beginTransaction( );
          session.update(livro);
          tx.commit( );
        } catch (HibernateException e) {
          e.printStackTrace( );
                    tx.rollback( );
        } finally {
          session.close( );
        }
      }

      public List todosLivros( ) {❹
        session = ConnectLivrariaFactory.getInstance( );
        List list = session.createQuery("from Livros").list( );
        return list;
      }

}
```

Como método da classe **LivrosDAO**, **salvar( )❶**, tem a incumbência de armazenar novos cadastros no banco de dados. Observe que logo no início desse método, a classe **ConnectLivrariaFactory** traz a sessão através do método **getInstance( )**, iniciando assim uma sessão, através do objeto Session criado nessa classe.

Esse método utiliza um objeto do tipo **Transaction** que, quando utilizado em conjunto com um objeto Session, permite transações em um banco de dado relacional. Para salvar os dados vindos do objeto **Livros**, o método **save( )** do objeto Session é utilizado. A transação é efetuada através do método **commit( )**. Em caso de erro, a cláusula **catch** chama o método **rollback( )** para desfazer a transação. Depois de utilizado, o objeto Session é fechado através da cláusula **finally**, através do método **close( )**.

O método **excluir( )**❷ da classe, exclui um registro na tabela de livros, utilizando o método **delete( )** do objeto **Session**. Assim como no método **salvar( )**, aqui existem transações.

O método **atualizar( )**❸ possibilita a atualização dos dados existentes em uma linha de registro da tabela livros. A atualização é efetuada através do método **update( )** do objeto **Session**.

Com o método **todosLivros( )**❹, você traz todos os registros existentes na tabela livros, em um objeto List. Esse método retorna uma lista com todos os objetos recuperados, utilizando o método **createQuery( )** do objeto Session. Esse tipo de consulta utiliza a linguagem HQL (Hibernate Query Language), passando como parâmetro uma String "from Livros", onde esse parâmetro contém o *nome da Bean* e não o nome da tabela.

A Interface Utilizada

A seguir você tem a interface utilizada por pela classe **LivrosDAO**.

InterfaceLivrosDAO.java

```
package meupacote.dao;

import java.util.List;

import meupacote.Livros;

public interface InterfaceLivrosDAO {

  public abstract void salvar(Livros livro);
```

```
    public abstract void excluir(Livros livro);

    public abstract void atualizar(Livros livro);

    public abstract List todosLivros( );

}
```

Para a Aplicação Funcionar

Parece incrível, mas como a didática desse exemplo segue fielmente o exemplo dado no Capítulo 20 e 21, o restante do código é similar.

A classe **LivrosController.java** é chamado pelas páginas JavaServer Faces e não há alterações nesse seguimento. O resultado é idêntico ao visto no Capítulo 21, sendo assim, não há mais o que explicar.

Hibernate Annotations

Como opção, o Hibernate usa as anotações (annotations) existentes no JDK5 para o mapeamento objeto/relacional. Com anotações, o Hibernate fica bem mais simples e você acaba usando menos o XML, em relação ao mapeamento de tabelas.

Esses metadados agora serão representados através de anotações EJB 3.0, para mostrar a diferença da configuração original como vista anteriormente.

Adicionando o Hibernate Annotations

Além dos arquivos listados anteriormente nesse Capítulo, você vai precisar adicionar mais dois. Mas antes você precisará baixar o pacote do Hibernate Annotations.

Na área de downloads do site **www.hibernate.org**, você tem o link para baixar o pacote **Hibernate Annotations**, que se encontra na versão **3.2.0 GA** no momento em que esse livro é escrito. A regra é a mesma já vista anteriormente no início desse capítulo, onde você tem o formato **.zip** ou **.tar.gz**.

Binary Releases

Package	Version	Release date	Category	
Hibernate Core	3.2.1 GA	16.11.2006	Production	*Download*
Hibernate Annotations	3.2.0 GA	16.10.2006	Production	*Download*
Hibernate EntityManager	3.2.0 GA	16.10.2006	Production	*Download*
Hibernate Tools	3.2 beta 8	12.10.2006	Development	*Download*
NHibernate	1.0.3	03.11.2006	Production	*Download*
	1.2.0 beta 2	10.11.2006	Testing	*Download*
NHibernate Extensions	1.0.3	03.11.2006	Production	*Download*
JBoss Seam	1.0.1	18.06.2006	Production	*Download*

Figura 22.3

Ao baixar o arquivo, descompacte-o e pegue o arquivo chamado **hibernate-annotations.jar** e dentro do diretório **lib**, desse pacote, pegue o arquivo **ejb3-persistence.jar**.

Esses dois arquivos deverão ficar no diretório **lib** da sua aplicação, junto com os demais já usados. Ao final, você terá os seguintes arquivos JARs pertencente ao Hibernate com as anotações:

Hibernate

1. antlr-2.7.6.jar
2. asm.jar
3. asm-attrs.jars
4. c3p0-0.9.0.jar
5. cglib-2.1.3.jar
6. commons-collections-2.1.1.jar
7. commons-logging-1.0.4.jar
8. dom4j-1.6.1.jar
9. hibernate3.jar
10. jta.jar

ANNOTATIONS

11. hibernate-annotations.jar
12. ejb3-persistence.jar

O Conceito da Nova API de Persistência

Até a versão J2EE 1.4, a plataforma Java não possuía uma forma simples de mapear objetos em um banco de dados. Uma forma mais complexa podia ser utilizada, exigindo um container EJB. Com o JPA (Java Persistence API), definida na JSR-220 (Enterprise JavaBeans, Version 3.0), padroniza o mapeamento de objeto/relacional na plataforma Java. Apesar de descrita na especificação do novo EJB, na versão 3, a JPA não depende de um container para funcionar, sendo possível usar e testar soluções apenas com o Java SE.

A JPA é baseada no conceito POJO (Plain Old Java Object), algo como "Bom e Velho Objeto Java", que incorpora idéias de renomados frameworks de persistência para padronizar o mapeamento O/R em Java.

Na JPA, os objetos persistentes são denominados entidades (**Entities**). Uma entidade é um objeto simples (POJO), que representa um conjunto de dados persistido no banco. Como entidades são definidas por classes Java comuns, sem relação com frameworks ou bibliotecas, elas podem ser abstratas ou herdar de outras classes, sem restrições.

A chave primária, indicada como um conceito importante nas entidades, possuem uma identificação e estado, sendo seu ciclo de vida independente do tempo de vida da aplicação.

Para que uma entidade se torne persistente, é necessário associa-la a um contexto de persistência. Esse contexto fornece a conexão entre as instâncias e o banco de dados.

As classes e interfaces da JPA estão localizadas no pacote **javax.persistence**. Com isso, você pode fazer o mapeamento da sua aplicação, utilizando anotações. Graças a isso, você pode dispensar os descritores XML para cada uma das entidades da aplicação.

Por isso, uma entidade é rotulada com a anotação **@Entity**, sendo ela uma classe Java comum.

Uma tabela é representada pela anotação **@Table** e a chave primária pela anotação **@Id**. Cada coluna é especificada pela anotação **@Column**.

Para o suporte as anotações, a biblioteca **ejb3-persistence.jar** foi adicionada no seu projeto.

Java Annotation, o que é isso?

Java Annotation (Anotações Java) são tipos especialmente definidos com o intuito de simplificar tarefas em Java com uma simples anotação, colocada em frente à (ou acima de) elementos de programa Java como classes, métodos, campos e variáveis.

Quando um elemento do programa é anotado, o compilador lê a informação contida nessa anotação e pode reter essa informação nos arquivos de classe ou dispor disso de acordo com o que foi especificado na definição de tipo da anotação. Quando retiver nos arquivos de classe os elementos contidos na anotação podem ser examinados em runtime por uma API baseada em reflexão. Dessa forma, o JVM (Java Virtual Machine) ou outros programas podem olhar esse metadata para determinar como interagir com os elementos do programa ou alterar seus comportamentos.

Anotações é uma oposição à rigidez da herança, enriquecendo uma classe com comportamentos de forma muito mais granular.

Uma anotação é precedida por um símbolo de @ seguida de uma meta-anotação (seja ela personalizada ou não).

As anotações foram introduzidas a partir do Java SE 5 e atualmente fazem parte do Java EE 5, em especial do EJB3.

Configurando sua Aplicação para Utilizar Annotations

Agora que sua aplicação pode suportar anotações, altere o Bean **Livros** como mostrado a seguir, na integra:

Livros.java

```
package meupacote;

import javax.persistence.Column;
import javax.persistence.Entity;
```

```
import javax.persistence.Id;
import javax.persistence.Table;

@Entity
@Table(name = "livros")
@SuppressWarnings("serial")
public class Livros implements java.io.Serializable{
  private String isbn;
  private String titulo;
  private int edicao;
  private String publicacao;
  private String descricao;


  public Livros( ) { }
  public Livros(String isbn, String titulo, int edicao,
           String publicacao, String descricao)
  {
    this.isbn=isbn;
    this.titulo=titulo;
    this.edicao=edicao;
    this.publicacao=publicacao;
    this.descricao=descricao;
  }

  public void setIsbn(String isbn) {
    this.isbn = isbn;
  }

  @Id
  @Column(name="isbn")
  public String getIsbn( ) {
    return isbn;
  }

  public void setTitulo(String titulo) {
    this.titulo = titulo;
```

```
}

@Column(name="titulo")
public String getTitulo( ) {
  return titulo;
}

public void setEdicao(int edicao) {
  this.edicao = edicao;
}

@Column(name="edicao_num")
public int getEdicao( ) {
  return edicao;
}

public void setPublicacao(String publicacao) {
  this.publicacao = publicacao;
}

@Column(name="ano_publicacao")
public String getPublicacao() {
  return publicacao;
}

public void setDescricao(String descricao) {
  this.descricao = descricao;
}

@Column(name="descricao")
public String getDescricao( ) {
  return descricao;
}

}
```

Como você pôde perceber, criar anotações em um arquivo Java é muito simples. A seguir você tem uma tabela contendo as anotações utilizadas nesse arquivo como um resumo:

Tabela 22.1

Anotação	*Descrição*
@Entity	A entidade. Indica que essa classe é uma entidade (entity bean), que nada mais é do que um POJO, representando um objeto de negócio. Sem a definição de um parâmetro adicional, é assumido que o valor padrão será o nome da classe.
@Table	Mapeia o nome da tabela. Caso não seja utilizado o parâmetro name, o valor padrão assumido é o nome da classe.
@Id	O identificador da entidade. Normalmente se refere a chave primária da tabela relacional.
@Column	Mapeia o nome da coluna existente na tabela relacional. É importante frisar que o Hibernate assume os atributos da classe como os mesmos nomes dos campos da tabela existente no banco de dados. A utilização dessa anotação com o atributo name se faz necessário nesse caso, uma vez que existem campos de nomes diferentes no modelo relacional com relação à classe.

A Conexão Através das Anotações

A conexão feita anteriormente com a utilização padrão do Hibernate também sofrerá uma pequena modificação, pois agora ele está trabalhando com anotações.

Nesse caso, a classe **ConnectLivrariaFactory** será alterada nos destaques para aceitar as anotações:

ConnectLivrariaFactory.java

```
package meupacote.util;

import org.hibernate.Session;
import org.hibernate.SessionFactory;
import org.hibernate.cfg.AnnotationConfiguration;❶
```

```
public class ConnectLivrariaFactory {

  private static final SessionFactory sessionFactory;
  private static final ThreadLocal<Session> threadLocal =
      new ThreadLocal<Session>();

  static{
    try{
      sessionFactory = new AnnotationConfiguration( )❷
            .configure("hibernate.cfg.xml")
            .buildSessionFactory( );
...
```

O uso da classe **AnnotationConfiguration( )** será necessária para que o arquivo **hibernate.cfg.xml** aponte corretamente para as anotações existentes na classe Livros.

Configurando o Hibernate para Aceitar Anotações

O que por fim, você deverá ter uma alteração no arquivo **hibernate.cfg.xml** para apontar corretamente para as anotações. Nesse caso, o arquivo criado para o mapeamento da tabela livros não é mais necessário. O arquivo é mostrado na integra a seguir:

hibernate.cfg.xml

```
<?xml version="1.0" encoding="utf-8"?>
<!DOCTYPE hibernate-configuration PUBLIC
"-//Hibernate/Hibernate Configuration DTD 3.0//EN"
"http://hibernate.sourceforge.net/hibernate-configuration-3.0.dtd">

<hibernate-configuration>
  <session-factory>
    <!--Configuracao do driver do banco de dados-->
    <property name="hibernate.connection.driver_class">
         org.gjt.mm.mysql.Driver
    </property>
```

```
  <!--A URL de conexao-->
    <property name="hibernate.connection.url">
         jdbc:mysql://localhost/livraria
    </property>
  <!--Nome do usuario-->
    <property name="hibernate.connection.username">
      edson
    </property>
  <!--A senha de acesso ao banco de dados-->
    <property name="hibernate.connection.password">
      integrator
    </property>
  <!--O dialeto usado pelo Hibernate-->
    <property name="hibernate.dialect">
      org.hibernate.dialect.MySQLDialect
    </property>
  <!--O arquivo que mapeia a tabela e o Bean Livros-->
    <mapping class="meupacote.Livros" />

  </session-factory>
</hibernate-configuration>
```

Nesse caso, o elemento **<mapping/>** contém o atributo **class** que aponta para o Bean Livros, onde contém as anotações.

Log4J em um Projeto Utilizando Hibernate

O Log4j é um projeto open source desenvolvido pelo Projeto Jakarta da Apache e consiste em um framework de logging de mensagens para indicar o comportamento de determinada aplicação.

Para configurar o Log4J em sua aplicação, o Hibernate traz dentro do diretório **lib** encontrado no arquivo **hibernate-3.2.1.ga.X**, um JAR chamado **log4j-1.2.11.jar**. Pegue esse JAR e coloque junto aos outros existentes no diretório **lib** da sua aplicação.

Configurando o Arquivo log4j.properties

Depois de instalado no Tomcat o Log4J, você precisa configurá-lo para que ele lhe dê logs com as formatações desejadas. Você irá criar um arquivo chamado de **log4j.properties** e irá colocá-lo junto ao arquivo **hibernate.cfg.xml**.

Dentro desse arquivo, você o configurará da seguinte forma:

log4j.properties

```
log4j.rootLogger=INFO, destino
log4j.appender. destino =org.apache.log4j.ConsoleAppender
log4j.appender. destino.layout=org.apache.log4j.PatternLayout
log4j.appender. destino.layout.ConversionPattern=%d %-5p %-5c{3} %x
-> %m%n
```

Ao iniciar a chamada de sua aplicação, após o reinicio do contexto, você terá saídas de log no console.

Isso o ajuda a depurar possíveis problemas que podem estar ocorrendo na comunicação entre a sua aplicação e o Hibernate ou entre o Hibernate e o banco de dados.

Níveis de Logging

Os níveis de logging, definidos em **log4j.rootLogger**, estão em ordem decrescente na hierarquia: **ALL**, **DEBUG**, **INFO**, **WARN**, **ERROR**, **FATAL**, e **OFF**.

Em um nível muito baixo, você pode ter perda de performance. Em um nível muito alto, você pode perder informações cruciais. Vale lembrá-lo que isso deve ser sempre analisado para que não haja problemas para uma possível depuração.

O logger está configurado como INFO, portanto, serão exibidos todos os logs **FATAL**, **WARN**, **ERROR** e **INFO**.

Layouts

O layout é o formato de como será exibida a mensagem de log em Log4J. O layout é definido em Esse layout é definido em **log4j.appender.destino.layout** do seu arquivo **log4j.properties**. Através de **log4j.appender. destino.layout. ConversionPattern** você personaliza a saída.

O PatternLayout

Formata a saída do log baseado em um padrão de conversão. O PatternLayout retorna uma String que pode ser modificada pela conversão de padrões (**log4j.appender. destino.layout.ConversionPattern**). A Tabela a seguir demonstra as principais possibilidades que você pode usar em PatternLayout.

Tabela 22.2 – Principais caracteres de conversão

Caractere	***Descrição***
c	Exibe o nome da classe. No Tomcat, isto exibe o componente que fez a entrada no log.
d	Exibe a data do evento no log, que pode ser seguida por um formato de data incluído entre chaves. Por exemplo, %d{HH:mm:ss} ou %d{dd/MM/yyyy HH:mm:ss}.
F	O nome do arquivo onde o pedido de logging foi emitido.
l	Mostra o método que chamou o evento de log. A informação de localização depende da implementação do JVM, mas normalmente consiste no nome completamente qualificado do método chamado, seguido pelo nome do arquivo e número de linha entre parênteses. Por exemplo: org.apache.jk.server.JkMain.start(JkMain.java:355).
L	O número da linha onde o evento de log foi requisitado.
m	Exibe a mensagem associada ao evento de logging.
M	O nome do método em que o evento de log foi requisitado.
p	O nível do evento de log.
r	O número de milissegundos passados desde o início da aplicação até a criação do evento de logging.
t	Usado para exibir o nome da thread que gerou o evento de logging.
n	Quebra de linha.
%%	A seqüência produz um único sinal de porcentagem.

Usando a Saída no Console

A saída é feita no console utilizando o padrão:

```
log4j.appender.destino=org.apache.log4j.ConsoleAppender
```

Um Pouco mais de JSF e Hibernate

Nessa seção você irá acrescentar alguns métodos que irão dar a uma página JSF a possibilidade de fazer uma consulta de títulos através do Hibernate.

Na classe **LivrosDAO** adicione o método mostrado a seguir:

LivrosDAO.java

```
...
  public List consultarTitulos(String titulo) {
    session = ConnectLivrariaFactory.getInstance();
    Query query =  session.createQuery(
        "from Livros l where l.titulo like :titulo" );
    List list = query.setString("titulo", "%"+titulo+"%").list( );

    return list;
  }
...
```

Esse método é muito parecido com o utilizado para mostrar todos os livros. A diferença se encontra na linguagem HQL. Uma característica específica, herdada do JDBC, é o uso de parâmetros nas queries.

Com algumas adições a query HQL, o código da query ficou **from Livros l where l.titulo like**, onde o "l" é um alias de Livros. O parâmetro de passagem em uma consulta deve ser iniciado com "**:**" (dois pontos) para que o Hibernate saiba que isso é um parâmetro que vai ser inserido na query. Lembra do parâmetro "?" usado nos exemplos com JDBC?

Você insere um parâmetro nomeado, usando o método com início **set** correspondente ao tipo de parâmetro (no caso **setString( )** por ser uma String). O primeiro valor é o nome com o qual ele foi inserido como parâmetro na query e o outro parâmetro é o valor que deve ser colocado.

Como é uma consulta com a cláusula **like**, a variável **titulo** foi concatenada com o caractere curinga da SQL "%". O resultado pode ser uma ou mais linhas, por isso esse método devolve um List.

Altere a Interface

A interface deverá ser alterada também, adicionando esse método:

InterfaceLivrosDAO.java

```
...
public abstract List consultarTitulos(String titulo);
...
```

A CLASSE CHAMADA PELO JSF

A classe **LivrosController** terá a adição de um atributo e de alguns métodos para que sejam acessíveis por suas páginas JSF.

LivrosController.java

```
...
    private String keysearch;

    public String getKeysearch( ) {
        return keysearch;
    }

    public void setKeysearch(String keysearch) {
        this.keysearch = keysearch;
    }

    public DataModel getBuscarLivro( ){
  InterfaceLivrosDAO idao = new LivrosDAO( );
        model =
       new ListDataModel(idao. consultarTitulos(keysearch));
        return model;

    }
...
```

Com o atributo **keysearch** você pode enviar a palavra chave para que o método **getBuscarLivro( )** pegue os resultados vindos do método **consultarTitulos( )** e retorne um DataModel. Dessa forma, você monta uma belo DataTable, podendo fazer outras coisas além de exibir as informações pesquisadas.

As Páginas JSF

Você criará duas páginas JSF. Uma contendo o campo de formulário que enviará a palavra chave e a outra contendo o DataTable que mostrará os resultados encontrados na pesquisa.

busca.jsp

```
<%@ page language="java" contentType="text/html"
   pageEncoding="ISO-8859-1"
%>
<%@taglib uri="http://java.sun.com/jsf/core" prefix="f" %>
<%@taglib uri="http://java.sun.com/jsf/html" prefix="h" %>

<!DOCTYPE HTML PUBLIC
"-//W3C//DTD HTML 4.01 Transitional//EN"
"http://www.w3.org/TR/html4/loose.dtd">

<html>
    <head>
        <title>Busca com JSF e Hibernate</title>
    </head>
    <body>

    <f:view>
        <h:form id="buscar">
    <h:panelGrid columns="2">
      <f:facet name="header">
        <h:outputText value="Busca de Livros"/>
      </f:facet>

      <h:outputText value="Título:" />
      <h:inputText size="30" id="titulo"
```

```
            value="#{livrosView.keysearch}" />

    </h:panelGrid>
      <h:commandButton value="Buscar" action="pesquisado" />
        </h:form>
    </f:view>

    </body>
</html>
```

Essa página simplesmente criará um formulário com uma caixa de texto e um botão.

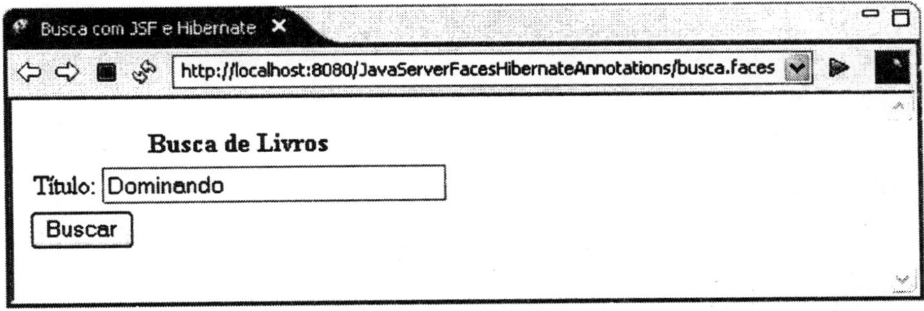

Figura 22.4

A página seguinte é a que mostrará os resultados da pesquisa.

mostrarLivrosPesquisado.jsp

```
<%@ page language="java" contentType="text/html"
  pageEncoding="ISO-8859-1"%>
<%@taglib uri="http://java.sun.com/jsf/core" prefix="f"%>
<%@taglib uri="http://java.sun.com/jsf/html" prefix="h"%>

<!DOCTYPE HTML PUBLIC
"-//W3C//DTD HTML 4.01 Transitional//EN"
 "http://www.w3.org/TR/html4/loose.dtd">
<html>
```

```
<head>
<title>Resultado de livros pesquisados</title>
</head>
<body>
<f:view>
  <h:messages />
  <h1>Livros Encontrados</h1>
  <h:form>
    <h:dataTable value='#{livrosView.buscarLivro}'
          var='item' border="1"
          cellpadding="2" cellspacing="0">
      <h:column>
        <f:facet name="header">
          <h:outputText value="ISBN" />
        </f:facet>
        <h:outputText value="#{item.isbn}" />
      </h:column>
      <h:column>
        <f:facet name="header">
          <h:outputText value="Título" />
        </f:facet>
        <h:outputText value="#{item.titulo}" />
      </h:column>
      <h:column>
        <f:facet name="header">
          <h:outputText value="Publicado em" />
        </f:facet>
        <h:outputText value="#{item.publicacao}"
          converter="converteAnoMySQL" />
      </h:column>
    </h:dataTable>
  </h:form>
</f:view>
</body>
</html>
```

O método **getBuscarLivro( )** da classe LivrosController montará a tabela através da tag JSF <h:dataTable/>.

O resultado dessa página é como mostra a Figura 22.5 a seguir:

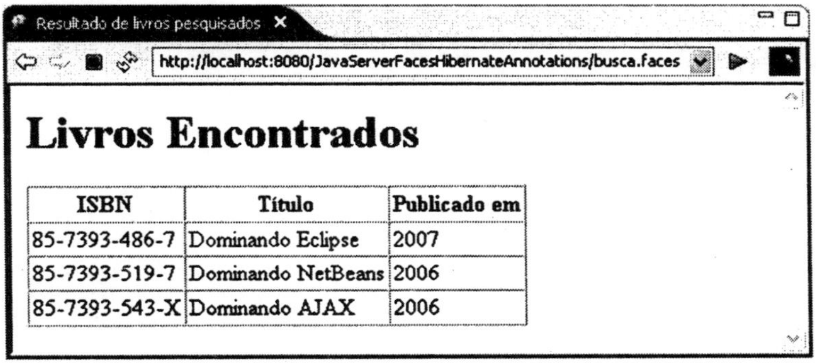

Resultado de livros pesquisados

http://localhost:8080/JavaServerFacesHibernateAnnotations/busca.faces

Livros Encontrados

ISBN	Título	Publicado em
85-7393-486-7	Dominando Eclipse	2007
85-7393-519-7	Dominando NetBeans	2006
85-7393-543-X	Dominando AJAX	2006

Figura 22.5

Mas é só Isso?

Sei que você, caro leitor, deve estar se perguntando: Mas é só isso?

No que se refere ao desenvolvimento básico sim, mas o aprofundamento da utilização do Hibernate nesse livro apenas recriaria um novo. O assunto Hibernate é extenso e existem diversos livros no mercado que o tratam exclusivamente. Além do mais, na Internet existem diversos tutoriais que, com esse conceito, você consegue acompanhar, certo de que seu aprofundamento é questão de uma boa leitura e treino.

Capítulo 23

JavaServer Faces e a API de Persistência EJB 3

A Java Persistence API já teve uma introdução no Capítulo anterior, onde você foi obrigado a utilizá-la com as anotações criadas no Hibernate.

Agora, você conhecerá um pouco sobre outro mapeador de objeto-relacional, que também suporta a API de persistência EJB 3, trabalhando com JavaServer Faces.

Como você já sabe, a JPA, definida recentemente, padroniza o mapeamento de objeto/relacional na plataforma Java.

Antes, o desenvolvedor simplesmente poderia criar um objeto persistente como qualquer outro objeto de Java, sem estar atento a tecnologia que estava persistindo. Não era preciso implementar qualquer tipo de interface ou estender uma classe especial. Graças ao uso de objetos Java regulares, esse modelo de persistência ficou conhecido como POJO.

Mas o tempo passou, e uma necessidade maior no desenvolvimento de aplicações que exigiam um mapeamento mais sofisticado cresceu.

Nesse cenário, duas APIs de persistência se destacaram, entre outras existentes: TopLink e Hibernate.

No mundo comercial, TopLink, um pacote ORM, fornece um poderoso e flexível framework para trabalhar com objetos Java que se relacionam com banco de dados. Sua história é um pouco antiga (diga-se de passagem, que a palavra "antiga" em informática é algo de dez anos). TopLink foi originalmente desenvolvido por The Object People, em Smalltalk, nos anos 90. As iniciais **Top**, de TopLink. é um acrônimo de The Object People. Em

95 e 96, o produto foi reescrito em Java e renomeado para TopLink for Java.

Em 2002, a Oracle Corporation adquiriu o TopLink e deu continuidade ao seu desenvolvimento.

TopLink Essentials é uma RI (Reference Implementation) de EJB 3.0 Java Persistence API e é uma edição da comunidade open-source do produto Oracle's TopLink.

Hibernate, como você já sabe, é um framework open-source e muito poderoso. Ambos dividem a comunidade de desenvolvimento Java no que se refere ao mapeamento de objeto/relacional.

Esse Capítulo o levará a conhecer um pouco sobre o TopLink Essentials e definir a sua escolha no que se refere a mais nova implementação Java EE 5.

O termo POJO (Plain Java Old Object) foi criado por Martin Fowler, Rebecca Parsons e Josh Mackenzie em 2000, devido aos objetos de Java simples que não estavam atrelados a ferramentas ou frameworks.

Mas o que Vem a Ser EJB?

O **EJB** ou Enterprise JavaBeans é um componente **servidor** que roda em um **container** para EJB do **servidor de aplicação**. Considerado como um dos principais componentes da plataforma **Java EE** (Java Enterprise Edition), o EJB tem como principais objetivos da tecnologia fornecer rápido e simplificado desenvolvimento de aplicações **Java** baseadas em componentes, distribuídas, transacionais, seguras e portáveis.

Infelizmente essa não foi bem a realidade. A tecnologia EJB, especialmente os conhecidos Entity Beans, foram sempre acusados de baixa eficiência, alta complexidade e dificuldade de uso.

O Tomcat não suporta EJB. Sendo assim, um outro Container deveria ser utilizado, com suporte a essa tecnologia, caso essa fosse à questão. Esse capítulo não trata diretamente de toda a tecnologia envolta em EJB, o que por si só daria um livro inteiro, e sim uma parte dessa tecnologia, a persistência. Nesse caso, a persistência EJB 3 é independente de um container EJB, o que possibilita o uso de um container J2EE 1.4 como o Tomcat. Embora o suporte e utilização do EJB3 já tenha tido uma abordagem no capítulo anterior, com o uso do Hibernate, aqui novamente será tratado desse assunto, mas com o uso do TopLink Essentials.

Baixando e Configurando o TopLink

Esse capítulo é essencialmente baseado em anotações para a persistência de dados com o TopLink.

Mas antes de começar, você precisa baixar o TopLink Essentials. Para baixá-lo, entre no endereço **http://www.oracle.com/technology/products/ias/toplink/jpa/index.html**. Clique no link **Download**.

TopLink JPA

The Enterprise JavaBeans (EJB) 3.0 specification includes an additional persistence specification called the **Java Persistence API (JPA)**. It is an API for creating, removing and querying across lightweight Java objects and can be used both within a compliant EJB 3.0 Container and a standard Java SE 5 environment.

TopLink Essentials is the open-source community edition of Oracle's TopLink product. It provides the JPA functionality for the EJB 3.0 **Reference Implementation**.

Figura 23.1

Na página seguinte, o primeiro link mostrado, é a última versão do TopLink Essentials. Por isso, clique no link que está em destaque. No momento em que este livro era escrito, a versão era v2.b25.

TopLink JPA: Downloads

Downloading TopLink Essentials

⬇	Download Version 2 Build 25	Source	Resolved Issues (All) Open Issues
⬇	**Download Version 2 Build 16** Version used in Spring 2.0 RC4	Source	Resolved Issues
⬇	**Download Version 1 Build 48** Version used in EJB 3.0 Reference Implementation		

Figura 23.2

Assim que baixar, você vai notar que o arquivo se encontra em formato JAR. Para descompactá-lo, execute o comando a seguir no terminal do Linux ou no prompt de comando do Windows:

```
java -jar glassfish-persistence-installer-v2-b25.jar
```

Um caixa de diálogo com um termo de licença irá aparecer. Desça a rolagem para ler e no final, o botão **Accept** ficará ativo. Confirme clicando.

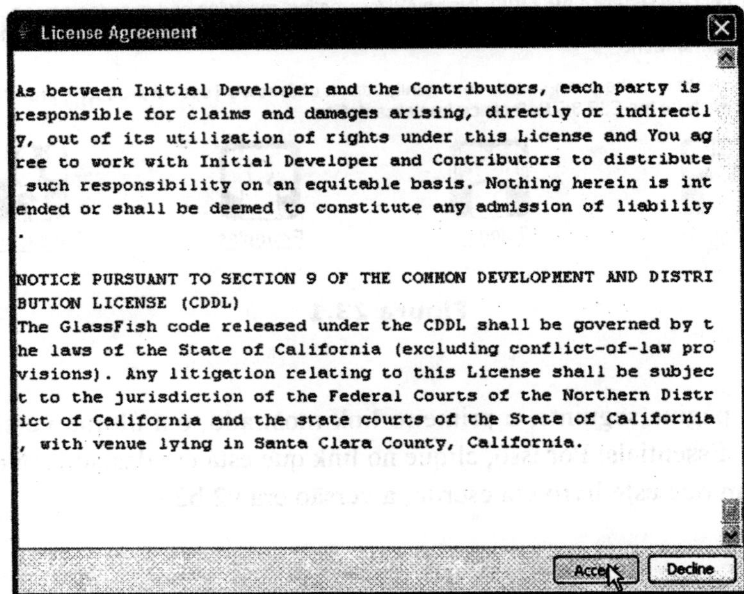

Figura 23.3

Um diretório chamado **glassfish-persistence** aparecerá no local da descompactação. O arquivo que você vai precisar é o **toplink-essentials.jar**. Como você bem já sabe, esse arquivo deverá ficar dentro do diretório **lib** da sua aplicação.

Iniciando em TopLink

Para iniciar, você recriará o exemplo dado nos Capítulos anteriores, onde o Bean Livros contém os exemplos principais.

Como esse livro foi elaborado com o intuito de mudar apenas o DAO, em todos os exemplos, praticamente seria isso que você faria com relação ao mostrado no Capítulo sobre o Hibernate.

Mas a idéia agora é mostrar outros Beans, baseados em outras tabelas e relaciona-los.

A Criação do Banco de Dados

Até o momento, somente a tabela livros havia sido criada para exemplificar o trabalho com banco de dados e as aplicações escritas em Java, em seus mais diversos tipos.

Agora, com o conhecimento adquirido, você está pronto para criar as demais tabelas e o relacionamento.

A Figura 23.4 a seguir demonstra as demais tabelas que serão criadas e como elas se relacionam.

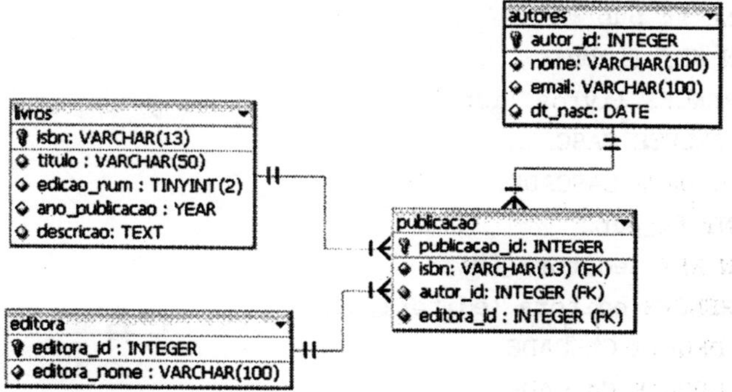

Figura 23.4 – *Modelo de Entidade Relacional.*

A listagem a seguir demonstra a SQL para criar as demais tabelas e inclusive colocar o relacionamento.

Listagem das tabelas encontradas no banco de dados livraria

```
CREATE TABLE autores (
  autor_id int(10) unsigned NOT NULL auto_increment,
  nome varchar(100) default NULL,
  email varchar(100) default NULL,
  dt_nasc date default NULL,
  PRIMARY KEY  (autor_id)
) ENGINE=InnoDB;

CREATE TABLE editora (
  editora_id int(10) unsigned NOT NULL auto_increment,
  editora_nome varchar(100) default NULL,
  PRIMARY KEY  (editora_id)
) ENGINE=InnoDB;

CREATE TABLE publicacao (
  publicacao_id int(11) NOT NULL auto_increment,
  isbn char(13) default NULL,
  autor_id int(10) unsigned default NULL,
  editora_id int(10) unsigned default NULL,
  PRIMARY KEY  (publicacao_id),
  KEY fk_pub (isbn),
  KEY fk_pub2 (editora_id),
  CONSTRAINT fk_pub
    FOREIGN KEY (isbn)
      REFERENCES livros (isbn)
        ON DELETE CASCADE
        ON UPDATE CASCADE,
  CONSTRAINT fk_pub2
    FOREIGN KEY (editora_id)
      REFERENCES editora (editora_id)
        ON DELETE CASCADE
        ON UPDATE CASCADE
) ENGINE=InnoDB;
```

A Modelagem do Sistema

Os Beans que você irá criar se relacionam entre si, como a análise feita a pouco no relacionamento das tabelas.

Na análise, utilizando UML, foi construído o diagrama de classes, conforme pode ser visto na Figura 23.5 a seguir:

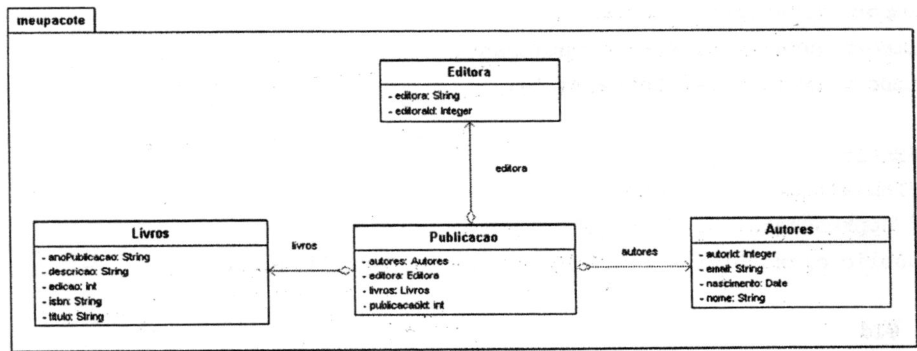

Figura 23.5 – *Diagrama de Classes da Livraria.*

Neste diagrama, observa-se uma classe para cada elemento identificado do domínio da aplicação. Você tem **Livros**, **Editora**, **Autores** e **Publicacao**, onde cada um contém seus atributos específicos. Note que há um sinal de "-" antes do nome de cada atributo. Isso indica que esses atributos são protegidos e serão, portanto, encapsulados (get e set). Após os nomes de cada atributo, separado por "**:**" (dois-pontos), existe o tipo de cada um.

Para construir esses Beans, você também se valerá do uso de anotações. Observe que todos esses mapeamentos serão criados dentro do pacote **meupacote**, que poderá ser substituído pelo seu nome de pacote.

O Mapeamento dos Livros

O primeiro mapeamento será dos livros. O código a seguir demonstra como será o Bean Livros, mas omitindo os getters e setters (uma vez que você já sabe o que fazer).

Livros.java

```
package meupacote;

import java.util.Collection;
import javax.persistence.CascadeType;
import javax.persistence.Column;
import javax.persistence.Entity;
import javax.persistence.Id;
import javax.persistence.OneToMany;
import javax.persistence.Table;

@Entity
@Table(name = "livros")
@SuppressWarnings("serial")
public class Livros implements java.io.Serializable{

  @Id
  @Column(name="isbn")
  private String isbn;

  @Column(name="titulo")
  private String titulo;

  @Column(name="edicao_num")
  private int edicao;

  @Column(name="ano_publicacao")
  private String anoPublicacao;

  @Column(name="descricao")
  private String descricao;

  @OneToMany(cascade=CascadeType.ALL, mappedBy="livros")
  private Collection<Publicacao> publicacao;

  // ... getters e setters omitidos. Faça refactor
}
```

Embora não existam muitas novidades com relação ao já apresentado em exemplo anterior, à utilização de anotações é bem maior nesse daqui. Analisando o código da entidade você verá as já conhecidas anotações **@Entity**, **@Id** e **@Column**. Mas uma nova anotação surgiu: **@OneToMany**. Essa anotação é usada para indicar o relacionamento entre as entidades (como ocorre nos relacionamentos entre tabelas em um banco de dados relacional). A anotação **@OneToMany** indica o relacionamento **Um-Para-Muitos**, comum em banco de dados. Esse relacionamento significa que, haverá um livro, mas que poderão existir mais de uma publicação. Evidentemente isso é um caso raro, uma vez que o caso considera uma outra edição um novo livro. Mas em contrapartida, um mesmo livro poderá ter mais de um autor. Nesse caso, a publicação indicaria isso. Você poderia quebrar essa situação em mais partes, normalizando melhor o banco de dados, mas o caso foi feito com apenas essas tabelas para não estender demais o assunto.

Dois atributos estão contidos dentro dessa anotação, utilizada no mapeamento:

1. **cascade=CascadeType.ALL** – indica que as alterações na entidade **Livros** serão refletidas automaticamente nas entidades relacionadas (no caso **Publicacao**).
2. **mappedBy="livros"** – indica que na classe **Publicacao** existe uma propriedade denominada **livros**, mapeando o livro do relacionamento (mais adiante na criação da classe **Publicacao** isso ficará mais claro).

O Mapeamento da Editora

O mapeamento da tabela editora não é diferente da usada em livros. O código a seguir demonstra a entidade Editora.

Editora.java

```
package meupacote;

import java.util.Collection;
import javax.persistence.CascadeType;
```

```
import javax.persistence.Column;
import javax.persistence.Entity;
import javax.persistence.GeneratedValue;
import javax.persistence.GenerationType;
import javax.persistence.Id;
import javax.persistence.OneToMany;
import javax.persistence.Table;

@Entity
@Table(name = "editora")
@SuppressWarnings("serial")
public class Editora  implements java.io.Serializable{

  @Id
  @Column(name="editora_id")
  @GeneratedValue(strategy=GenerationType.IDENTITY)
  private Integer editoraId;

  @Column(name="editora_nome")
  private String editora;

  @OneToMany(cascade=CascadeType.ALL, mappedBy="editora")
  private Collection<Publicacao> publicacao;
  // ... getters e setters omitidos. Faça refactor
}
```

Uma nova anotação surge nessa entidade, a chamada **@GeneratedValue**. Essa anotação indica que o campo chave **editoraId** será gerado automaticamente pelo banco de dados, onde se você olhar no código da SQL para gerar as tabelas, notará que o campo **editora_id** da tabela **editoras** é auto-increment, a auto-numeração do MySQL.

O MAPEAMENTO DE AUTORES

O mapeamento da tabela autores segue o padrão dos demais. O código a seguir demonstra a entidade Autores.

Autores.java

```
package meupacote;

import java.util.Collection;
import java.util.Date;
import javax.persistence.CascadeType;
import javax.persistence.Column;
import javax.persistence.Entity;
import javax.persistence.GeneratedValue;
import javax.persistence.GenerationType;
import javax.persistence.Id;
import javax.persistence.OneToMany;
import javax.persistence.Table;
import javax.persistence.Temporal;
import javax.persistence.TemporalType;

@Entity
@Table(name = "autores")
@SuppressWarnings("serial")
public class Autores implements java.io.Serializable {

  @Id
  @GeneratedValue(strategy=GenerationType.IDENTITY)
  @Column(name="autor_id")
  private Integer autorId;

  @Column(name="nome")
  private String nome;

  @Column(name="email")
```

```
    private String email;

    @Temporal(TemporalType.DATE)
    @Column(name="dt_nasc")
    private Date nascimento;

    @OneToMany(cascade=CascadeType.ALL, mappedBy="autores")
    private Collection<Publicacao> publicacao;
    // ... getters e setters omitidos. Faça refactor
}
```

A anotação **@Temporal** é nova com relação às outras entidades, uma vez que você ainda não havia visto.

As anotações que contém **@Temporal** são tipos baseados em informações armazenadas relativas ao tempo. A lista de tipos temporais incluem três tipos **java.sql** como **java.sql.Date**,

java.sql.Time e **java.sql.Timestamp**, e inclui dois tipos java.util como o **java.util.Date** e **java.util.Calendar**.

O uso dessa anotação inclui um atributo chamado de **TemporalType** com um valor enumerado. Esses valores são: **DATE**, **TIME** e **TIMESTAMP** para representar os tipos de **java.sql**.

O Mapeamento de Publicacao

O mapeamento de **publicacao** tem algumas diferenças com relação aos demais criados.

Publicacao.java

```
package meupacote;

import javax.persistence.Column;
import javax.persistence.Entity;
import javax.persistence.Id;
import javax.persistence.JoinColumn;
import javax.persistence.ManyToOne;
```

```
import javax.persistence.NamedQueries;
import javax.persistence.NamedQuery;
import javax.persistence.Table;

@Entity
@Table(name = "publicacao")
@SuppressWarnings("serial")
@NamedQueries({
  @NamedQuery(name="Publicacao.listarPorPublicacao",
      query="SELECT p FROM Publicacao p") ,
  @NamedQuery(name="Publicacao.listarPorLivrosEditora",
      query="SELECT l.isbn ,l.titulo , e.editora, a.nome " +
            "FROM Publicacao p JOIN p.editora e " +
            "JOIN p.livros l " +
            "JOIN p.autores a ")
})
public class Publicacao implements java.io.Serializable {

  @Id
  @Column(name = "publicacao_id", nullable = false)
  private int publicacaoId;

  @ManyToOne
  @JoinColumn(name="isbn", nullable=false)
  private Livros livros;

  @ManyToOne
  @JoinColumn(name = "editora_id", nullable = false)
  private Editora editora;

  @ManyToOne
  @JoinColumn(name = "autor_id", nullable = false)
  private Autores autores;

  // ... getters e setters omitidos. Faça refactor
}
```

Nesse mapeamento, você encontra outras anotações ainda não utilizadas nesse livro. As anotações **@ManyToOne** definem uma relação de "muitos-para-um" do utilizado em banco de dados relacional. Isso significa que haverão muitas publicações relacionadas a um livro, editoras ou autor.

As anotações **@JoinColumn** são usadas para especificar a coluna que contém a chave estrangeira de cada relacionamento. Dessa forma, um relacionamento com a tabela de livros seria definido com a seguinte anotação:

```
@ManyToOne
@JoinColumn(name="isbn", nullable=false)
private Livros livros;
```

O importante é não se esquecer de que as propriedades **livros**, **editora** e **autores** são referenciadas nas entidades "pai" da relação (**Livros**, **Editora** e **Autores**), com os atributos **mappedBy** encontrados nas anotações **@OneToMany**.

A entidade **Publicacao** possui ainda uma propriedade própria, em relação às outras descritas, no qual se refere a sua chave primária.

Além da anotação citada, existem outras duas, no começo da entidade, que representa a criação de querys para serem executadas.

A anotação **@NamedQueries** é usada para agrupar todas as consultas existentes na entidade (consultas estáticas), no qual são descritas individualmente pela anotação **@NamedQuery**.

A anotação **@NamedQuery** fica "pré-compilada" e tem o atributo **name** no qual você define o nome da sua consulta. Com o atributo **query** tem a consulta propriamente dita. Cada consulta, definida por essa anotação, deve ser separada por "," vírgula, umas das outras, dentro da anotação **@NamedQueries**.

A Java Persistence QL

A Java Persistence API (JPA) suporta duas linguagens de consultas (querys) para recuperar entidades e outros dados persistentes do banco de dados. A linguagem primária é a Java Persistence Query Language (JPQL). Essa é uma linguagem de consultas independente de banco de dados e opera no modelo de entidades lógicas ao contrário do modelo de dados físico. As consultas também podem ser expressas em SQL. No caso desse exemplo, a query criada está na linguagem JPQL.

Para que você compreenda melhor uma consulta JPQL, será criada uma classe e uma página com o intuito de você testar algumas querys e aprender um pouco mais.

Antes de criar essa classe, baixe a biblioteca **Apache Jakarta Commons-Lang**. Para baixá-lo, entre no endereço **http://jakarta.apache.org/site/downloads/downloads_commons-lang.cgi** e pegue o arquivo **.zip** ou **.tar.gz**. Até o momento em que esse livro está sendo escrito, a versão atual é **2.2**. Descompacte e coloque o JAR **commons-lang-2.2.jar** dentro do diretório **lib** da sua aplicação.

O exemplo a seguir foi adaptado do livro Pro EJB3 Persistence, da editora Apress.

TestandoQuerys.java

```
package meupacote.util;

import java.util.Date;
import java.util.List;

import javax.persistence.*;

import org.apache.commons.lang.builder.*;

public class TestandoQuerys {
   private String query=
         "<h3>Query: ";

     private EntityManagerFactory emf;

     private String erro=null;

     private String resultados=
       "<h4>Resultado encontrados:</h4>";
```

```
  public String getQuery( ) {
  return query;
 }

  public void setErro(String erro) {
   this.erro = erro;
 }
 public String getErro( ) {
  return erro;
 }

 private EntityManager getEntityManager( ) {
      return  emf.createEntityManager( );
  }

  public TestandoQuerys( ) {
      emf =
    Persistence.createEntityManagerFactory("livraria");
  }

 public void setQuery(String query){
   this.query += query+"</h3>";
   String resultado="";
   EntityManager em = getEntityManager( );
           try {
               List result =
em.createQuery(query).getResultList( );
               if (result.size( ) > 0) {
                   for (Object o : result) {
 resultado = mostrarResultado(o);
                   }
               } else {
 setErro("Dados não encontrados");
               }
           } catch (Exception e) {
```

```
setErro("Existe um erro na sua consulta");
                e.printStackTrace( );
            }
            this.query += resultado;
        }


     private String mostrarResultado(Object objeto) throws
Exception {

    if (objeto == null) {
      setErro("NULL");
        } else if (objeto instanceof Object[]) {
            Object[] row = (Object[]) objeto;
            for (int i = 0; i < row.length; i++) {
                mostrarResultado(row[i]);
            }
        } else if (objeto instanceof Long ||
                    objeto instanceof Double ||
                    objeto instanceof String ||
                    objeto instanceof Date) {
    resultados+="<br />"+objeto.getClass( ).
            getName( ) +
            ": " + objeto;
        } else {
    resultados+=ReflectionToStringBuilder.
          toString(objeto,
          ToStringStyle.SHORT_PREFIX_STYLE)+
          "<br />";
        }
    return resultados+"<br />";
      }
}
```

Essa classe o ajudará a desenvolver as suas querys que serão executadas a partir de uma página WEB.

A página Web para executar esse exemplo é mostrada logo a seguir:

querys.jsp

```
<%@ page language="java"
  contentType="text/html"
    pageEncoding="ISO-8859-1"%>

<%@ taglib uri="http://java.sun.com/jsp/jstl/core" prefix="c"%>
<%@ taglib uri="http://java.sun.com/jsp/jstl/sql" prefix="sql"%>

<!DOCTYPE html PUBLIC
"-//W3C//DTD HTML 4.01 Transitional//EN"
"http://www.w3.org/TR/html4/loose.dtd">
<html>
<head>
<title>JPQL</title>
</head>
<body>
<form action="" method="post">
<table border="0">
<tr>
<td valign="top">Query:</td>
<td>
<textarea rows="5" cols="40" name="query">
<c:out value="${param.query}" />
</textarea>
</td>
<td colspan="2" valign="bottom">
<input type="submit" value="Consultar" />
</td>
</table>
</form>

<c:if test="${pageContext.request.method=='POST'}">
```

```
<jsp:useBean id="rs" scope="page"
        class="meupacote.util.TestandoQuerys" />

  <jsp:setProperty name="rs" property="query"
                value="${param.query}"/>
  <jsp:getProperty name="rs" property="query"/>
  <c:out value="${rs.erro}" />
</c:if>

</body>
</html>
```

Essa página não conterá explicação, assim como o Bean criado, uma vez que está sendo apenas para execução dos exemplos das querys dadas.

Configurando o TopLink

Para configurar o TopLink Essentials, crie um arquivo **persistence.xml** dentro de um diretório chamado **META-INF** na raiz de seus pacotes.

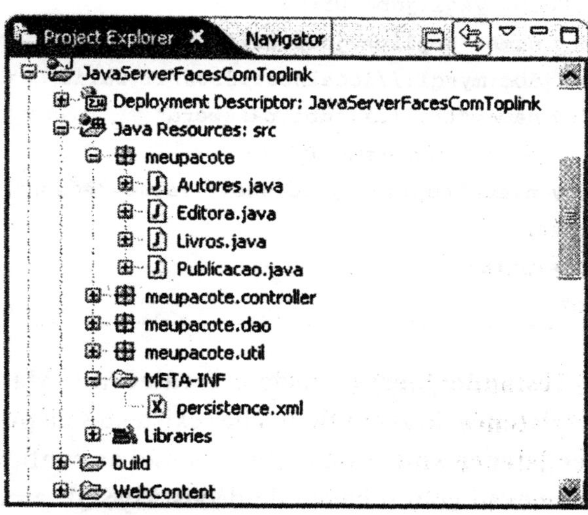

Figura 23.6

O conteúdo desse arquivo é listado logo a seguir:

persistence.xml

```
<persistence xmlns="http://java.sun.com/xml/ns/persistence"
  xmlns:xsi="http://www.w3.org/2001/XMLSchema-instance"
  xsi:schemaLocation="http://java.sun.com/xml/ns/persistence
persistence_1_0.xsd"
  version="1.0">
  <persistence-unit  name="livraria"
      transaction-type="RESOURCE_LOCAL">
    <provider>
      oracle.toplink.essentials.PersistenceProvider
    </provider>
    <class>meupacote.Livros</class>
    <class>meupacote.Editora</class>
    <class>meupacote.Autores</class>
    <class>meupacote.Publicacao</class>

    <properties>
      <property name="toplink.logging.level" value="FINE" />
      <property name="toplink.jdbc.driver"
        value="com.mysql.jdbc.Driver" />
      <property name="toplink.jdbc.url"
        value="jdbc:mysql://localhost:3306/livraria" />
      <property name="toplink.jdbc.password"
                  value="integrator" />
      <property name="toplink.jdbc.user" value="edson" />
    </properties>
  </persistence-unit>
</persistence>
```

No Bean **TestandoQuerys**, o método **createEntityManagerFactory( )**, da classe **Persistence**, lê as configurações existentes da **persistence unit**, do arquivo **persistence.xml**. Esse arquivo possui as configurações necessárias para a conexão com o banco de dados MySQL através do uso da biblioteca **TopLink Essentials**.

O elemento **<persistence-unit/>** contém o elemento **name**, que é utilizado pelo método **createEntityManagerFactory( )** para pegar as configurações dadas para acesso às entidades e banco de dados.

Com o elemento **<provider/>** você configura o **TopLink**. Os elementos **<class/>** definem os mapeamentos criados.

No elemento **<properties/>** você tem os elementos **<property/>** onde cada um contém um atributo **name**. O valor de cada atributo **name** se refere desde a configuração do Driver do banco de dados até usuário e senha. No atributo **value** você define a configuração determinada pelo atributo **name**. Por exemplo, para configurar o usuário, o elemento **<property/>** fica assim:

```
<property name="toplink.jdbc.user" value="edson" />
```

Atenção: Depois de configurado, não se esqueça de que a biblioteca do MySQL deve estar também no seu diretório **lib**, assim como as demais já citadas.

Fazendo querys JPQL

Com tudo configurado, basta seguir os exemplos e colocá-los na sua página **querys.jsp**. Considere o primeiro exemplo:

```
SELECT e
FROM Editora e
```

Se você observar, é muito parecido com a SQL normal. JPQL usa uma sintaxe SQL similar onde é possível dar ao desenvolvedor experiente com SQL a vantagem de escrever as querys. A diferença fundamental entre SQL e JPQL está na seleção de uma tabela, onde a entidade do modelo da aplicação é especificada ao invés da tabela propriamente dita.

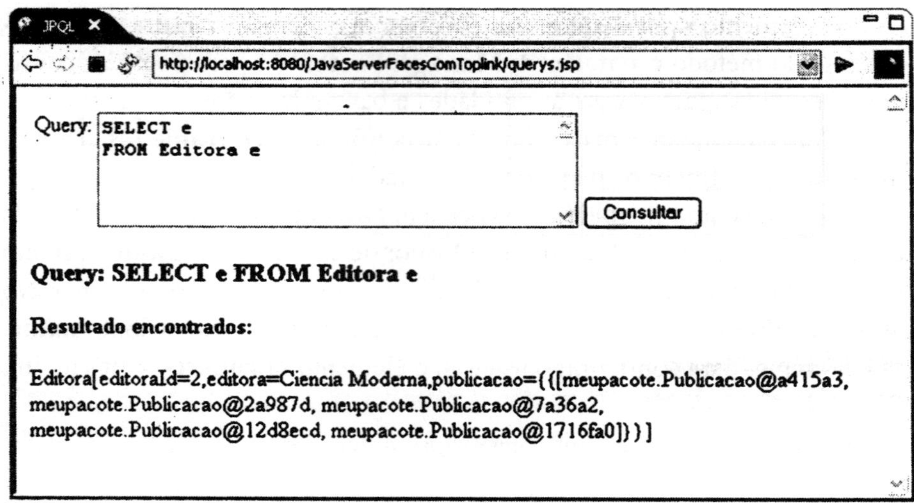

Figura 23.7

Você também pode consultar somente alguns campos, como em consultas normais a uma tabela de um banco de dados:

```
SELECT a.nome, a.nascimento
FROM Autores a
```

Começando com um alias (apelido), você pode navegar pela entidade usando o operador ponto, seguido dos campos separados por vírgula. Nesse caso, as consultas são feitas colocando-se os campos existentes na entidade persistente.

A segunda query existente na entidade **Publicacao** contém dados existentes em mais de uma entidade, portando temos que criar "junções" entre as entidades.

Como query **join** você pode combinar resultados de múltiplas entidades, as junções JPQL são logicamente equivalentes às junções SQL.

Assim como na SQL, existe mais de um tipo de junção. No caso, você criou um **inner join**, onde os resultados gerados devem satisfazer os campos chaves coincidentes encontrados nas entidades.

Por exemplo, uma query que faz um JOIN nas entidades Livros e Publicacao ficaria da seguinte forma:

```
SELECT l
FROM Publicacao p JOIN p.livros l
```

Onde sua equivalência na SQL seria:

```
SELECT l.*
FROM livros l INNER JOIN publicacao p
ON l.isbn = p.isbn
```

Caso você tenha o costume de criar junções na cláusula WHERE da SQL, você pode fazê-la de forma equivalente na JPQL, como mostrado a seguir:

```
SELECT DISTINCT l
FROM Publicacao p, Livros l
WHERE p.livros = l.isbn
```

Você também pode dar condições WHERE como na SQL, como por exemplo:

```
SELECT l.isbn, l.titulo
FROM Livros l
WHERE l.titulo LIKE 'dominando%'
```

Existem outras querys que podem ser feitas, mas o assunto abordado aqui é da utilização do TopLink Essentials com a tecnologia JavaServer Faces, portanto, não haverá mais aprofundamento sobre JPQL.

Desenvolvendo seu Projeto

Da mesma forma que os demais exemplos criados nesse livro, a idéia é migrar de uma tecnologia para outra, no que se refere à persistência de dados, sem ter que mudar os códigos das páginas JSF já criadas.

Como você já tem uma experiência com isso, saiba que todos os arquivos utilizados nos exemplos anteriores permanecerão os mesmos aqui.

A classe **LivrariaConnectionFactory** não mais existirá. A JPA simplifica muito os códigos desenvolvidos em aplicações que envolvem entidades de acesso a dados.

No pacote **meupacote.dao**, a interface e a classe LivrariaDAO serão modificadas. A seguir você tem o código da interface na integra:

InterfaceLivrosDAO.java

```
package meupacote.dao;

import java.util.List;
import meupacote.Livros;

public interface InterfaceLivrosDAO {

  public abstract void salvar(Livros livro);

  public abstract void excluir(Livros livro);

  public abstract void atualizar(Livros livro);

  public abstract List todosLivros( );

  public abstract List consultarTitulos(String titulo);

  public abstract List todosLivrosComAutoresEditora( );

  public abstract Livros consultarISBN(String isbn);

}
```

A classe **LivrosDAO** também será modificada para dar acesso ao banco de dados criado no MySQL.

A seguir você tem o código na integra:

LivrosDAO.java

```
package meupacote.dao;

import meupacote.Livros;
import java.util.List;
import javax.persistence.EntityManager;
import javax.persistence.EntityManagerFactory;
import javax.persistence.Persistence;
import javax.persistence.Query;

import meupacote.dao.InterfaceLivrosDAO;

public class LivrosDAO implements InterfaceLivrosDAO{

    private EntityManagerFactory emf;

    private EntityManager getEntityManager( ) {
        return emf.createEntityManager( );❶
    }

    public LivrosDAO( ) {
        emf =
        Persistence.createEntityManagerFactory("livraria");❷
    }

  public void salvar(Livros livro) {❸
        EntityManager em = getEntityManager( );
        try {
            em.getTransaction( ).begin( );
            em.persist(livro);
            em.getTransaction( ).commit( );
```

```
        } catch (Exception ex) {
                em.getTransaction( ).rollback( );
        } finally {
            em.close( );
        }
}

public void excluir(Livros livro) {❹
        EntityManager em = getEntityManager( );
        try {
            em.getTransaction( ).begin( );
             livro = em.merge(livro);
            em.remove(livro);
            em.getTransaction( ).commit( );
        } catch (Exception ex) {
            em.getTransaction( ).rollback( );

        } finally {
            em.close( );
        }
}

public void atualizar(Livros livro) {❺
        EntityManager em = getEntityManager( );
        try {
            em.getTransaction( ).begin( );
            em.merge(livro);
            em.getTransaction( ).commit( );
        } catch (Exception ex) {
                em.getTransaction( ).rollback( );
        } finally {
            em.close( );
        }

}
```

```
public List todosLivros( ) {
EntityManager em = getEntityManager( );
      try{
          Query q =
         em.createQuery("select object(l) from Livros as l");

           return q.getResultList( );

      } finally {
          em.close( );
      }
   }


public List consultarTitulos(String titulo) {❻
    EntityManager em = getEntityManager( );
    try{
        Query q = em.createQuery("select object(lv) "+
                              "from Livros as lv "+
                               "where lv.titulo like ?1" ).
                               setParameter(1,"%"+titulo+"%");

         return q.getResultList( );

    } finally {
        em.close( );
    }
}

public List todosLivrosComAutoresEditora( ) {❼
  EntityManager em = getEntityManager( );
  Query query =
    em.createNamedQuery("Publicacao.listarPorLivrosEditora");

  return query.getResultList( );
}
```

```
public Livros consultarISBN(String isbn) {❸
  EntityManager em = getEntityManager( );
    try{
        Query q = em.createQuery("select l "+
                                    "from Livros l "+
                                    "where l.isbn= ?1" ).
                                    setParameter(1,isbn);

        return (Livros) q.getSingleResult( );

    } finally {
        em.close( );
    }
}

}
```

Para executar o CRUD desses exemplos e outras consultas, você precisa se comunicar com o TopLink.

A interface **EntityManager**❶ é a responsável pelas operações de persistência. A criação de instância desse gerenciador é feita pela classe abstrata **EntityManagerFactory**❷. Essa classe é criada pela classe **Persistence**, que lê as configurações existentes em **persistence.xml**, através do atributo **name** dado no elemento <persistence-unit/> encontrado nesse arquivo.

É na classe **EntityManager** que você encontra os principais métodos para incluir, localizar, atualizar e excluir informações no banco de dados através das entidades.

O método criado nessa classe, de nome **salvar( )**❸, recebe o objeto **EntityManager** através do método **getEntityManager( )**.

Para se criar uma transação, o método **getTransaction( )** é utilizado em todos os métodos que irão se utilizar de inclusões, exclusões e atualizações. O método **begin( )**, de **getTransaction( )**, inicia o processo de transação.

Através do método **persist( )**, você pode fazer inserções e atualizações. Se tudo ocorrer bem, o método **commit( )**, de **getTransaction( )**, realiza as alterações no banco de dados.

Caso uma exceção seja disparada, o método **rollback( )**, de **getTransaction( )**, desfaz a operação.

Em todos os métodos com transações, existe a cláusula **finally**, que chama o método **close( )**, de **EntityManager**, para fechar a sessão com o banco de dados.

O método **excluir( )**❹ tem o objetivo de remover a linha no banco de dados. O método **remove( )**, de **EntityManager**, excluir as informações contidas na entidade.

O método **atualizar( )**❺ atualiza os dados existentes na entidade. Perceba o uso novamente do método **merge( )**, já explanado anteriormente.

Uma query simples é feita pelo método **todosLivros( )**, que retorna um List. Esse retorno é feito pelo método **getResultList( )**, da interface **Query**.

Em **consultarTitulos( )**❻ você observa a utilização de uma query com parâmetro. Nesse caso a cláusula **LIKE** fora utilizada para que a consulta possa trabalhar com qualquer informação passada a esse método. Nessa consulta, o parâmetro é determinado pelo símbolo de **"?"** interrogação, seguido do número um. Cada parâmetro passado deve ser numerado nesse caso, sendo o primeiro "1", o segundo "2" e assim por diante.

Como se trata de uma cláusula **LIKE**, no método **setParameter( )**, usado para transmitir o parâmetro para a consulta, você tem a variável concatenada com os sinais coringas da SQL **"%"** porcentagem.

O método **todosLivrosComAutoresEditora( )**❼ você tem a chamada a query criada na entidade Publicacao. Essa chamada é feita através do método **createNamedQuery( )**, de **EntityManager**.

A última consulta da classe LivrosDAO é a do método **consultar ISBN( )**❽. Esse método também tem apenas um parâmetro, mas como o resultado é de somente uma linha, seu tipo é Livros e o resultado é gerado pelo método **getSingleResult( )**.

Com o planejamento do livro, você não precisa alterar os arquivos JavaServer Faces graças a classe com o qual as páginas JSF se comunicam: **LivrosController**.

Um JOIN em uma Página JSF

A classe **LivrosController** chamará o método **todosLivrosComAutoresEditora( )** para gerar uma tabela.

O método deverá ser feito no final da classe, como mostrado a seguir:

LivrosController.java

```
    public DataModel getTodosComAutorEditora( ){
        InterfaceLivrosDAO idao = new LivrosDAO( );
        model =
        new ListDataModel(idao.todosLivrosComAutoresEditora( ));
        return model;

    }

}
```

Retornando um **DataModel** você agora pode chamá-lo por sua página JSF. Será omitida a navegação para essa página, uma vez que você já tem bastante experiência até aqui. A página JSF que representará os resultados advindos do método **getTodosComAutorEditora( )** é mostrada na integra a seguir:

mostrarLivrosComEditorasEAutores.jsp

```
<%@ page language="java" contentType="text/html"
    pageEncoding="ISO-8859-1"
%>
<%@taglib uri="http://java.sun.com/jsf/core" prefix="f" %>
<%@ taglib uri="http://java.sun.com/jsf/html" prefix="h" %>

<!DOCTYPE HTML PUBLIC
  "-//W3C//DTD HTML 4.01 Transitional//EN"
  "http://www.w3.org/TR/html4/loose.dtd">
```

```
<html>
    <head>
        <title>Mostrar Livros</title>
    </head>
    <body>
      <f:view>
            <h:messages />
            <h:form>
                <h:dataTable
  value="#{livrosView.todosComAutorEditora}"
  var="item" border="1"
  cellpadding="2" cellspacing="0">
    <f:facet name="header">
           <h:outputText value="Mostrar Livros, Editora e Autores"/>
        </f:facet>
                    <h:column>
                        <f:facet name="header">
                            <h:outputText value="ISBN"/>
                        </f:facet>
                        <h:outputText value="#{item[0]}"/>
                    </h:column>
                    <h:column>
                        <f:facet name="header">
                            <h:outputText value="Título"/>
                        </f:facet>
                        <h:outputText value="#{item[1]}"/>
                    </h:column>
                    <h:column>
                        <f:facet name="header">
                            <h:outputText value="Editora"/>
                        </f:facet>
                        <h:outputText
    value="#{item[2]}" />
                    </h:column>
                     <h:column>
```

```
                    <f:facet name="header">
                        <h:outputText value="Autor"/>
                    </f:facet>
                    <h:outputText
   value="#{item[3]}" />
                </h:column>

            </h:dataTable>

        </h:form>
    </f:view>
  </body>
</html>
```

É interessante a diferença dessa página que utiliza a tag JSF **<h:dataTable/>**. O retorno dado pela entidade Publicacao, na consulta pré-estabelecida, vem em um formato de matriz, e portando deve ser acessível dessa maneira.

A consulta está assim na entidade Publicacao, para simples conferência:

```
SELECT l.isbn ,l.titulo , e.editora, a.nome
FROM Publicacao p
JOIN p.editora e
JOIN p.livros l
JOIN p.autores a
```

Note que são pesquisados em todas as entidades e o retorno é de apenas três campos. Dessa forma, o campo **isbn**, retornado dessa consulta será acessado pelo **dataTable** como o primeiro item, representado em Array pelo zero: #{item[0]}. Os demais seguem a seqüência até o último campo.

O resultado dessa página JSF é mostrado na imagem a seguir:

Mostrar Livros
http://localhost:8080/JavaServerFacesComToplink/mostrarLivrosComEditorasEAutores.faces

Mostrar Livros, Editora e Autores			
ISBN	Título	Editora	Autor
85-7393-486-7	Dominando Eclipse	Ciencia Moderna	Edson Gonçalves
85-7393-536-7	Tomcat: Guia Rápido do Administrador	Ciencia Moderna	Edson Gonçalves
85-7393-519-7	Dominando NetBeans	Ciencia Moderna	Edson Gonçalves
85-7393-494-8	OpenOffice.org 2.0 Writer	Ciencia Moderna	Tarcizio da Rocha
85-7393-495-6	Base	Ciencia Moderna	Tarcizio da Rocha

Figura 23.8

Paginando Resultados Utilizando JSF

Uma das grandes sacadas no uso de JSF está na paginação de dados. Você tem duas maneiras de fazê-lo, uma seria utilizando a JPA e a outra a própria tecnologia JSF. O uso da JPA é interessante quando você tem que paginar um volume muito grande de dados. Já em JSF é fácil e rápido para um pequeno volume de dados. O exemplo mostrado aqui será feito através do uso de JSF.

Adicionando Novos Métodos

A primeira alteração será feita na interface, mostrada a seguir em destaque. Perceba que o arquivo está na integra:

InterfaceLivrosDAO.java

```
package meupacote.dao;

import java.util.List;

import meupacote.Livros;

public interface InterfaceLivrosDAO {
  public abstract void salvar(Livros livro);
```

```
public abstract void excluir(Livros livro);

public abstract void atualizar(Livros livro);

public abstract List todosLivros( );

public abstract List consultarTitulos(String titulo);

public abstract List todosLivrosComAutoresEditora( );

public abstract Livros consultarISBN(String isbn);

public abstract int totalDeLivros( );

}
```

Não precisa nem dizer que esse método será criado na classe que implementa essa interface: LivrosDAO.

A seguir você tem a listagem com o método que será criado:

LivrosDAO.java

```
...
    public int totalDeLivros( ) {
        EntityManager em = getEntityManager( );
        try{
            int total = ((Long)
    em.createQuery("select count(l) from Livros l").
        getSingleResult( )).
      intValue( );
            return total;
        } finally {
            em.close( );
        }
    }
}
```

O método **int totalDeLivros( )**, criado na classe **LivrosDAO**, contém uma query que realiza a contagem de todos os registros encontrados na entidade Livros. O resultado será único e como valor inteiro. Para que o resultado seja um número inteiro, o método **intValue( )** foi utilizado.

Na classe LivrosController, você criará os seguintes métodos:

LivrosController.java

```
...
private int maxPorPagina=3;❶

private int paginaAtual=0;❷

public int getTotal( ){❸

  InterfaceLivrosDAO idao = new LivrosDAO( );
  return idao.totalDeLivros( );

}

public void setMaxPorPagina(int maxPorPagina) {
   this.maxPorPagina=maxPorPagina;
}

public int getMaxPorPagina( ) {
    return maxPorPagina;
}

public int getPaginaAtual( ) {
    return paginaAtual;
}

public String pPrimeiraPagina( ) {

   paginaAtual = 0;

   return "mostrar";
}
```

```
public String pPaginaAnterior( ) {

  paginaAtual -= maxPorPagina;

        if (paginaAtual < 0) {
  paginaAtual = 0;
        }

        return "mostrar";
}

public String pProximaPagina( ) {

  paginaAtual += maxPorPagina;

        if (paginaAtual >= getTotal( )) {
  paginaAtual = getTotal( ) - maxPorPagina;

             if (paginaAtual < 0) {
  paginaAtual = 0;
             }

      }

        return "mostrar";
}

public String pUltimaPagina( ) {
  paginaAtual = getTotal( ) - maxPorPagina;

        if (paginaAtual < 0) {
  paginaAtual = 0;
        }
        return "mostrar";

}
...
```

Esse trecho, acrescentado à classe **LivrosController**, o possibilitará de fazer a paginação utilizando os recursos encontrados nas páginas JSF.

O atributo privado **maxPorPagina**❶ determina, através de um valor inteiro, o máximo de itens a serem exibidos por uma página.

Com o atributo **paginaAtual**❷, você determina qual é o estado atual da paginação. Esse número começa com zero, onde seria a primeira página, e a cada chamada a uma nova página, é esse atributo que será modificado, sempre dizendo em que página o navegador do cliente está agora.

O método **getTotal( )**❸ pega os resultados encontrados no método **totalDeLivros( )**, criado na classe **LivrosDAO**. A idéia é sempre saber qual é a quantidade total de linhas encontradas no banco de dados, para que seja possível dividi-la por entre páginas. Exemplo: se você tem um total de 12 resultados e vai dividir por 3 resultados por página, você terá então 4 páginas para navegar pela paginação.

Os métodos públicos **getMaxPorPagina( )** e **getPaginaAtual( )** retornam os valores encontrados nos atributos privados **maxPorPagina** (linhas máximas por página) e **paginaAtual** (o estado atual da sua paginação). Será através desses métodos que você poderá, na página JSF, dizer se os links de navegação estão ou não na primeira ou na última página.

O método **pPrimeiraPagina( )** zera o valor do atributo **paginaAtual**, colocando tecnicamente o cursor da sua navegação na primeira página. Observe que é um método público e de retorno String. Só para você se lembrar, o retorno da palavra **mostrar** foi configurado, em capítulos anteriores na construção do arquivo **faces-config.xml**, para chamar a página JSF **mostrarLivros.jsp**.

O método **pPaginaAnterior( )** é um pouco mais complexo. Sua intenção é subtrair o valor do atributo **paginaAtual** pelo **maxPorPagina**. Isso é feito para que você desloque de trás para frente. Exemplo: tomemos o caso anterior, onde o número máximo por páginas é 3 e o total é de 12 linhas. O atributo **paginaAtual** está com o valor **6**. Isso significa que a sua paginação está na terceira página, num total de quatro páginas – o valor assumido por **paginaAtual** seria: **0**: primeira, **3**: segunda, **6**: terceira e **9**: quarta página. Em uma subtração, **paginaAtual** voltaria para a segunda página, pois o atributo **maxPorPagina** tem um valor fixo e somente pode subtrair três por vez.

Uma condição é criada, pois se isso não fosse feito, haveria subtração infinita e o resultado seria negativo. Para que isso não ocorra, a condição verifica se **paginaAtual** tem um valor menor que **zero**. Tendo esse valor, **paginaAtual** tem o seu valor recolocado para **zero**.

O método **pProximaPagina( )** contém uma lógica mais complexa. A próxima página ocorre em uma soma da página atual sobre o valor máximo por página, o inverso visto no método **pPaginaAnterior( )**. Nesse caso, uma condição deve ser feita, pois a soma ficaria, assim como ocorre com a subtração, infinita. Portanto, a condição estabelece que, se o valor do atributo **paginaAtual** for maior ou tiver um valor igual ao **total** de linhas encontradas na tabela, o valor é recolocado subtraindo o **total** de linhas pelo máximo de linhas por página. Tomando o exemplo dado, isso significa que, o atributo **paginaAtual** somente pode chegar a **9**, pois a última página resulta em mais três linhas, totalizando **12**. Mas se **paginaAtual** fosse maior ou igual ao total, doze, os resultados dados no data table seriam vazios, pois haveria a necessidade de ter **12+3** para exibição, resultando em **15**, mas isso é **três** a mais que o total de linhas encontradas na tabela do banco de dados.

O método **pUltimaPagina( )** contém o atributo **paginaAtual** recebendo o valor da subtração do total de linhas pela quantidade máxima de linhas em uma página. Isso é evidente, pois a regra dada na explicação anterior, do método **pProximaPagina( )**, demonstra o cenário do porque ser assim, na última página.

Aplicando a sua Página JSF

Para aplicar a paginação na tag JSF **<h:dataTable/>**, você contará com o auxílio de dois atributos encontrados nessa tag: **first** e **rows**.

Veja como ficará então a alteração proposta no arquivo **mostrarLivros.jsp**, no trecho listado a seguir:

mostrarLivros.jsp

```
...
<h:dataTable
        value="#{livrosView.todosLivros}"
        var="item" border="1"
```

```
cellpadding="2" cellspacing="0"
    first="#{livrosView.paginaAtual}"
   rows="#{livrosView.maxPorPagina}" >
...
```

Observe que o atributo **first** recebe as informações contidas do método **getPaginaAtual( )**, onde o retorno determina o estado atual do seu cursor no que diz respeito em qual página você se encontra.

O atributo **rows** recebe o número máximo de itens que podem ser exibidos em uma página, sendo um valor sempre fixo.

Para paginar, você ainda precisará contar com os links de **primeiro, anterior**, **próximo** e **último**.

Para isso, basta adicionar o conteúdo mostrado a seguir, também referente à página **mostrarLivros.jsp**.

É interessante dizer, antes, que você pode colocar esses links tanto abaixo como acima da tabela, isso ficará por sua conta.

mostrarLivros.jsp

```
<h:commandLink action="#{livrosView.pPrimeiraPagina}"
  value="Primeira"
  rendered="#{livrosView.paginaAtual != 0}" /> 

<h:commandLink action="#{livrosView.pPaginaAnterior}"
  value="Anterior"
  rendered="#{livrosView.paginaAtual != 0}"/> 

<h:commandLink action="#{livrosView.pProximaPagina}"
value="Próxima"
  rendered="#{livrosView.paginaAtual +
livrosView.maxPorPagina<livrosView.total}"/>
 

<h:commandLink action="#{livrosView.pUltimaPagina}"
  value="Última"
  rendered="#{livrosView.paginaAtual +
livrosView.maxPorPagina<livrosView.total}"/>
```

Bom, como já era de se esperar, os métodos criados para a paginação se encontram no atributo **action** da tag JSF **<h:commandLink/>**. Mas você também está notando um novo atributo, chamado **rendered**. Esse atributo renderiza o link ou não. Para que seja renderizado o link (leia-se ser criado), um valor booleano deve existir: **true** aparece e **false** não. Para que a paginação tenha o efeito desejado, você quer que, na primeira página não apareça os links **Primeira** e **Anterior**, uma vez que você já está na primeira página. O contrário também ocorre, ou seja, os links **Próxima** e **Última** também não aparecerão. Para isso, o EL usado cria uma condição, onde você bem lembra que, o retorno é **true** ou **false** em uma situação como essa. Essa condição é tem o seguinte critério: **Primeira e Anterior** – se a página atual for diferente de zero, **Próxima** e **Última** – se a página atual somado ao valor do máximo de linhas em uma página for menor que o total de linhas resultantes.

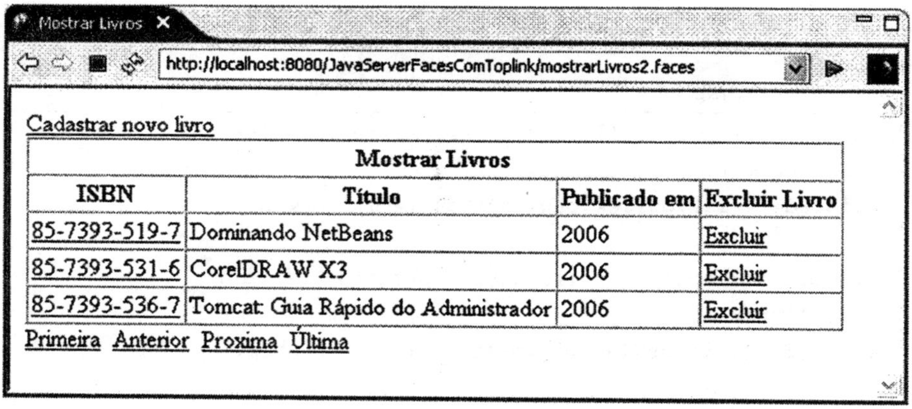

Mostrar Livros

http://localhost:8080/JavaServerFacesComToplink/mostrarLivros2.faces

Cadastrar novo livro

Mostrar Livros			
ISBN	**Título**	**Publicado em**	**Excluir Livro**
85-7393-519-7	Dominando NetBeans	2006	Excluir
85-7393-531-6	CorelDRAW X3	2006	Excluir
85-7393-536-7	Tomcat: Guia Rápido do Administrador	2006	Excluir

Primeira Anterior Proxima Última

Figura 23.9

Paginando Resultados Através da JPA

Fazer uma paginação utilizando a JPA, através do framework TopLink, ao invés do uso do JavaServer Faces pode ocorrer em situações no qual o resultado encontrado no banco de dados seja muito grande. Evidentemente você retornaria muitas linhas e isso demoraria em um carregamento de página. Agora imagina um cenário onde a página está sofrendo uma grande concorrência de acessos. Para essas situações, a paginação feita diretamente no banco de dados é mais indicada. A JPA oferece métodos que o auxiliam em sua paginação, independente do banco de dados que está sendo usado.

Para criar essa paginação, você irá criar um novo método. Na interface, crie o método mostrado em destaque:

InterfaceLivrosDAO.java

```
...
public interface InterfaceLivrosDAO {
...

  public abstract List todosLivros(int m, int a);

}
```

Na classe LivrosDAO, você criará o método com o conteúdo a seguir:

LivrosDAO.java

```
...
     public List todosLivros(int maximo, int atual) {
    EntityManager em = getEntityManager( );
          try{
               Query q =
      em.createQuery("select l from Livros l").
        setMaxResults(maximo).
        setFirstResult(atual);

                return q.getResultList( );

          } finally {
               em.close( );
          }
     }

}
```

A interface **Query** fornece suporte para paginação utilizando os métodos **setFirstResult( )** e **setMaxResults( )**. Esses métodos especificam o primeiro resultado (iniciado com zero) e o número máximo de linhas retornadas para aquela página. A idéia aqui é similar à utilizada na paginação feita diretamente pela página JSF.

O segundo método **todosLivros( )** contém nesse caso dois parâmetros inteiros, que serão passados para determinar o número máximo de linhas na página, assim como o estado atual de paginação.

Controlando a Paginação

Na classe **LivrosController** você apenas terá que criar os métodos necessários para a paginação. Alguns itens serão similares ao já feito na paginação de resultados com JSF.

LivrosController.java

```
...
   private int maxPorPagina=3;

   private int paginaAtual=0;


   public DataModel getTodos( ){❶
       InterfaceLivrosDAO ldao =  new LivrosDAO( );
       model =
 new ListDataModel(
     ldao.todosLivros(maxPorPagina,
        paginaAtual)
     );
       return model;

   }

   public String primeiraPagina( ){
 paginaAtual = 0;
```

```
return "mostrar";
   }

   public String ultimaPagina( ){❷
int rest = getTotal( ) % maxPorPagina;

if( rest !=0 )
  paginaAtual = getTotal( ) - rest;
else
  paginaAtual = getTotal( ) - maxPorPagina;

return "mostrar";
   }


public int getPaginaAtual( ) {
  return paginaAtual;
}

public int getTotal( ){

  InterfaceLivrosDAO idao = new LivrosDAO( );
  return idao.totalDeLivros( );

}

   public int getProximaPagina( ) {❸
   int total = getTotal( );
       int soma = paginaAtual + maxPorPagina;
       int proxima = ( soma > total )? total : soma;
       return proxima;
   }

   public int getMaxPorPagina( ) {
       return maxPorPagina;
   }
```

```
    public String proxima( ) {❹
    int soma = paginaAtual + maxPorPagina;
     if ( soma < getTotal( ) )
        paginaAtual += maxPorPagina;

        return "mostrar";
    }

    public String anterior( ) {❺
    paginaAtual -= maxPorPagina;

      if (paginaAtual < 0) paginaAtual = 0;

        return "mostrar";
    }

}
```

Muito parecido com a paginação feita diretamente em JSF, essa paginação diretamente no banco, como já foi dito, auxilia no bom desempenho da exibição dos resultados na tela do usuário.

O método **getTodos( )**❶, modificado com relação ao seu original, passa a retornar um model criado a partir do método **todosLivros( )**, que recebe os dois parâmetros necessários para que o resultado não seja totalitário.

Foram recriados quase todos os métodos de paginação, com nomes diferentes, para que você possa diferenciá-los dos anteriores feitos.

O método **ultimaPagina( )**❷ utiliza uma lógica um pouco diferente para ir até a última página resultante da paginação. Primeiramente uma variável chamada **rest** recebe o resto da divisão feita entre o total de linhas encontradas pelo máximo de linhas que podem ser exibidas. A idéia é simples: digamos que o total de linhas retornadas sejam **13** e o máximo que pode ser exibido na tela seja de apenas **3** linhas. Uma divisão entre esses valores resultaria em um resto, ou seja, um valor sobraria. Como houve um resto na divisão, ele passará pela condição que verifica se o resto é diferente de zero. No caso, você teria o valor **1** como resto dessa divisão. A página atual, gerenciada pelo já conhecido atributo **paginaAtual** receberá o valor do **total** de linhas geral subtraído do **resto**. Para esclarecer ainda mais a situação, significa que a última página terá apenas uma linha a ser exibida, onde o total **13** é subtraído de **1** no que resulta em **12** linhas já exibidas, faltando apenas uma que será mostrada como página final.

Caso a divisão não resulte em resto, o total é subtraído do máximo de linhas que podem ser exibidas por página, onde sempre se obterá na última página, nesse caso, a quantidade de três linhas para serem exibidas. Perceba que essa subtração deve ser feita, pois **paginaAtual** deve obrigatoriamente se deslocar uma quantidade X de linhas para se encontrar na última página e não apenas ter uma atribuição direta de **maxPorPagina**.

O método **getProximaPagina( )**❸ resultará sempre no valor da próxima página. Isso será necessário para que você utilize no já conhecido atributo de renderização da tag **<h:commandLink/>**, junto a outros valores, para saber se pode ou não ser exibido o link em questão (você verá isso mais adiante).

Com o método **proxima( )**❹ você já percebe que se trata de um método que trabalhará como **action** do link gerado por JSF. Sua tarefa é somar o valor de **paginaAtual** ao valor de **maxPorPagina**, deslocando assim o ponteiro dentro do banco de dados para exibir as novas linhas (de ... até...).

Novamente a condição dada é para evitar que o valor somado seja maior que o total encontrado no banco de dados, o que resultaria em valores inexistentes para uma chamada da paginação.

O método **anterior( )**❺ executa a já conhecida subtração do valor de **paginaAtual** de **maxPorPagina**. A subtração também é verificada, uma vez que o valor poderia ser subtraído infinitamente. Nesse caso, chegando a valores abaixo de zero o valor de **paginaAtual** é atribuído a **0**.

PAGINANDO OS RESULTADOS

Diferente do exemplo que fazia a paginação pela tag JSF **<h:dataTable/>**, esse caso apenas requer os links de paginação. Portanto **NÃO** haverá os atributos **first** e **rows** da tag citada.

mostrarLivros.jsp

```
<h:commandLink action="#{livrosView.primeiraPagina}"
value="Primeira"
rendered="#{livrosView.paginaAtual != 0}"/> 

<h:commandLink action="#{livrosView.anterior}"
value="Anterior"
rendered="#{livrosView.paginaAtual != 0}"/> 

<h:commandLink action="#{livrosView.proxima}"
value="Próxima"
rendered="#{livrosView.proximaPagina< livrosView.total}"/>
 

<h:commandLink action="#{livrosView.ultimaPagina}"
value="Última"
rendered="#{livrosView.proximaPagina< livrosView.total}"/>
```

Os links para **Primeira** e **Anterior** não serão explicadas, uma vez que seguem o mesmo sistema utilizado na paginação em JSF para verificar se a página atual está diferente de zero.

Sem sombra de dúvida é bem mais simples de conferir se deve ou não ser renderizada a tag. Os links que representam **Próxima** e **Última** recebem apenas a verificação para saber se o valor do método **getProximaPagina( )** é menor que o valor resultante do método **getTotal( )**. Caso sejam maiores, os links desaparecerão.

Capítulo 24

AJAX

O TERMO AJAX SURGIU EM FEVEREIRO 2005, por Jesse James Garrett de Adaptive Path, LLC, onde publicou um artigo on-line intitulado, "Ajax: A New Approach to Web Applications". O artigo se encontra em inglês e pode ser lido no endereço **http://www.adaptivepath.com/publications/essays/archives/000385.php**.

AJAX é a sigla de **Asynchronous JavaScript and XML**, e como já foi dito, não é uma tecnologia e sim o uso de tecnologias incorporadas que tem as principais o JavaScript e o XML, onde juntos são capazes de tornar o navegador mais interativo, utilizando-se de solicitações assíncronas de informações. É sim um conjunto de tecnologias; cada uma com a sua forma de exibir e interagir com o usuário. O AJAX se compõe de:

- **HTML/XHTML** e **CSS**: juntos compõem a apresentação visual da página Web;
- **DOM** (Document Object Model): exibe e interage com o usuário;
- **XML** e **XSLT**: fazem o intercâmbio e manipulam dados;
- **XMLHttpRequest**: recupera dados de forma assíncrona;
- **JavaScript**: a linguagem de scripts do lado cliente que une essas tecnologias.

Em um modelo clássico de desenvolvimento para a Web, você envia informações ao servidor através de links ou formulários, no qual o servidor se encarrega de devolver o conteúdo solicitado. Nos sites atuais, a maior parte do conteúdo devolvido, digamos assim, o conteúdo principal, é colocado em um servidor de banco de dados, ou seja, está armazenado em um sistema que gerencia o conteúdo, e o layout da página é o mesmo que você está visualizando. O que o servidor faz é trazer para esse layout o novo conteúdo solicitado, processando os dados e os tornando aceitáveis em qualquer navegador.

A idéia do Ajax é tornar isso mais simples, ou seja, se você já está com o layout carregado, porque não carregar apenas o conteúdo, que é o objeto da sua solicitação.

O Ajax é funcional porque a maior parte dos browsers modernos existentes estão habilitados para suportar essas tecnologias que o incorporam.

Como o Ajax Trabalha

Em vez do modelo de aplicação Web tradicional, onde o próprio browser é responsável por iniciar os pedidos e processar os pedidos do servidor Web, o modelo Ajax provê uma camada intermediária para controlar esta comunicação. O Ajax contém um mecanismo que na realidade é um conjunto de funções escritas em JavaScript que são chamadas sempre que uma informação precisa ser pedida ou enviada ao servidor. Em vez do modelo tradicional, onde existe um link que liga a página atual a outros recursos (como outra página Web), a chamada ao servidor fica por conta desse mecanismo conhecido agora como Ajax, onde ele se encarrega de transmitir para, e receber as informações do servidor.

O servidor, que antes serviria HTML, imagens, CSS ou JavaScript tradicionalmente, agora é configurado para devolver dados que o mecanismo do Ajax pode usar. Estes dados podem ser textos simples, XML, ou qualquer outro formato de dados do qual você pode precisar. A única exigência é que o mecanismo do Ajax deve entender para poder interpretar os dados recebidos.

Quando o mecanismo do Ajax recebe a resposta do servidor, entra em ação a análise dos dados, onde sofrem várias mudanças para trazer a informação de forma agradável ao usuário.

Como você pode ver na Figura 24.1 a seguir, toda vez que o usuário interage com o site, um outro documento é enviado para o navegador, onde na maioria das vezes o conteúdo do assunto muda, mas menus, cabeçalhos e outras informações de layout permanecem o mesmo. Como o navegador não compreende bem essa situação, ele retira os dados exibidos anteriormente e insere o novo conteúdo.

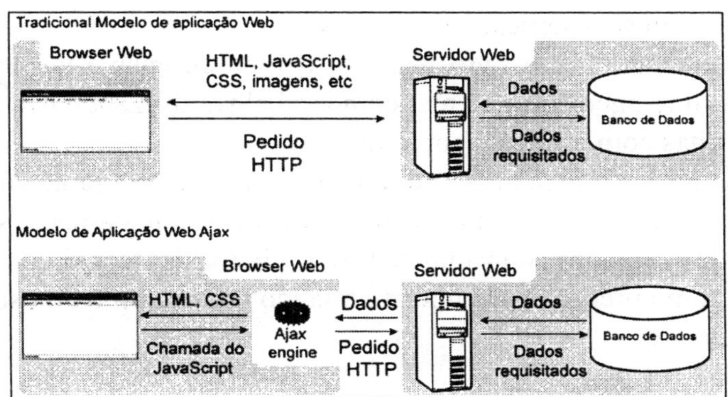

Figura 24.1

Quando o usuário deseja sair, ele sai do navegador e em uma nova entrada, o processo é reiniciado novamente.

Em uma aplicação contendo Ajax, uma parte da lógica da aplicação é movida para o navegador. Quando o usuário entra na página, um documento mais complexo é entregue ao navegador, onde muita das informações são scripts em JavaScript. Enquanto o usuário não fechar o browser, ele permanecerá com essa parte lógica por toda a sessão, ainda que ele resolva provavelmente alterar sua aparência consideravelmente.

É evidente que nesse novo cenário o desenvolvedor deve prever todas as situações que ele deseja fazer em sua aplicação Web.

Fica também evidente que o tráfego tem a sua maior intensidade no início, onde todas as informações que serão necessárias para que o navegador tenha toda a interatividade com o servidor deve ser previamente carregada. Depois do carregamento inicial, as demais chamadas ao servidor serão muito mais eficientes, pois o tráfego será menor, já que os dados carregados serão em menor quantidade do que em uma aplicação Web comum.

Preparando-se para Trabalhar com Ajax

Se você deseja conhecer o desenvolvimento com Ajax a fundo, são necessários conhecimentos profundos na construção de sites Web, utilizando suas principais tecnologias: (X)HTML, DOM, CSS e JavaScript. Além dessas, o conhecimento de XML e XSLT também são necessários para um bom desempenho em suas aplicações.

Evidentemente esse livro não tem o foco de ensiná-lo como essas tecnologias interagem entre si, mas como trabalhar utilizando Ajax em aplicações escritas com a linguagem Java.

Dessa forma, o foco nesse capítulo é a utilização de frameworks Ajax, especificamente preparados para se criar aplicações rapidamente sem a necessidade de um grande conhecimento em nenhuma das tecnologias listadas.

Mas como preparo você iniciará criando um exemplo do uso de Ajax sem frameworks.

Ajax Básico

Capturar as respostas de uma aplicação Web dinâmica, requer em Ajax duas formas, **responseText** e **responseXML**. Na primeira, responseText, você captura respostas em texto, e a segunda, responseXML, em formato XML.

Os Pedidos XMLHttp

Tudo começou com a Microsoft, quando em seu browser Internet Explorer na versão 5.0, introduziu uma forma rudimentar de suporte ao XML, com uma biblioteca ActiveX, chamada de MSXML.

O objeto de XMLHttp, o objeto disponível na biblioteca MSXML, foi criado para permitir ao desenvolvedor de fazer pedidos via HTTP via JavaScript. A intenção era de que estes pedidos devolvessem os dados em formato XML. Dessa forma, o objeto XMLHttp colocou um modo fácil de acessar essas informações na forma de um documento XML. Como era um controle ActiveX, XMLHttp não só poderia ser usado em páginas Web, mas também em qualquer aplicação desktop baseada unicamente na plataforma Windows.

Com a popularidade dessa técnica, ficava evidente que deveria haver uma portabilidade para outros browsers, mas sem o controle ActiveX, pois isso limitaria os navegadores de somente utilizarem esse recurso em uma plataforma Windows. Pensando nisso, a Mozilla Foundation criou a mesma funcionalidade da biblioteca XMLHttp para o uso em seus browsers, como o famoso Mozilla Firefox. Logo em seguida houve a mesma implementação nos browsers Safari (versão 1.2) e Opera (versão 7.6).

Ajax na Prática

Você irá começar desenvolvendo um exemplo simples, que trará dados via método GET utilizando o Ajax. Esse exemplo não possui o uso de frameworks Ajax. Esse caso utilizará dados de texto simples para sua melhor compreensão.

Configurando seu Projeto

Antes de começar, você pode criar o seu projeto. Nesse caso, se desejar separar os exemplos de Ajax com Frameworks dos mostrados aqui, saiba que alguns dos itens listados a seguir serão os mesmos ao longo do desenvolvimento deste capítulo.

No diretório **lib** deverá ter a biblioteca **toplink-essentials.jar** e **mysql-connector-java-5.0.3-bin.jar**. Antes de continuar, a Figura 24.2 demonstra como ficará organizado o seu projeto.

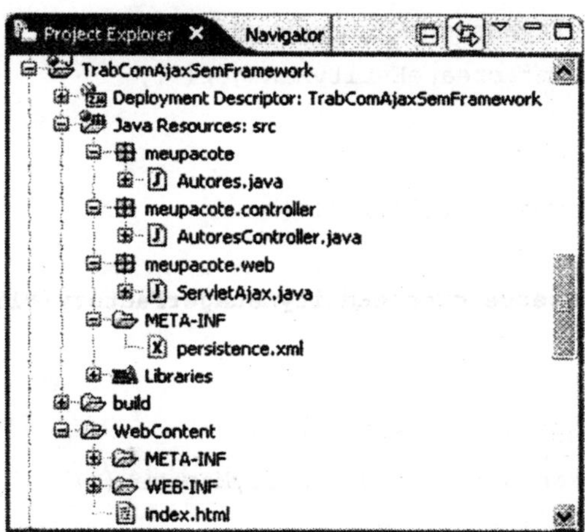

Figura 24.2

Configurando as Classes

No pacote **meupacote** coloque o Bean Autores, criado no Capítulo 23, retirando apenas o vínculo com o Bean Publicacao.

No pacote **meupacote**.controller, crie a classe **AutoresController** como listada a seguir:

AutoresController.java

```
package meupacote.controller;

import java.util.List;

import javax.persistence.EntityManager;
import javax.persistence.EntityManagerFactory;
import javax.persistence.Persistence;
import javax.persistence.Query;

import meupacote.Autores;

public class AutoresController {
    private EntityManagerFactory emf;

     private EntityManager getEntityManager( ) {
         return emf.createEntityManager( );
     }

     public AutoresController( ) {
         emf =
          Persistence.createEntityManagerFactory("livraria");
     }

   public void salvar(Autores autor) {
         EntityManager em = getEntityManager( );
         try {
             em.getTransaction( ).begin( );
```

```
            em.persist(autor);
            em.getTransaction( ).commit( );
        } catch (Exception ex) {
                em.getTransaction( ).rollback( );
        } finally {
            em.close( );
        }
    }

    public void excluir(Autores autor) {
        EntityManager em = getEntityManager( );
        try {
            em.getTransaction( ).begin( );
             autor = em.merge(autor);
            em.remove(autor);
            em.getTransaction( ).commit( );
        } catch (Exception ex) {
            em.getTransaction( ).rollback( );

        } finally {
            em.close( );
        }
    }

    public void atualizar(Autores autor) {
        EntityManager em = getEntityManager( );
        try {
            em.getTransaction( ).begin( );
            em.merge(autor);
            em.getTransaction( ).commit( );
        } catch (Exception ex) {
                em.getTransaction( ).rollback( );
        } finally {
            em.close( );
        }
    }
```

```
    public List todosAutores() {
EntityManager em = getEntityManager( );
        try{
            Query q =
em.createQuery("select a from Autores a");

            return q.getResultList( );

        } finally {
            em.close( );
        }
    }

   public Autores getAutorPorId(Integer id) {
EntityManager em = getEntityManager( );
        try{
         String query=" SELECT a FROM Autores a "+
            "   WHERE a.autorId=?1";
            Query q =
  em.createQuery(query).
  setParameter(1, id);

            return (Autores) q.getSingleResult( );

        } finally {
            em.close( );
        }
    }

}
```

Esta classe não será explicada, pois se trata de situações já conhecidas no desenvolvimento de exemplos vistos em capítulos anteriores.

Configurando a Persistência

O arquivo de configuração **persistence.xml**, deve estar dentro do diretório **META-INF**, na raiz de onde se encontram seus pacotes, como você bem já sabe.

O nome da persistência será **livraria**. Repare que a classe **Autores** deverá estar configurada.

persistence.xml

```
<persistence xmlns="http://java.sun.com/xml/ns/persistence"
  xmlns:xsi="http://www.w3.org/2001/XMLSchema-instance"
  xsi:schemaLocation="http://java.sun.com/xml/ns/persistence
persistence_1_0.xsd"
  version="1.0">
  <persistence-unit name="livraria">
    <provider>
      oracle.toplink.essentials.PersistenceProvider
    </provider>
    <class>meupacote.Autores</class>

    <properties>
      <property name="toplink.logging.level" value="FINE" />
      <property name="toplink.jdbc.driver"
        value="com.mysql.jdbc.Driver" />
      <property name="toplink.jdbc.url"
        value="jdbc:mysql://localhost:3306/livraria" />
      <property name="toplink.jdbc.password" value="integrator" />
      <property name="toplink.jdbc.user" value="edson" />
    </properties>
  </persistence-unit>
</persistence>
```

Criando o Servlet

O primeiro exemplo da utilização de Ajax sem o uso de frameworks será através de um Servlet.

O código do Servlet é listado a seguir:

ServletAjax.java

```
package meupacote.web;

import java.io.IOException;
import java.io.PrintWriter;
import java.util.Iterator;
import java.util.List;

import javax.servlet.ServletException;
import javax.servlet.http.HttpServletRequest;
import javax.servlet.http.HttpServletResponse;

import meupacote.Autores;
import meupacote.controller.AutoresController;

public class ServletAjax extends javax.servlet.http.HttpServlet {

  protected void doGet(HttpServletRequest request,
    HttpServletResponse response)
  throws IOException
  {

    String dados="";
    try{
      List autoresList = ( List )listarAutores( );

      for( Iterator i=autoresList.iterator( ); i.hasNext( ); ){
          Autores a = ( Autores )i.next( );
          dados+="\n Código: "+ a.getAutorId( )+
```

```
            "\n Nome: "+ a.getNome( )+
            "\n E-mail: "+ a.getEmail( )+
            "\n Nascimento: "+ a.getNascimento( )+
            "\n";
    }
    }catch(Exception e){ }
    response.setContentType("text/plain;charset=ISO-8859-1");
    response.setHeader("Cache-Control", "no-cache");
    response.setHeader("Pragma", "no-cache");
    response.setDateHeader("Expires", -1);
     PrintWriter writer = response.getWriter( );
     writer.print(dados);
     writer.close( );

  }

  protected List listarAutores( ) throws Exception{
    AutoresController   ac =  new AutoresController( );

    return   ac.todosAutores( );
  }

}
```

A Página HTML que Receberá os Dados

A página listada a seguir demonstra como trazer os dados do Servlet usando Ajax, via método GET:

index.html

```
<!DOCTYPE html PUBLIC
"-//W3C//DTD HTML 4.01 Transitional//EN"
"http://www.w3.org/TR/html4/loose.dtd">
<html>
```

```
<head>
<title>Utilizando AJAX sem o uso de Frameworks</title>
<script language="JâvaScript">
function dados( ){
  var ajax = false;
  if (window.XMLHttpRequest) { // Mozilla, Safari, ...
    ajax = new XMLHttpRequest( );
  } else if (window.ActiveXObject) { // IE
    ajax = new ActiveXObject("Microsoft.XMLHTTP");
  }
  if(ajax) {
    ajax.open("GET", "ServletAjax", true);
    ajax.onreadystatechange = function( ) {
      if (ajax.readyState == 4) {
        if (ajax.status == 200) {
          alert(ajax.responseText);
        } else {
          alert('Houve um problema ao carregar.');
        }
      }
        }
  }
  ajax.send(null);
}
</script>
</head>
<body>
<a href="#" onclick="dados( )">Trazer Dados</a>
</body>
</html>
```

Ao clicar no link **Trazer Dados**, o resultado será esse mostrado na Figura 24.3 a seguir:

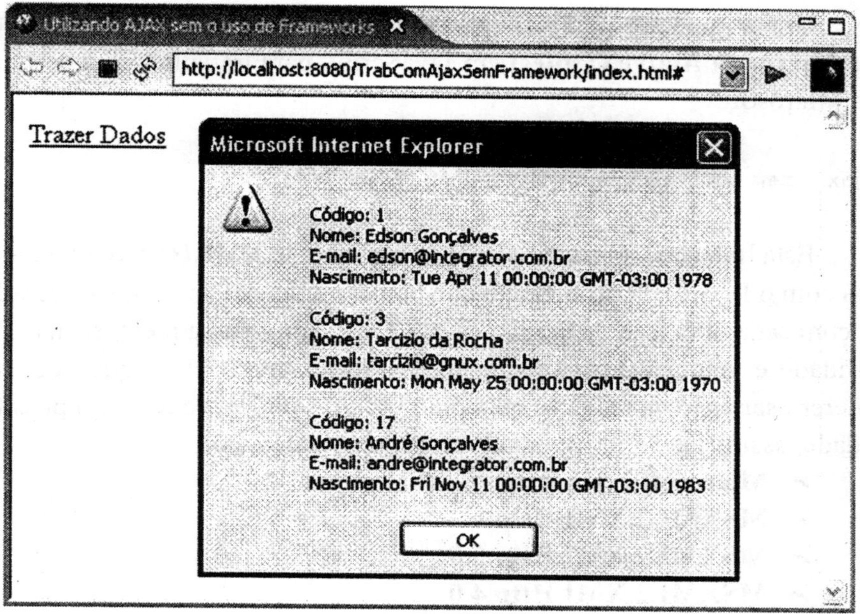

Figura 24.3

Nesse exemplo você tem na página **index.html** dois objetos: um para trabalhar com o Internet Explorer e outro para Mozilla, Safari e etc.

Para trabalhar com um objeto cross-browser, você utiliza o **XMLHttpRequest** em:

```
ajax = new XMLHttpRequest( );
```

Você deve usar esse objeto em browsers baseados no Mozilla como Netscape 7.1 e Firefox 2.0 (como também em Safari 2.0 e Opera 8.5). Esse objeto está disponível como uma propriedade do objeto *window*. A referência para este objeto em código JavaScript é **window.XMLHttpRequest**. Por isso você verifica se ele existe da seguinte forma:

```
if (window.XMLHttpRequest) {
...
```

Graças ao controle de *ActiveX*, você tem que usar o objeto proprietário **Microsoft ActiveXObject** em JavaScript, para trabalhar com o objeto da Microsoft:

```
ajax = new ActiveXObject("Microsoft.XMLHTTP");
```

Esta linha cria a primeira versão do objeto de **XMLHttp** (o que trabalha com o IE 5.0). O problema é que houve várias novas versões liberadas e, com cada liberação da biblioteca MSXML, houve uma melhoria na estabilidade e velocidade das requisições e respostas. É claro que você vai querer usar as mais recentes quando o browser puder lhe dar essa possibilidade, assim sendo, as diversas versões existentes são:

- **Microsoft.XMLHttp**
- **MSXML2.XMLHttp**
- **MSXML2.XMLHttp.3.0**
- **MSXML2.XMLHttp.4.0**
- **MSXML2.XMLHttp.5.0**
- **MSXML2.XMLHttp.6.0**

O melhor modo de verificar isso seria usar um bloco try... catch em JavaScript. Por ser este é um controle ActiveX, qualquer fracasso para criar um objeto lançará um erro.

Você pode construir da seguinte forma:

```
var versoes = [ "MSXML2.XMLHttp.6.0","MSXML2.XMLHttp.5.0",
      "MSXML2.XMLHttp.4.0","MSXML2.XMLHttp.3.0",
      "MSXML2.XMLHttp","Microsoft.XMLHttp"
  ];

  for (var i = 0; i < versoes.length; i++) {
    try {
      var objetoXMLHttp = new ActiveXObject(versoes[i]);
    } catch (ex) {
      //nada aqui
    }
  }
```

A melhor forma seria criar um método para que ele retorne o objeto, podendo assim você ter acesso ao melhor objeto para o seu IE em questão:

```
function criarObjMSXMLHttp( ){
  var versoes = [ "MSXML2.XMLHttp.6.0","MSXML2.XMLHttp.5.0",
          "MSXML2.XMLHttp.4.0","MSXML2.XMLHttp.3.0",
          "MSXML2.XMLHttp","Microsoft.XMLHttp"
      ];

      for (var i = 0; i < versoes.length; i++) {
        try {
          var objetoXMLHttp = new ActiveXObject(versoes[i]);
          return objetoXMLHttp;
        } catch (ex) {
          //nada aqui
        }
      }
      return false;
}
```

A lista a seguir define as propriedades existentes pelos objetos definidos pela maioria dos principais browsers, como Internet Explorer 5.0 e superior, Safari 1.3 e 2.0, Netscape 7, e as mais recentes versões do Opera (como Opera 8.5). O objeto do Mozilla Firefox tem propriedades adicionais e métodos não compartilhados pelos objetos de outros browsers, mas a grande maioria suporta:

onreadystatechange: Função callback; a função nomeada a esta propriedade é chamada sempre que há mudanças em readyState.

readyState: Possui cinco possíveis valores:

- **0 (Não iniciado)**: O Objeto foi criado mas o método **open( )** ainda não foi chamado
- **1 (Carregando)**: O método **open( )** foi chamado mas o pedido ainda não foi enviado. 2 (Carregado): O pedido foi enviado.
- **3 (Interativo)**: Uma parte da resposta foi recebida
- **4 (Completo)**: Todos os dados foram recebidos e a conexão está fechada.

responseText: Resposta vem em texto simples.

responseXML: Resposta vem em formato de XML. Você verá mais adiante.

status: A resposta do servidor: 200 (ok) ou 404 (não encontrado)

statusText: string; o texto associado com status da resposta em HTTP.

Você também tem outros métodos como:

abort( ): void; cancela o pedido HTTP.

getAllResponseHeaders( ): string; retorna todas as respostas de cabeçalho em uma string pré-formatada.

getResponseHeader(string header): string; retorna o valor do cabeçalho especificado.

open (string metodo, string url, boolean asynch): void; prepara o pedido HTTP e especifica se é assíncrono ou não.

send(string): void; envia o pedido HTTP.

setHeader(string header,string value): void; conjunto de cabeçalhos pedidos, mas você tem que chamar open( ) primeiro.

Neste exemplo, você viu o método **open**( ) em ação, onde foi submetido uma chamada ao Servlet **ServletAjax** pelo método **GET**, determinando que o fosse de forma assíncrona, adicionando no terceiro parâmetro o **true**:

```
ajax.open("GET", "ServletAjax", true);
```

Toda vez a propriedade de **readyState** muda de um valor para outro, o evento de **readystatechange** dispara e o manipulador de evento **onreadystatechange** é chamado. Por causa de diferenças em implementações de diferentes browsers, o único **readyState** seguro avaliado para desenvolvimento cross-browser é **0**, **1** e **4**. Na maioria dos casos, porém, você poderá verificar somente no valor **4**:

```
if (ajax.readyState == 4)
```

Geralmente, você deverá se assegurar que o status da resposta é 200, indicando que o pedido foi completamente carregado com êxito. A propriedade de **readyState** tem em seu valor 4, mesmo se um erro de servidor ocorrer (como página não encontrada), o que significa que essa verificação somente não é o suficiente. Neste exemplo, é mostrada a propriedade **responseText** se **status** for **200**; caso contrário, a mensagem de erro é exibida.

O último passo é chamar o método **send( )** que de fato envia o pedido. Este método aceita um único argumento, que é uma string para envio. Se o não houver envio (o método GET não requer um corpo de dados), você tem que passar nesse caso **null**:

```
ajax.send(null);
```

No Servlet desenvolvido, o MIME type do documento deverá passar ao arquivo a informação de que se trata de um texto plano, com caracteres latinos, através da linha:

```
response.setContentType("text/plain;charset=ISO-8859-1");
```

Um outro detalhe importante está no cache do browser. Alguns browsers como o Internet Explorer podem criar cache do resultado dos dados anteriores. Para que isso não aconteça, você deve acrescentar as três linhas no seu código:

```
response.setHeader("Cache-Control","no-cache");
response.setHeader("Pragma","no-cache");
response.setDateHeader ("Expires", -1);
```

A resposta feita pelo Servlet é uma simples saída de dados que você faria como em qualquer outra ocasião, diretamente no browser. A única diferença está que, ao invés de sair diretamente no Browser, como de costume em uma aplicação comum, a saída é capturada pelo JavaScript, que a trata e depois o exibe ao usuário.

Enviando pelo Método POST

O método POST para envio de dados via Ajax é praticamente a mesma coisa que o método GET, com a diferença de que você deve enviar os dados do formulário através do método **send( )**.

Os dados do formulário devem ser enviados como uma query string no seguinte formato:

```
dados=nome1=valor1&nome2=valor2&nome3=valor3
```

O primeiro argumento de **open( )** nesse caso será POST, em vez de GET, e o segundo é o nome da página no qual você enviará as informações, como anteriormente. Quando um formulário é postado do browser para um servidor, o *content type* do pedido deve ser **application/x-www-form-urlencoded**. A maior parte das linguagens de servidor usa essa codificação para analisar gramaticalmente os dados de POST, assim é muito importante que você fixe esse valor. Isso deve ser feito usando o método **setRequestHeader( )**:

```
setRequestHeader("Content-Type",
              "application/x-www-form-urlencoded");
```

O método **send( )** nesse caso recebe os dados do formulário como parâmetro:

```
oXMLHttp.send(dados);
```

A seguir você tem um exemplo utilizando o envio de dados via método POST utilizando Ajax, onde primeiro você criará um Servlet chamado **ServletCadastroAjax** que receberá os dados e os tratará.

ServletCadastroAjax.java

```
package meupacote.web;

import java.io.IOException;
import java.io.PrintWriter;
import java.text.DateFormat;
import java.text.ParseException;
import java.text.SimpleDateFormat;
```

```
import java.util.Date;

import javax.servlet.http.HttpServletRequest;
import javax.servlet.http.HttpServletResponse;

import meupacote.Autores;
import meupacote.controller.AutoresController;

public class ServletCadastroAjax extends
javax.servlet.http.HttpServlet {

   private static Date strToDate(String data) throws Exception {
      if (data == null)
        return null;

      Date dataF = null;
           try {

               DateFormat dateFormat =
               new SimpleDateFormat("MM/dd/yyyy");
               long timestamp = dateFormat.parse(data).getTime( );
               dataF = new Date(timestamp);

           } catch (ParseException pe) {
               throw pe;
           }
           return dataF;
   }


   protected void doPost(HttpServletRequest request,
      HttpServletResponse response)
   throws IOException{
```

```
    String nome = request.getParameter("nome");
    String email = request.getParameter("email");
    String nascimento = request.getParameter("nascimento");

    int id=0;
    Date data=null;

    try{


      if(!nascimento.equals("")){
        data = strToDate(nascimento);
      }
      Autores a = new Autores( );
      AutoresController ac = new AutoresController( );
      a.setAutorId(id);
      a.setNome(nome);
      a.setEmail(email);
      a.setNascimento(data);
      ac.salvar( a );

      response.setContentType("text/plain;charset=ISO-8859-1");
      response.setHeader("Cache-Control", "no-cache");
      response.setHeader("Pragma", "no-cache");
      response.setDateHeader("Expires", -1);
        PrintWriter writer = response.getWriter( );
        writer.print("Cadastrado com sucesso");
        writer.close( );
    }catch(Exception e){e.printStackTrace( );}
  }
}
```

Esse Servlet não contém nenhum segredo pelo já visto até o momento. A única coisa a ser feita de especial aqui é o tratamento da Data. Como você bem sabe, a data de nascimento do Autor está temporariamente com o tipo **java.util.Date**. O formulário que você preenche envia a data no formato **dd/MM/yyyy**, mas que deverá ser armazenado como **yyyy-MM-dd** devido a forma usada pelo MySQL. Além disso, a principio você receberá a data como uma String e precisará convertê-la para Date.

É exatamente o que o método **strToDate( )** faz, converte do tipo String para Date.

O cadastro de autores via método POST utilizando Ajax é mostrado na listagem a seguir:

```
<!DOCTYPE html PUBLIC
"-//W3C//DTD XHTML 1.0 Transitional//EN"
"http://www.w3.org/TR/xhtml1/DTD/xhtml1-transitional.dtd">
<html xmlns="http://www.w3.org/1999/xhtml">
<head>
<title>Cadastro de Autores usando Ajax sem Frameworks</title>
<script language="JavaScript">
function objXMLHttp( ){

  if (window.XMLHttpRequest) { // Mozilla, Safari, ...
    var objetoXMLHttp = new XMLHttpRequest( );
    return objetoXMLHttp;
  } else if (window.ActiveXObject) { // IE

    var versoes = [
         "MSXML2.XMLHttp.6.0","MSXML2.XMLHttp.5.0",
         "MSXML2.XMLHttp.4.0","MSXML2.XMLHttp.3.0",
         "MSXML2.XMLHttp","Microsoft.XMLHttp"
      ];

      for (var i = 0; i < versoes.length; i++) {
        try {
          var objetoXMLHttp = new ActiveXObject(versoes[i]);
          return objetoXMLHttp;
        } catch (ex) {
          //nada aqui
```

```
            }
          }
    }
        return false;
}
function enviar(formulario) {

  var dados = "nome="+formulario.nome.value;
  dados += "&email="+formulario.email.value;
  dados += "&nascimento="+formulario.nascimento.value;

   var oXMLHttp = objXMLHttp( );
   oXMLHttp.open("POST", "ServletCadastroAjax", true);
   oXMLHttp.setRequestHeader("Content-Type", "application/x-www-
form-urlencoded");

   oXMLHttp.onreadystatechange = function ( ) {
       if (oXMLHttp.readyState == 4) {
           if (oXMLHttp.status == 200) {
               mensagem(oXMLHttp.responseText);
           } else {
               mensagem("Ocorreu o erro: "+ oXMLHttp.statusText);
           }
       }
   };
   oXMLHttp.send(dados);
  return false;
}
function mensagem(msg){
  document.getElementById('msg').innerHTML=msg;

}
</script>
</head>
<body>
```

```
<form id="form1" name="form1" method="post" action=""
onsubmit="return enviar(this);">
<fieldset><legend>Cadastro de Autores</legend>
  <p>Nome:
    <input name="nome" type="text" id="nome" />
    <br /><br />
    E-mail:
    <input name="email" type="text" id="email" />
    <br /><br />
    Nascimento:
    <input name="nascimento" type="text" id="nascimento" size="8" />
    <br />
  </p>
  <p>
    <input type="submit" name="Submit" value="Enviar" />
  </p>
<div id="msg"></div>
</fieldset>
</form>
</body>
</html>
```

Em seu script, para capturar os dados transmitidos pelo formulário, você adicionou uma variável chamada **dados**, dentro da função **enviar( )**.

```
var dados = "nome="+formulario.nome.value;
dados += "&email="+formulario.email.value;
dados += "&nascimento="+formulario.nascimento.value;
```

Graças a isso, cada valor de cada campo do formulário será submetido, onde você tem o nome do campo (por exemplo nome), seguido do igual "=" e o valor, concatenado "+" com **formulario.*nome*.**value.

Note que **formulario** é um parâmetro do método **enviar( )** e se refere ao formulário que está submetendo os dados.

Para pegar o valor de cada campo, você usou a propriedade **value**.

A última linha do método **enviar( )** contém um **return false**. Isso acontece porque, no formulário, esse método é chamado pelo tratador de eventos **onsubmit**. O tratador de eventos **onsubmit** espera um retorno do método, que sem o **false** enviaria o formulário, gerando o "reload":

```
onsubmit="return enviar(this);"
```

O **this** é passado como parâmetro para o método **enviar( )**, fazendo referência ao próprio formulário.

Caso você queira se aprofundar nesse assunto, eu recomendo meu livro *Dominando Ajax*, no qual o assunto é abordado com profundidade e exemplos que vão do básico ao avançado.

Utilizando Frameworks Ajax

A utilização de Ajax sem o uso de frameworks é complicada e extremamente penosa na construção e depuração da aplicação.

Os exemplos mostrados anteriormente são pequenos e já necessitam de uma grande quantidade de linhas, contendo muitos códigos que tratam apenas do envio e recebimento de dados. Imagine se você tivesse que desenvolver uma interface bem elaborada, com o intuito de criar um CRUD.

Pensando nessas situações, muitos desenvolvedores ao redor do mundo começaram a se unir e desenvolver boas práticas no desenvolvimento de JavaScript, que mais tarde houve um maior destaque graças ao foco em Ajax. Muitos criaram pacotes no qual envolvem muitos métodos e classes que podem ser chamadas de forma simples, contendo soluções para diversas questões. Para esses pacotes chamamos de frameworks Ajax.

Existem dezenas de frameworks Ajax espalhados na Internet, alguns pagos e outros de uso livre.

Esses frameworks possuem não só envio e recebimento via Ajax já configurados, mas também tratamentos de erros com relação ao uso do JavaScript, problemas comuns e outros até mesmo incomuns.

Há também alguns frameworks que fornecem muito mais que isso, dando a você uma gama de aplicativos criados com o uso de DHTML que interagem com o usuário. Isso minimiza ainda mais o trabalho que você teria no uso de Ajax em seus projetos.

O que você verá agora são alguns exemplos utilizando alguns frameworks Ajax, famosos no desenvolvimento, para que você possa dar os primeiros passos e escolher a melhor opção.

Dojo Toolkit

Dojo Toolkit é um toolkit (ou biblioteca) modular escrito em JavaScript, desenhado para desenvolvimento rápido e fácil de aplicações Web baseados somente em JavaScript ou totalmente Ajax, independente de plataforma servidora.

Seu desenvolvimento foi iniciado em 2004, por Alex Russell e até o momento em que esse livro é escrito está na versão **0.4.1**.

Nos dias atuais você tem a organização Dojo Foundation, designada para promover a adoção do toolkit. Empresas como IBM e Sun Microsystems já anunciaram oficialmente suporte para Dojo, incluindo contribuições.

Vantagens de Utilizar o Dojo Toolkit

Além do suporte de grandes empresas como IBM e Sun Microsystems, esse framework tem diversas bibliotecas, que podem ser utilizadas para facilitar o desenvolvimento de aplicações Web que necessitam de um alto grau de interatividade utilizando JavaScript. Desde o tratamento com strings, até suporte ao botão Voltar do browser com AJAX, o Dojo realmente tem uma grande quantidade de atrativos ao usuário.

Esse toolkit também não está atrelado à uma única plataforma, não sendo obrigatório seu uso em apenas aplicações Web escritas em Java. Outro detalhe importante é que esse framework é Open Source, além de possuir muitos bons exemplos.

Desvantagens de Utilizar o Dojo Toolkit

Uma desvantagem está em sua API, que como é grande, possui uma curva de aprendizado extensa. Outro detalhe está em sua documentação, mesmo sendo melhor que muitos outros existentes no mercado Open Source da categoria, ainda assim é fraca.

Outra desvantagem está relacionada ao seu tamanho. Quando utilizada certas bibliotecas em conjunto, esse toolkit pode ficar com muitos scripts, tornando o aplicativo pesado. Sem o devido conhecimento do que você deseja utilizar, o carregamento de todos os scripts chega a vários megas, o que torna desconfortável para um iniciante nesse framework.

Baixando e Configurando o Dojo Toolkit

Para baixar esse framework, entre no endereço **http://www.dojotoolkit.org/** e clique em **click to download**. O arquivo compactado tem pouco mais de 4MB, contendo os exemplos, o arquivo principal, **dojo.js** e o diretório SRC, contendo as bibliotecas para estender suas aplicações.

Após baixar o arquivo, descompacte-o e pegue apenas o **dojo.js**. Crie um diretório na raiz do seu sistema, chamado de **script** e coloque esse arquivo lá.

Criando um Cadastro com Dojo Toolkit

Você irá utilizar o mesmo **Servlet** trabalhado no exemplo anterior para fazer o cadastro de autores via método POST com Ajax sem o uso de frameworks.

O arquivo listado a seguir demonstra o mesmo formulário utilizado anteriormente, com a diferença de que dessa vez o Dojo Toolkit é quem envia os dados:

utilizandoDojoToolkit.html

```
<%@ page language="java" contentType="text/html"
   pageEncoding="ISO-8859-1"%>
<!DOCTYPE html PUBLIC
```

```
"-//W3C//DTD HTML 4.01 Transitional//EN"
"http://www.w3.org/TR/html4/loose.dtd">
<html>
<head>
<title>Usando Ajax com Dojo Toolkit</title>
<script type="text/javascript" src="script/dojo.js"></script>
<script type="text/javascript">
dojo.require("dojo.io.*");❶

function doPost( ) {
  x = new dojo.io.FormBind({❷
    formNode: "dojoform",❸
    load: function(type, data, e) {❹
      dojo.byId("msg").innerHTML = data;

      form = dojo.byId("dojoform");
      form.autorId.value="";
      form.nome.value="";
      form.email.value="";
      form.nascimento.value="";
    }
  });

  x.onSubmit = function(form) {
    if(form.nome.value == '' ){
      alert('Digite o nome do autor');
      form.nome.focus( );
      return false;
    }

    return true;
  }
}

dojo.addOnLoad(doPost);❺
```

```
</script>

</head>
<body>
<div id="dojo">
  <form id="dojoform" method="post" action="ServletCadastroAjax">
     <fieldset>
      <legend id="tituloForm">Cadastro de Autores</legend>
   <label for="nome">Nome:</label>
   <input type="text" name="nome" id="nome" size="20" />
     <br />
  <label for="email">E-mail:</label>
  <input type="text" name="email" id="email" size="20" />
    <br />
    <label for="nascimento">Data de Nasc.:</label>
    <input type="text" name="nascimento" id="nascimento" size="10" />
    <br />
    <span id="msg"></span>
    <br />
    <br />
   <input type="hidden" id="autorId" name="autorId" />
   <input type="submit" name="btEnviar" id="enviar" value="Enviar"
/>
   </fieldset>
  </form>
</div>
</body>
</html>
```

Antes de começar a sua aplicação com Ajax utilizando **Dojo Toolkit**, a chamada ao script **dojo.js** é necessária. Isso é feito utilizando a tag **<script/>**, pertencente ao (X)HTML, através do atributo **src**.

Para trabalhar com a comunicação baseada em Ajax, o Dojo contém o pacote **dojo.io**. Perceba que o seu formato de pacote tem sua semelhança com a linguagem Java, o que não é mera coincidência. Esse pacote é o mais famoso, poderoso e fácil de usar. Para chamá-lo, basta utilizar **dojo.require("dojo.io.*")❶**. O método **require( )** chama dinamicamente o JavaScript e o carrega na página. Um método chamado **doPost( )** foi criado para que você possa chamar o seu formulário e enviá-lo devidamente para o seu destino. Através da classe **dojo.io.FormBind❷**, você pode capturar o formulário com o seu conteúdo e transmiti-lo direto para o servidor sem o "reload" de página. **FormBind** permite que você transmita formulários baseados em Web 1.0 para o servidor de forma assíncrona.

O envio ao servidor ocorre com a utilização do argumento **formNode ❸**. Esse argumento, no caso, contém o nome dado ao formulário pelo atributo **id**, existente na tag **<form/>**. Com o argumento **load❹**, a resposta emitida pelo servidor é capturada. Com o método **byId( )**, da biblioteca Dojo, você substitui o **document.getElementById** do XHTML, possibilitando assim uma manipulação de objetos DOM. Existem várias rotinas que manipulam seus objetos em páginas através de DOM. A mensagem recebida do servidor é transmitida para o atributo **data**, de **load**, que é impressa na página através de **innerHTML**. Para uma limpeza dos campos do formulário após a resposta positiva, você atribui **value** a vazio, com a seguinte linha:

```
form.nome.value="";
```

Como você atribuiu uma variável de nome "**x**" a **FormBind**, seu script também pode usufruir de uma característica existente nessa função. O evento **onSubmit** pode ser chamado utilizando a função de mesmo nome, no Dojo, possibilitando assim, antes de uma chamada ao servidor, de verificar se o seu campo, ou campos, do formulário estão preenchidos corretamente, fazendo uma validação similar as já existentes em práticas comuns no desenvolvimento Web contendo JavaScript para suas verificações.

Para a leitura do método **doPost( )**, o método **addOnLoad( )❺**, do Dojo, se responsabiliza pelo carregamento. Seu nome já demonstra sua equivalência no JavaScript, onde temos o evento **onload**, colocado na tag XHTML <body/>, ou também **window.onload**, ambos utilizados para carregar inicialmente um método de um script interno ou externo.

Um detalhe interessante nesse exemplo está em seu formulário. Observe que nele não há nenhum JavaScript, onde o atributo **action**, inclusive, determina para onde será submetido esse formulário.

O DWR

DWR, acrônimo para **Direct Web Remoting**, é um framework Ajax desenvolvido para aplicações escritas em Java. Com características que simplificam o desenvolvimento na hora de construir aplicações que utilizam Ajax, tem como principal característica a integração com as classes Java de dentro do próprio JavaScript. Com isso, você executa métodos das suas classes dentro do JavaScript, não necessitando de uma grande quantidade de scripts para serem desenvolvidos.

Vantagens de Utilizar DWR

Embora esse capítulo não tenha a intenção de denegrir nenhum framework, o DWR é uma excelente escolha para quem desenvolve aplicativos Web utilizando a linguagem Java. Além de ser Open Source, esse framework também contém boas práticas no desenvolvimento.

Como trabalha dinamicamente gerando JavaScript baseado em classes Java, você pode utilizar o padrão MVC em sua aplicação que o DWR pode se integra facilmente como uma nova camada. Além, o DWR vem com integração para os principais frameworks do mercado Java: Spring, Struts, WebWorks, Hibernate e etc.

Outro detalhe é que DWR também trabalha com Annotations, uma prática cada vez mais utilizada por desenvolvedores Java e uma necessidade na nova arquitetura Java EE 5.

Desvantagens de Utilizar DWR

A maior desvantagem com certeza de se utilizar DWR está no uso de somente em aplicações Java. Mas esse framework também tem uma documentação mais fraca e possui poucos exemplos, em comparação a outros utilizados no mercado.

Baixando e Configurando DWR

Para baixar esse framework, entre no endereço **http://getahead.ltd.uk/dwr/** e clique em **Download**.

A versão utilizada, no momento em que esse livro é escrito, é **2.0 RC 1**. O arquivo que você precisa baixar para colocar em sua aplicação é **dwr.jar**.

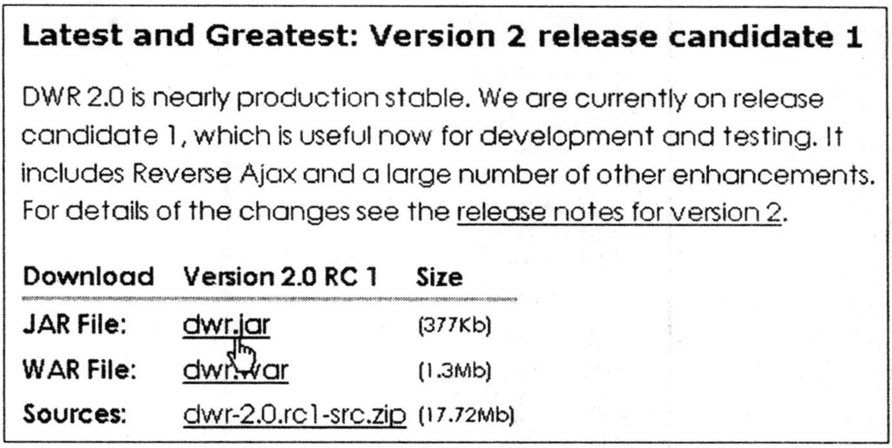

Latest and Greatest: Version 2 release candidate 1

DWR 2.0 is nearly production stable. We are currently on release candidate 1, which is useful now for development and testing. It includes Reverse Ajax and a large number of other enhancements. For details of the changes see the release notes for version 2.

Download	Version 2.0 RC 1	Size
JAR File:	dwr.jar	(377Kb)
WAR File:	dwr.war	(1.3Mb)
Sources:	dwr-2.0.rc1-src.zip	(17.72Mb)

Figura 24.4

Após baixar o JAR, coloque-o, como de costume, no diretório **lib** da sua aplicação.

Criando um CRUD com Ajax e DWR

Para esse framework você terá um exemplo mais complexo, criando um CRUD. Para começar, você criará uma classe que será chamada pela sua aplicação Ajax.

A seguir você tem a Figura 24.5 do projeto completo:

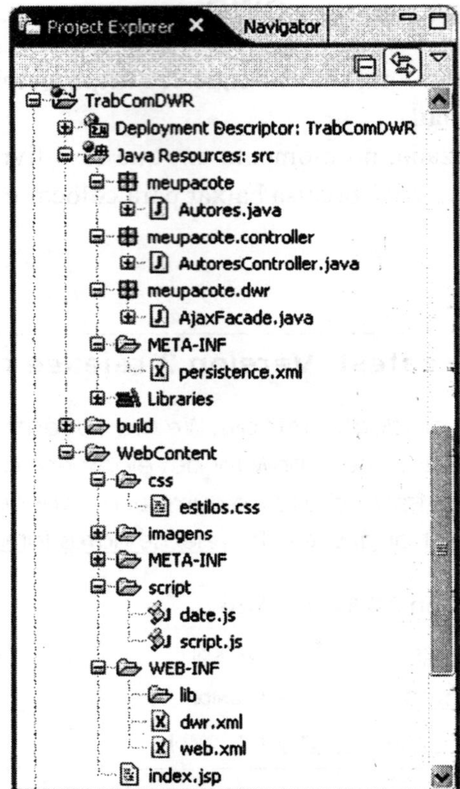

Figura 24.5

Dentro do pacote **meupacote.dwr** crie a classe **AjaxFacade**, como listada a seguir:

AjaxFacade.java

```
package meupacote.dwr;

import java.util.Date;
import java.util.List;

import meupacote.controller.AutoresController;
import meupacote.Autores;
```

```
public class AjaxFacade {

  private Autores autor;

  public void setAutor(Autores autor) {
    this.autor = autor;
  }

  public Autores getAutor( ) {
    return autor;
  }

  public String salvar(int id, String nome, String email, Date
nascimento) throws Exception{
    AutoresController ac = new AutoresController( );
    setAutor(new Autores( ));

    getAutor( ).setNome( nome );
    getAutor( ).setEmail( email );
    getAutor( ).setNascimento( nascimento );

    if(id!=0){
      getAutor( ).setAutorId(id);
      ac.atualizar(getAutor( ));
    }else ac.salvar(getAutor( ));

    return "sucesso";
  }

  public Autores selecionarAutor(int id) throws Exception{
    AutoresController ac = new AutoresController( );

    setAutor(ac.getAutorPorId(id));

    return getAutor( );
  }
```

```
    public String deleteAutor(int id) throws Exception{
    AutoresController ac = new AutoresController( );
    setAutor(new Autores( ));
    getAutor( ).setAutorId(id);
    ac.excluir(getAutor( ));

    return "sucesso";
  }

  public List listarAutores( ) throws Exception{
    AutoresController ac = new AutoresController( );

    return ac.todosAutores( );
  }

}
```

Como havia sido tido na explicação sobre DWR, atualmente esse framework suporta Annotations.

Mas o exemplo que você irá construir não possui o uso de anotações. Como você mesmo pode comprovar, a classe AjaxFacade é simplesmente uma chamada aos métodos encontrados dentro da classe AutoresController para Inserir, Atualizar, Visualizar e Excluir, portanto não haverá explicações, pois é algo já comum no desenvolvimento ao longo deste livro.

Configurando o DWR

Para configurar o framework DWR, você precisa criar um arquivo para mapear as classes Java para que elas possam ser reconhecidas e utilizadas no JavaScript.

Esse arquivo deve estar dentro da pasta WEB-INF junto ao deployment descriptor **web.xml**.

dwr.xml

```
<?xml version="1.0" encoding="UTF-8"?>
<!DOCTYPE dwr PUBLIC
"-//GetAhead Limited//DTD Direct Web Remoting 1.0//EN"
"http://www.getahead.ltd.uk/dwr/dwr10.dtd">
<dwr>
<init>
<converter id="date"
     class="org.directwebremoting.convert.DateConverter"/>
</init>

  <allow>
  <create creator="new" javascript="JDate">
       <param name="class" value="java.util.Date"/>
    </create>
  <create creator="new" javascript="AjaxFacade">
       <param name="class" value="meupacote.dwr.AjaxFacade"/>
    </create>

  <convert converter="date" match="java.util.Date"/>
  <convert converter="bean" match="meupacote.Autores" />

  </allow>
</dwr>
```

O arquivo **dwr.xml** criado, você tem os seguintes elementos, na raiz <dwr/>:

- **<init/>**: Esse elemento opcional inicializa uma determinada classe.
- **<allow />**: Este elemento é onde você define qual classe será mapeada para o JavaScript desenvolvido pelo framework.
- **<create />**: Um sub-elemento de <allow/>, define o tipo e o nome do objeto JavaScript. Nesse elemento você encontra os atributos:

  - **creator** – Tipo creator do objeto JavaScript/Java. O creator **new** utilizado indica que o JavaBean usa um construtor sem argumento, que todo JavaBeans deve ter.
  - **javascript** – Nome do objeto JavasScript/Java.
- **<param/>**: Sub-elemento de **<create/>**, é onde você especifica a classe que deseja utilizar. Nesse elemento você possui os atributos:
  - **name** – Tipo.
  - **value** – Endereço da sua Classe, incluindo o pacote, é claro.
- **<convert/>**: Sub-elemento de <allow/>, com essa tag você define os beans que serão utilizados em seu JavaScript. Esse elemento possui os seguintes atributos:
  - **converter** – Tipo.
  - **Match** – Endereço do pacote ou o JavaBean.

Após configurar e entender o que faz o arquivo **dwr.xml**, você precisa adicionar alguns elemento no deployment descriptor para disponibilizar o uso do framework em sua aplicação:

web.xml

```
<?xml version="1.0" encoding="UTF-8"?>
<web-app id="WebApp_ID" version="2.4"
  xmlns="http://java.sun.com/xml/ns/j2ee"
  xmlns:xsi="http://www.w3.org/2001/XMLSchema-instance"
  xsi:schemaLocation="http://java.sun.com/xml/ns/j2ee http://
java.sun.com/xml/ns/j2ee/web-app_2_4.xsd">
  <display-name>TrabComDWR</display-name>
  <servlet>
    <servlet-name>invoker</servlet-name>
    <servlet-class>
      org.directwebremoting.servlet.DwrServlet
    </servlet-class>
    <init-param>
      <param-name>debug</param-name>
      <param-value>true</param-value>
    </init-param>
```

```
  </servlet>
  <servlet-mapping>
    <servlet-name>invoker</servlet-name>
    <url-pattern>/dwr/*</url-pattern>
  </servlet-mapping>

  <welcome-file-list>
    <welcome-file>index.html</welcome-file>
    <welcome-file>index.jsp</welcome-file>
  </welcome-file-list>
</web-app>
```

O elemento <servlet/> é usado aqui para chamar o Servlet DwrServlet, através do sub-elemento <servlet-class/>, o que não passa de uma configuração normal de Servlet, como já visto em outros capítulos. Com o elemento <init-param/>, você pode habilitar **debug**, através do sub-elemento <param-name/>, para depurar possíveis erros.

O Reconhecimento da Classe Java pelo DWR

Depois de configurado, você pode acessar os scripts gerados pelo framework DWR no navegador. Basta digitar o endereço da sua aplicação e colocar /dwr:

```
http://localhost:8080/TrabComDWR/dwr/
```

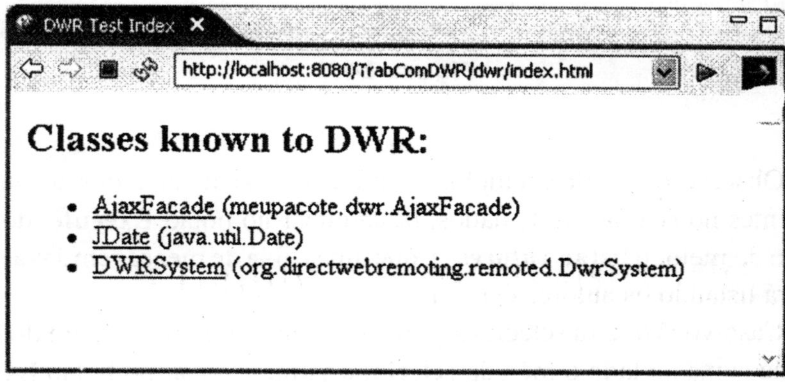

Figura 24.6

O DWR reconhece a sua classe Java, criando o acesso através de uma classe JavaScript, de mesmo nome da existente em Java, contendo os métodos desenvolvidos. No link **AjaxFacade** você vai visualizar todos os métodos existentes no script gerado.Graças a essa característica do framework, antes mesmo de trabalhar na sua aplicação, você pode testar e ver se tudo está funcionando conforme o planejado.

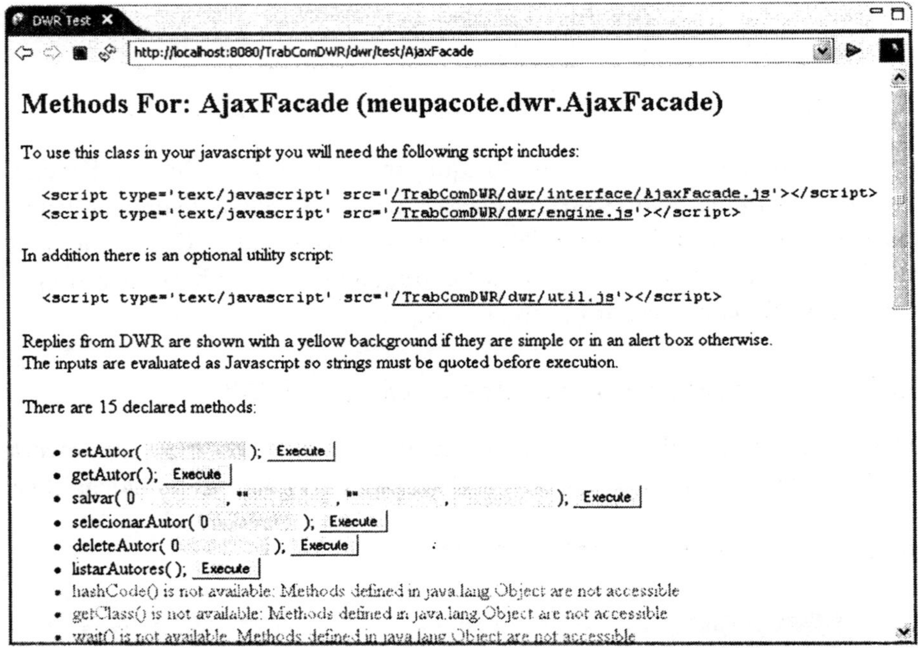

Figura 24.7

Observe que, por exemplo, você quiser visualizar todos os autores existentes no seu banco de dados, basta clicar no botão **Execute**, do lado direito do método **listarAutores( )**, que uma caixa de mensagem JavaScript surgirá listando os autores existente.

Caso você queira selecionar um autor, basta digitar o código do autor (ID) na caixa ao lado o método **selecionaAutor** e clicar no botão Execute que novamente uma caixa de diálogo surgirá mostrando o autor selecionado.

O mesmo é aplicado aos métodos **salvar( )** e **deleteAutor( )**, onde poderão ser testados tanto a inserção ou atualização de um autor como também a sua exclusão.

Outro detalhe está na inclusão de tags <script/> na sua aplicação. Para que isso venha a funcionar devidamente em sua página Web, será necessário incluir os JavaScripts listados no começo dessa página de testes de métodos.

ADICIONANDO JAVASCRIPT A SUA APLICAÇÃO

Agora que você já tem certeza de que a sua aplicação está se comunicando com o servidor através de JavaScript, será necessário desenvolver o que será feito com os métodos gerados pelo DWR.

Por se tratar de Ajax, fica evidente que o uso de JavaScript será necessário em sua aplicação, uma vez que esse framework exige isso.

O JavaScript listado a seguir executará duas situações, uma é a do envio dos dados relativos ao formulário que você criará. A outra será a exibição das informações em uma tabela paginada.

Em meio a isso, você terá funções relativas ao DWR mescladas as de JavaScript desenvolvidas especialmente para esse exemplo.

Esse script deverá ser salvo no diretório **script**, encontrado na raiz da sua aplicação.

script.js

```
function Paginacao( ){}❶

function limparCampos( ){
      $('msg').innerHTML='';
      $('tituloForm').innerHTML='Cadastro de Autores';
      $('autorId').value='';
      $('nome').value='';
      $('email').value='';
      $('nascimento').value='';
}
```

```
function salvar( ){❷
  if($('nome').value==''){
    alert('Preencha o Nome do Autor');
    $('nome').focus( );
    return;
  }

  DWRUtil.setValue('msg', 'Enviando o cadastro...');❸
  $('msg').style.color = '#FF0000';
  var retorno = function(ret){
    if(ret=='sucesso'){
      DWRUtil.setValue('msg', 'Operação executada com sucesso!');
      $('msg').style.color = '#000';
      limparCampos( );

      Paginacao.refresh( );
    }else{
    DWRUtil.setValue('msg', ret);
    }
  }

  AjaxFacade.salvar($('autorId').value, $('nome').value,
$('email').value,parseDate($('nascimento').value) , retorno);❹

}

Paginacao.maximoLinhas = 3;
Paginacao.numero = 0;
Paginacao.dados = null;
Paginacao.atual = -1;
Paginacao.numeroPaginas = 0;

Paginacao.setDados = function(dt){
  this.dados = dt;
  this.numeroPaginas = Math.ceil(this.dados.length/
this.maximoLinhas);
}
```

```
Paginacao.show = function(numero){
  var inicio = numero*this.maximoLinhas;
  var fim = inicio+this.maximoLinhas;

  if(fim>this.dados.length){
    fim = this.dados.length;
  }

  var pageData = new Array( );

  for(var i=inicio, j=0;i<fim;i++, j++){
    pageData[j] = this.dados[i];
  }

  DWRUtil.removeAllRows('autoresBody');❺
  var funcoes = [
    function(reg) { return reg.nome; },
    function(reg) { return reg.email; },
    function(reg) {
      var nascimento='00/00/0000';
      if(reg.nascimento!=null)
        var nascimento = formatDate(reg.nascimento,'dd/MM/yyyy');

    return  nascimento;

    },
    function(reg) {
      return '<a href="#" title="Editar Autor"
onclick="Paginacao.edit('+reg.autorId+');">
<img src="imagens/edit.gif" border="0" /></a>';
    },
    function(reg) {
      return '<a href="#" title="Excluir Autor"
onclick="Paginacao.deleteRow('+reg.autorId+');">
<img src="imagens/delete.gif" border="0" /></a>';
```

```
    }
  ];
  DWRUtil.addRows('autoresBody', pageData, funcoes);❻
  this.atual = numero;
  DWRUtil.setValue('paginaAtual', 'Página '+(this.atual+1)+' de
'+this.numeroPaginas);
}

Paginacao.first = function( ){
  this.show(0);
}
Paginacao.last = function( ){
  this.show(this.numeroPaginas-1);
}
Paginacao.next = function( ){
  var numero = this.atual+1;
  if(!(numero<this.numeroPaginas)){
    numero = this.numeroPaginas-1;
  }
  this.show(numero);
}
Paginacao.previous = function( ){
  var numero = this.atual-1;
  if(numero<0){
    numero = 0;
  }
  this.show(numero);
}
Paginacao.deleteRow = function(id){
  if(confirm('Deseja excluir esse autor?')){
    var retorno = function(ret){
      if(ret=='sucesso'){
        Paginacao.refresh( );
        alert('Autor excluído com sucesso');
        limparCampos( );
      }
    }
```

```
    AjaxFacade.deleteAutor(id, retorno);❼
  }
}
Paginacao.refresh = function( ){
  var callback = function(ret){
    Paginacao.setDados(ret);
    Paginacao.first( );
  }
  AjaxFacade.listarAutores(callback);❽
}
Paginacao.view = function( ){
  var fct = function( ){
    Paginacao.refresh( );
    DWREngine.setPostHook(function( ){});
  }
}

Paginacao.autor = { id:0, nome:null, email:null, nascimento:null };

Paginacao.fillForm = function(aautor) {
  this.autor =aautor;
  DWRUtil.setValues(this.autor);
      if(this.autor.nascimento!=null){
        var bd = formatDate(this.autor.nascimento, 'dd/MM/yyyy');
        DWRUtil.setValue('nascimento', bd);
      }
}

Paginacao.edit = function(id){
   $('tituloForm').innerHTML='Editar Autor';
  AjaxFacade.selecionarAutor(this.fillForm, id);❾
}

Paginacao.refresh( );
```

Esse script contém uma classe chamada **Paginacao❶**. Embora pareça estranho, à primeira vista, para um desenvolvedor Java, o JavaScript tem uma forma toda particular de criar classes.

A classe **Paginacao** possuirá todos os métodos necessários tanto para a elaboração da tabela como também para que você possa paginá-la. É exatamente o que você está lendo, paginar uma tabela com JavaScript. Evidentemente isso não é Ajax, mas sim DHTML. Damos o nome de DHTML quando misturamos XHTML, JavaScript e CSS.

A princípio, você tem um método JavaScript normal, chamado de **limparCampos( )**, que simplesmente faz o que seu nome diz, limpa os campos do formulário. Um detalhe importante nesse método está em um método utilizado, pertencente ao DWR, chamado de **$( )**. Esse método substitui o **document.getElementById**, exatamente como ocorre no framework Dojo, no método **byId( )**.

O método **salvar( )❷** será o responsável por transportar os dados do seu formulário para a inserção ou atualização de dados.

De inicio, um exemplo de verificação de formulário é feito, em apenas um campo, o de nome do autor, para que seja preenchido. O método **setValue( )❸**, pertencente ao DWR em sua biblioteca **DWRUtil**, tem o poder de adicionar valores a objetos XHTML, como é o caso mostrado, onde aparecerá uma mensagem em uma tag <span /> que ficará na sua página XHTML, com o atributo **id** contendo o valor **msg**. O método **setValue( )** não precisa ser utilizado apenas para esse fim, como você verá mais adiante.

A chamada ao método **salvar( )❹** criado na classe AjaxFacade, do seu Java, é feito pelo script de mesmo nome, que como você bem sabe, o DWR o criou automaticamente para que você possa utiliza-lo em seus scripts.

Como esse JavaScript é orientado a objetos, digo o criado pelo DWR, o nome da classe **AjaxFacade** deve ser chamada antes do método **salvar( )**, na estrutura similar ao Java, com a separação entre um e outro através do "." Ponto.

O método **salvar( )** criado pelo DWR contém a passagem dos parâmetros do método que o originou, em Java, e mais um, que dá o retorno gerado remotamente pelo servidor.

A classe **AjaxFacade**, criada em Java, retorna um valor, em String, contendo a palavra **sucesso**. A chamada a **retorno**, no método **salvar( )**, gerado pelo DWR, é um método.

O método **retorno** possui um parâmetro, que o possibilita verificar se o trabalho com o servidor foi feito perfeitamente. Isso ocorrendo, **msg** muda de mensagem, possibilitando assim fazer um *feedback* com o usuário.

Continuando no entendimento do script, atributos são criados para determinar o número máximo de linhas a serem exibidas pela tabela, o número inicial, a página atual e o número de páginas.

```
Paginacao.maximoLinhas = 3;
Paginacao.numero = 0;
Paginacao.dados = null;
Paginacao.atual = -1;
Paginacao.numeroPaginas = 0;
```

O método **setDados( )**, de **Paginacao**, faz o cálculo do número de páginas que terá a sua paginação. Isso é feito através do total de linhas encontradas no banco dividido pelo número máximo de linhas que poderão ser exibidas por página.

O método **removeAllRows( )❺**, de **DWRUtil**, pega todas as linhas da tabela indicada por seu ID, passado como parâmetro, e as remove.

Para preencher as linhas da tabela, com os dados vindos do banco de dados, capturados em Ajax pelo DWR, ***var* funcoes**, agrupa uma série de métodos com os valores que serão utilizados para preencher a tabela. Observe que no **nascimento**, um método JavaScript chamado **formatDate( )** é usado. Esse método faz parte de uma biblioteca de scripts que você deverá adicionar, contendo conversões do formado **java.util.Date** para o formato de data que desejarmos.

A tabela conterá também duas células, onde uma será um link para editar, e a outra será um link para excluir os dados, ambos representado por uma imagem.

Para adicionar as linhas criadas pelo DWR, você utilizará o método **addRows( )❻**, de **DWRUtil**. Esse método utiliza três parâmetros, onde um é o local onde serão adicionadas as linhas, o segundo parâmetro os dados que serão adicionados e o terceiro as funções que receberão as informações e as transformarão.

Os métodos **first**, **last**, **next** e **previous** fazem à paginação. Eles não serão explicados, pois possui lógica similar a utilizada em uma paginação criada para JSF.

O método **deleteRow** possui um parâmetro que recebe o ID do autor e o enviará para remoção. Essa remoção é feita através do método **deleteAutor( )❼**, da classe **AjaxFacade** criada no JavaScript gerado por DWR como também pela classe **de mesmo nome** criada em Java por você.

O método **refresh**, de **Paginacao**, chamado em muitas partes do script, possui a chamada ao método **listarAutores( )❽**, no qual recebe os dados existentes no banco de dados. Tanto se você remover, editar ou adicionar um novo autor, esse método deve ser chamado para que a tabela gerada por JavaScript esteja atualizada.

O DWR se integra aos dados existentes na sua aplicação Java. É muito simples trazer os dados da tabela que será gerada para o formulário, que será utilizado tanto para inserir novos autores como também para editar.

Com o método **edit**, de **Paginacao**, você captura o ID do autor, passado através do link criado nas linhas geradas por JavaScript e chama o método **selecionarAutor( )❾**, tanto do JavaScript gerado por DWR, como também pelo método de mesmo nome da classe Java que você desenvolveu. O método gerado por DWR, retorna o valor para um método que você deverá criar, em JavaScript.

O método **fillForm**, de **Paginacao**, capta os valores existentes, retornados por **selecionarAutor( )**, converte o formato da data para o nosso idioma, através do método **formatDate( )**, da biblioteca script que você irá ainda adicionar ao seu projeto.

Transformando a Data Através do JavaScript

Para modificar o formato de data, obtido pelo DWR, através da data do nascimento, retornado pelo Bean Autores, você não precisará construir nenhum método específico. Já existe um conjunto de métodos em um script que você pode baixar livremente.

Entre no endereço **http://www.mattkruse.com/javascript/date/index.html** e clique no link **Source**. Baixe o arquivo **date.js**.

Coloque esse arquivo no diretório **script** da sua aplicação, como feito no caso do JavaScript gerado anteriormente por você.

Um outro detalhe dessa página é que você tem a possibilidade de testar os métodos existentes, para utilizar em suas aplicações.

A Página Final da sua Aplicação

Com todos os requisitos necessários desenvolvidos ou adicionados para a sua aplicação, nada mais falta além de desenvolver a página que receberá as informações, podendo fazer um CRUD com seus dados.

index.jsp

```
<%@ page language="java" contentType="text/html"
    pageEncoding="ISO-8859-1"%>
<!DOCTYPE html PUBLIC
"-//W3C//DTD HTML 4.01 Transitional//EN" "http://www.w3.org/TR/
html4/loose.dtd">
<html>
<head>
<title>Desenvolvendo com Ajax e DWR</title>
<script src="/TrabComDWR/dwr/interface/AjaxFacade.js">
</script>
<script src="/TrabComDWR/dwr/engine.js"></script>
<script src="/TrabComDWR/dwr/util.js"></script>
<script src="/TrabComDWR/dwr/interface/JDate.js"></script>

<script type="text/javascript" src="script/date.js"></script>
<script type="text/javascript" src="script/script.js"></script>

<link href="css/estilos.css" rel="stylesheet" />
</head>
<body>
    <div id="dwr">
```

```
<form id="dwrform" method="post" action="">
    <fieldset>
    <legend id="tituloForm">Cadastro de Autores</legend>
  <label for="nome">Nome:</label>
  <input type="text" name="nome" id="nome"
        class="campo" size="20" />
    <br />
  <label for="email">E-mail:</label>
  <input type="text" name="email" id="email"
        class="campo" size="20" />
    <br />
    <label for="nascimento">Data de Nasc.:</label>
    <input type="text" name="nascimento"
    id="nascimento" class="campo" size="10" />
    <br />
    <span id="msg"></span>
    <br />
    <br />
    <input type="hidden" id="autorId" name="autorId"
          value="0" />
    <input type="button" name="btEnviar"
    id="enviar" value="Enviar" onclick="salvar( );" />
   </fieldset>
</form>
</div>

<table class="grid">
<thead>
 <tr>
   <th colspan="5">Autores Cadastrados</th>
 </tr>
 <tr>
   <th>Nome</th>
   <th>E-mail</th>
   <th>Nascimento</th>
```

```
      <th>Atualizar</th>
      <th>Excluir</th>
    </tr>
  </thead>
  <tbody id="autoresBody">
  </tbody>
  <tfoot>
    <tr>
      <td>
        <img src="imagens/first.gif"
          onclick="javascript:Paginacao.first( );"
          style="cursor:pointer" />

        <img src="imagens/previous.gif"
          onclick="javascript:Paginacao.previous( );"
          style="cursor:pointer" />

        <img src="imagens/next.gif"
          onclick="javascript:Paginacao.next( );"
          style="cursor:pointer" />

        <img src="imagens/last.gif"
          onclick="javascript:Paginacao.last( );"
          style="cursor:pointer" />

        <span id="paginaAtual"></span>
      </td>
    </tr>
  </tfoot>
</table>

</body>
</html>
```

No início da página, você já define a inclusão dos JavaScripts relacionados ao DWR e também o desenvolvido junto ao da manipulação de data.

```
<script src="/TrabComDWR/dwr/interface/AjaxFacade.js">
</script>
<script src="/TrabComDWR/dwr/engine.js"></script>
<script src="/TrabComDWR/dwr/util.js"></script>
<script src="/TrabComDWR/dwr/interface/JDate.js"></script>

<script type="text/javascript" src="script/date.js"></script>
<script type="text/javascript" src="script/script.js"></script>
```

Um formulário então é criado, contendo todos os campos existentes no Bean Autores.

Em destaque você vê uma tag **<span/>** que contém o atributo **id** tendo seu valor **msg**. Se você bem lembra, no JavaScript, esse ID é chamado algumas vezes para exibir mensagens avisando da inclusão ou atualização do autor.

```
<span id="msg"></span>
```

Observe que o botão de envio contém o atributo **onclick** chamando o método **salvar( )** que você desenvolveu. O tratador de evento **onclick**, aqui tido como um atributo da tag **<input/>**, é o indicado para chamar métodos JavaScript que requerem a captura do clique efetuado pelo usuário.

```
<input type="button" name="btEnviar"
        id="enviar" value="Enviar" onclick="salvar( );" />
```

Mais abaixo, na página desenvolvida, você vê uma tabela. Essa tabela será onde aparecerão os autores cadastrados. Ela não contém muito conteúdo, pois você o faz via ajax, através do script **Paginacao** desenvolvido anteriormente. Note a tag **<tbody/>**, que contém o atributo **id** com o valor **autoresBody**. Esse atributo é chamado pelo JavaScript por você desenvolvido com o intuito de montar as linhas com os valores resultantes do banco de dados.

```
<tbody id="autoresBody">
```

Quase ao fim da sua página, existem três imagens, que representam à paginação. Cada imagem faz à chamada a classe **Paginacao** seguido do método que a representa, através do evento **onclick**.

O último item encontrado na tabela, que também não é menos importante, é a tag **<span/>**, com seu atributo **id** contendo o valor **paginaAtual**. Essa tag receberá o texto indicador da situação da sua paginação.

```
<span id="paginaAtual"></span>
```

O resultado de todo esse trabalho é mostrado na Figura 24.8 a seguir:

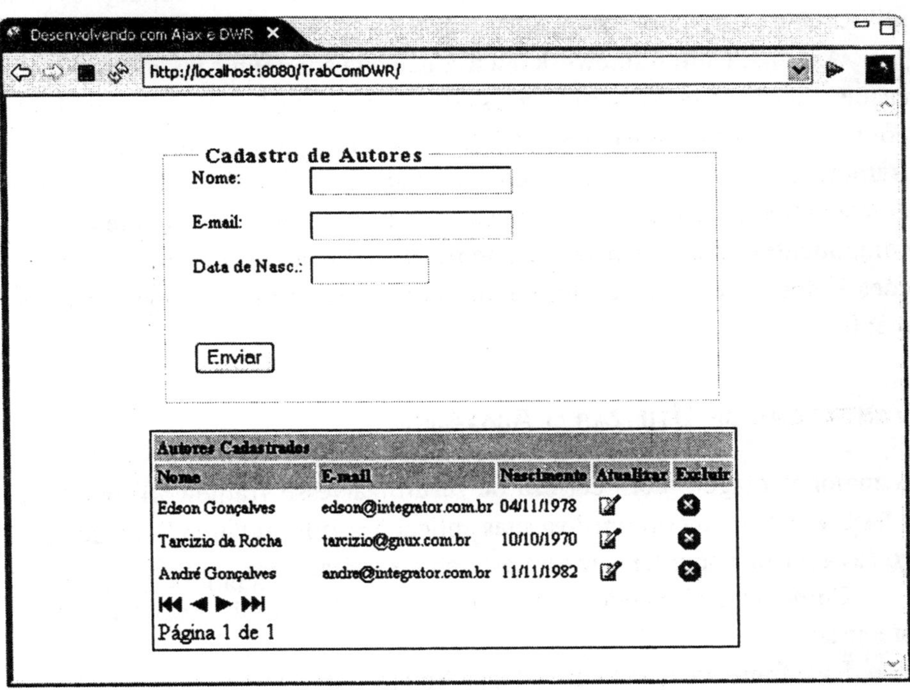

Figura 24.8

JavaServer Faces e Ajax

Como você já aprendeu em capítulos anteriores, estender o JavaServer Faces é uma tarefa muito simples.

Evidentemente se conclui que adicionar Ajax também é uma dessas tarefas. Tanto você pode criar uma página JavaServer Faces adicionando Ajax, criando seus próprios componentes ou simplesmente utilizar uma biblioteca já feita. Existem muitas bibliotecas espalhadas pela internet, que adicionam Ajax a suas aplicações JSF. Algumas dessas bibliotecas são gratuitas e outras pagas. Falar sobre como criar uma aplicação JSF estendendo-a com Ajax, sem o uso de uma dessas bibliotecas, vai muito além deste livro.

Utilizando o Framework Ajax4jsf

Um dos mais populares frameworks JSF que estendem suas aplicações para utilizar Ajax é o Ajax4jsf.

Ajax4jsf é um framework open souce que adiciona Ajax em suas aplicações escritas em JSF sem a necessidade de JavaScript. Foi desenvolvido por uma empresa chamada Exadel, Inc e liberado para a comunidade. Esse framework inclui: ciclo de vida, validação, facilidade de conversão e gerenciamento de recursos estáticos e dinâmicos. Sua capacidade de criar componentes com a inclusão de suporte a ajax e de se incorporar a aplicações já feitas com JSF de forma simples o tornou muito popular rapidamente.

Vantagens de Utilizar o Ajax4jsf

A maior vantagem com certeza de se utilizar esse framework reside na possibilidade de incorporá-lo a suas aplicações JSF sem uma linha de código JavaScript e sem ter que alterar grandes coisas para adicionar Ajax.

Contém uma boa documentação, o que facilita muito o seu uso e compreensão.

Esse framework também é Open Souce, o que garante a possibilidade de uso livre e também adaptação, caso haja necessidade.

Desvantagens de Utilizar o Ajax4jsf

A maior desvantagem deste framework reside na sua utilização. Ele foi feito especialmente para ser utilizado com JSF. O que significa que utilizá-lo em outras aplicações escritas em Java sem o uso de JSF nem pensar.

Baixando e Configurando o Ajax4jsf

Para baixar esse framework, entre no endereço **https://ajax4jsf.dev.java.net/nonav/ajax/ajax-jsf/download.html** e clique em **ajax4jsf-1.0.5-binary.zip**. Até o momento em que esse livro é escrito, a versão do framework é **1.0.5**. O arquivo possui **1.18 MB**.

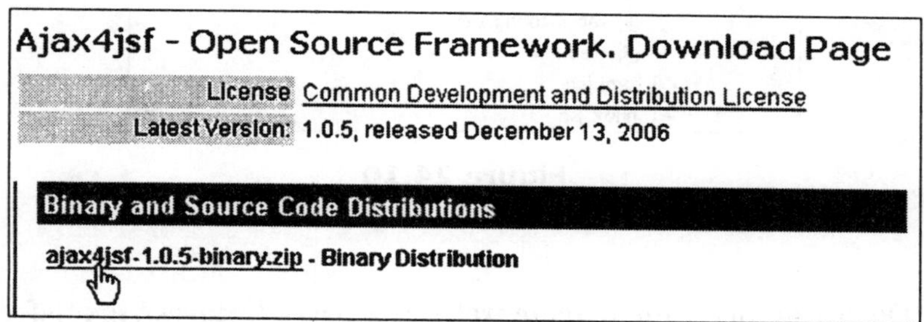

Figura 24.9

Após baixar o arquivo, descompacte-o e coloque os arquivos **ajax4jsf.jar** e **oscache-2.3.2.jar**, no diretório **lib** da sua aplicação.

Criando um CRUD com Ajax4jsf

Assim como no framework DWR, você terá um exemplo criando um CRUD. A grande diferença, felizmente, estará no código.

Para começar, você seguirá o mesmo contexto que já vem utilizando nos exemplos anteriores deste capítulo, acrescentando apenas alguns novos itens. Portanto a conexão, bem como as classes Autores e AutoresController permanecem as mesmas.

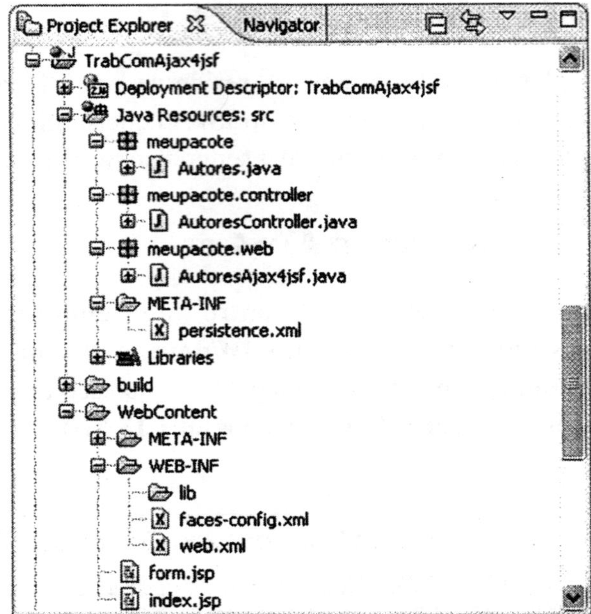

Figura 24.10

Dentro do pacote **meupacote.web** crie a classe **AutoresAjax4jsf**, como listada a seguir:

AutoresAjax4jsf

```
package meupacote.web;

import javax.faces.application.FacesMessage;
import javax.faces.context.FacesContext;
import javax.faces.model.DataModel;
import javax.faces.model.ListDataModel;

import meupacote.Autores;
import meupacote.controller.AutoresController;

public class AutoresAjax4jsf {
```

```
private Autores autor = new Autores( );

private DataModel model;

private boolean atualizando=false;

public void novoAutor( ) {
    this.autor = new Autores( );
}

public void setAutor(Autores autor) {
  this.autor = autor;
}

public Autores getAutor( ) {
  return autor;
}

public String salvar( ){
  AutoresController ac = new AutoresController( );
  if(atualizando){
    ac.atualizar(autor);
    addMessage("Autor atualizado com sucesso!");
    atualizando=false;
  }
  else{
    ac.salvar(autor);
    addMessage("Cadastro efetuado com sucesso!");

  }
  novoAutor( );
  return "OK";
}

public static void addMessage(String msg) {
```

```
    FacesContext.getCurrentInstance( ).
        addMessage(null, new FacesMessage(msg));
}


  public DataModel getTodosAutores( ){
AutoresController ac = new AutoresController( );
      model =
new ListDataModel(
    ac.todosAutores( )
    );
      return model;

  }

  public String excluir( ){
AutoresController ac = new AutoresController( );
    Autores autor = (Autores) model.getRowData( );
ac.excluir(autor);
addMessage("Autor excluído com sucesso!");
    return "OK";

  }

  public String prepararPAlterar( ){
autor = (Autores) model.getRowData( );
atualizando=true;
return "OK";
  }

}
```

Para você que já está acostumado com JavaServer Faces, não há novidades no desenvolvimento mostrado na classe AutoresAjax4jsf.

Como um CRUD será gerado, você deve ter métodos para cadastrar um novo autor, um para visualizar, outro para atualizar e também para excluir. Todos esses métodos já existem na classe **AutoresController**, mas a sua adaptação para a utilização em JavaServer Faces precisa ser feita. Dessa forma, a classe criada foi feita exatamente para isso, executar as tarefas básicas de manipulação com banco de dados utilizando métodos que retornam valores para a sua página JavaServer Faces.

A idéia da página é criar um formulário na parte superior, onde você possa preencher os dados do autor, ou atualiza-los e depois tê-los exibidos na parte inferior da mesma página, em uma tabela.

O método **salvar( )** terá o papel de cadastrar novos autores bem como atualizar um autor. Para que isso seja possível, um atributo booleano chamado **atualizando** indicará sempre, em escopo de sessão, se o item que está sendo postado pelo formulário é, ou não, uma atualização.

Em ambos os casos, sendo ou não, uma mensagem será enviada a página JSF, indicando assim ao usuário se o resultado foi obtido com sucesso. Como são métodos String, o retorno deve ser uma string qualquer.

Para mostrar todos os autores, o método **getTodosAutores( )** entra em ação. Como já era de se esperar, na construção de uma tag JSF <h:dataTable/> fora utilizado um DataModel.

O método **excluir( )** elimina uma informação do banco de dados, chamado através de um link gerado na tabela por JSF.

Para uma alteração, você precisa dizer qual na linha da tag <h:dataTable/> foi chamada para alteração. Nesse caso, o método **prepararPAlterar( )** faz exatamente isso, através do método **getRowData( )** da classe *DataModel*. Além disso, o atributo **atualizando** precisa ser alterado para **true**, assumindo assim que os dados em questão, no formulário, são de informações que serão atualizadas e não inseridas, o que é de fundamental importância para o método **salvar( )**, como já dito a pouco.

Configurando o Ajax4jsf

Configurar o framework Ajax4jsf é uma tarefa simples, bem mais fácil do que visto em outros casos. Você precisa adicionar alguns elementos no deployment descriptor para disponibilizar o uso do framework em sua aplicação:

web.xml

```
...
<filter>
  <display-name>Ajax4jsf Filter</display-name>
  <filter-name>ajax4jsf</filter-name>
  <filter-class>org.ajax4jsf.Filter</filter-class>
</filter>

<filter-mapping>
  <filter-name>ajax4jsf</filter-name>
  <servlet-name>Faces Servlet</servlet-name>
  <dispatcher>REQUEST</dispatcher>
  <dispatcher>FORWARD</dispatcher>
  <dispatcher>INCLUDE</dispatcher>
</filter-mapping>

<filter-mapping>
  <filter-name>ajax4jsf</filter-name>
  <url-pattern>/*</url-pattern>
</filter-mapping>
...
```

Com os elementos <filter/> e <filter-mapping/>, você determina em quais locais suas páginas JSF terão suporte a Ajax4jsf.

Com apenas essa configuração, suas aplicações já estão prontas para trabalhar com o framework.

Configurando faces-config.xml

O arquivo **faces-config.xml** deverá ter sua configuração normalmente como em qualquer página JSF que você já tenha feito. Adicione a classe que será chamada pela sua página e, caso haja, coloque as regras de navegação e pronto.

faces-config.xml

```
...
<faces-config>
  <managed-bean>
    <managed-bean-name>autores</managed-bean-name>
    <managed-bean-class>
      meupacote.web.AutoresAjax4jsf
    </managed-bean-class>
    <managed-bean-scope>
      session
    </managed-bean-scope>
  </managed-bean>

 <navigation-rule>
  <navigation-case>
    <from-outcome>form</from-outcome>
    <to-view-id>/form.jsp</to-view-id>
  </navigation-case>
</navigation-rule>

</faces-config>
```

A Página Final da sua Aplicação

Simplesmente após a adição dessas configurações, basta criar sua página JSF. O mais impressionante de tudo é que, em momento algum, você precisou utilizar JavaScript. Isso não é algo preocupante, pois o Ajax4jsf se encarregará de gerar o script necessário para a comunicação com o servidor.

form.jsp

```
<%@ page language="java" contentType="text/html"
  pageEncoding="ISO-8859-1"%>
<%@ taglib uri="http://java.sun.com/jsf/html" prefix="h"%>
```

```
<%@ taglib uri="http://java.sun.com/jsf/core" prefix="f"%>
<%@ taglib uri="https://ajax4jsf.dev.java.net/ajax" prefix="a4j"%>
<!DOCTYPE html PUBLIC -
"-//W3C//DTD HTML 4.01 Transitional//EN"
"http://www.w3.org/TR/html4/loose.dtd">
<html>
<head>
<title>Cadastrando Autores com Ajax4Faces</title>
<link href="css/estilos.css" rel="stylesheet" />
</head>
<body>
<f:view>
  <a4j:region>
    <a4j:outputPanel id="msg">
      <h:messages />
    </a4j:outputPanel>
    <a4j:outputPanel id="saida" >
    <h:form id="cadastro">
      <h:panelGrid columns="2">
        <f:facet name="header">
          <h:outputText value="Cadastro de Autores" />
        </f:facet>
        <h:outputText value="Nome:" />
        <h:inputText size="15" id="nome"
          value="#{autores.autor.nome}" styleClass="campo"/>

        <h:outputText value="E-mail:" />
        <h:inputText size="30" id="email"
          value="#{autores.autor.email}" styleClass="campo" />

        <h:outputText value="Nascimento:" />
        <h:inputText size="10" id="nascimento"
          value="#{autores.autor.nascimento}" styleClass="campo">
          <f:convertDateTime pattern="dd/MM/yyyy" />
        </h:inputText>
      </h:panelGrid>
```

```
<a4j:commandButton value="Salvar"
    action="#{autores.salvar}" reRender="saida,msg" />

  <h:dataTable
          value="#{autores.todosAutores}"
          var="item" border="0"
          cellpadding="2" cellspacing="0"
          styleClass="grid"
          columnClasses=",,,centro,centro"
          >
<f:facet name="header">
      <h:outputText value="Autores Cadastrados"/>
    </f:facet>
              <h:column>
                  <f:facet name="header">
                      <h:outputText value="Nome"/>
                  </f:facet>
          <h:outputText value="#{item.nome}"/>
              </h:column>
              <h:column>
                  <f:facet name="header">
                      <h:outputText value="E-mail"/>
                  </f:facet>
                  <h:outputText value="#{item.email}"/>
              </h:column>
              <h:column>
                  <f:facet name="header">
                      <h:outputText value="Nascimento"/>
                  </f:facet>
                  <h:outputText
value="#{item.nascimento}">
<f:convertDateTime pattern="dd/MM/yyyy" />
                  </h:outputText>
              </h:column>
```

```
                    <h:column>
                <f:facet name="header">
                    <h:outputText value="Excluir"/>
                </f:facet>
                 <a4j:commandLink id="excluir"
action="#{autores.excluir}"
reRender="saida,msg">

<h:graphicImage value="imagens/delete.gif"
  alt="Clique aqui para excluir o Autor"
  styleClass="imagem"
  />

<a4j:ajaxListener
                 type="org.ajax4jsf.ajax.ForceRender" />

                 </a4j:commandLink>
            </h:column>
            <h:column>
                <f:facet name="header">
                    <h:outputText value="Alterar"/>
                </f:facet>
                 <a4j:commandLink id="alterar"
action="#{autores.prepararPAlterar}"
reRender="saida,msg">

<h:graphicImage value="imagens/edit.gif"
  alt="Clique aqui para alterar o Autor"
  styleClass="imagem"
  />
<a4j:ajaxListener
                 type="org.ajax4jsf.ajax.ForceRender" />

                 </a4j:commandLink>
            </h:column>
        </h:dataTable>
```

```
    </h:form>

    </a4j:outputPanel>
  </a4j:region>
</f:view>
</body>
</html>
```

Para incluir tags Ajax4jsf, a chamada a biblioteca é feita pela diretiva **taglib**:

```
<%@ taglib uri="https://ajax4jsf.dev.java.net/ajax" prefix="a4j"%>
```

Observe que o prefixo usado nesse caso é **a4j**, possibilitando assim, a chamada de tags específicas a esse framework.

Você percebe que ao longo de sua página JSF, elementos Ajax4jsf aparecem, alterando assim o comportamento normal que a página teria.

A tag Ajax4jsf **<a4j:region />** define uma parte da árvore JSF no qual será modificada no servidor durante o pedido processado em Ajax. Observe que essa tag envolve toda a estrutura JSF desse exemplo.

Com a tag **<a4j:outputPanel/>** você habilita o Ajax em uma parte da página. O atributo **id** terá em seu valor a chamada pelas tags de envio, respondendo pelo pedido. No caso, quando houver uma mensagem dada pelo servidor, o **id** com o valor **msg** mostrará na tela do browser a mensagem transmitida. Nos casos do formulário e da tabela, em cada inserção ou atualização, ambos devem ser chamados para refletir a mudança. Uma inserção limpa o formulário, enquanto que uma chamada para atualização preenche o formulário. Na tabela, uma inserção adiciona mais uma linha, uma atualização modifica seu conteúdo e uma exclusão a remove.

A tag **<a4j:commandButton/>** tem o comportamento similar ao **<h:commandButton/>** de JSF, mas com a diferença de estar trabalhando de forma assíncrona. O atributo **reRender**, usado na tag, chama os **id** que deseja refletir as respostas trazidas do servidor. Dessa forma, no exemplo, tanto **saída** como **msg** serão chamados.

Apenas para comentar, como no caso do Autor você tem uma data, o formato em JSF foi alterado para que você possa digitá-lo como manda nosso idioma. Isso foi feito utilizando a tag JSF **<f:convertDateTime/>** adicionando o atributo **pattern**.

Uma outra tag, também similar a utilizada em JSF é a **<a4j:command Link/>**, que possui praticamente as mesmas características que a tag <h:commandLink/>. Novamente a diferença está no atributo **reRender**, que transmite à página a resposta do servidor, sem o "reload" do navegador, claro.

Um detalhe que chama a atenção está na tag **<a4j:ajaxListener/>**, possuindo o atributo **type** com o valor **org.ajax4jsf.ajax.ForceRender**. Essa tag foi colocada por entre a tag <a4j:commandLink/>, dentro da tabela gerada por <h:dataTable/>. A razão de essa tag estar ali está no problema da geração de diversas linhas criadas dinamicamente. Tags como <h:dataTable/> ou <ui:repeat/> possuem a criação de id's dinâmicos para componentes filhos durante a fase de renderização. Dessa forma, o link precisa saber de qual linha está tratando quando há um clique, seja para atualizar como também para excluir.

O resultado desse pequeno trabalho é um belíssimo CRUD sem a necessidade de uma linha sequer de JavaScript:

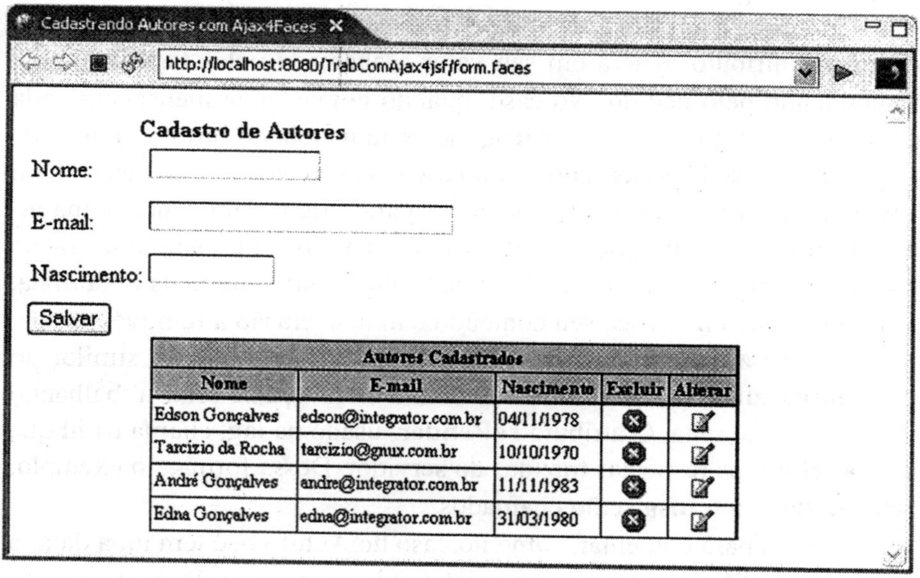
Cadastrando Autores com Ajax4Faces
http://localhost:8080/TrabComAjax4jsf/form.faces
Cadastro de Autores
Nome:
E-mail:
Nascimento:
Salvar
Autores Cadastrados
Nome
E-mail
Nascimento
Excluir
Alterar
Edson Gonçalves
edson@integrator.com.br
04/11/1978
Tarcizio da Rocha
tarcizio@gnux.com.br
10/10/1970
André Gonçalves
andre@integrator.com.br
11/11/1983
Edna Gonçalves
edna@integrator.com.br
31/03/1980

Figura 24.11

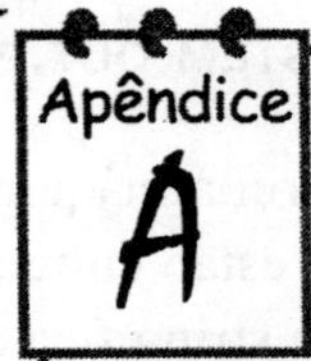

Um Pouco sobre Java

SE VOCÊ É INICIANTE NA LINGUAGEM e escolheu este livro como seu ponto de partida nesse mundo fascinante, seja bem vindo.

Este apêndice estará dedicado total e exclusivamente aos conceitos de Java.

O Princípio Básico de Java

Os aplicativos Java automaticamente começam executando em **main**. Os parênteses depois de **main** indicam que ele é um bloco de construção do programa, chamado de método.

O método **main** é o executor Java, e sempre que o seu código tiver que ser executado como um programa, ele deve constar no código-fonte.

A palavra **void** indica que esse método executará a tarefa a ele definido. Os métodos são capazes de realizar uma tarefa ou retornar informações quando completam suas tarefas.

A chave esquerda "{", indica o início de um bloco, o corpo da definição do método. Uma chave direita "}"deve ser então colocada para finalizar o bloco.

SYSTEM.OUT.PRINTLN("OLÁ MUNDO!");

Instrui à máquina virtual Java que seu programa quer exibir os caracteres que estão entre aspas. Na verdade, estão entre aspas porque são strings, e toda string fica entre aspas.

Note também que na finalização de uma linha, você deve colocar um ponto-e-vírgula (;).

A linha inteira, incluindo o ponto-e-vírgula, é chamada de instrução.

Variáveis e Operadores

As variáveis devem ser sempre declaradas, isso porque cada uma pode conter um tipo de dados, primitivos ou objetos.

O tipo de dados é importante para que o compilador saiba quantos bytes de memória devem ser reservados à variável.

Os tipos de dados podem ser primitivos, como os encontrados na maioria das linguagens existentes.

Tipos de Dados Inteiros

Existem quatro diferentes tipos de dados inteiros e podem armazenar valores dentro dos seguintes intervalos numéricos:

Tabela A.1 – Tabela de Tipo de Dados Inteiros

Tipo	*Armazenamento*	*Extensão*
int	4 bytes	-2,147,483,648 à 2,147,483, 647
short	2 bytes	-32,768 à 32,767
long	8 bytes	-9,223,372,036,854,775,808 à 9,223,372,036,854,775,807
byte	1 byte	-128 à 127

Em Java os tipos inteiros são sempre capazes de armazenar tanto valores positivos como negativos.

Tipos de Dados em Ponto Flutuante

Existem dois tipos de representações para valores numéricos em ponto flutuante que se diferenciam pela precisão oferecida.

Tabela A.2 – Tabela de Tipo de Dados em Ponto Flutuante

Tipo	*Armazenamento*	*Extensão*
float	4 bytes	Aproximadamente ±3.40282347E+38F (6-7 dígitos decimais significativos)
double	8 bytes	Aproximadamente ±1.79769313486231570E+308 (15 dígitos decimais significativos)

O nome **double** refere-se ao fato de ter os números duas vezes mais precisão que o tipo **float**.

Tipo de Dados de Caractere

O tipo de dados **char** denota caracteres segundo o padrão Unicode de representação. Enquanto uma String é representado por valores entre aspas – "valor"; o tipo **char** é representado por valores entre aspas simples – 'valor'.

Como o padrão Unicode foi projetado para lidar com todos os tipos de caracteres em todos os idiomas, ele tem um código de 2 bytes, ocupando 16 bits, sem sinal, o que lhe permite representar até 32.768 caracteres diferentes.

Alguns caracteres são considerados especiais pois não possuem uma representação visual, sendo que em sua maioria são caracteres de controle e outros são de uso reservado pela linguagem.

Esses caracteres podem ser especificados dentro dos programas como indicado na tabela a seguir, precedidos pela barra invertida '\':

Tabela A.3 – Tabela de Tipo de Dados de Caractere

Caractere	*Nome*	*Significado*
\b	Backspace	Retrocesso
\t	Tab	Tabulação
\n	Linefeed ou NewLine	Nova linha
\r	Carriage return	Retorno de carro
\"	Double quote	Aspas
\'	Single quote	Apóstrofo
****	Backslash	Barra invertida

Tipo de DADOS LÓGICO

Em Java o tipo lógico é o **boolean**, capaz de assumir valores como **false** (falso) ou **true** (verdadeiro).

Declaração de Variáveis

Uma variável é um nome dado pelo programador à uma informação no qual se deseja armazenar alguma informação. Essa informação pode ser definida pelo seu tipo primitivo, ou seja, caractere ou não, ou pode ser um objeto.

Uma variável em Java pode ser um caractere ou uma seqüência de caracteres, que devem ser alfabéticos e numéricos, obrigatoriamente iniciado com um valor literal ou por um caractere '_' de sublinhado (underscore) ou '**$**' (cifrão).

Como Java faz diferença entre letras maiúsculas e minúsculas, variáveis como **Teste** e **teste** são consideradas diferentes.

Precedendo a variável, em sua declaração, você deve colocar seu tipo. Por exemplo:

```
int teste;
double total;
```

Além dessas regras básicas, você também deve tomar cuidado com as palavras que são reservadas pela linguagem, que obviamente, são de uso da linguagem ou se encontrar reservadas para uma futura inclusão na linguagem Java.

Portanto, evite declarar variáveis como: **for, new, class, do, final, operador, rest, var**.

Também é possível declarar variáveis de mesmo tipo separados por vírgula:

```
double total, valor1, valor2;
```

Comentários

Como toda linguagem de programação, você pode fazer comentários em seu código-fonte tornando assim uma forma de documentar os códigos deixados, que poderá ser utilizado por outra pessoa, pela equipe de desenvolvimento ou até mesmo por você, afinal, se você levar muito tempo para rever um código desenvolvido, pode ser que você nem se lembre de como foi desenvolvido.

O Java aceita três tipos de comentários: de linha, representado por duas barras (//), o de múltiplas linhas, representado por barra asterisco e finalizado por asterisco barra (/* */), e um terceiro que se assemelha ao comentário de múltiplas linhas, que tem o propósito de documentar o programa.

```
// Esse é um comentário de apenas uma linha

/* Este é um comentário de bloco que
  pode ser feito usando múltiplas
  linhas. */

/**Comentário de documentação
  * que pode ser feito em muitas linhas
 @author Edson Gonçalves
 @since 10/09/2006
  */
```

Este último comentário não é compilado pelo javac, mas sim por outra aplicação, o **javadoc**. O javadoc copia os comentários e compila determinadas tags gerando várias páginas HTML.

O comentário de documentação é posicionado imediatamente antes do elemento a ser documentado e tem seu conteúdo extraído automaticamente pelo utilitário **javadoc** fornecido juntamente com o JDK, encontrado dentro do diretório **bin** da instalação do JDK.

Como são geradas páginas HTML o desenvolvedor pode adicionar códigos HTML na documentação, pois elas serão copiadas e farão o seu papel no arquivo HTML gerado. O JavaDoc compila somente as tags de documentação, iniciadas pela arroba "@", para melhorar o visual e padronizar a documentação. Entre as tags de documentação, você tem as mais freqüentes que são as mostradas na tabela a seguir:

Tabela A.4

Nome	*Descrição*
@author	Atribui uma classe ou método a um autor
@since	Data da escrita do código
@version	Versão de determinada classe ou método
@see	Indicação de veja mais a respeito
@param	Parâmetro de um método
@return	Retorno de um método
@throws	Possíveis exceções lançadas
@deprecated	Componente deve ser removido nas próximas versões

Operadores

A linguagem Java oferece um conjunto muito amplo relacionado a operadores destinados a realizar operações aritméticas, lógicas, relacionais ou de atribuição.

Tabela A.5 – Tabela de Operadores Aritméticos

Operadores	*Significado*	*Exemplo*
+	Adição ou sinal positivo	a + b ou +a
-	Subtração ou sinal negativo	a - b ou -a
*	Multiplicação	a * b
/	Divisão	a / b
%	Resto da divisão	a % b
++	Incremento unitário	++a ou a++
--	Decremento unitário	--a ou a--

Tabela A.6 – Tabela de Operadores Relacionais

Operadores	*Significado*	*Exemplo*
==	Igual	a == b
!=	Diferente	a != b
>	Maior que	a >b
<	Menor que	a < b
>=	Maior ou igual a	a >= b
<=	Menor ou igual a	a <= b

Tabela A.7 – Tabela de Operadores Lógicos

Operadores	*Significado*	*Exemplo*
&&	E lógico (and)	a && b
||	OU lógico (or)	a || b
!	Não (not)	!a

O operador de atribuição em Java é o sinal de '='.

Palavras Chave e Identificadores

A linguagem Java possui cinqüenta e uma palavras que são classificadas entre palavras-chave ou palavras reservadas. Estas palavras não podem ser utilizadas como identificadores em programas Java (identificador é uma palavra utilizada para nomear uma variável, método, classe ou um label).

Tabela A.8 – Palavras Reservadas

abstract	boolean	break	byte	case	catch	char	class
const	continue	default	do	double	else	extends	false
final	finally	float	for	goto	if	implements	import
instanceof	int	interface	long	native	new	null	package
private	protected	public	return	short	static	strictfp	super
switch	synchronized	this	throw	throws	transient	true	try
void	volatile	while					

Estruturas de Controle

Em algumas circunstâncias, quase que inúmeras vezes, você precisa naturalmente executar instruções de um programa baseado em condições, no qual podem ser baseados para acessar informações somente se a condição for satisfeita ou até mesmo repetir uma determinada quantidade de vezes a mesma instrução até satisfazer uma condição.

A linguagem Java possui diversas estruturas de controle destinadas ao controle do fluxo de execução.

As estruturas de controle de execução estão divididas em:

- Estruturas de desvio de fluxo – if...else if...else; switch
- Estruturas de repetição condicional – for, while, do...while
- Estruturas de controle de erros – try...catch...finally
- Mecanismo de modularização – métodos

A Estrutura if...else if...else

A conhecida instrução de desvio de fluxo de execução, o if...else if...else permite a seleção entre dois ou mais caminhos distintos em uma execução, dependendo sempre do resultado avaliado na estrutura, que retorna verdadeiro ou falso em uma expressão lógica.

EstruturaDeControleIf.java

```
public class EstruturaDeControleIf {
  public static void main(String[] args) {

        if( Integer.parseInt( args[0] ) > Integer.parseInt( args[1]
) ){
          System.out.println("O valor inicial é maior que o valor
final");
        }
        else if( Integer.parseInt( args[0] ) < Integer.parseInt(
args[1] ) ){
          System.out.println("O valor inicial menor que o valor
final");
        }
```

```
        else{
          System.out.println("O valor inicial é igual ao valor
final");
        }

  }
}
```

Após terminar o programa, você poderá compilá-lo usando o comando **javac**:

```
shell# javac EstruturaDeControleIf.java
```

E para executar você utilizará:

```
shell# java  EstruturaDeControleIf 1 2
```

Esse procedimento é o mesmo para os demais exemplos

A Estrutura switch

A estrutura **switch** aceita uma variável e a compara com uma lista de constantes, executando uma linha de código (ou um bloco) quando encontrar uma correspondência.

É muito empregada na avaliação de uma seqüência de testes, como ocorre com a instrução **if...else if...else**. Porém, essa estrutura é limitada, pouco usada em um código Java.

Da mesma forma que no exemplo anterior, crie uma nova classe, com o nome de **EstruturaDeControleSwitch** e adicione o código mostrado a seguir em destaque:

EstruturaDeControleSwitch.java

```
public class EstruturaDeControleSwitch {
  public static void main(String args[ ]) {
    int valor;
```

```
    valor = Integer.parseInt( args[0] );
       switch( valor ){
         case 1:
         case 2: System.out.println("O valor é 1 ou 2");break;
         case 3: System.out.println("O valor é 3"); break;
         case 4: System.out.println("O valor é 4"); break;
         default: System.out.println("O valor é maior que 4");
       }
   }
}
```

Para compilar:

```
shell# javac EstruturaDeControleSwitch.java
```

Para executar:

```
shell# java  EstruturaDeControleSwitch 1
```

A Estrutura de Repetição For

As estruturas de repetição condicionais, mais conhecidas como loops, são também muito úteis no desenvolvimento de sistemas, pois permitem que um determinado trecho do seu código seja executado diversas vezes, baseados em uma condição.

O loop **for** é composto por três seções: inicio, onde você dá a ele um valor inicial para começar a execução, a condição, onde é feito um teste no qual ele verificará sempre em uma nova repetição, se foi ou não, satisfeita a condição; e a atualização (incremento/ decremento), onde o loop adicionara ou removerá um valor, enquanto a condição não for satisfeita.

Essas seções são opcionais, ou seja, podem ou não ser preenchidas. O que normalmente não acontece.

EstruturaDeControleFor.java

```
public class EstruturaDeControleFor {
  public static void main(String args[ ]) {
    for (int contar = 0; contar < 10; contar++) {
      System.out.println("O valor da variável contar é: "+contar);
    }
  }
}
```

Para compilar:

shell# javac EstruturaDeControleFor.java

Para executar:

shell# java EstruturaDeControleFor

O loop While

A estrutura de repetição **while** não possui uma seção para inicialização e nem para atualização. Esse loop apenas testa a expressão lógica e executa um comando ou bloco de instruções enquanto ela resultar num valor verdadeiro em sua condição. A inicialização e a atualização da variável que controla o loop devem ser feitas uma fora do loop e a outra dentro do bloco de instruções respectivamente.

Crie uma nova classe e a chame de **EstruturaDeControleWhile**.

EstruturaDeControleWhile.java

```
public class EstruturaDeControleWhile {
  public static void main(String args[]) {
   int contador=0;

   while(contador<10){
     System.out.println("O valor da variável contador é:
```

```
"+contador);
        contador++;
      }
    }
}
```

Da mesma forma que no exemplo do loop **for**, esse exemplo não possui argumentos. Para compilar:

shell# javac EstruturaDeControleWhile.java

Para executar:

shell# java EstruturaDeControleWhile

O loop do...while

O loop **do...while** é usado em situações onde você precisa executar pelo menos uma vez mesmo que a condição não seja satisfatória.

Semelhante ao loop **while** a inicialização e a atualização da variável da expressão de controle são separados. O teste da condição é realizado no fim do loop, após a execução do conteúdo existente no bloco.

EstruturaDeControleDoWhile.java

```
public class EstruturaDeControleDoWhile {
  public static void main(String args[]) {
   int contador=10;

   do{
     System.out.println("O valor da variável contador é:
"+contador);
     contador++;
   }while(contador<10);

  }
}
```

Para compilar:

```
shell# javac EstruturaDeControleDoWhile.java
```

Para executar:

```
shell# java  EstruturaDeControleDoWhile
```

A Estrutura try...catch...finally

O Java fornece uma importante estrutura de controle de erros, no qual gerencia exceções. Você protege o código que contém o método que poderia levantar uma exceção dentro do bloco **try**.

Caso ocorra a exceção, automaticamente o Java desvia para a cláusula **catch**.

Agora, suponha que exista alguma ação no seu código que seja absolutamente necessária, não importa o que aconteça. Isso costuma ser usado para liberar recursos de memória, fechar um arquivo que foi aberto, por exemplo. Isso você faz com a cláusula ˜**finally**.

Você pode usar a cláusula **finally** junto a exceção **catch**. Mas essa cláusula é muito útil fora das exceções.

EstruturaTryCatch.java

```
public class  EstruturaTryCatch {
  public static void main(String args[]) {
    int valor=120;

    try{
      while(valor>Integer.parseInt(args[0])){
        System.out.println(valor);
        valor- -;
      }
    }
    catch(ArrayIndexOutOfBoundsException erro){
```

```
        System.out.println("Você não forneceu um argumento");
      }
      catch(NumberFormatException erro){
        System.out.println("Você não forneceu um numero inteiro");
      }
    }
}
```

Quando executar, você deverá passar argumentos. Execute com nenhum argumento ou uma letra para ver a exceção. Para compilar:

```
shell# javac EstruturaTryCatch.java
```

Para executar:

```
shell# java EstruturaTryCatch a
```

O formato **finally** ficaria assim:

```
try{
  //diretiva normal
  }
}
finally{ //diretiva de erro }
```

Exceções mais Comuns

ArithmeticException – int i = 12 / 0
NullPointerException – ocorre quando utilizo um objeto que não foi instanciado.
NegativeArraySizeException – ocorre quando é atribuído um valor nulo para um array.
ArrayIndexOutOfBoundsException – ocorre quando tento acessar um elemento do array que não existe.

Categorias das Exceções

Há três grandes categorias de exceções em Java. De fato, a classe Java.lang.Throwable age como uma classe pai , para que todos os objetos disparados possam ser pegos nas exceptions.

Deve-se evitar usar a classe Throwable, procure usar uma das três classes descritas à seguir:

- Erro – indica um problema sério de recuperação difícil, se não impossível;
- RuntimeException – problema ocorrido durante a implementação;
- Outra exceção – indica uma dificuldade durante a implementação que pode acontecer razoavelmente por causa de efeitos ambientais e pode se manipulado.

Declare ou Manipule a sua Exceção

Na construção de um código em Java, o programador deve prever métodos para tratar possíveis erros. Existem duas maneiras de o programador satisfazer esta exigência. A primeira é com o uso da declaração **try** e **catch**, como foi visto anteriormente, e a segunda maneira é indicando que a exceção não é dirigida para este método, sendo então jogado para o método chamador.

```
public void troublesome( ) throws IOException
```

Métodos

Um método é uma função que representa um conjunto de ações que um programa deve executar. Criamos um método quando desejamos que essas ações sejam reutilizadas em diversas partes do seu programa. Com isso evitamos a repetição de um mesmo conjunto de procedimentos sem necessidade.

DesenvMetodos.java

```
public class DesenvMetodos {

     void metodoUm( ){
```

```
      System.out.println("Esse é um método sem argumento");
    }

    int metodoDois( ){
      int valor1=10,valor2=13;
      int total = valor1*valor2;
      return total;
    }

    double metodoTres(int arg1, int arg2){
      double total;
      total=(double)arg1/(double)arg2;
      return total;
    }

  public static void main(String[ ] args) {
    DesenvMetodos desM = new DesenvMetodos( );
    desM.metodoUm( );

    System.out.println(desM.metodoDois( ));
    double total=desM.metodoTres(10,5);
    System.out.println(""+total);

  }
}
```

Os métodos sempre são seguidos de seu tipo, int e double por exemplo, podem passar ou não argumentos, podem retornar ou não valores.

O primeiro método, **metodoUm**, não retorna valor algum, por isso você encontra no início do método a palavra **void**.

O segundo método, **metodoDois**, retorna um valor, você encontra o tipo do método em seu início e a palavra **return** no final do método.

O terceiro método, **metodoTres**, também retorna um valor, mas também aceita argumentos, ou seja, você pode definir novos valores todas as vezes em que chamar esse método.

Todo método que não for *void* deve ter o retorno de um valor, utilizando a palavra *return*. Cada método só pode retornar um valor.

Fundamentos da Orientação a Objetos

Um dos grandes diferenciais da programação orientada a objetos em relação a outras formas de programação que também permitem a definição de estruturas e operações sobre essas estruturas está no conceito de herança, mecanismo através do qual definições existentes podem ser facilmente estendidas. Juntamente com a herança deve ser enfatizada a importância do polimorfismo, que permite selecionar funcionalidades que um programa irá utilizar de forma dinâmica, durante sua execução.

Classes

A definição de classes e seus inter-relacionamentos é o principal resultado da etapa de projeto de software.

Uma classe é um gabarito para a definição de objetos. Através da definição de uma classe, descreve-se que propriedades — ou atributos —o objeto terá.

Além da especificação de atributos, a definição de uma classe descreve também qual o comportamento de objetos da classe, ou seja, que funcionalidades podem ser aplicadas a objetos da classe.

Essas funcionalidades são descritas através de métodos, como você já viu anteriormente. Um método nada mais é que o equivalente a um procedimento ou função, com a restrição que ele manipula apenas suas variáveis locais e os atributos que foram definidos para a classe.

Uma vez que estejam definidas quais serão as classes que irão compor uma aplicação, assim como qual deve ser sua estrutura interna e comportamento, é possível criar essas classes em Java.

O nome da classe é um identificador para a classe, que permite referenciá-la posteriormente, por exemplo, no momento da criação de um objeto.

O conjunto de atributos descreve as propriedades da classe. Cada atributo é identificado por um nome e tem um tipo associado. Em uma linguagem de programação orientada a objetos, o tipo é o nome de uma classe. Em Java você tem um grupo de tipos primitivos, como inteiro, real e caractere, que podem ser usados na descrição de atributos. O atributo pode ainda ter um valor padrão opcional, que especifica um valor inicial para o atributo.

Os métodos definem as funcionalidades da classe, ou seja, o que será possível fazer com os objetos dessa classe. Cada método é especificado por uma assinatura, composta por um identificador para o método (o nome do método), o tipo para o valor de retorno e sua lista de argumentos, sendo cada argumento identificado por seu tipo e nome.

Através do mecanismo de sobrecarga (overloading), dois métodos de uma classe podem ter o mesmo nome, desde que suas assinaturas sejam diferentes. Tal situação não gera conflito pois o compilador é capaz de detectar qual método deve ser escolhido a partir da análise dos tipos dos argumentos do método. Nesse caso, diz-se que ocorre a ligação prematura (early binding) para o método correto.

O **modificador de visibilidade** pode estar presente tanto para atributos como para métodos. Em princípio, três categorias de visibilidade podem ser definidas:

public – nesse caso, o atributo ou método de um objeto dessa classe pode ser acessado por qualquer outro objeto(visibilidade externa total);

private – o atributo ou método de um objeto dessa classe não pode ser acessado por nenhum outro objeto(nenhuma visibilidade externa);

protected – o atributo ou método de um objeto dessa classe poderá ser acessado apenas por objetos de classes que sejam derivadas dessa através de herança.

A tabela a seguir mostra os modificadores de acesso do Java. A ordem de declaração dos modificadores não importa.

Tabela A.9

Palavra-chave	Visibilidade		
	Em uma classe	*Em um método*	*Em um atributo*
public	Acesso total	Acesso total	Acesso total
private	Não aplicável	Acesso pela classe	Acesso pela classe
protected	Não aplicável	Acesso pelo pacote	Acesso pelo pacote
default	Somente pacote	Acesso pelo pacote	Acesso pelo pacote
abstract	Não instância	Deve ser sobrescrito	Não aplicável
final	Sem herança	Não pode ser sobrescrito	CONSTANTE
static	Não aplicável	Acesso pela classe	Acesso pela classe
native	Não aplicável	Indica código nativo	Não aplicável
transient	Não aplicável	Não aplicável	Cache
synchonized	Não aplicável	Sem acesso simultâneo.	Não aplicável

Objetos

Objetos são instâncias de classes. É através deles que quase todo o processamento ocorre em sistemas implementados com linguagens de programação orientadas a objetos.

Um objeto é um elemento que representa, no domínio da solução, alguma entidade (abstrata ou concreta) do domínio de interesse do problema sob análise. Objetos similares são agrupados em classes.

No paradigma de orientação a objetos, tudo pode ser potencialmente representado como um objeto. Sob o ponto de vista da programação orientada a objetos,um objeto não é muito diferente de uma variável normal. Por exemplo, quando define-se uma variável do tipo int em uma linguagem de programação como C ou Java, essa variável tem:

- Um espaço em memória para registrar o seu estado(valor);
- Um conjunto de operações que podem ser aplicadas a ela, através dos operadores definidos na linguagem que podem ser aplicados a valores inteiros.

Da mesma forma, quando se cria um objeto, esse objeto adquire um espaço em memória para armazenar seu estado (os valores de seu conjunto de atributos, definidos pela classe) e um conjunto de operações que podem ser aplicadas ao objeto(o conjunto de métodos definidos pela classe).

As técnicas de programação orientada a objetos recomendam que a estrutura de um objeto e a implementação de seus métodos devem ser tão privativos como possível. Normalmente, os atributos de um objeto não devem ser visíveis externamente. Da mesma forma, de um método deve ser suficiente conhecer apenas sua especificação, sem necessidade de saber detalhes de como a funcionalidade que ele executa é implementada.

Encapsulação é o princípio de projeto pelo qual cada componente de um programa deve agregar toda a informação relevante para sua manipulação como uma unidade (uma cápsula). Aliado ao conceito de ocultamento de informação, é um poderoso mecanismo da programação orientada a objetos.

Ocultamento da informação é o princípio pelo qual cada componente deve manter oculta sob sua guarda uma decisão de projeto única. Para a utilização desse componente, apenas o mínimo necessário para sua operação deve ser revelado (tornado assim público).

Na orientação a objetos, o uso da encapsulação e ocultamento da informação recomenda que a representação do estado de um objeto deve ser mantida oculta. Cada objeto deve ser manipulado exclusivamente através dos métodos públicos do objeto, dos quais apenas a assinatura deve ser revelada.

O conjunto de assinaturas dos métodos públicos da classe constitui sua interface operacional.

Herança

O conceito de encapsular estrutura e comportamento em um tipo não é exclusivo da orientação a objetos; particularmente, a programação por tipos abstratos de dados segue esse mesmo conceito. O que torna a orientação a objetos única é o conceito de herança.

Herança é um mecanismo que permite que características comuns a diversas classes sejam herdadas em uma classe base, ou superclasse. A partir de uma classe base, outras classes podem ser especificadas. Cada classe derivada ou subclasse apresenta as características (estrutura e métodos) da classe base e acrescenta a elas o que for definido de particularidade.

Polimorfismo

Polimorfismo é o princípio pelo qual duas ou mais classes derivadas de uma mesma superclasse podem invocar métodos que têm a mesma identificação (assinatura) mas comportamentos distintos, especializados para cada classe derivada, usando para tanto uma referência a um objeto do tipo da superclasse. Esse mecanismo é fundamental na programação orientada a objetos, permitindo definir funcionalidades que operem genericamente com objetos, abstraindo-se de seus detalhes particulares quando esses não forem necessários.

Para que o polimorfismo possa ser utilizado, é necessário que os métodos que estejam sendo definidos nas classes derivadas tenham exatamente a mesma assinatura do método definido na superclasse; nesse caso, está sendo utilizado o mecanismo de redefinição de métodos (overriding). Esse mecanismo de redefinição é muito diferente do mecanismo de sobrecarga de métodos, onde as listas de argumentos são diferentes.

Contexto de Desenvolvimento Web em Java

PARA DESENVOLVER OS EXEMPLOS DAS APLICAÇÕES WEB escritas em Java, você primeiro precisa criar um contexto de desenvolvimento de sua aplicação Web, para que tudo funcione perfeitamente.

Crie um diretório chamado de **Site** no local que desejar. Para que você não tenha dúvidas, se você estiver usando o ***Windows*** crie, por exemplo, no drive **C**. No ***Linux*** pode ser criado dentro do diretório **home** do seu usuário. Dentro desse diretório, crie os demais diretórios como apresentados:

```
Site/
    WEB-INF/
       classes/
       lib/
```

Note que dentro do diretório **Site** existe o diretório **WEB-INF**. No diretório **WEB-INF,** existem dois diretórios, um chamado de **classes** e outro de **lib**.

■ No Diretório WEB-INF

No diretório **WEB-INF** adicione o arquivo **web.xml**:

web.xml

```
<?xml version="1.0" encoding="ISO-8859-1"?>
<web-app xmlns="http://java.sun.com/xml/ns/j2ee"
  xmlns:xsi="http://www.w3.org/2001/XMLSchema-instance"
  xsi:schemaLocation="http://java.sun.com/xml/ns/j2ee http://
java.sun.com/xml/ns/j2ee/web-app_2_4.xsd"
  version="2.4">
  <display-name>Texto mostrado no manager</display-name>
  <description>
   Descritor do contexto de desenvolvimento.
  </description>
  <session-config>
   <session-timeout>
         30
   </session-timeout>
  </session-config>
  <welcome-file-list>
      <welcome-file>index.jsp</welcome-file>
  </welcome-file-list>
</web-app>
```

O arquivo WEB-INF/**web.xml** é o descritor de contexto de uma aplicação web, segundo a especificação Java Servlet/J2EE. As informações nele contidas são as configurações específicas da aplicação.

Instalando uma Aplicação Web em Outro Local

Talvez você queira criar uma aplicação Web em um caminho diferente do habitual webapps do Tomcat. Nesse caso, você deverá configurar um arquivo de contexto, contendo o nome da aplicação e o caminho onde se encontra:

context.xml

```
<Context path="/Site" docBase="C:\Site"
        debug="0">

  <!- Link to the user database we will get roles from ->
  <ResourceLink name="users" global="UserDatabase"
                type="org.apache.catalina.UserDatabase"/>

</Context>
```

No atributo **docBase** você coloca o caminho físico da sua aplicação Web, no Windows, como mostrado a seguir ou no Linux, por exemplo: **docBase="/var/www/Site"**.

No URL do navegador, digite como mostrado a seguir, nos exemplos:

No Windows

http://localhost/manager/deploy?path=/Site&config=file:/C:/Site/context.xml

No Linux

http://localhost/manager/deploy?path=/Site&config=file:/home/Site/context.xml

A mensagem a seguir será mostrada no navegador, o que indicará que a aplicação foi configurada com sucesso:

OK - Deployed application at context path /Site

Apêndice C

Trabalhando com Datas

Um problema comum no desenvolvimento de aplicações Web é a formatação de Datas, que pela complexidade da mesma, contém diversas formas de trabalho.

Para formatar a representação de um objeto Date você pode utilizar a classe **SimpleDateFormat**. Essa classe fornece um conjunto de caracteres padrão para formatação do objeto **Date**. Veja a seguir uma tabela retirada da documentação do Java onde cada campo de uma data tem uma representação String.

Tabela C.1

Símbolo	*Significado*	*Apresentação*	*Exemplo*
G	Era	(Text)	AD
y	ano	(Number)	1996
M	Mês no ano	(Text & Number)	July & 07
d	Dia no mês	(Number)	10
h	Hora em am/pm (1~12)	(Number)	12
H	Hora em um dia (0~23)	(Number)	0
m	minute in hour	(Number)	30
s	segundos	(Number)	55
S	milissegundos	(Number)	978
E	Dia em uma semana	(Text)	Tuesday

Tabela C.1 *(continuação)*

Símbolo	*Significado*	*Apresentação*	*Exemplo*
D	Dia em um ano	(Number)	189
F	Dia da semana no mês	(Number)	2 (2nd Wed in July)
w	Semana no ano	(Number)	27
W	Semana no mês	(Number)	2
a	am/pm	(Text)	PM
k	Hora (1~24)	(Number)	24
K	Hora em am/pm (0~11)	(Number)	0
z	time zone	(Text)	Pacific Standard Time

Para melhor entendimento, você tem a seguir alguns exemplos de formatações de datas:

dd/MM/yy = 10/09/06
dd/MMM/yyyy = 23/MAI/2006

Até 3 dígitos você tem um valor resumido, acima de quatro a representação de strings é sem abreviação.

Neste exemplo abaixo você pode conferir como é simples utilizar o objeto **SimpleDateFormat** para melhorar a saída dos seus programas Java:

```
Date hoje = new Date( );
SimpleDateFormat formato = new SimpleDateFormat("dd/MM/yyyy");
System.out.println("A data formatada é: "+ formato.format(hoje));
formato = new SimpleDateFormat("EEEE, dd de MMMM de yyyy");
System.out.println("Hoje é: "+ formato.format(hoje));
```

A saída da execução deste programa é:

A data de hoje é: **Sun Sep 10 22:56:13 GMT-03:00 2006**
A data formatada é: 10/09/2006
Hoje é: Domingo, 10 de Setembro de 2006

A classe **SimpleDate** pode ser usada para formatar a representação de um objeto Date para a data do seu usuário.

O trecho de código a seguir apresenta a utilização dessa classe:

```
Locale brasil = new Locale ("pt","BR");
DateFormat df = DateFormat.getDateInstance(DateFormat.LONG, brasil);
System.out.println("Brasil: "+ df.format(hoje));
df = DateFormat.getDateInstance(DateFormat.LONG, Locale.US);
System.out.println("USA: "+ df.format(hoje));
```

Após criar um objeto Locale que representa o Brasil, você pode instanciar um objeto DateFormat e utilizar os métodos para formatação representando a localidade.

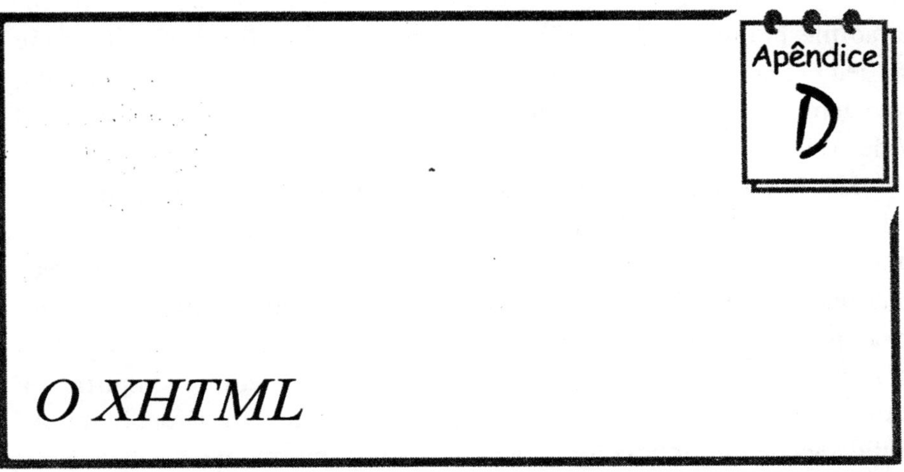

O XHTML

XHTML é uma família de módulos e documentos atuais e futuros que reproduzem, englobam e ampliam o HTML 4. Os documentos da família XHTML são baseados em XML e modernamente têm sido projetados para trabalhar em conjunto com aplicações XML de usuários.

XHTML 1.0 (a presente especificação) é o primeiro tipo de documento da família XHTML. É uma reformulação dos três tipos de documentos HTML 4 como aplicações de XML 1.0. Foi concebida para ser uma linguagem de conteúdos em conformidade com XML e seguindo algumas diretrizes simples ser também compatível com aplicações de usuários em HTML 4.

■ O HTML 4

HTML 4 é uma aplicação SGML (Standard Generalized Markup Language) em conformidade com a International Standard ISO 8879, e está mundialmente reconhecida como a linguagem padrão para publicação World Wide Web.

SGML é uma linguagem para descrever linguagem de marcação, particularmente aquela linguagem utilizada para troca, gerenciamento e publicação eletrônica de documentos. HTML é um exemplo de linguagem definida em SGML.

SGML tem sido usada, desde os meados dos anos 80 e tem permanecido uma linguagem estável. Está estabilidade deve-se ao fato de SGML ser ao mesmo tempo diversificada e flexível. Contudo esta flexibilidade tem seu prêço, e o preço está no alto nível de complexidade da linguagem, o que tem inibido sua adoção em diversos ambientes, incluindo aí a World Wide Web.

HTML, foi concebida originariamente para ser uma linguagem destinada ao tráfego de documentos de caráter científico e técnico, adaptada para ser usada por não especialistas naqueles tipos de documentos. HTML contorna o problema da complexidade do SGML especificando um pequeno conjunto de tags com características estruturais e semânticas adaptadas para gerenciar documentos relativamente simples. Além de simplificar a estrutura dos documentos HTML adicionou suporte para HiperTexto. As facilidades de multimídia foram acrescidas posteriormente.

Uma Introdução à Linguagem HTML

HTML (HyperText Markup Language – Linguagem de Formatação de Hipertexto) é fruto do "casamento" dos padrões HyTime e SGML.;

HyTime – Hypermedia/Time-based Document Structuring Language

Hy Time (ISO 10744:1992) – padrão para representação estruturada de hipermídia e informação baseada em tempo. Um documento é visto como um conjunto de eventos concorrentes dependentes de tempo (áudio, vídeo, etc.), conectados por webs ou hiperlinks.

O padrão HyTime é independente dos padrões de processamento de texto em geral. Ele fornece a base para a construção de sistemas hipertexto padronizados, consistindo de documentos que alocam os padrões de maneira particular

SGML – Standard Generalized Markup Language

Padrão ISO 8879 de formatação de textos: não foi desenvolvido para hipertexto, mas torna-se conveniente para transformar documentos em hiper-objetos e para descrever as ligações.

SGML não é padrão aplicado de maneira padronizada: todos os produtos SGML têm seu próprio sistema para traduzir as etiquetas para um particular formatador de texto.

DTD – Document Type Definition – define as regras de formatação para uma dada classe de documentos. Um DTD ou uma referência para um DTD deve estar contido em qualquer documento conforme o padrão SGML.

Portanto, HTML é definido segundo um DTD de SGML.

Como são as Marcações HTML?

As marcações do HTML – tags – consistem do sinal (<), (o símbolo de "menor que"), seguida pelo nome da marcação e fechada por (>) ("maior que").

De um modo geral, as tags aparecem em pares, por exemplo, <h1> Cabeçalho</h1>. O símbolo que termina uma determinada marcação é igual àquele que a inicia, antecedido por uma barra (/) e precedido pelo texto referente.

No exemplo, a tag **<h1>** avisa ao cliente Web para iniciar a formatação do primeiro nível de cabeçalho e **</h1>** avisa que o cabeçalho acabou.

Há exceções a esse funcionamento em pares das marcações. A tag que indica quebra de linha – **
** – também não precisa de uma correspondente, e outras tais como **<hr />** por exemplo.

Documento Básico e seus Componentes

A estrutura de um documento HTML apresenta os seguintes componentes:

```
<html>
<head><title>Titulo do Documento</title></head>
<body>
texto,
imagem,
links,
...
</body>
</html>
```

As tags HTML não são *sensíveis à letras maiúsculas e minúsculas* (case sensitive). Traduzindo: tanto faz escrever **<htmL>**, **<Html>**, **<html>**, **<HtMl>**, ...

Mas por convenção, o HTML sempre deverá ser escrito em minúsculo, isso devido ao novo modelo XHTML.

Os documentos se dividem em duas seções principais: <**head** /> e <**body** />.

A tag <head />

A tag <**head** /> contém informações sobre o documento; a tag <**title** />, por exemplo, define um título, que é mostrado no alto da janela do browser. Nesta página, por exemplo, está definido assim:

```
<head>
  <title>Exemplo de documento em HTML</title>
</head>
```

Todo documento WWW deve ter um título; esse título é referenciado em buscas pela rede, dando uma identidade ao documento.

A tag <body />

Tudo que estiver contido na tag <**body** /> será mostrado na janela principal do browser, sendo apresentado ao leitor. A tag <**body** /> pode conter cabeçalhos, parágrafos, listas, tabelas, links para outros documentos, e imagens.

Quebra de Linha

Quando você quer mudar de linha, usamos a tag <**br** />. Isso só é necessário se você precisar de uma quebra de linha em determinado ponto, pois os browsers já quebram as linhas automaticamente para apresentar os textos.

Com sucessivas tags <**br** /> podemos inserir diversas linhas em branco nos documentos.

Parágrafos

Você pode criar parágrafos usando a tag <**p** />. Um parágrafo se distingue de uma quebra de linha por pular uma linha, deixando-a em branco.

Formatação de Textos

Existem diversas tags **HTML** que você pode usar para formatar textos existentes em sua página.

Veja algumas dessas tags logo a seguir:

Formatando em Negrito

A tag de negrito é representada por <**strong** />. Assim, se você precisar colocar uma palavra ou um trecho de texto em destaque, você fará a seguinte forma:

```
<strong> Esse texto está em negrito </strong>
```

Formatando em Itálico

A tag de itálico é representada por <**em** />. Assim, se você precisar colocar uma palavra ou um trecho de texto em destaque, como no caso do negrito, você fará a seguinte forma:

```
<em> Esse texto está em itálico </em>
```

Ligando um Documento com Links

A tag anchor <**a** /> é a responsável por ligações de hipertexto entre uma página e outra. Para criar um link você deverá fazer da seguinte forma:

```
<a href="nome_da_pagina.jsp">Esse é um exemplo de link</a>
```

Tabelas

As tabelas são representadas pela tag **<table />** e tem como sua funcionalidade principal organizar informações em uma página.

É muito usada para organizar objetos de formulário em páginas HTML. Sua sintaxe é:

```
<table border="1">
   <tr>
      <th>Célula de Cabeçalho 1</th><th>Célula de Cabeçalho 2</th>
   </tr>
    <tr>
      <td>Célula 1</td><td>Célula 2</td>
     </tr>
</table>
```

As tags que criam linhas são representadas por **<tr />**. Já as colunas ou divisões são representadas pelas tags **<td />**.

As tags que representam colunas de cabeçalho são representadas por **<th />**.

Formulários

Os formulários são usados para transmitir dados, sejam apenas textos ou também, arquivos em geral.

As tags de formulário são definidas por **<form />**.

```
<form method="post" action="pagina_para_recbimento.jsp">
   <label for="nome">Nome:</label>
   <input type="text" name="nome" id="nome" />
   <input type="submit" name="btEnviar"
            id="btEnviar" value="Enviar" />
</form>
```

A tag **<form />** contém alguns atributos, como no caso **method** que representa a forma de envio dos dados, sejam **POST** ou **GET**.

O atributo **action** define o local para onde você enviará os dados do formulário.

Um formulário pode ser formado de diversas outras tags, onde cada uma representa uma forma de transmitir informações.

Outros Atributos da tag <form />

A tag < form /> também pode apresentar um outro atributo:

Enctype

Indica o tipo de codificação dos dados enviados através do formulário. O tipo *default* é application/x-www-form-urlencoded.

Caso seja necessário enviar arquivos, você deve definir a codificação multipart/form-data.

```
<form action="recebe.jsp" method="post"
  enctype="multipart/form-data" name="form1" id="form1">
</form>
```

Entrando com Dados

Os formulários podem conter qualquer tipo de formatação. Como padrão colocamos tabelas dentro da marcação de formulários para organizar seus campos. Dentro da marcação da tag <form /> você pode colocar tags de campos de entrada e botões, onde as tags mais comuns são: <input />, <select />, <textarea /> e <label />.

Todos os campos de entrada de dados têm um atributo chamado name , ao qual associamos um nome, utilizado posteriormente por um script, tanto no lado cliente, para validação de dados, como por exemplo o JavaScript como no lado servidor, que será o responsável por captar as informações adicionadas e depois tratá-las.

TAGS Responsáveis por Entrada e Envio de Dados

INPUT

A tag <input /> tem um atributo principal chamado type, ao qual atribuímos seis valores diferentes que geram seis tipos diferentes de entrada de dados.

Campos de Entrada de Texto

O mais comum dos tipos de entrada de dados é o text.

```
<form action="recebe.jsp" method="post">
  Nome: <input type ="text" name = "nome" />
</form>
```

Campo de Dados Senha

Entrada de texto onde os caracteres são mascarados, impedindo a sua visualização real na tela, disfarçando geralmente com asteriscos ou bolinhas (XP Theme)

```
<form action="login.jsp" method="post">
  Login: <input type="text" name="login" /><br />
  Senha: <input type="password" name="senha" />
</form>
```

Outros Atributos

VALUE

Pode ser usado para dar um valor inicial a um campo de tipo texto ou senha. Desse modo, se o usuário não preencher este campo, será adotado este valor padrão.

```
Login: <input type="text" name="login" value="aprendarapido" />
```

SIZE

Especifica o tamanho visual para o campo do formulário. Só é válido para campos text e password . O valor padrão é 20.

```
<form action="login.jsp" method="post">
  Login: <input type="text" name="login" size="15" /><br />
  Senha: <input type="password" name="senha" size="15" />
</form>
```

MAXLENGHT

Número de caracteres máximo aceito em um campo de dados. Este atributo só é válido para campos de entrada **text** e **password**.

```
<form action="cadastro.jsp" method="post">
  e-mail: <input type="text" name="email"
    size="35" maxlenght="100" />
  <br />
  UF: <input type="text" name="uf" size="5" maxlenght="2" />
</form>
```

NAME

Assim como **type** é um atributo chave. Como já dito anteriormente, esse atributo é usado por scripts para recepção de dados ou para validação. É importante salientar que nesse atributo você não pode colocar caracteres especiais nem acentos.

ID

Assim como em outros elementos HTML, o atributo id é muito importante nas especificações do XHTML. Também possui uma ligação fundamental com a tag <label /> que será vista posteriormente.

Caixas de Checagem (Checkbox)

CHECKBOX

Insere um botão de escolha de opções. Pode ser escolhida mais de uma alternativa.

```
<form action="musicas.jsp" method="post" name="form1">
Selecione os estilos de música que mais gosta:<br />
   <input type="checkbox" name="rock" />ROCK <br />
   <input type="checkbox" name="pop" /> POP <br />
   <input type="checkbox" name="dance" /> DANCE <br />
</form>
```

Botões de Rádio

RADIO

Insere um botão de rádio, onde você tem várias opções mas somente uma alternativa entre elas pode ser escolhida.

```
<form action="cadastro.jsp" method="post" name="form1">
   <input type="radio" name="sexo" value="masculino" />Masculino
   <br />
   <input type="radio" name="sexo" value="feminino" /> Feminino
</form>
```

Note que o atributo name é o mesmo nas duas opções. Isso ocorre porque, se os nomes fossem diferentes, você poderia marcar mais de uma opção. O que difere um botão de rádio do outro é o atributo value.

CHECKED

Atributo comum entre os dois últimos tipos acima, colocando essa opção, a caixa de checagem ou botão de rádio fica marcado por padrão.

```
<input name="sexo" type="radio" value="masculino" checked="checked" />
```

Botões de Ação

SUBMIT

O botão tem o comportamento de enviar dados (submeter) ao servidor.

```
<form action="login.jsp" method="post">
  Login: <input type="text" name="login" size="15" /><br />
  Senha: <input type="password" name="senha" size="15" /><br />
  <input type="submit" name="enviar" value="Entrar" />
</form>
```

O atributo value nesse caso tem o comportamento de rótulo no botão.

RESET

Restaura os valores iniciais dos campos existentes no formulário, limpado qualquer entrada que você tenha feito ou selecionado.

```
<form action="login.jsp" method="post">
  Login: <input type="text" name="login" size="15" /><br />
  Senha: <input type="password" name="senha" size="15" /><br />
  <input type="submit" name="enviar" value="Entrar" />
  <input type="reset" name="limpar" value="Limpar" />
</form>
```

BUTTON

Botão sem ação padrão alguma. Muito usado pelos desenvolvedores para chamada de scripts que rodam do lado cliente, como o JavaScript.

```
<form action="login.jsp" method="post">
  <input type="button" value="Chama script" onclick="enviar( )" />
</form>
```

IMAGE

Botão que contém as características de envio semelhante ao SUBMIT mas que no lugar de um botão comum você tem uma imagem inserida.

```
<form action="login.jsp" method="post">
   <input type="image" name="enviar" src="imagem.gif" />
</form>
```

Caixas de Seleção

Comuns em programas desktop, as caixas de seleção servem, assim como os botões de rádio, para restringir as opções do usuário escolhendo uma entre as opções.

```
<form action="cadastro.jsp" method="post">
   Estado:
   <select name= "estado" >
     <option value="SP">São Paulo</option>
     <option value="RJ">Rio de Janeiro</option>
     <option value="MG">Minas Gerais</option>
     <option value="0" selected="selected">
        Selecione o Estado
     </option>
   </select>
</form>
```

As caixas de seleção contêm múltiplas opções geradas com a tag **<option />** e os valores (VALUE) são atribuídos nessa TAG.

SELECTED

Atributo que seleciona uma opção como padrão, similar ao **checked** das tags <checkbox /> e <radio />.

SIZE

Atributo que amplia a quantidade de opções visíveis no campo:

```
<form action="cadastro.jsp" method="post">
  Estado:
  <select name= "estado" size="4">
    <option value="SP">São Paulo</option>
    <option value="RJ">Rio de Janeiro</option>
    <option value="MG">Minas Gerais</option>
    <option value="0" selected="selected">
      Selecione o Estado
    </option>
  </select>
</form>
```

Nesse caso, os quatro itens da caixa serão mostrados.

MULTIPLE

Com esse atributo, a caixa de seleção passa a ter a capacidade de poder ter múltiplas seleções, que poderão ser feitas com a tecla SHIFT pressionada para uma seleção uniforme ou com a tecla CTRL para uma seleção aleatória.

```
<form action="cadastro.jsp" method="post">
  Estado:
  <select name= "estado" size="4" multiple="multiple">
    <option value="SP">São Paulo</option>
    <option value="RJ">Rio de Janeiro</option>
    <option value="MG">Minas Gerais</option>
    <option value="0" selected="selected">
      Selecione o Estado
    </option>
  </select>
</form>
```

Agrupando Opções

```
<optgroup />
```

O elemento **<optgroup />** serve para criar grupos de opções, dentro de uma lista select, formando listas hierárquicas. O texto exibido pelo **optgroup** é apenas um rótulo (gerado pelo atributo LABEL) e não pode ser selecionado, ou seja, não é uma opção válida da lista.

```
<form action="cadastro.jsp" method="post">
  Estado:
  <select name= "estado" size="4" multiple="multiple">
   <optgroup  label="SUDESTE">
    <option value="SP">São Paulo</option>
    <option value="RJ">Rio de Janeiro</option>
    <option value="MG">Minas Gerais</option>
    <option value="0" selected="selected">
       Selecione o Estado
    </option>
   </optgroup>
  </select>
</form>
```

Áreas de Texto

```
<textarea />
```

Uma área para entrada de texto, utilizada para grande quantidade de informações.

```
<form action="cadastro.jsp" method="post">
  <textarea cols="40" rows="5" name="comentario">
    Coloque aqui seu comentário
  </textarea>
</form>
```

COLS

O atributo COLS determina a quantidade de caracteres na horizontal que serão exibidos.

ROWS

Com esse atributo você tem a quantidade de linhas que serão exibidas.

WRAP

O atributo WRAP define se a mudança de linha será automática durante a digitação ("on"), ou somente quando for pressionado ENTER ("off").

O parâmetro WRAP pode assumir também uma das seguintes opções:

VIRTUAL – o texto digitado sofre o efeito na tela de quebra de linha, porém o texto é enviado numa única linha;

PHYSICAL – o texto digitado sofre o efeito na tela de quebra de linha, e também o texto é enviado com as quebras de linha;

Rótulos

```
<label />
```

Utilizado como rótulo de uma caixa de entrada, botão de checagem ou de seleção, tem como principal característica possibilitar o usuário de clicar em seu rótulo e esse por sua vez jogar o foco na caixa de texto ou marcar uma opção.

```
<form action="cadastro.jsp" method="post" name="form1">
   <input type="radio" name="sexo" value="masculino" id="m" />
   <label for="m">Masculino </label><br />
   <input type="radio" name="sexo" value="feminino" id="f" />
    <label for="f">Feminino</label> <br />
</form>
```

No caso acima, clicando no rótulo, por exemplo em Masculino, a tag **<label />** localizará o atributo ID com o valor m, e o selecionará.

Campo Oculto

HIDDEN

Existem campos que, de certa forma, você quer passar valores, mas não quer que o usuário final não os veja. Isso é muito comum no uso de programação servidora e você aprenderá nos cursos de PHP, ASP ou JSP.

```
<form action="login.jsp" method="post">
  Login: <input type="text" name="login" size="15" /><br />
  Senha: <input type="password" name="senha" size="15" /><br />
  <input type="hidden" name="oculto"
value="valor oculto ao usuário na página" />
  <input type="submit" name="enviar" value="Entrar" />
</form>
```

Campo de Arquivos

FILE

O campo FILE transporta arquivos para o servidor, o chamado UPLOAD. O atributo enctype="multipart/form-data" deve ser definido na declaração do formulário.

```
<form action="recebe_arquivo.jsp" method="post"
   enctype="multipart/form-data" name="form1" id="form1">
  <input name="arquivo" type="file" id="arquivo" />
</form>
```

Botões de Formulário Especiais

Eu os chamo de especiais por conter características inovadoras e interessantes introduzidas no HTML. É importante salientar que nem todos os browsers podem suportar todos, mas que os principais e atuais o suportam.

BUTTON

Existem três tipos de botões: SUBMIT, RESET e BUTTON:

```
<form action="login.jsp" method="post">
 <button type="submit" name="enviar" value="Enviar">
  <img src="enviar.gif" /> Enviar
</button>
</form>
```

O botão acima aparece com uma imagem e um rótulo escrito Enviar. Seu comportamento é similar ao botão do SUBMIT visto anteriormente. Abaixo você tem o RESET e o BUTTON, que possuem as mesmas características vistas anteriormente nos controles INPUT.

```
<form action="login.jsp" method="post">
  <button type="reset" name="limpar" value="Limpar">
Limpar
</button>
  <button type="button" name="nada" value="Nada">
Nada
</button>
</form>
```

Somente Leitura e Desabilitado

READONLY

Esse atributo torna o campo somente leitura em seu conteúdo.

```
<form action="cadastro.jsp" method="post">
e-mail: <input type="text" name="email"
size="35" readonly="readonly"
  value="aprendarapido@aprendarapido.com.br" />
</form>
```

DISABLED

Esse atributo desabilita um campo, não podendo nem sequer selecionar seu conteúdo.

```
<form action="cadastro.jsp" method="post">
e-mail: <input type="text" name="email" size="35"
    disabled="disabled"
value="aprendarapido@aprendarapido.com.br" />
</form>
```

FIELDSET

Um rótulo especial, que envolve um conjunto de campos, geralmente usados para agrupar certos pontos do formulário ou botões de rádio ou de checagem. Um título aparece na parte superior e uma linha envolve a área.

```
<form action="musicas.jsp" method="post" name="form1">
  <fieldset style="width: 50%;">
    <legend title="Qual música você mais gosta">
      Qual música você mais gosta
    </legend>
    <input type="checkbox" name="rock" id="rock" />
```

```
    <label for="rock">ROCK </label><br />
    <input type="checkbox" name="pop" id="pop" />
    <label for="pop">POP</label> <br />
    <input type="checkbox" name="dance" id="dance" />
    <label for="dance">DANCE</label>
  </fieldset>
</form>
```

Tecla de Acesso

ACCESSKEY

O atributo accesskey associa uma tecla de acesso a um elemento. Uma tecla de acesso deve ser um único caractere. Quando a tecla de acesso é ativada (no Windows, combinada com ALT), o controle correspondente recebe o foco. Os seguintes elementos suportam o atributo accesskey: button, input, label, legend e textarea, além dos elementos HTML.

```
<form action="enviar.jsp" method="post">
e-mail: <input type="text" name="email" size="35" accesskey="m" />
</form>
```

No caso acima, você pode colocar o foco no componente apenas pressionando a tecla ALT em *conjunto* com a tecla m.

As Diferenças entre o HTML 4 e o XHTML

Requisitos de Conformidades para Documentos

Esta versão da XHTML define as conformidades de documentos em modo XHTML 1.0 "strict", os quais estão restritos a elementos e atributos XML e XHTML 1.0 namespaces. 3.1.1. Requisitos de conformidades para documentos no modo "strict"

Um documento "strict" conforme com XHTML é um documento XML que atende somente as facilidades descritas como mandatárias nesta especificação. Documentos nestas condições devem satisfazer os seguintes critérios:

1. Estar conforme com as declarações contidas em uma das três DTDs
2. O elemento raiz do documento deve ser html.
3. O elemento raiz do documento deve conter uma declaração xmlns para o namespace em XHTML . O namespace em XHTML é definido como: http://www.w3.org/1999/xhtml. Abaixo, um exemplo de elemento raiz:

```
<html xmlns="http://www.w3.org/1999/xhtml" xml:lang="en" lang="en">
```

4. Deve haver no documento, uma declaração DOCTYPE que precede o elemento raiz do documento. A declaração de identificador público contida no DOCTYPE deve referenciar-se a uma das três DTDs encontradas em DTDs através do uso do respectivo Formal Public Identifier (Identificador Público Formal). O sistema identificador adaptar-se-á às características do sistema local.

```
<!DOCTYPE html
    PUBLIC "-//W3C//DTD XHTML 1.0 Strict//EN"
    "http://www.w3.org/TR/xhtml1/DTD/xhtml1-strict.dtd">

<!DOCTYPE html
    PUBLIC "-//W3C//DTD XHTML 1.0 Transitional//EN"
    "http://www.w3.org/TR/xhtml1/DTD/xhtml1-transitional.dtd">

<!DOCTYPE html
    PUBLIC "-//W3C//DTD XHTML 1.0 Frameset//EN"
    "http://www.w3.org/TR/xhtml1/DTD/xhtml1-frameset.dtd">
```

5. O subconjunto das DTD não deve ser usado para sobrescrever entidades parâmetros nas DTD.

Uma declaração XML não é requerida em todo documento XML, contudo recomenda-se que os autores de documentos XHTML usem a declaração

XML nos seus documentos. Tal declaração é requerida quando a codificação de caracteres do documento for outra que não a codificação default UTF-8 ou UTF-16 e nenhuma codificação for determinada por um protocolo de nível superior.

Diferenças para o HTML 4

Esta Seção é Informativa

Dado ao fato de que XHTML é uma aplicação XML, certas práticas que são legais em HTML 4 baseado em SGML [HTML4] devem ser modificadas.

Os Documentos devem ser bem Formados

Bem formado é um conceito novo introduzido por [XML]. Em essência, isto significa que todos os elementos devem ter suas tags de fechamento ou serem escritos com uma sintaxe especial (descrita adiante) e ainda, que todos os elementos devem estar convenientemente aninhados.

Embora "overlapping" seja ilegal em SGML, é amplamente tolerado pelos navegadores em uso.

CORRETO: elementos aninhados.

```
<p>aqui, um parágrafo em <em>negrito</em>.</p>
```

INCORRETO: elementos em "overlapping"

```
<p>aqui, um parágrafo em<em>negrito.</p></em>
```

Elementos e Nomes de Atributos devem ser em Letras Minúsculas

Documentos XHTML devem usar minúsculas para todos os elementos do HTML, bem como para nomes de atributos. Esta diferença é necessária porque XML é case-sensitive (sensível a caracteres maiúsculos e minúsculos). Por exemplo, <li> e <LI> são tags diferentes. Isso no decorrer do curso deve ser observado e que foram colocados os elementos, bem como atributos, em maiúsculo para melhor assimilação do código e conteúdo, mas que devem seguir as especificações normativas.

O Uso de Tags de Fechamento é Obrigatório

Em SGML – HTML 4 é permitido para determinados elementos, omitir-se a tag de fechamento. XML não permite omissão de qualquer tag de fechamento. Todos os elementos excetuados aqueles vazios declarados nas DTD, tem que ter tag de fechamento. Os elementos vazios declarados nas DTD podem ter tag de fechamento ou usar uma abreviação para elemento vazio.

Elementos Vazios

Elementos vazios devem ter uma tag de fechamento ou a tag de abertura deve terminar com />. Como exemplo: <br /> ou <hr />.

CORRETO: Elementos vazios com terminação

```
<br /><hr />
```

INCORRETO: Elementos vazios sem terminação

```
<br><hr>
```

Os Valores de Atributos devem Estar entre Aspas

Todos os valores de atributo devem ser declarados entre aspas, mesmo aqueles valores com caracteres numéricos.

```
<td rowspan="3">
```

A Sintaxe para Atributos deve ser Escrita por Completo

XML não suporta abreviações na sintaxe para atributos. Valores de atributos devem ser escritos por completo. Nomes de atributos tais como readonly e checked não podem ocorrer em elementos sem que seus respectivos valores sejam declarados.

```
<input name="rock" type="checkbox" id="rock" checked="checked" />
```

Elementos Vazios

Inclua um espaço antes de / > (barra-sinal de maior) nos elementos vazios. Por exemplo, <br />, <hr /> e <img src="imagem.jpg" alt="Minha Imagem" />. Use a sintaxe de tag simplificada para elementos vazios.

O MySQL

MySQL É UM SISTEMA DE GERENCIAMENTO DE BANCO DE DADOS relacional, multiencadeado, de código-fonte aberto e nível corporativo.

O MySQL foi desenvolvido por uma empresa de consultoria na Suécia chamada inicialmente de TcX, depois, com a popularidade do MySQL, passou a se chamar MySQL AB.

Seu desenvolvimento ocorreu quando estavam precisando de um sistema de banco de dados que fosse extremamente rápido e flexível. Foi, assim então, que eles criaram o MySQL, que é vagamente baseado em outro sistema de gerenciamento de banco de dados chamado de mSQL.

O MySQL é rápido, flexível e confiável. É utilizado em muitos lugares por todo o mundo.

A propósito, à parte "AB" do nome da companhia é o acrônimo para a palavra sueca "aktiebolag", ou "sociedade anônima". Ela é traduzida para "MySQL, Inc." De fato, MySQL Inc. e MySQL GmbH são exemplos de subsidiárias da MySQL AB. Elas estão localizadas nos EUA e Alemanha, respectivamente.

O que é um Banco de Dados Relacional?

Um banco no mundo de cimento e tijolo é o lugar onde guardamos dinheiro. Um banco de dados também guarda, só que neste caso são dados.

Chamamos de dados tudo que possamos inserir no computador, números, letras, caracteres, imagens e etc.

Um banco de dados relacional é uma composição de tabelas e colunas que se relacionam entre si. Esses relacionamentos são baseados em um valor-chave que é contido em cada tabela, em uma coluna.

Instalando o Banco de Dados

O MySQL tem diferentes formas de instalação quando se trata de sistemas operacionais. No caso do Windows, você pode baixar a última distribuição através do site:

```
http://www.mysql.com/downloads.
```

Instalando no Windows

Procure pelo formato executável. O arquivo vem compactado no formato **.zip**.

Descompacte e instale. A instalação, como não poderia deixar de ser, é feita por um assistente. Siga os passos até a finalização.

Caso sua máquina tenha o sistema operacional Windows pertencente a família NT(NT, 2000 ou XP), o MySQL é instalado como serviço. Então basta iniciar ou parar o serviço, encontrado no **Painel de Controle>Ferramentas Administrativas>Serviços**.

Você também pode utilizar o comando pelo prompt, desde que você saiba o nome do serviço do seu MySQL:

PARA INICIAR O SERVIÇO:

```
net start mysql
```

PARA PARAR O SERVIÇO:

```
net stop mysql
```

Instalando o MySQL no Linux

O MySQL Server pode ser instalado no Linux de várias formas. A forma recomendada é a que está em formato RPM.

Você deve baixar dois arquivos para instalar o MySQL na sua máquina. Esses arquivos são:

MySQL-server-[versão].i386.rpm – para instalar o servidor mysqld no Linux

MySQL-client-[versão].i386.rpm – para instalar o cliente mysql para executar os comandos no Linux.

A instalação poderá ser feita através do comando rpm, no Shell do seu Linux. Um exemplo seria:

```
Shell> rpm -ivh MySQL-server-5.0.1.i386.rpm MySQL-client-
5.0.1.i386.rpm
```

A versão RPM já vem com pré-configurações e assim que ocorrer a instalação, para iniciar ou parar o servidor, a seguinte sintaxe poderá ser feita:

Shell>/etc/init.d/./mysql start – para iniciar o servidor MySQL

Shell>/etc/init.d/./mysql stop – para parar o servidor MySQL

Acessando o Banco de Dados MySQL

NO WINDOWS

Se você estiver usando o sistema operacional Windows e utilizou a instalação padrão do programa, abra o prompt de comando e digite a seqüência:

```
cd\mysql\bin
```

Lembrando que você deve estar no drive em que o MySQL está instalado. Por padrão você o instala no drive **C**.

Digitando o comando a seguir você entra no MySQL.

```
mysql -u root -p
```

Tecle ENTER e receberá o pedido de senha:

```
password
```

Digite a senha que você configurou na instalação e tecle ENTER novamente.

Versões mais modernas do MySQL para o sistema operacional Windows não necessitam de tantos passos para iniciar, bastando ir até o atalho encontrado no menu Iniciar do sistema e no atalho do MySQL iniciar o prompt de comando encontrado neste local.

No Linux

Se você utilizou a instalação binária, em rpm (recomendado), basta abrir o terminal e digitar a seqüência:

```
shell>mysql -u root -p
```

Se já estiver logado como **root**, no seu sistema operacional, não há necessidade de colocar o **–u root -p** depois do comando **mysql**.

Os Comandos CREATE e DROP

Quando pensar nos comandos **CREATE** e **DROP**, você deve imaginar equipamentos de terraplanagem, caminhões basculantes e guindastes, porque são ferramentas que você utiliza para criar o seu banco de dados. Esses comandos, embora raramente utilizados, são os mais importantes.

O Comando CREATE

Há muitas maneiras diferentes de criar banco de dados no MySQL. Ao criar um banco de dados, você normalmente terá o layout inteiro pronto. Normalmente adicionaria as tabelas imediatamente depois de criar o banco de dado, mas, teremos uma etapa por vez.

A primeira etapa para criar um banco de dados no MySQL é inserir o comando ***CREATE DATABASE nome_banco_de_dados*** da SQL (Structured Query Language) no monitor MySQL, onde nome_banco_de_dados é o nome do banco de dados que você está criado.

No prompt de comando, no monitor do MySQL, insira o seguinte comando:

```
mysql> CREATE DATABASE  livraria;
```

Note que não foi utilizado acentuação e em casos de palavras compostas não insira espaços, se for o caso insira sublinhado " _ ".

O Comando USE

Depois de confirmado a criação do banco de dados, você deverá utilizar o comando **USE** para utilizar o banco de dados **livraria**.

```
USE livraria;
```

Um ponto importante é que o MySQL não torna ativo o banco de dados que você criou, isso deve ser implícito.

O Comando DROP

O comando **DROP** é semelhante ao comando **CREATE**. Enquanto o último cria um banco de dados, o primeiro exclui. O comando **DROP** do **SQL** é imperdoável. Não há caixas de confirmação para ver se você tem certeza. Este comando exclui o banco de dados e tudo o que estiver nele.

É só ir até o prompt de comando e no monitor do MySQL e digitar:

```
mysql> DROP DATABASE livraria;
```

Isso excluirá o banco de dados veículos e tudo o que estiver nele.

Criando Tabelas

Criar tabela no MySQL é uma tarefa relativamente fácil. Para se criar uma tabela basta usar a seqüência:

```
shell>mysql -u root
```

Após estar no monitor do MySQL digite a seguinte seqüência:

```
mysql> CREATE DATABASE livraria;

mysql> USE livraria;

mysql> CREATE TABLE autores(
    -> autor_id INT UNSIGNED NOT NULL PRIMARY KEY AUTO_INCREMENT,
    -> nome VARCHAR(100),
    -> email VARCHAR(100),
    -> dt_nasc DATE);
```

O Comando SHOW

Assim que criada sua primeira tabela. Para ver o resultado digite a seqüência:

SHOW TABLES FROM LIVRARIA;

Para ver as colunas que existem na sua tabela digite:
SHOW COLUMNS FROM livros;
Ou **DESCRIBE**.

O Comando DESCRIBE

Se preferir, o comando **DESCRIBE** faz a mesma coisa que **SHOW**, mostrando as colunas existentes em sua tabela.

DESCRIBE livros;

Ou simplesmente:

DESC livros;

IF NOT EXISTS

Uma maneira de se ter certeza de se não está criando uma tabela novamente é fazer o comando **IF NOT EXISTS**:

```
mysql> CREATE TABLE  IF NOT EXISTS livros(
      -> isbn CHAR(13) NOT NULL PRIMARY KEY,
      -> titulo VARCHAR(50),
      -> edicao_num TINYINT(2),
      -> ano_publicacao YEAR,
      -> descricao TEXT);
```

Alterando Tabelas Existentes

Agora que você criou a sua tabela o que aconteceria se você precisasse alterar algo que fez?

Confira os seguintes exemplos para alterar o nome da tabela, tipo de dados e o nome da coluna:

Alterando o Nome da Coluna

Usando a cláusula CHANGE você pode alterar o nome da coluna da sua tabela:

ALTER TABLE livros CHANGE titulo titulo_do_livro VARCHAR(50);

Alterando o Tipo de Coluna

O tipo pode ser alterado usando a cláusula **MODIFY**:

ALTER TABLE livros
MODIFY titulo_do_livro VARCHAR(30) NOT NULL;

Renomeando uma Tabela

Renomear o nome de uma tabela, também se usa ALTER TABLE, mas com a cláusula RENAME:

ALTER TABLE livros RENAME livros2;

Excluindo / Adicionando Colunas e Tabelas

Como você pode ver quando uma coluna é criada ou uma tabela estas não são escritas na pedra e podem ser alteradas facilmente. Isso também implica em adicionar colunas em uma tabela existente ou excluí-la.

Eliminando Tabelas e Colunas

O comando **DROP** também é utilizado para eliminar as colunas de uma tabela.

Para excluir uma tabela existente execute a seguinte seqüência:
DROP TABLE livros2;
Para excluir somente uma coluna execute a seguinte seqüência:
ALTER TABLE livros2 DROP editora_id;
Isso excluirá a coluna e todas as informações que você armazenou.

Adicionando Colunas

O comando **ADD** é o responsável pela inserção de uma nova coluna.

ALTER TABLE livros2 ADD editora_id INT; *#onde ADD é adicionar*

Adicionando Colunas Após uma Outra Determinada

O comando **AFTER** adiciona a nova coluna na tabela após o nome mencionado.

ALTER TABLE livros2 ADD editora_id INT AFTER edicao_num;

Utilizando Índices

Um índice é um arquivo estruturado que facilita o acesso a dados.

Isso significa que um índice na coluna correta aumentará a velocidade de uma consulta consideravelmente. Um índice trabalha da mesma forma que pastas com separador alfabético em um gabinete de arquivo ele permite pular para a parte do alfabeto que você está procurando.

Decidindo quais Colunas Incluir no Índice

Você deve colocar um índice na(s) coluna(s) que utilizará com mais freqüência como filtro em suas consultas.

Os índices também funcionam melhor em colunas que contêm dados únicos. Essa é uma das razões pela as quais chaves são normalmente suas melhores escolhas para índices. Essa também pode ser uma das razões que as pessoas confundem chaves e índices. Uma chave ajuda a definir a estrutura de um banco de dados, ao passo que índice apenas aprimora o desempenho.

Um índice pode ser composto de uma ou mais colunas. Você também pode ter mais de um índice em uma tabela.

Criando um Índice

Por padrão, o MySQL cria um índice se você declara uma coluna como uma chave primária. Não há necessidade de criar um índice nessa coluna; caso contrário você teria dois índices em uma mesma coluna.

A sintaxe para criar um índice em uma coluna:

ALTER TABLE livros ADD INDEX idx_titulo(titulo);

Excluindo Índices

Excluir um índice é tão simples quanto criar. A sintaxe é a mesma que excluir uma coluna ou uma tabela:

DROP INDEX nomedoindice ON nomedatabela;

Ou...

ALTER TABLE nomedatabela DROP INDEX nomedoindice;

Para alterar uma tabela eliminando uma chave primária, utilize a seguinte sintaxe:

ALTER TABLE nomedatabela DROP PRIMARY KEY;

Se você estiver usando uma coluna com **AUTO_INCREMENT**, você não excluirá a chave primária enquanto não retirar esse modificador.

Tipos de Tabelas

O MySQL possui uma característica um pouco diferente dos outros sistemas gerenciadores de banco de dados, uma vez que no MySQL é possível escolher o tipo da tabela no momento da criação. O formato de armazenamento dos dados, bem como alguns recursos do banco de dados são dependentes do tipo de tabela escolhido.

A definição do tipo de tabela pode ser feita na criação da tabela, como você pode ver a seguir:

```
CREATE TABLE teste (
        id INT NOT NULL,
        nome VARCHAR(30) NOT NULL,
        PRIMARY KEY (id)
) ENGINE=MyISAM;
```

No comando criado, o tipo da tabela, indicado em TYPE=MyISAM, significa que você está criando uma tabela com o tipo MyISAM, que é o padrão das tabelas, caso não seja informado o TYPE. A partir da versão 4.0.18 você pode utilizar ENGINE como sinônimo de TYPE.

Os tipos mais comuns de tabelas criadas são o MyISAM (padrão) e o InnoDB(suporta transações):

O Tipo MyISAM

Este é o tipo de tabela padrão do MySQL. Caso não seja informado o tipo de tabela, o MySQL criará a tabela do tipo MyISAM. O tipo de tabela padrão pode ser alterado incluindo-se no arquivo de configuração, chamado de my.cnf (no Linux) ou my.ini (no Windows), a opção a seguir:

```
default-storage-engine=INNODB
```

As tabelas MyISAM são armazenadas em 3 arquivos, com o mesmo nome da tabela, mas com extensões diferentes:

- **.FRM** que armazena a definição da tabela.
- **.MYD** que contém os dados.
- **.MYI** contendo os índices.

Estas tabelas são de grande desempenho para leitura, uma vez que os seus índices são armazenados em árvores binárias balanceadas, o que provê um ganho para o acesso às informações. O MyISAM não trabalha com transações (commit ou rollback) e também não possui integridade referencial, isto é, ao incluir uma chave estrangeira com alguns constraints, esta servirá apenas como documentação, mas as restrições não serão respeitadas pelo banco.

O Tipo InnoDB

O tipo **InnoDB** é do tipo de tabela transacional, desenvolvido pela **InnoDBase Oy**. A partir da versão 4.0 do MySQL ele passa a ser parte integrante das distribuições do MySQL. O InnoDB apresenta, além da capacidade transacional, outros recursos que são realmente úteis na utilização de tabelas:

- Integridade referencial, com implementação dos constraints **SET NULL**, **SET DEFAULT**, **RESTRICT** e **CASCADE**;
- Ferramenta de backup on-line (ferramenta comercial, não GPL);
- Lock de registro, como Oracle, DB2, etc;
- Níveis de isolamento;
- Armazenamentos de dados em tablespace.

Por se tratar de um tipo de tabela com recursos mais avançados, requer mais espaço em memória e disco, além de se apresentar, em determinadas situações, um pouco mais lento que tabelas do tipo MyISAM. Apesar disto, o tipo InnoDB tem se mostrado extremamente rápido se comparado com outros SGBDs transacionais.

Alterando o Tipo de uma Tabela

Com o comando **ALTER TABLE** não é possível alterar o tipo da tabela, por isso, você pode alterar da seguinte maneira:

```
ALTER TABLE livros ENGINE=INNODB;
```

Tipo de Dados

Como a maioria dos sistemas de gerenciamento de banco de dados relacional (Relational Database Management Systems – RDBMS), o MySQL tem tipos de dados específicos de coluna.

O MySQL tem vários tipos de dados que suportam funções diferentes. Um tipo de dados é a definição das informações que uma coluna armazenará. Pode haver muitos tipos de dados em uma tabela, mas cada coluna armazenará seu próprio tipo de informações específicas.

Há quatro tipos de grupos de formatos de dados. O primeiro é o numérico. O segundo tipo é o formato de caractere ou string. Esse formato consiste em letras e números ou qualquer coisa que você coloque entre aspas. O terceiro grupo é formado por datas e horas. O tipo final é uma forma de miscelânea. Ele consiste em tudo que não se encaixa em qualquer uma das outras categorias.

Tipos Numéricos

Os tipos numéricos destinam-se somente a números. Os diferentes tipos de números ocupam uma quantidade diferente de espaço na memória.

Um bom exemplo é você tentando comprar um chocolate em uma loja e ao passar no caixa a você descobre que deve pagar pela caixa inteira. Você diz que não precisa de tudo, mas é atacado e só e vendido de caixa. Se você vai utilizar 3 números, por que ocupar um espaço na memória como se estivesse utilizando 100?

Lembre-se: você só deve pagar pelo que vai usar.

Tabela E.1 – Armazenamento Numérico

Nome do tipo	*Espaço na memória*
TINYINT	1 byte
SMALLINT	2 bytes
MEDIUMINT	3 bytes
INT	4 bytes
BIGINT	8 bytes
FLOAT(Inteiro,Decimal)	4 bytes
DOUBLE(Inteiro,Decimal)	8 bytes
DECIMAL(Inteiro,Decimal)	O valor de bytes Inteiro + 2

Se a coluna é numérica e declarada **UNSIGNED**, o intervalo dobra para o tipo dado. Por exemplo, se você declara que uma coluna que é ***UNSIGNED TINYINT***, o intervalo dessa coluna é de **0** a **255**. Declarando dessa forma você faz com que essa coluna tenha somente valores positivos.

Tabela E.2 –Tipos Numéricos

Nome do tipo	*Intervalo de valor*	*Sem sinal*
TINYINT	-128 a 127	0 - 255
SMALLINT	-32768 a 32767	0 - 65535
MEDIUMINT	-8388608 a 83888607	0 - 16777215
INT	-2147483648 a 2147483647	0 - 4294967295
BIGINT	-9223372036854775808 a 9223372036854775807	0 - 18446744073709550615
FLOAT(Inteiro,Decimal)	Varia dependendo dos valores	
DOUBLE(Inteiro,Decimal)	Varia dependendo dos valores	
DECIMAL(Inteiro,Decimal)	Varia dependendo dos valores	

FLOATs, **DOUBLE**s e **DECIMAL**s são tipos numéricos que podem armazenar frações. Os outros não.

Utilize **DECIMAL** para números realmente grandes. **DECIMAL**s são armazenados de maneira diferente e não têm limites.

Modificadores AUTO_INCREMENT, UNSIGNED e ZEROFILL

Esses modificadores só podem ser utilizados com tipos de dados numéricos. Eles utilizam operações que somente podem ser feitas com números.

AUTO_INCREMENT

O modificador de coluna **AUTO_INCREMENT** automaticamente aumenta o valor de uma coluna adicionando 1 ao valor máximo atual. Ele fornece um contador que é ótimo para criar valores únicos.

Você também pode incluir um número. Se quiser que uma coluna **AUTO_INCREMENT** inicie com **9.000**, por exemplo, é só declarar explicitamente um ponto inicial utilizando a seguinte sintaxe:

```
mysql> CREATE TABLE  teste (
      ->  id INT NOT NULL PRIMARY KEY AUTO_INCREMENT
      ->  ) AUTO_INCREMENT=9000;
```

UNSIGNED

UNSIGNED depois de um tipo inteiro significa que ele só pode ter um zero ou valor positivo.

ZEROFILL

O modificador de coluna **ZEROFILL** é utilizado para exibir zeros à esquerda de um número com base na largura de exibição.

Como todos os tipos de dados numéricos têm uma largura de exibição opcional, se você declara um **INT(8) ZEROFILL** e o valor armazenado é **23**, ele será exibido como **00000023**.

Para isso utilize a seguinte sintaxe:

CREATE TABLE teste (id INT(4) ZEROFILL);

Tipos de Caractere ou de Dados de String

O outro grupo importante de tipo de dados são os tipos de strings ou de caractere.

Uma string é um conjunto de caracteres. Um tipo de string pode armazenar dados como São Paulo ou Avenida São João n.º 255. Qualquer valor pode ser armazenado em um tipo de dados de string.

Tabela E.3 – Tipos String

Nome de tipo	*Tamanho máximo*	*Espaço de armazenamento*
CHAR(X)	255 bytes	X bytes
VARCHAR(X)	255 bytes	X + 1 byte
TINYTEXT	255 bytes	X + 1 byte
TINYBLOB	255 bytes	X + 2 bytes
TEXT	65.535 bytes	X + 2 bytes
BLOB	65.535 bytes	X + 2 bytes
MEDIUMTEXT	1,6 MB	X + 3 bytes
MEDIUMBLOB	1,6 MB	X + 3 bytes
LONGTEXT	4,2 GB	X + 4 bytes
LONGBLOB	4,2 GB	X + 4 bytes

CHAR e VARCHAR

Fora todos esses tipos, os tipos **VARCHAR** e **CHAR** são os mais utilizados. A diferença entre eles é que o **VARCHAR** tem um comprimento variável e o **CHAR** não. Os tipos **CHAR** são utilizados para comprimentos fixos. Você utilizará esse tipo quando os valores não variam muito. Se você declara um **CHAR(10)**, todos os valores armazenados nessa coluna terão **10 bytes** de comprimento, mesmo se ele tiver **3 bytes** de comprimento. O

MySQL preenche esse valor para ajustar o tamanho que foi declarado. O tipo **VARCHAR** faz o contrário. Se você declara um **VARCHAR(10)** e armazena um valor que tem somente **3** caracteres de comprimento, a quantidade total de espaço de armazenamento é de **4 bytes** (o comprimento mais um).

A vantagem de utilizar os tipos **CHAR** é que as tabelas que contêm esses valores fixos são processadas mais rapidamente que aquelas que são compostas pelo tipo **VARCHAR**. A desvantagem de utilizar o tipo **CHAR** é o espaço desperdiçado.

De um modo geral não se pode utilizar os dois na mesma tabela, pois quando feito o MySQL converte automaticamente uma coluna com o tipo **CHAR** em **VARCHAR**.

A única exceção é quando você declara uma coluna como **VARCHAR(3)**, o MySQL converte automaticamente em **CHAR(3)**. Isso acontece porque valores de **4** caracteres ou menores são muito pequenos para o tipo **VARCHAR**.

TEXT e BLOB

TEXT e **BLOB*(Binary Large Object)*** são tipos variáveis de comprimento que podem armazenar grandes quantidades de dados. Você utilizará esses tipos quando quiser armazenar *imagens*, *sons* ou *grandes* quantidades de *textos*, como páginas da *Web* ou *documentos*.

Um bom exemplo é se você estiver querendo armazenar valores de uma *<TEXTAREA>* de uma sessão de comentários em uma página da Web, o tipo **TEXT** seria uma boa escolha.

Tipos Variados

Há basicamente três tipos variados; os tipos *ENUM, SET e DATE/TIME.*

Tipo ENUM

O tipo **ENUM** é uma lista ENUMerada. Significa que essa coluna pode armazenar apenas um dos valores que estão declarados na lista dada.

Você pode ter até *65.535 itens* em sua lista enumerada. É uma boa escolha para caixas de combinação.

Tipo SET

O tipo **SET** é muito parecido com o tipo ENUM. O tipo SET, como o tipo ENUM, armazena uma lista de valores. A diferença é que no tipo SET, você pode escolher mais de uma opção para armazenar. Um tipo SET pode conter até *64 itens*. O tipo SET é uma boa escolha para opções em uma página da Web em que o usuário pode escolher mais de um valor.

Tipos de Data e Hora (DATE/TIME)

O MySQL suporta vários tipos de data e hora. Esses são mostrados na tabela a seguir:

Tabela E.4 – Tabela de Data e Hora

Tipo	*Intervalo*	*Descrição*
DATE	1000-01-01 a 9999-12-31	Datas. Será exibida como YYYY-MM-DD
TIME	-838:59:59 a 838:59:59	Hora. Será exibida como HH:MM:SS
DATETIME	1000-01-01 00:00:00 a 9999-12-31 23:59:59	Data e Hora. Será exibida como YYYY-MM-DD HH:MM:SS
TIMESTAMP[(F)]	1970-01-01 00:00:00	Um registro de data/hora, útil para relatório de transação. O formato de exibição depende do formato de F.
YEAR[(2 | 4)]	70-69 (1970-2069)1901-2155	Um ano. Você pode especificar 2 ou 4 formatos de dígitos. Cada um desses tem um intervalo diferente, como mostrado.

Modificadores Adicionais de Coluna

O MySQL tem várias palavras-chave que modificam a maneira como uma coluna funciona.

Como vimos acima, temos **AUTO_INCREMENT** e **ZEROFILL** e como eles afetam a coluna em que são utilizados. Alguns modificadores se aplicam apenas em colunas de um certo tipo de dado.

Tabela E.5 – Tabela de Modificadores

Nome de modificador	*Tipos aplicáveis*
AUTO_INCREMENT	Todos os tipos INT
BINARY	CHAR, VARCHAR
DEFAULT	Todos, exceto BLOB, TEXT
NOT NULL	Todos os tipos
NULL	Todos os tipos
PRIMARY KEY	Todos os tipos
UNIQUE	Todos os tipos
UNSIGNED	Tipos numéricos
ZEROFILL	Tipos numéricos

O modificador **BINARY** faz com que os valores armazenados sejam tratados como strings binárias, fazendo-os distinguir letras maiúsculas e minúsculas. Ao classificar ou comparar essas strings, a distinção entre maiúsculas e minúsculas será considerada.

Por padrão os tipos **CHAR** e **VARCHAR** não são armazenados como binários.

O modificador **DEFAULT** permite especificar o valor de uma coluna se não existir um valor.

Os modificadores **NULL** e **NOT NULL** especifica se na coluna deve haver um valor ou não.

Por exemplo; se você especificar a coluna como **NOT NULL** você é forçado a colocar um valor, pois esse campo é requerido.

PRIMARY KEY é um índice que não deve conter valores nulos (NULL). Cada tabela deve conter uma chave primária, isso facilita uma consulta de dados. Abordarei essa questão mais adiante.

O modificador **UNIQUE** impõe a regra que todos os dados dentro da coluna declarada devem ser únicos, mas aceita valores nulos.

Sintaxe Básica da SQL

A primeira coisa que devemos fazer quando criamos um banco de dados e depois uma tabela e utilizá-la inserindo dados.

Comando INSERT

O comando **INSERT INTO** adiciona dados em uma tabela. A sua sintaxe é:

```
mysql> INSERT INTO livros VALUES (
    -> '85-7585-120-5',
    ->'Core Java Fundamental',
    ->6,
    ->'2004',
    ->'Desenvolva Java com vários exemplos');
```

O nome da tabela em que você irá inserir deverá ser declarada logo no início INSIRA DENTRO nomedatabela (colunas) VALORES ('valores inseridos dentro de cada coluna');

É importante salientar que strings ficam entre aspas ou apóstrofos e valores numéricos (declarados como tipo de dados numéricos) não precisam de "aspas" ou 'apóstrofos'.

Para inserir mais de um valor separe-os por vírgula:

```
mysql> INSERT INTO nomedatabela(colunas) VALUES ('valores inseridos 1'),
      ->('valores  inseridos 2'),
      ->('e assim por diante');
```

Comando SELECT

A instrução SELECT é provavelmente a mais utilizada de todas as instruções de SQL. A instrução SELECT somente retornará os dados que são armazenados no banco de dados dentro de uma tabela. O MySQL realiza essa instrução mais rápido que qualquer outro banco de dados do mercado.

A sintaxe é:

```
SELECT nomedacoluna FROM nomedatabela WHERE condições;
```

No caso do nosso banco de dados livraria:

```
mysql>SELECT * FROM livros; # o asterisco indica  todas as colunas
```

A Cláusula WHERE

Com a cláusula WHERE você filtra informações de acordo com a condição passada:

```
mysql>SELECT * FROM livros WHERE ISBN='85-7585-120-5';
```

Nesse caso foi colocada uma condição que dentre todos os registros só deverá aparecer os dados *ONDE* a coluna **ISBN** for igual à **'85-7585-120-5'**.

A cláusula **WHERE** especifica o critério utilizado para selecionar linhas particulares. O único sinal igual é utilizado para testar igualdade – observe que isso é diferente do Java e é fácil se confundir.

Além da igualdade, o MySQL suporta um conjunto completo de operadores e expressões regulares. Na tabela a seguir estão listadas as mais utilizadas por você:

Tabela E.6 – Tabela de Operadores no MySQL

Operador	*Nome*	*Exemplos*	*Descrição*
=	igual à	autor_id = 1	Testa se os dois valores são iguais
>	maior que	Quantidade > 50	Testa se um valor é maior que o outro
<	menor que	Quantidade < 50	Testa se um valor é menor que o outro
>=	maior ou igual a	Quantidade >= 50	Testa se um valor é maior ou igual ao outro
<=	menor ou igual a	Quantidade <= 50	Testa se um valor é menor ou igual ao outro
!= ou <>	diferente de	Quantidade !=0	Testa se um valor é diferente do outro
IN		cidade in ('São Paulo', 'Minas Gerais')	Testa se o valor está em um conjunto particular
NOT IN		cidade not in ('São Paulo', 'Minas Gerais')	Testa se o valor não está em um conjunto particular
IS NOT	Endereço não é nulo		
IS NULL	Endereço é nulo	promocao is null	Testa se o campo não contém um valor
BETWEEN	Quantidade entre um valor e outro	valor BETWEEN 200 AND 350	Testa se o campo tem valores entre um e outro

Funções que Trabalham com a Instrução SELECT

Vistas ao longo desse livro, sejam aplicadas ou comentadas, você tem a explicação mais detalhada a seguir:

LIMIT

Função que limita resultados exibidos na tela.

```
SELECT * FROM tabela LIMIT 2;
```

Limita a visualização de 2 linhas de dados.

```
SELECT * FROM tabela LIMIT 2,5;
```

Limita a visualização da linha 2 a linha 5 de dados.

COUNT( )

Conta a quantidade de linhas encontradas, de acordo com a coluna passada entre os parênteses.

Para contar uma determinada quantidade de dados em uma coluna:

```
SELECT COUNT(coluna) FROM tabela;
```

Isso não reflete a quantidade total existente na tabela, pois um valor NULL pode existir.

Para contar o total de linhas existentes em uma tabela, use:

```
SELECT COUNT(*) FROM tabela;
```

Conta quantas linhas de dados existem em todas as linhas.

Em caso de fazer a contagem em campo de valor **NULL** a contagem será diferente da no valor total.

ORDER BY

Ordena os resultados de acordo com a coluna estabelecida (crescente ou decrescente):

```
SELECT * FROM tabela ORDER BY coluna;
```

Ordena de forma crescente pela coluna dada.

ORDER BY ... DESC

```
SELECT * FROM tabela ORDER BY coluna DESC;
```

Coloca os dados selecionados em ordem decrescente pela coluna.

LIKE

Usado para filtrar dados em uma coluna que armazena strings (varchar, text e etc...). Sua sintaxe é como mostrada a seguir:

```
mysql>SELECT * FROM livros WHERE titulo LIKE 'Java%';
```

Neste caso pode-se fazer uma busca por apenas a inicial do valor desejado.

O sinal de %(porcentagem) é o caractere curinga que significa qualquer caractere.

```
mysql>SELECT * FROM livros WHERE titulo LIKE '%Java%';
```

Colocando a % no início e no fim, com um valor no meio, é possível buscar todos os valores que contenham as letras **Java**, seja no começo, meio ou fim.

Comando UPDATE

O comando UPDATE permite editar os valores de dados existentes. A sintaxe para modificar os valores é:

```
UPDATE tabela SET coluna= 'valor' WHERE coluna='valor';
```

Atualiza os dados da coluna determinada em SET na condição passada em WHERE.

Comando DELETE

A instrução DELETE é muito semelhante á instrução SELECT. A única diferença em vez de selecionar registros para visualizar, essa instrução exclui esses registros.

A instrução DELETE tem a seguinte sintaxe:

```
DELETE FROM tabela WHERE coluna='valor';
```

Trabalhando com Junções

As junções são uma parte integrante de um banco de dados relacional. As junções permitem ao usuário de banco de dados tirar proveito dos relacionamentos que foram desenvolvidos na fase do projeto do banco de dados.

Uma *JUNÇÃO* é o termo utilizado para descrever o ato em que uma ou mais tabelas são "unidas" entre si para recuperar dados necessários com base nos relacionamentos que são compartilhados entre elas.

Criando uma Junção com INNER JOIN

A seguinte sintaxe cria uma junção:

```
SELECT tabela1.coluna, tabela2.coluna FROM tabela1 INNER JOIN tabela2
on
tabela1.coluna_de_valor_identico=tabela2.coluna_de_valor_identico;
```

INNER JOIN's são provavelmente as mais comuns de todas as junções.

Uma **INNER JOIN** significa que todos que todos os registros que estão sem correspondência são descartados. Somente as linhas correspondidas serão exibidas no conjunto de resultados. Os dados aparecem na ordem em que você especifica.

Chaves Variadas do MySQL

O que É uma Chave?

Uma chave em uma tabela em um banco de dados fornece um meio de localizar rapidamente informações específicas. Embora uma chave não precise significar qualquer coisa para o usuário humano do banco de dados, as chaves são uma parte vital da arquitetura de banco de dados e pode influenciar significativamente o desempenho.

Como as Chaves Funcionam

Uma chave existe como uma tabela extra no banco de dados, embora pertença à sua tabela pai. Ela ocupa espaço físico no disco rígido (ou outras áreas de armazenamento) do banco de dados. Pode ser tão grande quanto a tabela principal e, teoricamente, até maior.

Você define a chave para se relacionar com uma ou várias colunas em uma tabela específica. Como os dados em uma chave são totalmente derivados da tabela, você pode eliminar e recriar uma chave sem qualquer perda de dados.

Benefícios de Usar uma Chave

A utilização adequada de chaves pode aprimorar significativamente o desempenho do banco de dados. Para utilizar a analogia de um índice de livro, considere o pouco número de páginas que é necessário no índice de um livro para dar visão rápida dos temas importantes. Compare quanto tempo você levaria se estivesse pesquisando pelo volume, página por página.

Suporte de Chaves do MySQL

O MySQL suporta os seguintes comandos para criar chaves nas tabelas existentes:

```
ALTER TABLE nome_tabela ADD (KEY | INDEX) nome_do_índice
(nome_da_coluna [,...]);
ALTER TABLE nome_tabela ADD UNIQUE nome_do_índice
(nome_da_coluna[,...]);
ALTER TABLE nome_tabela ADD PRIMARY KEY nome_do_índice
(nome_da_coluna[,...]);
```

Observe que no MySQL, chave e índice são sinônimos.

Esses são os formatos preferidos para adicionar chaves a tabelas existentes. Para compatibilidade com outras implementações de SQL, o MySQL também suporta os seguintes:

```
CREATE INDEX nome_do_índice ON nome_tabela (nome_da_coluna[,...]);
CREATE UNIQUE INDEX [nome_do_índice] ON nome_tabela
(nome_da_coluna[,...]);
CREATE PRIMARY KEY ON nome_tabela (nome_da_coluna,...);
```

Você pode definir as chaves quando cria uma tabela:

```
CREATE TABLE nome_da_tabela (nome_da_coluna tipo_de_campo [NULL | NOT
NULL], KEY  col_index (nome_da_coluna));
```

Chaves Primárias (Primary Key)

Uma chave primária é semelhante em princípio a uma chave única, seus dados devem ser únicos, mas a chave primária de uma tabela tem um status mais privilegiado. Apenas uma chave primária pode existir para cada tabela e seus valores de campo nunca podem ser nulos.

Uma chave primária é geralmente utilizada como um link estrutural no banco de dados, definindo o relacionamento entre as tabelas diferentes.

Sempre que quiser unir uma tabela a outra, você deve ter a chave primária dessa tabela.

O MySQL não requer que você especifique que a coluna em que estiver a chave primária seja NOT NULL(não nula) *, mas porém se tentar colocar um valor idêntico na coluna chave, esta retornará um erro que não pode haver duplicação.

* Este caso é somente para chaves primárias em tabelas cuja coluna selecionada seja INT ou semelhante. Em casos de ser VARCHAR, CHAR e etc, é exigida a utilização do NOT NULL. Caso isso não ocorra, você terá como resultado um erro. Se desejar que seja nulo o campo, coloque uma chave UNIQUE.

Chaves Estrangeiras (Foreign Key)

As chaves estrangeiras não são atualmente suportadas no MySQL pelas tabelas do tipo MyIsam. A mais usada e recomenda para transações é chamada de InnoDB.

A seguir você tem o comando necessário para criar uma chave estrangeira no seu banco de dados:

```
ALTER TABLE publicacao ADD CONSTRAINT FK_publicacao
FOREIGN KEY (isbn) REFERENCES
livros (isbn) ON DELETE CASCADE ON UPDATE CASCADE;
```

Excluindo uma Chave Estrangeira

Para excluir uma chave estrangeira, use o comando:

ALTER TABLE publicacao DROP FOREIGN KEY FK_publicacao;

Administrando o MySQL

Um sistema de MySQL pode ter muitos usuários. O usuário root geralmente deve ser utilizado somente para propósitos de administração, por razões de segurança. Para cada usuário que precisar utilizar o sistema, você precisará configurar uma conta e senha.

Não é obrigatório configurar senhas para usuários, mas recomendo que você configure senhas para todos os usuários que forem criados.

Entendendo o Sistema de Privilégios do MySQL

O MySQL suporta um sofisticado sistema de privilégios. Um privilégio é um direito que um usuário tem para realizar uma ação particular em um objeto particular.

Quando você cria um usuário no MySQL, você concede a ele um conjunto de privilégios para especificar o que ele pode e não pode fazer dentro do sistema.

Configurando Usuários

Os comandos GRANT e REVOKE são utilizados para fornecer e retirar direitos dos usuários do MySQL. Ele pode ser concedido nos seguintes níveis:

- Global
- Banco de dados
- Tabela
- Coluna

O comando para criar um usuário com privilégios é como mostrado a seguir:

```
GRANT privilégios [colunas] ON item
TO nome_do_usuario [IDENTIFIED BY 'senha']
[WITH GRANT OPTION]
```

As cláusulas entre colchetes são opcionais.

Para conceder privilégios ao um usuário no banco livraria, você deve criar um usuário com os seguintes privilégios:

```
mysql> grant all
        -> on livraria.*
        -> to edson identified by 'integrator';
```

Com isso você concede todos os privilégios de manipulação do banco de dados livraria somente ao usuário **edson**, com a senha **integrator**.

Confirmando o Novo Usuário

Para confirmar a criação do novo usuário, você deve executar o comando a seguir:

```
flush privileges;
```

Revogando Privilégios

Para revogar esse privilégio você deve fazer o seguinte comando:

```
mysql> revoke all
        -> on livraria.*
        -> from edson;
```

Obtendo Informações com SHOW

Se você desejar visualizar todos os privilégios que um usuário tem, execute o seguinte comando:

SHOW GRANTS FOR edson;

Para visualizar todos os usuários existentes no seu MySQL execute;

SHOW GRANTS;

Bibliografia

Referências Internacionais

Pro EJB 3 – Java Persistence API
KEITH, MIKE
SCHINCARIOL, MERRICK
Apress

Beginning Java EE 5
From Novice to Professional
MUKHAR, KEVIN / ZELENAK, CHRIS
WITH WEAVER, JAMES L. AND CRUME, JIM
Apress

Pro JSP 2
Fourth Edition
BROWN, SIMON / DALTON, SAM / JEPP, DANIEL /
JOHNSON, DAVID / LI, SING / RAIBLE, MATT
EDITED BY MUKHAR, KEVIN
Apress

Apache Jakarta Commons: Reusable Java Components
IVERSON, WILL
Prentice Hall PTR

Core JavaServer Faces
GEARY, DAVID / HORSTMANN, CAY
Addison Wesley

JavaServer Faces
BERGSTEN, HANS
O'Reilly

POJOs in Action
RICHARDSON, CHRIS
Manning

Ajax in Action
CRANE, DAVE / PASCARELLO, ERIC
Manning Publications

Ajax Patterns and Best Practices
GROSS, CHRISTOPHER
Apress

Manual de referência do MySQL, baixado no site da MySQL AB.
www.mysql.com

Referências Nacionais

Java para Web com Servlets, JSP e EJB
KURNIAWAN, BUDI
Ciência Moderna

Java Server Pages Avançado
DAVID M. GEARY
Ciência Moderna

Dominando Eclipse
GONÇALVES, EDSON
Ciência Moderna

Dominando NetBeans
GONÇALVES, EDSON
Ciência Moderna

Tomcat – Guia rápido do administrador
GONÇALVES, EDSON
Ciência Moderna

Dominando AJAX
GONÇALVES, EDSON
Ciência Moderna

Dominando Eclipse

Tudo que o Desenvolvedor Java Precisa para Criar Aplicativos p/ Desktop

Autor: Edson Gonçalves

334 páginas
1ª edição - 2006
Formato: 16 x 23
ISBN: 85-7393-486-7

- Aprenda a desenvolver aplicativos em Java Swing, desde a utilização dos seus componentes mais simples até a utilização dos mais sofisticados layouts.
- Conheça o Java SWT, a linguagem que está revolucionando o desenvolvimento para desktops.
- Crie aplicações rapidamente utilizando o Visual Editor, o plug-in mais utilizado para o desenvolvimento de aplicações visuais no estilo WYSIWYG para desktop na plataforma Eclipse.
- Desenvolva uma agenda completa, tanto em Swing como em SWT, utilizando passo-a-passo o Visual Editor, com acesso a banco de dados MySQL.
- Depure seus programas rapidamente usando o poderoso depurador da IDE.
- Construa poderosos relatórios utilizando a biblioteca JasperReports, com uma abordagem inédita da utilização do plug-in JasperAssistant.
- E mais, os principais assuntos do livro abordados em vídeos, incluso no CD, mostrando do desenvolvimento básico à distribuição do seu aplicativo.

À venda nas melhores livrarias.

Dominando o BORLAND JBUILDER X

Autor: Edson Gonçalves

288 páginas
1ª edição - 2005
Formato: 16 x 23
ISBN: 85-7393-436-0

Este livro apresenta um amplo panorama no desenvolvimento de programas utilizando a linguagem Java no programa JBuilder X, passando do desenvolvimento de aplicativos básicos à elaboração de programas mais sofisticados com a utilização de bancos de dados. O leitor aprenderá a utilizar componentes Java Swing dos mais diversos tipos, a desenvolver tanto layouts como eventos em seus aplicativos, e a utilizar o banco de dados MySQL e se desenvolver na linguagem SQL. Descobrirá ainda como os componentes do JBuilder, no desenvolvimento com bancos de dados ou arquivos de texto, podem facilitar o seu trabalho na criação de aplicativos.

À venda nas melhores livrarias.

Impressão e Acabamento
Gráfica Editora Ciência Moderna Ltda.
Tel.: (21) 2201-6662